绩效管理
理论与实务

（第2版）

兰 兰◎编著

21世纪经济管理类创新教材

Performance Management
Theory & practice

清华大学出版社
北京

内 容 简 介

本书以绩效管理的流程和考核技术介绍为主线,从绩效计划、绩效实施、绩效考核、绩效反馈与结果应用等方面讲解了绩效管理的流程,按照非系统和系统的分类阐述了绩效考核技术。其中,非系统的绩效考核技术包括报告法、比较法和行为锚定法等;系统的绩效考核技术包括关键绩效指标法、平衡计分卡法等。

为了实践快乐学习和体验式学习理念,全书各章均以案例导入,在关键理论处添加了专题拓展,并在章末设置了团队互动演练环节,以进一步强化学生的实际应用能力,增强课堂教学的互动效果。

本书可以作为普通高等院校工商管理、人力资源管理等专业的教材使用,也可以作为企业的绩效管理咨询和培训的指导用书。

本书封面贴有清华大学出版社防伪标签,无标签者不得销售。
版权所有,侵权必究。举报: 010-62782989,beiqinquan@tup.tsinghua.edu.cn。

图书在版编目(CIP)数据

绩效管理理论与实务 / 兰兰主编. -- 2 版.
北京 : 清华大学出版社, 2025. 1.
(21 世纪经济管理类创新教材).
ISBN 978-7-302-68131-1
Ⅰ. F272.5
中国国家版本馆 CIP 数据核字第 2025QF6229 号

责任编辑:杜春杰
封面设计:刘　超
版式设计:楠竹文化
责任校对:范文芳
责任印制:丛怀宇

出版发行:清华大学出版社
　　　　网　　址:https://www.tup.com.cn,https://www.wqxuetang.com
　　　　地　　址:北京清华大学学研大厦 A 座　　　邮　编:100084
　　　　社 总 机:010-83470000　　　　　　　　　邮　购:010-62786544
　　　　投稿与读者服务:010-62776969,c-service@tup.tsinghua.edu.cn
　　　　质量反馈:010-62772015,zhiliang@tup.tsinghua.edu.cn
印 装 者:河北鹏润印刷有限公司
经　　销:全国新华书店
开　　本:185mm×260mm　　　印　张:18.75　　　字　数:442 千字
版　　次:2017 年 2 月第 1 版　　2025 年 3 月第 2 版　　印　次:2025 年 3 月第 1 次印刷
定　　价:69.80 元

产品编号:107065-01

第 2 版前言

绩效管理是企业管理的核心内容，但是在实际工作中，常常因为管理者不能正确理解和使用，反而使其成为企业管理中的"鸡肋"，甚至引发员工的抵触而导致业绩下滑。事实上，对于何为绩效、绩效指标应当如何设计、绩效管理实施的关键是什么，大部分管理者和员工只有一个模糊的概念，更多的是凭借经验和感受去做，以至于落入绩效管理的误区不能自拔。移动互联网技术的蓬勃发展和大数据时代的强势登场，必将引发我国绩效管理学习与实践领域的深刻变革。唯有不断创新，方能处变不惊。虽说当前国内绩效管理方面的图书种类繁多，但是充分考虑信息技术生活化、工作场所团队化、学习方式电子化等特点，并将其融入教材编写的情况为数不多。鉴于此，编写本书，不仅要帮助企业解决绩效管理方面的问题，还要提供系统的绩效管理知识，帮助相关人员弄清楚绩效管理是什么，如何实施绩效管理，以及如何防范绩效管理的偏差。

本书以绩效管理的流程和考核技术介绍为主线，从绩效计划、绩效实施、绩效考核、绩效反馈与结果应用等讲解了绩效管理的流程，按照非系统和系统的分类阐述了绩效考核技术。其中，非系统的绩效考核技术包括报告法、比较法、行为锚定法等；系统的绩效考核技术包括关键绩效指标法、平衡计分卡法等。

本书自 2017 年第 1 版出版以来，受到国内许多高校大学生、从事人力资源管理教学的教师和业内人士的广泛关注与好评，多所高校将其选为本科生教材。在第 1 版的基础上，本书第 2 版根据读者，尤其是全国各地高校老师的反馈做了多处修订和完善，主要的调整和更新体现在以下几个方面：① 更新了各章的章首案例、章末案例和团队互动演练内容，以保持教材的时代性特点；② 增加和更新了各章的专题拓展内容，使用二维码引入数字化资源，丰富和延展了知识点；③ 第一章第二节增加了"绩效管理的内涵""绩效管理与绩效考核的区别"；④ 第二章增加了"绩效计划概述"作为第一节，将第二节"绩效沟通"并入第三章；⑤ 第三章第二节中"绩效信息的收集"，删减与第四章第三节"绩效考核主体"重复的内容；⑥ 第四章第一节删去了"绩效标准的确定"，避免与第二章内容重复，同时第三节增加了"绩效考核主体的常见误差及其解决方法"；⑦ 第五章删去了第六节；⑧ 第六章第三节删去了"KPI 指标设计缺陷及解决思路"；⑨ 第七章删去了第一节中"BSC 的重要意义"和第四节；⑩ 第八章将第三节改为"目标管理的变革：OKR"，详细介绍了 OKR 的相关知识；⑪ 第十章删去了绩效反馈的意义，删减了 360 度反馈体系的内容，避免与第五章第五节重复。

修订后，本书有以下几个主要特点。

第一，课程思政与专业相长。本书结合课程思政和立德树人总要求，加强价值观引领作用，选取华为、小米、海底捞等具有鲜明管理特色的企业案例，旨在培养学生增强爱国情怀和文化自信，树立社会主义核心价值观，运用绩效管理的思维解读事业和人生，懂得用目标检验过程，体验过程就是最好的奖励。

第二，知识融会贯通与能力塑造提升相结合。本书各章大量使用了案例和专题拓展，扩展了理论知识，每章的团队互动演练增强了学生的实际应用能力。完整的模拟实践环节贯穿了整个绩效管理的流程，贴近学生实际，其反复操练绩效考核技术的形式，既丰富了课堂内容，又增强了课堂教学的互动效果。

第三，理论的系统性和丰富性。本书以"理论—工具—演练"为思路，有步骤、有层次地引入绩效管理的系统知识，既有理论基础，又有工具和演练的详细介绍，还采用专题的形式拓展了很多相关内容，使读者对绩效管理的理解比较透彻。

第四，关注独立思考和成果分享的有机融合。无论是在大学课堂上，还是在企业管理实际运行中，都重在培养质疑、批判与探索精神，通过独立思考、团队分享，促进创新思维和成果的展示。本书在编写过程中多处涉及思考空间，以开放的视野推动读者自主探索，并且将成果分享纳入教学环节，让学生在教师的引导下，辩证分析，思维共振，培养创新意识，完成创新的积淀。

第五，强调工具价值与实践价值并重。针对绩效管理的实践需要，本书提供了一系列诸如绩效考核指标的选取、考核权重的设计、绩效计划的制订、绩效反馈的技巧、绩效考核技术的应用等分析工具、表格和流程图，可以直接应用和迁移到绩效管理的现实情境中，对于从事绩效管理的一线管理者来说，有很强的实用价值。

第六，教学资源和形式丰富多样化。作者承担的绩效管理课程被评为2021年湖北省级一流线上线下混合课程，与本书配套的线上教学资源丰富，教学视频和教学PPT精心打磨、形象生动，题库具有超过700道题型多样化的试题，不仅极大地满足了教师备课和讲授的需要，也有助于学习者自我检查学习效果。在优课联盟和智慧树平台上运行了10学期以上，既方便了教师采取线上线下混合的教学模式，也满足了广大社会人员自学的需要。

本书可以作为普通高等院校工商管理、人力资源管理等专业的教材使用，也可以作为企业的绩效管理咨询和培训的指导用书。

本书由湖北工程学院的兰兰博士整体构思和编撰，特别感谢参与编写第1版的李彩云老师，李彩云老师也参与建设了绩效管理课程上线优课联盟和智慧树，在此表示深深的感谢！同时，感谢李婷婷同学绘制了本书部分章节的图表。本书的写作参考了许多论文和著作，在此谨向这些书籍和论文的作者表示深深的感谢！大多数参考文献已列于书后，如有疏漏，希望原谅并反馈。清华大学出版社的杜春杰编辑为本书的出版和发行付出了辛勤劳动，谨此表示诚挚的谢意！

限于作者的水平有限，本书难免有不足之处，恳请读者批评指正！也衷心希望各位读者朋友们通过本书与作者开展绩效管理的思想讨论和经验交流。

兰　兰

2024年4月

目 录

第一章 绩效管理概述 ... 1
学习目标 ... 1
案例1-1 理想汽车的"择优绩效管理" ... 1
第一节 绩效概述 ... 4
一、绩效的含义 ... 4
二、绩效的特征 ... 6
三、绩效的影响因素 ... 7
四、绩效的维度 ... 8
第二节 绩效管理概述 ... 10
一、绩效管理的内涵 ... 10
二、绩效管理与绩效考核的区别 ... 11
三、绩效管理在人力资源管理系统中的地位 ... 12
四、绩效管理对员工的作用 ... 15
五、绩效管理对企业的作用 ... 16
第三节 绩效管理的过程 ... 17
一、绩效计划 ... 17
二、绩效实施 ... 18
三、绩效考核 ... 18
四、绩效反馈与结果运用 ... 19
第四节 不同主体在绩效管理中的角色与职责分工 ... 20
一、高层管理人员在绩效管理中的角色与职责分工 ... 20
二、人力资源部在绩效管理中的角色与职责分工 ... 20
三、直线经理在绩效管理中的角色与职责分工 ... 21
四、员工在绩效管理中的角色与职责分工 ... 22
本章小结 ... 22
思考题 ... 23
案例1-2 王君的困惑 ... 23
团队互动演练 ... 24

第二章 绩效计划 ... 26
学习目标 ... 26
案例2-1 绩效计划的制订"凭感觉" ... 26
第一节 绩效计划概述 ... 27

一、绩效计划的定义 27
　　　二、绩效计划的内容 27
　第二节　绩效计划的准备 28
　　　一、战略规划 28
　　　二、职位分析 32
　　　三、绩效计划的具体准备工作 35
　第三节　绩效计划的制订 37
　　　一、绩效标准的制定 37
　　　二、绩效目标的制定 40
　　　三、绩效计划的审核 43
　本章小结 46
　思考题 46
　案例2-2　某集团企业PBC绩效管理 47
　团队互动演练 49

第三章　绩效实施 52
　学习目标 52
　案例3-1　咖啡沟通，华为坚持营造良好的沟通氛围 52
　第一节　绩效沟通 53
　　　一、绩效沟通的含义与目的 53
　　　二、绩效沟通的内容 54
　　　三、绩效沟通的原则 55
　　　四、绩效沟通的形式 56
　　　五、绩效沟通的技巧 59
　第二节　绩效信息的收集 63
　　　一、绩效信息收集的意义 63
　　　二、绩效信息收集的内容 64
　　　三、绩效信息收集的来源 65
　　　四、绩效信息收集的方法 65
　　　五、绩效信息收集的注意事项 66
　第三节　绩效辅导 67
　　　一、绩效辅导的作用 67
　　　二、绩效辅导的原则 68
　　　三、绩效辅导风格的选择 68
　　　四、绩效辅导的时机 72
　　　五、绩效辅导的程序 72
　本章小结 73
　思考题 73

案例3-2　华为绩效辅导：追根究底···74
　　团队互动演练···75

第四章　绩效考核体系的设计···76
　　学习目标···76
　　案例4-1　国有企业如何突破绩效考核的误区·····································76
　　第一节　绩效考核指标体系··77
　　　　一、绩效指标的分类、设计原则与选择··77
　　　　二、绩效指标的权重设计方法··82
　　第二节　绩效考核方法··85
　　　　一、绩效考核方法的分类··85
　　　　二、绩效考核方法选择的影响因素··87
　　第三节　绩效考核主体··90
　　　　一、绩效考核主体的选择··90
　　　　二、绩效考核主体的常见误差及其解决方法································93
　　　　三、绩效考核主体的培训··96
　　第四节　绩效考核周期··99
　　　　一、绩效考核时机的选择··99
　　　　二、绩效考核周期的影响因素··100
　　本章小结···102
　　思考题···103
　　案例4-2　联想集团的特色绩效管理···103
　　团队互动演练···106

第五章　非系统的绩效考核方法···108
　　学习目标···108
　　案例5-1　该不该实行末位淘汰制···108
　　第一节　以业绩报告为基础进行绩效考核······································110
　　　　一、自我报告法（自评）··110
　　　　二、业绩评定表法（他评）··110
　　第二节　以员工比较系统为基础进行绩效考核······························112
　　　　一、简单排序法··112
　　　　二、交替排序法··112
　　　　三、配对比较法··112
　　　　四、强制分布法··113
　　第三节　针对员工行为及个性特征进行绩效考核··························115
　　　　一、因素评价法··115
　　　　二、图尺度评估法··115
　　　　三、行为锚定等级评定量表法··119

    四、行为观察量表法 ··· 121
    五、混合标准量表法 ··· 123
    六、综合尺度量表法 ··· 127
    七、行为对照表法 ·· 127
  第四节 以特殊事件为基础进行绩效考核 ································· 129
    一、关键事件法 ··· 129
    二、不良事故评估法 ··· 130
  第五节 360 度考核法 ··· 130
    一、360 度考核法的概念 ·· 130
    二、360 度考核法的特点 ·· 131
    三、如何实施 360 度考核法 ·· 131
    四、360 度考核法的优、缺点 ·· 135
 本章小结 ·· 136
 思考题 ··· 137
 案例 5-2 腾讯简化考核，"带头大哥"做对了吗？ ··················· 137
 团队互动演练 ·· 139

第六章　基于关键绩效指标的绩效考核 ··· 141
 学习目标 ·· 141
 案例 6-1 海底捞的绩效考核 ··· 141
 第一节 关键绩效指标（KPI）概述 ··· 144
    一、KPI 的起源 ··· 144
    二、KPI 的核心思想 ··· 145
 第二节 关键绩效指标体系的构建 ·· 149
    一、确定工作产出 ·· 149
    二、设定考核指标 ·· 152
    三、设定考核标准 ·· 154
    四、审核关键绩效指标 ·· 156
 第三节 关键绩效指标体系实施过程中的问题 ··························· 157
    一、关于 KPI 体系设计原则的误区 ·································· 157
    二、KPI 的应用缺陷及操作要点 ······································ 159
 本章小结 ·· 160
 思考题 ··· 160
 案例 6-2 强调责任感，没有 KPI，小米是怎么做到的？ ············ 160
 团队互动演练 ·· 165

第七章　基于平衡计分卡的绩效考核 ·· 167
 学习目标 ·· 167
 案例 7-1 A 公司的平衡计分卡分析 ·· 167

第一节 平衡计分卡的产生和发展	169

- 一、平衡计分卡的产生 ... 169
- 二、平衡计分卡的发展 ... 170

第二节 平衡计分卡的基本内容 ... 172
- 一、平衡计分卡的结构 ... 172
- 二、平衡计分卡的平衡 ... 174
- 三、平衡计分卡的特点 ... 176
- 四、平衡计分卡的内在逻辑及四个维度绩效指标的设计 ... 177

第三节 平衡计分卡的引入程序与应用 ... 186
- 一、引入平衡计分卡的基本程序 ... 186
- 二、平衡计分卡的应用步骤 ... 188
- 三、平衡计分卡绩效指标体系的分解 ... 188
- 四、平衡计分卡实施中需要注意的问题 ... 190

本章小结 ... 191
思考题 ... 191
案例 7-2 汇丰集团火车租赁公司 ... 191
团队互动演练 ... 195

第八章 目标管理（MBO）及其变革 ... 196

学习目标 ... 196
案例 8-1 京瓷是如何让目标管理落地的？ ... 196

第一节 目标管理概述 ... 198
- 一、目标管理的产生 ... 198
- 二、目标管理的特点 ... 200
- 三、目标管理的优点 ... 200
- 四、对目标管理的评价 ... 201

第二节 目标管理的实施步骤 ... 202
- 一、设定绩效目标 ... 203
- 二、制定被评估者达到目标的时间框架 ... 204
- 三、将实际达到的绩效水平与预先设定的绩效目标做比较 ... 205
- 四、设定新的绩效目标 ... 205

第三节 目标管理的变革：OKR ... 206
- 一、OKR 的产生与发展 ... 206
- 二、OKR 的定义和基本思想 ... 208
- 三、OKR 的导入策略与实施步骤 ... 212
- 四、OKR 实施偏差分析及其与 KPI 的比较 ... 219

本章小结 ... 224
思考题 ... 224

案例 8-2　世界上七大教堂之一：加州水晶教堂 …… 224
团队互动演练 …… 226

第九章　基于标杆管理的考核体系 …… 228
　　学习目标 …… 228
　　案例 9-1　西门子如何进行对标管理？ …… 228
　　第一节　标杆管理的形成与演变 …… 230
　　　　一、标杆管理的定义与内容 …… 230
　　　　二、标杆管理的产生背景 …… 232
　　　　三、标杆管理的发展与现状 …… 232
　　第二节　标杆管理的作用与分类 …… 235
　　　　一、标杆管理的作用 …… 235
　　　　二、标杆管理的分类 …… 237
　　第三节　标杆管理的实施 …… 239
　　　　一、标杆管理导入的必要条件 …… 239
　　　　二、组织标杆管理的原因和常见的标杆管理领域 …… 241
　　　　三、设计合理标杆需要注意的问题 …… 242
　　　　四、以标杆管理为基础设计绩效考核体系 …… 242
　　　　五、运用标杆管理设计绩效考核体系的优势 …… 246
　　第四节　标杆管理存在的问题及其在我国的发展 …… 247
　　　　一、标杆管理存在的问题和突破措施 …… 247
　　　　二、标杆管理对我国企业的借鉴意义 …… 249
　　本章小结 …… 251
　　思考题 …… 251
　　案例 9-2　行业标杆管理：从万科的成长之路谈起 …… 252
　　团队互动演练 …… 255

第十章　绩效反馈与结果应用 …… 257
　　学习目标 …… 257
　　案例 10-1　如何进行绩效反馈面谈 …… 257
　　第一节　绩效反馈概述 …… 258
　　　　一、绩效反馈的原则 …… 258
　　　　二、绩效反馈的技巧 …… 259
　　　　三、360 度反馈体系 …… 261
　　第二节　绩效面谈 …… 262
　　　　一、绩效面谈的内容 …… 262
　　　　二、绩效面谈的准备工作 …… 262
　　　　三、绩效面谈的过程 …… 265
　　　　四、绩效面谈的策略 …… 266

五、绩效面谈中的注意事项 ·· 267
第三节　绩效考核结果的应用 ··· 268
　　一、绩效改进 ·· 268
　　二、绩效奖励计划 ··· 273
　　三、员工职业发展 ··· 278
本章小结 ··· 281
思考题 ·· 282
案例 10-2　华为公司：跟进到位的绩效辅导 ································ 282
案例 10-3　从"分粥制度"中学管理 ··· 283
团队互动演练 ·· 283

参考文献 ··· 285

第一章　绩效管理概述

学习目标

- ☑ 理解绩效的含义、特征、影响因素和维度；
- ☑ 了解绩效管理在人力资源管理系统中的地位；
- ☑ 熟悉绩效管理的过程；
- ☑ 掌握不同人员在绩效管理中的角色与职责分工。

案例 1-1　　　　理想汽车的"择优绩效管理"

"5月25日发布新车之前，我的团队中有个姑娘因负荷有点大，偶尔会表现出负面情绪。""毛绒熊"（化名）说。当时，第二季度已经过去了一大半，她的部门正在试行新绩效管理方案。"毛绒熊"决定用"高七"诊断一下这个平时很勤奋的姑娘到底出了什么问题。

"高七"是指《高效能人士的七个习惯》，这本书反映了理想汽车所有员工成长的底层逻辑。第三季度，理想汽车把"高七"作为新绩效管理方案中的一个考核维度。

"毛绒熊"对照"高七"标准和这个姑娘一聊，果然找到了"症结"。"当时她既要催市场部按时给方案，又要提示产品部的同事可能会出现的问题，同时不断有新任务交给她。这个姑娘十分负责，想解决好所有问题，因此总是加班加点。但是，她没有把时间、精力放在最重要的人和事上，没有做到'要事第一'，这造成她的工作负荷和心理压力都过大，反而不利于整体项目跑起来。"

"毛绒熊"从2021年5月开始承担管理者角色，目前团队中有5个人。她认为，新绩效管理方案的考核维度之一"高七"能够帮助她客观地"盘点"人才，快速识别出伙伴的问题，对症下药。

新绩效管理方案的另一个考核维度是OKR（objectives and key results，目标与关键结果），OKR重点考察员工目标的达成情况。然而，实践发现，一些部门在设定OKR时难以量化，导致评价结果不可衡量。而新绩效管理方案牵引大家重视OKR设定的合理性和完成质量，使OKR管理形成完整闭环，并自我驱动，提高对工作的要求。

"大家都完成了上一季度的OKR。这一季度，我们设定OKR时主动提高了标准。""毛绒熊"惊喜地发现，新绩效管理方案"试跑"一次之后，新同事融入团队、项目的速度明显提升了，而老同事开始重视记录和复盘、沉淀工作方法了。

一、理想汽车的绩效理念——人才择优，有效激励

理想汽车有一个认知：组织如人。

创始人李想曾提到："人类是地球上最先进的智能生物，人类智能的运行模式是其感

知—决策—执行—反馈。具体到一个产品、一个组织及组织里的伙伴，如何有效运用人类智能的运行模式，构建产品和组织的管理运营体系，是每一个智能电动车企业的必修课。"

智能电动车时代需要的是智能组织。结合过去的实践和对未来趋势的判断，理想汽车就要向智能组织的方向努力。理想汽车的组织有制造类员工、销售与服务类员工、产品研发和技术研发类员工，如何把不同类别业务线中的员工连接在一起，让大家在同一个更大的世界里协同协作？这需要搭建一套感知和决策的系统，助力组织系统和管理者为组织、业务发展进行总结、归纳、综合判断。

"新绩效管理方案"就是这套系统中的一个重要部分，可帮助公司更全面地感知信息，支持人才择优。第三季度，在全员推行的新绩效管理方案中，公司用业绩（OKR）和成长"高七"两个维度对员工进行评估。首先，新绩效管理方案中用来感知、收集信息的"感官"极为发达——自评、360度评估、上级评估。其次，这些信息都会被引入系统，在"校准会"上，由所有相关管理者讨论、调整，达成共识。公司的目的是识别优秀人才，并给予有效激励。

二、为理想汽车绩效划重点

☑ 360度评估，让考核基于全方位信息

"总体来说，××是一个非常优秀的产品经理，她积极、主动、负责任，我能够在工作中感受到她对于产品工作的热忱。"这一条评论来自第二季度绩效评估中的"360度评估"。

在第二季度中，被评估的员工独立推动一个项目从0到1地建立，连接从研发到用户的整个产品交付流程。该员工不仅业绩产出超出预期，还让同事在工作中感受到了温度和热忱。新绩效管理方案中增加的360度评估均来自员工的重要协作方，这会为管理者提供更多维度、更多视角的信息，让管理者掌握更全面的信息，做出更准确的判断。360度评估也可以让员工转变向外合作的思路，更关注与自己的OKR协作方的沟通与合作，促进组织内协作，每个人真正成为一个节点，与更多节点连接形成网状合作的组织。

当然，360度评估不可避免地会出现一些片面评价、对评价标准认知不到位的情况。这对管理者也提出了更高的要求，他们需要去伪存真，筛选真正有价值的信息：看到好评、意见、建议背后的本质问题，从而推动解决团队成员在协作方面的问题并保持优势。360度评估和自评在最终的评价权重里不占任何比重，但公司可以通过它挖掘出更多问题的本质。

☑ 用绩效校准会对绩效结果达成共识

"这个场合咱们别说场面话，都讲具体案例，这个员工做到了什么，为什么得出这样的绩效结果。以后我们在日常工作中也得注重关注员工，积累案例。"在一场绩效校准会上，一个管理者直言。他对新绩效管理方案的理解是对的。员工A的绩效为何符合预期？员工B的绩效为何超出预期？管理者首先要自己想清楚，才能在绩效校准会上说清楚。这并不容易。

在绩效校准会上，管理者要做好准备，充分分享对团队成员的评价标准，迎接各方直击本质的碰撞。在业绩方面要有理有据，在"高七"方面要有事例支撑。而与会的所有人都可以就标准和评价依据展开充分讨论，并基于数据支撑，挨个看、挨个讨论评价结果有无问题，让绩效理念充分落地。最终公开透明地达成共识、拉齐评价标准，这是绩效校准会的另一个作用。

每一个管理者都能在绩效校准会上得到充分的输入与锻炼。此外，绩效校准会还提供了一个非常难能可贵的机会，把平时忙碌的管理者聚在一起，专注于员工成长方面的思考和决策。

☑ **系统化，让每一个人的成长可被度量**

在新绩效管理方案中，每一个员工的绩效都可以被记录、被衡量。持续地积累会形成连续的数据，让成长也可被度量。更重要的是，每一个数据点背后都是一个真实的人。

突出的数据点可帮助我们分析员工有哪些成长，需要什么帮助。例如，有的人360度评估很高，但上级评估极低，有可能是他没有遵循"要事第一"原则，帮别人完成了很多事情，而没有足够的时间、精力完成自己的OKR；再如，有的人上季度是"超出预期"的E，而这一季度是"符合预期"的M-，通过绩效结果去分析原因可以看到，该员工更换了新的岗位，而他当前的能力不足以胜任新岗位，那么团队管理者和组织就需要为这个转任新岗位的员工提供更丰富的培训资源，帮助其尽快胜任岗位以产出高绩效。当对数据进行持续记录与分析时，我们就可以更直观、动态地看到组织中人才成长的趋势变化，也能通过人才的趋势变化分析组织正在发生什么样的变化。

李想说系统化让他很踏实。因为连续的数据记录有助于洞察、分析偏差，能够支持系统性纠偏。数据报表可以协助纠正常见的认知偏差，主动提示与预警。系统化绩效数据的分析与闭环同样会让员工感到踏实：无论上一级如何变化，在任管理者都能看到员工过去的表现，员工不会因为人事变化而被错误评价。

☑ **牵引管理者认真做管理**

或许一些企业中的管理者还在这样看待绩效工作："工作节点到了，考核一下就完事了，不值得投入太多精力。"而理想汽车的选择是，花整整一个半月投入绩效考核工作。前期，管理者要给下级做评价，需要参考员工自评、来自员工协作者的360度评估等信息。

做完评价后，管理者会发现，自己不是孤立无援地凭借单方面信息决定员工的绩效结果。管理者必须向平行部门、上级管理者清晰阐述对员工的评价，从多方反馈的问题和信息中对齐对团队成员的认知评价，最终达成评价共识。

确定绩效结果后，管理者还要跟员工做一对一的面谈反馈，给予员工一些成长的建议，就提升计划达成共识，明确个人成长的方向，这是管理者的主要责任。一些企业还在使用绩效成绩强制分布，在这样的情况下，绩效或许会沦为资源分配的工具和管理者懒政的借口。很多人都听过这番话："其实你这个季度的业绩已经达成了，团队协作也很好，但因为优秀的名额有限，这季度只能把你调整为'符合预期'。"管理者这句轻飘飘的话或许能暂时稳住员工的情绪，但把结果归咎于规则本身的做法本质上是没有真正承担起管理责任。

理想汽车选择非强制分布，以逐级绩效校准会的形式充分讨论，对齐认知和评价标准，从而真正回归初心：人才择优，有效激励。这就要求每一个团队管理者要对每个档位有明确的标准和评价能力，并且通过有效沟通让参会人员听得懂、对得齐。同时，每一个管理者可以透过各方的信息输入看到背后的本质，识别员工的优势，并反馈给员工使其持续保持，看到问题则推进解决。这是管理者基于组织系统平台上的绩效系统不断完善和持续改进的行为，可让员工不断提升和发挥能力，从而更好地完成任务。

三、坚守初心，持续运营

绩效管理定位的准确性决定了组织运营绩效管理的视野和格局，如果仅仅把绩效管理当成填表、打分，那么组织操作绩效管理时就会把主要精力放在考核表格的编制和填写上，就可能形成暗箱操作。

理想汽车从构建绩效之初就聚焦于公司绩效管理的真正目的和哲学意义，基于信任员工、识别优秀人才、发展员工的理念，坚信员工是值得信赖和尊重的，从而在"人才择优，有效激励"的绩效理念指引下，构建"绩效高质量的产品和服务"，在日常绩效运营中不断理解、传播绩效管理的本质和目标，让绩效管理实现员工在理想汽车的业绩达成、能力成长，能够获得实时反馈。

理想汽车的择优绩效管理对于组织长期发展是有意义的，员工在健康发展的组织里面会获得持续成长和回报。

资料来源：理想汽车的"择优绩效管理"[EB/OL].（2021-09-26）[2024-07-24]. https://mp.weixin.qq.com/s/0BTuzwBEVDWo0IxH2p6WWw.

绩效是所有组织都不得不关注的话题。绩效考核的导向作用很重要，企业的绩效导向决定了员工的行为方式，如果企业的绩效导向是组织目标的达成，那么员工的行为就趋于与组织目标保持一致，分解组织目标，理解上级意图，并制订切实可行的计划，与上级成为绩效合作伙伴，在上级的帮助下不断改善行为，最终支持组织目标的达成。然而，对于什么是绩效，学术界仍然有很大的分歧。在管理实践中，不同的组织对绩效的理解也有一定的差异。究竟什么是绩效？优秀的绩效水平是怎样的？绩效可以被衡量吗？绩效衡量有什么价值？如何管理绩效才是有效的？应该由谁负责绩效管理呢？这些都是绩效管理工作中首先需要解决的问题。

第一节 绩效概述

一、绩效的含义

（一）不同学科角度下的绩效

1. 从管理学的角度认识绩效

从管理学的角度看，绩效是组织期望的结果，是组织为实现其目标而展现在不同层面上的有效输出，包括组织绩效和个人绩效两个方面。组织绩效建立在个人绩效实现的基础上，但个人绩效的实现并不能保证组织绩效的实现。当组织绩效按一定的逻辑关系被层层分解到每一个工作岗位及每一个人时，只要每一个人都达到了组织的要求，组织的绩效就实现了。但是，组织战略的失误可能造成个人的绩效目标偏离组织的绩效目标，从而导致组织绩效目标无法实现。

2. 从经济学的角度认识绩效

从经济学的角度看，绩效与薪酬反映了员工和组织之间的对等承诺关系，绩效是员工对组织做出的承诺,而薪酬是组织对员工做出的承诺。对组织所要求的绩效做出承诺,这是员工进入组织的前提条件。当员工完成了对组织的承诺,组织就要实现其对员工做出的承诺。这种对等承诺关系的本质体现了等价交换的原则,而这一原则正是市场经济运行的基本规则。

3. 从社会学的角度认识绩效

从社会学的角度看,绩效意味着每一个社会成员按照社会分工所确定的角色履行自己的职责。一个人的生存权利是由其他人的绩效保证的,而他的绩效又保障了其他人的生存权利。因此,出色地完成自己的绩效是一个人作为社会一员的义务,受惠于社会,就必须回馈于社会。

(二)企业实践中的绩效

1. 绩效是工作结果

"绩效是工作结果"这一观点以结果或产出为导向,出现的时间较早,在实际运用中也比较常见。这种观点就是把绩效视为工作所达到的成果或工作结果的记录。表示工作结果的相关概念有职责、关键结果领域、结果、责任、任务及事务、目的、目标、生产量、关键成功因素等。

与这种观点相似,也有人把绩效解释成"完成工作任务",这种观点出现得较早,也是最简单明了的,其适用对象主要是一线生产工人或体力劳动者。对于一线生产工人或体力劳动者,由于他们的工作任务就是他们所要取得的工作结果,完成工作任务也就意味着取得了工作结果,因此,"绩效是完成工作任务"与"绩效是工作结果"并没有本质区别,但是,对于知识型岗位的任职者,其工作任务则模糊不清、难以界定,他们必须在完成传统的工作任务以外去判断、创造和决策,不可能用完成工作任务的情况来解释他们的绩效。因此,这一观点对绩效这一概念的解释较为片面。

2. 绩效是行为

"绩效是行为"这一观点认为绩效与任务完成、目标达成、工作结果、产出等同,但在现实的组织中,二者并不等同,因此越来越多的人开始质疑这种观点。人们之所以认为不能把绩效与结果等同起来,主要出于以下原因:首先,许多工作结果并不一定是个体行为所致,可能受与工作无关的其他因素的影响;其次,员工没有平等的完成工作的机会,而且员工在工作中的表现不一定都与工作任务有关;再次,过分关注结果会导致忽视重要的过程和人际因素,不适当地强调结果可能会在工作要求上误导员工;最后,过度关注结果会使上级无法获取可反映员工活动情况的信息,不能对其进行有效的指导与帮助。基于以上原因,对绩效以行为为导向的解释逐步产生了,这种观点认为绩效由个体控制之下的与目标相关的行为组成,行为本身就是绩效。"绩效是行为"的观点逐渐被人们重视和接受,但是,对行为进行界定同样是非常困难的事情。绩效是行为,但不是所有的行为都是绩效,只有那些与组织目标的实现有关的行为才是绩效。

3. 绩效是能力素质

"绩效是能力素质"这一观点的前提是能力素质是影响人们绩效的决定性因素。1973

年，美国心理学家麦克利兰提出"能力素质"（又称胜任力特征）的概念。他认为，人的工作绩效由一些更根本、更潜在的因素决定，这些因素能够更好地预测人在特定职位上的工作绩效，如"成就动机""人际理解""团队领导""影响能力"等个人条件和行为特征，"能区分在特定的工作岗位和组织环境中杰出绩效水平与一般绩效水平的个人特征"，等等。"绩效是能力素质"和"绩效是行为"在一定程度上是相似的，但"绩效是行为"观点主要将注意力放在工作或者"事"上，"绩效是能力素质"观点更关注对员工能力的开发，即更关注"人"，强调在每个绩效管理循环中不断提高员工能力，因为员工能力的提升是员工绩效提升的根本动力，关注"人"，也就是在更根本的层面上关注"事"。

4. 绩效是结果、行为和能力素质的统一体

阿姆斯特朗和巴龙（1998）认为，绩效指行为和结果。行为由从事工作的人表现出来，将工作任务付诸实施。行为不仅是产生结果的工具，行为本身也是结果，是为完成工作任务所付出的脑力和体力的结果，并且能与结果分开进行判断。工作本身既有结果问题又有过程（行为）问题，因此，把绩效解释成结果、行为和能力素质的统一体是逻辑上的必然。也就是说，不仅要看做什么，还要看如何做，绩效不仅取决于做事的结果，还取决于做事的过程或行为。

综上所述，所谓员工的个人绩效，是指员工的工作行为、表现及其结果，以及产生这些工作结果的个人潜在能力，它体现了员工对组织的贡献大小、价值大小。

☞【专题拓展 1-1】　　　　绩效管理：过程与结果，孰重

二、绩效的特征

根据绩效的含义，绩效具有以下三个特征。

（一）多因性

多因性是指绩效的优劣并不取决于单一因素，而是多种因素共同作用的结果。一个员工的绩效既与其技能有关，也与其工作态度有关，同时深受其他因素（企业经营环境、上司的管理和干预……）的影响。多因性要求企业在借鉴他人提高员工绩效的管理制度和方法时务必考虑全面，如这些制度和方法是否真正有益于员工？员工绩效提高背后是否有更为深刻的影响因素？以海底捞为例，很多业内外人士致力于分析导致其高绩效的因素：是因为高薪吗？其薪酬虽比一般餐饮企业高，但是劳动强度大，很累；是因为考核科学？海底捞对每个店的考核有三类指标：一是顾客满意度；二是员工积极性；三是干部培养。最终，人们关注到了海底捞的企业文化——员工比顾客重要。怎么才能让员工把海底捞当成家？答案很简单：把员工当成家里人。海底捞的员工住的都是正规住宅，有空调和暖气，可以免费上网，步行 20 分钟就能到工作地点。不仅如此，海底捞还雇人给员工打扫宿舍、换洗被单，甚至在四川简阳建了寄宿学校，为员工解决子女教育问题。海底捞还想到了员工的父母，优秀员工的一部分奖金，每月由公司直接发放给其在家乡的父母。正是基于上述多种因素，才创造出海底捞令人羡慕的高昂士气、充满激情的员工团队和出色的业绩。

（二）多维性

绩效的多维性指的是评价主体需要多维度、多角度地分析和评价绩效。对于组织绩效，布雷德拉普（Bredrup）认为应当包括三个方面，即有效性、效率和变革性。有效性是指达成预期目标的程度；效率是指组织所需资源的投入产出状况；而变革性则是指组织应对将来变革的准备程度。这三个方面相互结合，最终决定一个组织的竞争力。在对员工个人绩效进行评价时，通常需要综合考虑员工的工作结果和工作态度。对于工作结果，可以通过对工作完成的数量、质量、效率以及成本等指标进行评价得出结论。对于工作态度，可以通过全局意识、纪律意识、服从意识和协作精神等评价指标来衡量。根据评价结果的不同用途，可以选择不同的评价维度和评价指标，并根据期望目标与实际值之间的绩效差距设定具体的目标值和相应的权重。

（三）动态性

绩效具有动态性，即环境的动态性和复杂性造成员工的绩效会随着时间的推移而发生变化，原来较差的绩效有可能好转，而原来较好的绩效也可能变差。因此，在确定绩效评价和绩效管理的周期时，应充分考虑到绩效的动态性特征，做到具体情况具体分析，根据不同的绩效类型确定恰当的绩效周期，从而保证组织能够根据评价的目的及时、充分地掌握组织不同层面的绩效情况，减少不必要的管理成本，并获得较高的绩效。此外，在不同的环境下，组织对绩效的不同内容的关注程度不同，有时侧重于效率，有时侧重于结果，有时则兼顾多个方面。无论是组织还是个人，都必须以系统和发展的眼光来认识和理解绩效。

三、绩效的影响因素

绩效的影响因素包括技能（skill）、激励（motivation）、环境（environment）和机会（opportunity）。

（一）技能

技能指的是员工的工作技巧和能力水平。一般来说，影响员工技能的主要因素有天赋、智力、经历、教育和培训等。因此，员工的技能不是一成不变的，组织可以通过各种方式提高员工的整体技能水平。一方面，可通过招聘录用阶段的科学甄选与合理的人员安置来实现。另一方面，可以为员工提供满足其工作所需的个性化培训或通过员工自身主动地学习来提高其工作技能。员工技能水平的提高可加速组织技术水平的提升，从而对组织绩效产生积极的影响。

（二）激励

激励作为影响绩效的因素，是通过提高员工的工作积极性来发挥作用的。为了使激励手段真正发挥作用，组织应根据员工个人的个性、需求等因素，选择适当的激励手段和方式。

激励包括物质激励和精神激励。物质激励主要是指公司的薪酬和福利；精神激励主要体现在口头表扬、培训与升迁的机会等。如果公司的薪酬低于行业的平均水平，就会在一定程度上影响员工积极性的发挥，从而影响员工的绩效，导致员工流动率上升。人既是经济人，也是社会人和自我实现人，如果公司一直采用外部招聘的方式来填补空缺的职位，公司现有员工便会感到自己所做的贡献没有得到公司的认可，长期下去也会出现绩效下降的情况。此外，无论是物质激励还是精神激励，都应该体现及时的原则，否则就起不到应有的效果。

（三）环境

影响工作绩效的环境因素可以分为组织内部的环境因素和组织外部的环境因素两类。

组织内部的环境因素包括劳动场所的布局和物理条件，工作任务的性质，工具、设备及原材料的供应，组织结构和政策，工资福利水平，培训机会，组织文化和组织气氛等。良好、令人感到舒适的工作环境会提高员工的工作效率，有利于其自身潜能的发挥；混杂、让人感到不安或不适的工作环境会使员工效率低下，不利于其潜能的发挥。当员工处于一个充满活力与创造力、相互激励与促进的团队中时，个人绩效肯定会提高；相反，当员工处于一个相互猜疑与妒忌、安于现状、彼此之间不提供任何帮助的团队中时，个人绩效肯定会降低。这是内部环境对个人绩效影响的集中体现。

组织外部的环境因素包括社会政治、经济状况和市场的竞争强度等。这些因素渗透于管理过程的方方面面，它们既影响组织基本的管理理念、原则、战略、功能和过程，也影响具体的管理方法和手段。另外，任何一种管理行为的运作和执行都是管理者思想观念的体现，管理者的思想观念也体现在对各工作单位的资源配置方面，管理者可通过调配工作单位完成任务的资源，使组织绩效更具有吸引力。无论是组织的内部环境还是组织的外部环境，都会通过影响员工的工作行为和工作态度来影响员工的工作绩效。

（四）机会

机会是一种偶然性因素，它能够促进组织的创新和变革，给予员工有利于学习、成长和发展的环境。在特定的情况下，员工如果能够得到机会去完成特定的工作任务，可能会使其达到在原有岗位上无法实现的工作绩效。在机会的促使下，组织可以拓展新的发展领域，加速组织绩效的提升。因此，无论是对于组织还是对于个人，机会对绩效的影响都是很重要的。

四、绩效的维度

（一）任务绩效与周边绩效的定义

如前所述，绩效是一个多维度的概念，这就意味着我们在理解绩效时需要考虑多种不同的行为。虽然我们能够识别许多具体的行为，但有两种行为或绩效是最突出的，即任务绩效和周边绩效。在谈到周边绩效时，有些人会使用亲社会行为和组织公民行为这样的概念。任务绩效和周边绩效必须分开来考虑，因为它们并不是必然一先一后发生的。例如，一个员工可能在完成工作任务方面非常在行,但周边绩效很低。

任务绩效的定义为:通过补充原材料的供给、分销产成品,或者是执行能够使组织高效率、高效能运转的计划、协调、监督或人员配置等重要职能,协助组织完成上述转化过程的各种行为。

周边绩效可以定义为:通过提供能够促进任务绩效发生的良好环境来帮助组织提升效率的行为。周边绩效包括如下行为。

(1) 持续保持工作的热情,并在必要时付出额外的努力(如总是准时上下班且很少缺勤、在工作上总是付出额外的努力等),以确保成功完成自己的各项工作任务。

(2) 自愿承担本职工作之外的一些工作任务和活动。例如,提出组织改进建议、提出一些富有建设性的意见等。

(3) 帮助他人并与他人保持合作。

(4) 遵守组织的各项规章制度和工作程序(如遵从命令或规则、敬畏权力、遵从组织的价值观和政策等)。

(5) 认可、支持及维护组织的目标(如对组织忠诚、对外树立正面的组织形象等)。

(二)任务绩效与周边绩效的区别

(1) 从任务绩效和周边绩效的定义来看,二者关注的重点有较大的区别。任务绩效更加重视任务本身的完成程度,至于具体是怎样完成的,组织会预先提供明确的工作流程,员工只需要根据组织的规章制度安排完成任务,组织会根据任务完成情况评价个人的绩效。而周边绩效则更加关注人际互动。员工在完成任务绩效的过程中,不可避免地要与周围其他人产生工作关系,为了使员工更好地处理人际关系,实现人际和谐,所以将这些行为纳入了绩效范围。

(2) 不同职位的任务绩效是不同的。例如,人力资源部门经理的任务绩效不同于直线经理人员的任务绩效;一个资深人力资源部门经理(在本质上属于更具有战略性的职位)的任务绩效也不同于那些刚刚进入组织的人力资源部门分析员(在本质上属于更具有操作性的职位)的任务绩效。但是,周边绩效在不同的职能领域及不同管理层级的职位上是大体类似的。例如,所有的员工,无论其职位、职能、职责是什么,都要自愿承担本职工作之外的一些工作任务。

(3) 任务绩效很可能是在工作角色中事先规定好的,也就是说,任务绩效常常包含在员工的职位描述之中。但是,周边绩效中的行为常常没有在工作角色中事先规定好;相反,通常情况下,尽管组织期望自己的员工表现出这些行为,却未必会做出明确规定。

(4) 任务绩效主要受到员工个人的能力和技能(如认知能力、身体能力等)的影响;周边绩效则主要受到员工个人人格特点(如责任心等)的影响。也正因为如此,我们在对两种类型的绩效进行衡量时,会采用不同的考核方式。任务绩效往往更加关注结果,所以可以通过一些可量化的硬性指标进行考核,这些指标往往与组织绩效有直接的关系;而周边绩效往往更加关注行为,所以可以通过一些定性指标进行考核,难度较大,对组织绩效的贡献也不能被准确衡量。

任务绩效与周边绩效的区别如表 1-1 所示。

表 1-1 任务绩效与周边绩效的区别

比较项目	任务绩效	周边绩效
关注点	完成任务本身	人际互动
与职位的关系	紧密相关	相关性不大
行为要求	在职位描述中规范要求	组织期望，非明确要求
影响因素	能力和技能	人格特点
考核方式	结果导向型	行为导向型
指标类型	硬性指标	软性指标
与组织绩效的关系	直接影响	间接影响

(三) 企业重视周边绩效的原因

（1）全球化竞争导致员工付出努力的水平越来越高。过去，一个组织只要有一支有能力完成任务绩效的员工队伍可能就足够了，但是，在全球化带来巨大竞争压力的今天，组织必须使自己的员工兼顾任务绩效和周边绩效。如果一个组织雇用了一批不能表现出周边绩效行为的员工，将很难赢得竞争。

（2）与全球化竞争相关的一个问题是，组织必须向自己的客户提供卓越的服务，而周边绩效行为能够对客户满意度产生深远的影响。从客户的角度来看，当一个员工付出很多额外的努力来满足顾客需要时，将会对组织做出更大的贡献。

（3）现在许多组织都将员工组建成一个团队。虽然一些团队的组建目的是完成一些特定的短期任务，不可能永久性存在，但是不可否认的是，在当今的工作环境下确实存在着很多团队，而人与人之间的合作情况是决定团队效能的一个关键因素。因此，周边绩效与团队工作紧密相关。

（4）任务绩效和周边绩效都能带来这样一种额外的好处，即如果在评价任务绩效之外也评价周边绩效，那么被评价员工会对绩效管理体系感到更加满意，并且觉得该体系非常公平，而且员工似乎也能够意识到周边绩效在影响组织绩效方面发挥着重要作用，所以他们认为除传统的任务绩效外，那些彰显周边绩效的行为也应该被包含在绩效管理体系中。

（5）上级对下级进行绩效评价时，很难忽略周边绩效维度，即使当他们使用的评价表格中并不包括任何关于周边绩效的具体问题时也是如此。因此，即使一个组织只衡量任务绩效，周边绩效仍然会对绩效评价等级产生影响，所以不如更加明确地将周边绩效包含在绩效评价维度之中。更加明确地衡量周边绩效之所以非常重要，还有一个原因，即如果不对周边绩效做出详细定义，那么与对任务绩效的衡量相比，管理者在对周边绩效进行衡量时会更加主观，也更容易产生偏见。

第二节 绩效管理概述

一、绩效管理的内涵

绩效管理就是对员工行为和产出的管理。其核心思想是以人为本，即让员工充分参与绩效考核的过程，在完成组织目标的基础上，重视员工的发展，制订员工的职业生涯计划，以实现员工的个人价值。绩效管理的目的在于提高员工的能力和素质，改进与提高组织绩效水平。

绩效管理所涵盖的内容很多，它所要解决的问题主要包括：如何确定有效的目标？如何使目标在管理者与员工之间达成共识？如何引导员工朝着正确的目标发展？如何对实现目标的过程进行监控？如何对实现的业绩进行评价和对目标业绩进行改进？

绩效管理中的"绩效"和很多人通常所理解的"绩效"不太一样。在绩效管理中，"绩效"首先是一种结果，即做了什么；其次是过程，即是用什么样的行为做的；最后是员工本身的素质。

绩效管理的侧重点体现在以下几个方面。

（1）计划式而非判断式。

① 着重于过程而非评价。

② 寻求对问题的解决而非寻找错处。

③ 体现在结果与行为两个方面而非人力资源的程序。

④ 是推动性的而非威胁性的。

（2）绩效管理的根本目的在于绩效的改进。

① 改进与提高绩效水平。

② 绩效改进的目标列入下期绩效计划。

③ 绩效改进需要管理者与员工双方的共同努力。

④ 绩效改进的关键是提高员工的能力与素质。

⑤ 绩效管理循环的过程是绩效改进的过程。

⑥ 绩效管理过程是员工能力与素质开发的过程。

二、绩效管理与绩效考核的区别

绩效管理是企业和员工的对话过程，目的是帮助员工提高绩效，使员工的努力与企业的远景规划和目标任务相一致，使员工和企业实现同步发展。

绩效考核是对员工一段时间的工作、绩效目标等进行考核，是对员工一段时间的工作总结。同时，考核结果可为相关人事决策（晋升、解雇、加薪）等提供依据。

二者的区别体现在以下方面。

（1）绩效管理是一个完整的系统，绩效考核只是这个系统中的一部分。

（2）绩效管理是一个过程，注重过程的管理，而绩效考核是一种阶段性总结。

（3）绩效管理具有前瞻性，能帮助企业前瞻性地看待问题，有效规划企业和员工的未来发展，而绩效考核则是回顾过去一个阶段的成果，不具备前瞻性。

（4）绩效管理包括完善的计划、监督和控制的手段和方法，而绩效考核只是考核的一个手段。

（5）绩效管理注重能力的培养，而绩效考核只注重结果的优劣。

（6）绩效管理注重事先的信息沟通和绩效提高，而绩效考核注重事后的评价。

实际上，绩效管理是一个完整的系统，仅盯住系统的一个部分是不能很好地发挥作用的。绩效管理不是一项特别的事务，更不是人力资源部门的专利，它首先是管理，涵盖管理的所有职能，如计划、组织、领导、协调、控制。因此，绩效管理本身就是管理者日常管理的一部分。

绩效管理是一个持续不断的交流过程，该过程由员工和他的直接主管之间达成的协议作为保障。绩效管理是一个循环过程。这个过程不仅强调达成绩效目标，更通过计划、实施、考核、反馈，重视达成目标的过程。

综上所述不难发现，绩效考核只是绩效管理的一个环节，也就是说，不能简单地将绩效管理理解为绩效考核，更不能将绩效管理看作一项孤立的工作，不能认为它只是反映过去的绩效，而不是未来的绩效；不能认为它与管理者日常的业务和管理工作毫不相关，与员工发展、绩效改进、组织目标、薪酬管理等工作没有联系，否则绩效管理就成了一种摆设，也就毫无意义了。

三、绩效管理在人力资源管理系统中的地位

人力资源管理是站在如何激励人、开发人的角度，以提高人力资源利用效率为目的的管理决策和管理实践活动。绩效管理是将企业的战略目标分解到各个业务单元，并分解到每个员工，对每个员工的绩效进行管理、改进和提高，从而提高企业整体的绩效，进而提高企业的生产力和价值，使企业获得竞争优势。彼得·德鲁克认为，组织的目的是通过工人力量的结合取得协同效应，并避开他们的不足，这也是有效的绩效管理的目的，也可以说，绩效管理目的的实现最终表现在组织整体效益的提高上。企业的人力资源管理是一个有机系统，这个系统中的各个环节紧密相连，如图1-1所示。绩效管理在这个系统中占据核心地位，发挥重要的作用。作为一种现代化管理工具与手段，有效的绩效管理体系能够帮助企业达成目标，体现企业的战略执行能力，创造高业绩，并成为企业成长与发展的持续动力源泉。只有以有效而卓越的绩效管理体系作为手段，以提高员工的积极性、创造性为目的，形成独具特色的人力资源管理体系，才能打造其他企业无法模仿的优势，才能在激烈的竞争中立于不败之地。

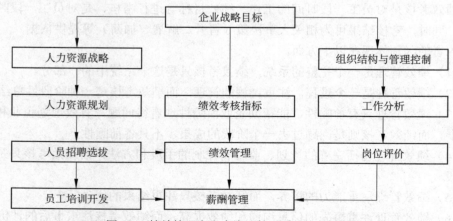

图1-1　绩效管理在人力资源管理系统中的地位

(一)绩效管理与工作分析

工作分析是指运用系统的方法收集有关工作的各种信息，明确组织中各个职位的工作目标、职责和任务、权限，工作中与组织内外的他人的关联关系，对任职者的基本要求，等等。工作分析是绩效管理的重要基础。从广义的角度来说，工作分析也是绩效管理的内容之一。根据工作分析提供的与工作有关的信息，可以把工作目的、职责、任务等转化成关键绩效指标，根据关键绩效指标就可以进行绩效评估与管理。可以说，工作分析提供了绩效管理的基本依据。

(二)绩效管理与人员招聘选拔

在人员招聘选拔过程中或对人员进行开发的过程中，通常需要采取各种人才测评手段，包括书面形式的能力测验和个性测验、行为性面谈及情境模拟等。这些人才测评方法侧重于考察人的潜在能力、性格特征，以此推断人在未来的情境中可能表现出来的行为特征。而绩效考核则侧重于考察人们已经表现出来的业绩和行为，是对人的过去表现的评价。尽管二者有时会采用表面上相似的手段，但目的有所不同。

(三)绩效管理与员工培训开发

绩效管理的主要目的是了解员工目前的绩效状况，进而促使其改进工作，提高绩效。而培训开发是绩效考核之后的重要工作。在绩效考核之后，主管人员往往需要根据被考核者的绩效现状，结合被考核者个人的发展愿望，与被考核者共同制订绩效改进计划和未来发展计划。人力资源部门则根据员工目前绩效中有待改进的内容，制订整体的培训与开发计划，并帮助主管和员工共同实施培训开发工作。合理、有效、准确的绩效考核可以使管理者清晰地了解员工在德、能、勤、绩等各方面存在的优点和缺点。企业可以根据员工的个人情况，对员工实施有计划、有目的的培训，避免产生一些不必要的培训资源消耗。绩效考核的结果是员工工作成绩的体现，是员工培训开发的依据，对于考核结果优秀的员工，应该给予更大的发展空间，这可以通过岗位提升和换岗培训来完成；对于考核结果落后的员工，若其在给定的时间内不能提升绩效则可以予以降级、调整岗位、辞退等。在绩效考核过程中，主要的参考点是未来。也就是说，绩效考核不是为了解释过去如何，而是要将考核结果作为一种资源去规划某项工作或某个员工未来的工作的开发。绩效管理可以为人力资源开发提供关于员工优劣势的信息，帮助员工在现有岗位上创造更高的业绩，加强对员工的针对性培训。

(四)绩效管理与薪酬管理

薪酬管理是指组织在综合考虑各种内外部因素影响的情况下，根据组织的战略和发展规划，结合员工提供的服务来确定他们应得的薪酬总额、薪酬结构和薪酬形式的过程。在这一过程中，组织必须就薪酬水平、薪酬体系、薪酬结构、薪酬形式及特殊员工群体的薪酬做出决策。同时，作为一种持续的组织过程，企业还要持续不断地修订薪酬计划、拟定薪酬预算、就薪酬管理问题与员工沟通，同时对薪酬系统本身的有效性作出评价，而后不断予以完善。在人力资源管理活动中，绩效管理与薪酬管理互相联系、互相作用、相辅相成。绩效管理与薪酬管理都是调动员工工作积极性的重要因素。其中，绩效管理是人力资源管理过程中的难点，直接影响薪酬管理的效能，而薪酬管理是影响人力资源管理活动成败的关键因素，是员工最为关心的敏感环节。

一方面，绩效管理是薪酬管理的基础之一，建立科学的绩效管理体系是薪酬管理有效实施的首要条件。有效的管理有利于建立科学的薪酬结构，通过将绩效管理过程中产生的评价结果与员工薪资等级、可变薪资、奖金分配和福利计划等挂钩，能够确保薪酬管理过程的公平性、科学性和有效性，并可在一定程度上简化薪酬方案的设计过程，降低设计成本，提高薪酬方案的执行效率。另一方面，针对员工的绩效表现及时地给予他们不同的薪酬奖励，能够合理地引导其工作行为，确保员工目标与组织目标的一致性，同时提高员工的工作积极性，增强激励效果，促使员工工作绩效不断提升。因此，只有将绩效管理与薪酬管理的结果相联系，才能使绩效管理真正发挥其应有的作用。组织在实施绩效管理和薪酬管理时，应充分考虑二者之间的紧密联系，避免相互冲突，以确保二者相辅相成，发挥协同作用。

（五）绩效管理与职业生涯管理

有效的绩效管理能够促进员工职业生涯的发展。随着企业管理的不断深入，绩效管理正从传统意义上的监督考核机制向与战略管理紧密结合的激励机制转变，这不仅使得员工更加关注自身工作与企业发展之间的关系，注重将个人的职业生涯发展道路与企业的未来发展相结合，从而提高自身的工作绩效，也促使管理者在绩效管理的过程中注重发现员工个人发展的需要，帮助员工制订职业生涯规划，并将员工个人的职业生涯发展规划与企业整体的人力资源规划联系起来，从而确保在推动员工职业生涯发展的同时促进企业绩效管理目标的实现。

职业生涯管理促使管理者和员工在绩效管理过程中的角色发生变化。管理者由过去的"监督者""消息传播者""领导者"变成了"帮助者""合作伙伴""辅导员"。同时，员工也不再是绩效管理过程中的"被监督者"和"被领导者"，而是变成了自身绩效的主导者。职业生涯管理促使每个员工成为绩效管理专家，清楚地了解如何为自己设定绩效目标、如何有效地实现自己的职业目标，以及如何在目标实现的过程中提高自我绩效管理的能力，从而使组织的绩效管理工作得到员工最大限度的理解和支持。

（六）绩效管理与劳动关系管理

劳动关系管理是以促进组织经营活动的正常开展为前提、以调整与缓和组织劳动关系的冲突为基础、以实现组织劳动关系的合作为目的的一系列组织性和综合性措施与手段。就其管理职能而言，劳动关系管理一般包括基本业务管理、合作管理和冲突管理三个方面。具体来说，员工合同管理、员工社会保障管理、安全生产和卫生管理、员工参与管理、集体谈判管理和集体冲突处理等都属于劳动关系管理的范畴。

人是生产力中最重要的因素，而劳动关系是生产关系中的重要组成部分，规范和维护和谐、稳定的劳动关系是人力资源管理活动中的重要内容。劳动关系管理与员工的利益密切相关，是直接影响员工工作积极性和工作满意度的重要因素。通过劳动关系管理，可以提升员工的组织认同感和忠诚度，提高员工的工作热情和投入程度，营造和谐的组织氛围，从而确保员工对绩效管理工作的支持与配合，促进员工个人绩效的改善和组织整体绩效目标的实现。

绩效管理对于劳动关系管理来说十分重要。科学有效的绩效管理可以加强管理者与员工之间的沟通和理解，有效地避免或缓和矛盾与冲突，促进双方意见的统一，确保员工的合法利益得到保护，促使劳动关系更加和谐。

☞【专题拓展 1-2】　　数字化时代，绩效管理的根本性变革

四、绩效管理对员工的作用

（一）增强员工的自尊心及其完成工作的动力

能够获得关于个人绩效的反馈有助于满足员工的一个基本需要，即得到认可并且在工作中受到重视，而这反过来会增强员工的自尊心。同时，在能够得到关于本人绩效反馈的情况下，员工达成未来绩效目标的动力会得到增强。如果员工知道自己过去做得怎么样且他在过去取得的绩效得到了认可，他就会有更大的动力去实现未来的绩效目标。

（二）强化员工的自我认知与自我开发，使员工更能胜任工作

在绩效管理过程中，可能会对被评价者的工作内容做出更加清晰的解释和定义。员工将有机会更好地理解自己从事的特定岗位对自身行为和工作结果提出了哪些方面的要求，以及怎样才能成为一个高绩效员工。绩效管理体系的参与者可能会更好地了解自己，同时也能够更好地理解哪些开发性活动对于自己在企业中的进步是有价值的。绩效管理体系的参与者还有可能更清楚地看到自己的特定优势和不足，通过制订培训与开发计划为员工在未来取得更大的成功打下坚实的基础，从而更好地设计自己未来的职业发展路径。

（三）最大限度地减少员工不端行为

所谓员工不端行为，包括财务违规、炒单、滥用加班政策、为了保证业务顺利开展而向客户和潜在客户赠送不适当的礼物，以及利用企业资源达到私人目的等行为。企业可通过建立一套良好的绩效管理体系，并提供适当的环境将不端行为清晰地描述和标识出来，从而在造成不可挽回的恶劣后果之前就识别出这些不端行为，予以规避或制止。

（四）强化员工对组织的承诺和留在组织中的意愿

如果员工对企业的绩效管理体系非常满意，他们就更可能具有达到更高绩效水平的意愿，对企业有更高的承诺度，不会轻易主动离开企业。绩效管理体系科学合理，员工就能够感到企业对他们有很强的个人意义，就会打消找新工作的想法。一项由 93 名来自南非的大学教授参与的调查显示，良好的绩效管理体系有助于增强他们继续就职的意愿。

（五）提高员工敬业度

一套良好的绩效管理体系能够有效地提高员工的敬业度。那些敬业度很高的员工往往有较高的参与感和承诺度，他们充满激情并且感到自己获得了更多的授权。这种态度和感

觉能够引发其产生更富有创新性的行为，并展现出更多的组织公民行为，积极参与能对企业产生支持作用的各项活动。

五、绩效管理对企业的作用

（一）使管理者对员工有更深入的了解

员工的直接上级和负责对员工的绩效进行评价的其他管理人员，能够通过绩效管理过程对员工产生更新、更深入的了解。由英国政府认可的、专门在管理技能和领导力领域制定标准的组织——管理标准中心认为，能够与员工建立起建设性关系，是各级管理者应该具备的一项关键胜任能力。更加深入地了解员工的绩效和个性特点，必然有助于管理者和员工建立起良好的关系。此外，管理者还能够通过绩效管理过程更好地了解每一个员工对企业作出的贡献。

（二）使组织的管理活动更加公平、恰当，避免法律诉讼风险

绩效管理体系能够帮助一个企业有效地区分绩效好与绩效差的员工，同时有助于管理者及时发现和处理各种绩效问题。绩效管理体系提供的关于绩效的有效信息可以作为加薪、晋升、岗位调整及解雇等管理活动的依据。一般来说，一套科学合理的绩效管理体系应确保报酬的分配是建立在公平和可信的基础之上的。

例如，无论员工的性别、族裔和背景，对所有的员工一律平等对待。如果企业的绩效管理体系没有做到这一点，就很可能面临被员工起诉的风险。

（三）使企业目标更加清晰

科学合理的绩效管理体系能够使企业中各个部门及组织整体的目标更加清晰，从而使员工能够更好地理解他们的工作活动与组织的成功之间具有怎样的联系，而这显然有助于传达这样一种信息，即一个企业及企业中各个部门要实现的目标是什么，以及企业的这些目标是怎样被分解到企业的每个部门、每个员工身上的。绩效管理体系有助于提高员工对这些大范围目标（企业层次的以及部门层次的目标）的接受程度。

（四）上级对员工绩效的看法能够更清晰地传递给员工

绩效管理体系能够使各级管理人员更好地与员工进行沟通，在与员工讨论对他们的绩效期望以及在向员工提供绩效反馈方面，各级管理人员承担着更大的责任。评价和监控他人绩效的能力被管理标准中心列为管理者应当具备的两大关键胜任能力。当管理者具备这些胜任能力之后，他们就可以向自己的下属提供一些有用的信息，帮助他们了解企业对其绩效的看法如何。

（五）使企业变革更加容易推动

绩效管理是推动企业变革的一个有效工具。例如，20世纪80年代，IBM希望整个企业都关注客户满意度，因此对每一个员工的绩效评价在某种程度上都是以客户满意度评价

结果为基础的，无论员工从事哪一类职能工作，如财务会计、编程、生产等。对 IBM 及其他很多企业而言，绩效管理为员工主动实现转变提供了工具和动力，这反过来又推动了企业的变革。简而言之，绩效管理体系很可能会带来企业文化的变化，因此在实施绩效管理之前，应当对绩效管理可能引起的文化变革所带来的后果予以充分的考虑。正如彭宁顿绩效管理集团（Pennington Performance Group）总裁兰迪·彭宁顿（Randy Pennington）所言："事实上，文化变革是由绩效改变推动的。一个组织的文化是不能被植入的，它会受到组织实施和强化的多种政策、实践、技能以及程序的指导和影响。改变企业文化的唯一方法是改变员工每一天的工作方式。"

第三节 绩效管理的过程

绩效管理的过程也可称为绩效管理动态循环，包括绩效计划、绩效实施、绩效考核、绩效反馈与结果运用四个环节，遵循 PDCA 循环，如图 1-2 所示。绩效管理的过程体系能保证绩效管理体系的有效运行。

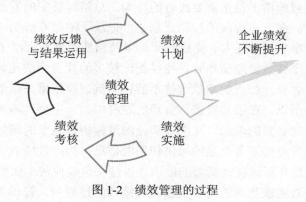

图 1-2 绩效管理的过程

一、绩效计划

绩效计划是指管理者和被管理者通过沟通，就被管理者的工作目标和标准达成一致意见，并形成合约的过程。在绩效管理过程中，绩效计划是绩效管理活动的前提和基础。绩效计划发生在新的绩效期间的开始。制订绩效计划的主要依据是工作目标和工作职责。在绩效计划阶段，管理者和被管理者需要就对被管理者绩效的期望问题达成共识。在达成共识的基础上，被管理者对自己的工作目标做出承诺。

当管理者和被管理者经过沟通完成绩效计划时，应得出如下结果：员工的工作目标与企业的总体目标紧密相连，并且员工清楚地知道自己的工作目标与企业的整体目标之间的关系；员工的工作职责和描述已经按照现有的组织环境做出了修改，可以反映绩效期间的主要工作内容；管理者和被管理者就被管理者的主要工作任务、各项工作任务的重要程度、完成任务的标准、被管理者在完成任务过程中享有的权限都已达成了共识；管理者和被管理者都十分清楚在完成工作目标的过程中可能遇到的困难和障碍，并且明确了管理者所能提供的支持和帮助；形成了一个经过双方协商讨论的文档，该文档中包括被管理者的工作目标、实现工作目标的主要工作结果、衡量工作结果的指标和标准、各项工作所占的权重，并且由管理者和被管理者签字确认。

二、绩效实施

制订了绩效计划之后，员工就需要按照计划开展工作了。在工作的过程中，管理者要对员工的工作进行指导和监督，对发现的问题及时予以解决。绩效计划并不是一成不变的，管理者需要随着工作的开展根据实际情况不断对其进行调整。在整个绩效期间，管理者需要不断地对员工进行指导和反馈。

在绩效实施的过程中，管理者需要做的事情主要有两项：一是持续的绩效沟通；二是对工作表现的记录。例如，华为的绩效辅导记录表用于记录直线经理和员工间进行的定期或不定期的绩效辅导，由直线经理记录、存档。绩效辅导记录表包含工作进展回顾、工作行为反馈、下一阶段的行动计划三部分内容。通过工作进展回顾，指明哪些方面的工作做得好，哪些方面的工作需要进一步改善；在工作行为反馈中，直线经理通过真诚地嘉奖员工的积极行为、坦诚地指出员工需要改进的行为，总结对员工的看法，对员工提出改进要求并给出相应建议；在下一阶段的行动计划中，记录了辅导双方达成的共识，主要包含下一阶段的主要工作事项、责任人、完成时间，以及直线经理承诺给予的资源支持。

企业在考虑整个绩效管理循环时，往往把比较多的注意力放在对绩效的考核上，力求做到客观、公正。客观、公正的绩效考核不能凭感觉，要依据在绩效实施和管理过程中收集与记录的信息。所以，在绩效实施与管理的过程中，一定要对被考核员工的绩效表现进行观察和记录，收集必要的信息。在绩效实施的过程中对员工的绩效信息进行记录和收集是为了给后续的绩效考核储备充足的可供使用的信息，为改进绩效提供事实依据；同时方便从中发现绩效问题和形成优秀绩效的原因，以便在争议仲裁中保护员工的利益。

总的来说，绩效实施强调的是员工在完成绩效的过程中，管理者对其进行辅导。所以从管理方的绩效管理工作而言，绩效实施必须得到员工的配合，才能有效开展。绩效实施中员工和管理者各自需要承担的主要责任如表1-2所示。

表1-2 绩效实施中员工和管理者各自需要承担的主要责任

员　　工	管　理　者
对达成目标的承诺	对目标的修正
与上级的持续交流	有效地反馈与指导
收集并分享绩效信息	观察并记录绩效信息
持续性绩效反馈	提供资源

三、绩效考核

绩效考核是一个周期性检查与评估员工工作表现的管理过程，是指主管或相关人员对员工的工作做出系统的评价。有效的绩效考核不仅能确定每个员工对组织的贡献或不足，制定公平合理的薪酬管理制度也能从整体上为人力资源管理提供决策性评估资料，从而改善组织的反馈机制，提高员工的工作绩效，激励士气。在绩效考核期结束时，依据预先制订好的计划，管理者要对下属的绩效目标完成情况进行考核。绩效考核的依据就是在绩效期间开始时双方达成一致意见的关键绩效指标，同时，在绩效实施与管理过程中所收集到的能够说明被考核者绩效表现的数据和事实也是判断被考核者是否达到关键绩效指标要求的依据。将绩效考核与日常工作结合起来，可使企业所有工作都围绕着提高整体绩效展开，让部门的工作为企业整体绩效目标的实现提供支持和服务，让个人的工作为企业的整体绩效的实现创造价值。同时，也可及时解决绩效目标实施中出现的问题，根据目标实施的情况及时进行监督和调整，保证目标顺利实现，从而使企业战略落到实处。

在绩效考核中，员工及其上级管理者共同完成考核过程是非常重要的，既要有管理者对下属的考核，也应有员工自评。这有利于双方获得绩效反馈阶段所需的有效信息，也可以增强员工对绩效考核结果客观性和公平性的感知，使员工能够更好地接受组织的绩效管理体系，从而提高员工的绩效满意度。同时，结合他评和自评，员工可注意到他们对自己行为的看法与其他人（如上级）对他们行为的看法之间存在的差异，从而帮助员工找到需要改进的地方。

四、绩效反馈与结果运用

管理者对员工的绩效情况进行考核后，必须通过面谈与员工进行反馈和沟通。通过面谈，可以达到以下目的：一是使员工参与到绩效考核中，有效提高员工对绩效管理制度的满意度；二是通过管理者发现员工的问题并帮助员工解决问题的过程，使员工清楚管理者对其工作绩效的看法，以便员工在以后的工作中不断改进绩效、提高技能、挖掘自己的潜能、拓展新的发展空间；三是在双方对绩效考核的结果达成一致意见之后，双方可以就如何改进绩效计划进行充分的沟通，并一同修订绩效改进计划；四是使员工认识到自己的成就和优点，并得到管理者的承认和肯定，从而激励员工努力工作；五是双方参照上一个绩效周期的结果和存在的待改进的问题，协商下一个绩效周期的目标与绩效标准，做到既能有的放矢地使员工的绩效得到改进，又能使绩效管理活动连贯运行。

绩效考核实施成功与否，关键的一点在于如何运用绩效考核的结果。很多绩效考核的实施未能成功，其主要原因是没有处理好绩效考核结果运用的问题。传统上，通常运用绩效考核的结果为薪酬方面的决策提供依据，如奖金的分配和工资的提高等。很显然，这种做法是片面的。因为对于一个企业、一个组织来说，它需要保留住那些能够取得好绩效的员工，并且不断地促使他们取得更好的绩效。而薪酬对于优秀员工来说激励效果有限，他们更看重非物质激励，如培训和自我提高的机会。因此，绩效考核的结果不仅可以用于报酬的分配和调整、职位的变动，还可作为制订员工培训和个人发展计划、开展员工选拔和培训的依据等。

绩效考核是一把双刃剑，考核结果运用不当不仅不能起到鼓励先进、鞭策后进的作用，甚至会打击绩效优秀员工的积极性。例如，某生产制造企业加工车间采用了较为成熟的内部考核管理办法，对于有具体考核指标的人员实行计件制，个人收入与劳动成果直接挂钩，即月完成工时越高、废品率越低，月工资收入就越高。随着考核工资比例的增大，相同工种人员由于技能、技巧等方面的差异,年收入高水平者的薪资会是年收入低水平者的两倍。而对于无考核指标人员,无论是技术部门还是职能科室,由于考核体系不完善、考核指标不具体、评价标准随机的多于固化的、衡量尺度弹性太大等原因,使考核结果的运用出现偏差,导致企业内部同工种不同部门人员的收入差距较大,同一部门同工种人员干好与干坏的收入差距不大;加上信息传递不对称,因出现了偏差而造成误会。

☞【专题拓展 1-3】　　　　15 个绩效管理最佳做法

第四节　不同主体在绩效管理中的角色与职责分工

绩效管理作为企业的一项系统化管理工作,涉及的工作面比较广泛,涉及的人员包括企业的全体员工,上至总经理,下至普通员工。对管理对象进行准确定位,明确其具体的职责,真正做到各司其职、各负其责,对于绩效管理的顺利实施和有效运行具有重要作用。为便于分析企业在绩效管理过程中的角色,我们可以将其分为高层管理人员、人力资源部、直线经理和员工四个层次。

一、高层管理人员在绩效管理中的角色与职责分工

高层管理人员是绩效管理的决策者、支持者与推动者。

高层管理人员是绩效管理重大决策的制定者,并直接负责将企业的绩效目标分解到各部门。在成功将绩效管理导入企业之后,对于绩效管理执行过程的督导工作也尤为重要。高层管理人员负责审批各部门负责人的绩效合约,并负责处理员工的绩效申诉。

绩效管理作为企业战略目标得以有效落实的助推器,需要被企业全体员工广泛认同和理解。为此,高层管理人员必须予以大力支持,帮助人力资源部组织宣传、动员、培训等一系列活动,这样才能让各部门直线经理看到企业实施绩效管理的决心和信心,让员工正确认识绩效管理对企业和个人发展所起到的促进作用。绩效管理是一个复杂的系统,其实施过程需要企业花费大量的人力、物力、财力,如果缺乏高层管理人员的大力支持和关注,人力资源部往往会被视为一个专为其他部门增加负担、添麻烦的部门,而各部门的直线经理对绩效管理工作也会应付了事,从而造成绩效管理工作的形式化、表面化。大量的管理实践经验表明,高层管理人员对绩效管理工作参与得越多,企业的绩效管理工作开展得越顺利,直线经理执行得越好。

二、人力资源部在绩效管理中的角色与职责分工

人力资源部是绩效管理的组织者与指导者。

(1) 充分研究绩效管理理论,熟悉企业其他部门的工作内容和业务流程,改进企业的绩效管理体系,明确绩效管理流程,设计、提供绩效管理工具表格并组织各部门的绩效考核工作,收集各种考评信息、数据;汇总并统计绩效考核结果。

(2）组织直线经理和广大员工参加有关绩效管理的培训与研讨，将绩效管理的理念、技巧和方案传达给直线经理和员工，使他们认识和了解绩效管理，帮助他们掌握更多的技巧和方法，提高他们的绩效管理能力。

（3）与高层管理人员保持积极的沟通，在具体的事务操作上与其达成一致的理解并取得他们的支持与配合，同时，根据评估结果和企业的人事政策对绩效管理进行系统的诊断，定期向决策者提供人事决策依据和建议。

（4）建立与直线经理的合作伙伴关系，加强彼此的沟通与了解，让直线经理认识到绩效管理并不是人力资源部一个部门的事情，他们才是绩效管理的中坚力量。

（5）监督和协调绩效管理的执行过程，了解绩效管理工作的进展情况，并及时提供指导与帮助，受理和调查员工绩效申诉，并将调查结果提供给高层管理人员，协助其做出决策。

三、直线经理在绩效管理中的角色与职责分工

直线经理是绩效管理的执行者和反馈者。

在绩效管理中，直线经理是实施的主体，起着桥梁的作用，向上对企业的绩效管理体系负责，向下对员工的绩效提高负责。只有直线经理真正履行职责，企业绩效管理才能按预想的方向前进，才能真正实现落地，得到有效实施。

（1）在绩效计划阶段，直线经理与员工制定并签署绩效合约，并进行持续的绩效沟通。如果是直线经理单方面地布置任务，员工单纯被动接受要求，没有充分的双向沟通，绩效计划制订就变成了传统的管理活动，其可行性和客观性就得不到保障。直线经理有责任、有义务提前与员工就工作任务、绩效目标等前瞻性问题进行沟通，在双方充分理解和认同企业远景规划与战略目标的基础上，对企业的年度经营目标进行分解，结合员工的职位说明书与工作特点，共同制定员工的年度绩效目标。

（2）在绩效实施过程中，直线经理着扮演辅导员和记录员的角色，对员工的工作进行指导与监督，与员工保持及时、真诚、具体、有针对性的绩效沟通，对发现的问题及时予以解决，帮助员工提高绩效，持续不断地辅导员工提升业绩水平。直线经理要多走出办公室，与员工保持接触，记录员工绩效表现的细节，建立员工绩效档案。直线经理一方面要为员工提供适时的支持，另一方面要为绩效考核工作提供事实依据，确保绩效考核有理有据、公平公正。害怕与员工因绩效考核结果而产生分歧是许多直线经理回避绩效结果反馈的一个重要原因。而绩效记录是具有说服力的真凭实据，可说明一个员工一年总共缺勤多少次，分别是哪一天，是什么原因造成的，等等。

（3）在绩效考核阶段，直线经理评估下属员工的绩效，向人力资源部提供本部门和员工的绩效考核结果，协调和解决员工在评估中出现的问题。绩效考核结果是对一段时间（月度、季度、半年、年度）绩效管理的总结，反映了员工的绩效表现，包括员工表现好的方面和需要改进的方面，直线经理需要综合各个方面的信息对员工的绩效表现作出评价。同时，绩效考核也是企业制定薪酬管理、培训与开发等相关人事决策的重要依据。

（4）直线经理应向下属员工提供绩效反馈，并指导其改进绩效，同时向人力资源部反

馈直接下属对企业绩效管理体系的意见,根据绩效评估结果和企业人事政策做出职权范围内的人事建议或决策。绩效管理的根本目的在于改善员工的绩效,进而改善企业的绩效,因此,直线经理要就员工在过去一个绩效周期的表现与员工进行沟通,帮助员工找出存在的不足,并与员工一起制订改进计划。

☞【专题拓展 1-4】　　　绩效管理中的直线五角色

四、员工在绩效管理中的角色与职责分工

员工是绩效管理的具体落实者。

绩效管理的终极目标是提升员工的能力、激发员工的潜能。只有员工的绩效提高了,企业目标的实现才能成为可能。作为员工,首先要充分理解和认识企业的绩效管理体系,与直线经理沟通,确定自身的绩效计划,签署绩效合约;其次在完成绩效目标的过程中,要记录自己的绩效表现,及时向直线经理反馈绩效信息,积极寻求直线经理的支持与帮助;最后,在考核结束后,要以良好的心态与直线经理进行沟通,认真分析绩效表现,既要肯定自己的优势,也要虚心接受意见、反思自己的不足,在直线经理的指导下拟订改进计划,使自己获得更好的提升。

表 1-3 所示为不同主体在全员绩效管理下的角色。

表 1-3　不同主体在全员绩效管理下的角色

绩效管理主体	角色
高层管理人员	决策者、支持者、推动者
人力资源部	组织者、指导者
直线经理	执行者、反馈者
员工	落实者

 本章小结

绩效可以从管理学、经济学和社会学等多个学科角度来认识,本书主要是从管理学的角度理解绩效,即绩效是组织期望的结果,是组织为实现其目标而展现在不同层面上的有效输出,包括组织绩效和个人绩效两个方面。在实践中,企业从最初的只关注结果到后来同时注重过程中的"行为",对绩效的认识不断全面化。特别是知识经济时代的到来,知识型员工的出现拓宽了绩效的概念,企业开始从"能力素质"角度关注员工的潜在绩效。最终,绩效的概念逐渐全面化,包含了现实绩效(结果和行为)与潜在绩效(能力素质)两大方面。

绩效具有多因性、多维性和动态性的特征。首先,绩效受多方面因素的影响,主要包括员工所具备的技能(skill)、员工所受到的激励(motivation)程度、员工所处的环境(environment),以及组织或外部环境给予员工的机会(opportunity)等。其次,绩效可以

从多个维度进行测量，当前组织比较重视的是任务绩效，关注那些对组织贡献直接、容易定量分析的结果或部分行为。事实上，绩效还应该包括会潜移默化影响员工或组织绩效的其他人际促进和工作奉献行为，即周边绩效。随着全球竞争的加剧、团队工作的必要等现实原因，周边绩效也越来越凸显其重要性。最后，绩效是会不断变化的，当员工和组织没有进行良好的绩效管理时，员工的绩效会降低；当员工和组织配合实施良好的绩效管理时，绩效可以得到持续改进和提高。也正是因为绩效具有动态性的特征，才使得绩效管理工作具有必要性和可行性。

绩效管理就是对员工行为和产出的管理。其核心思想是以人为本，即让员工充分参与绩效考核的过程，在完成组织目标的基础上，重视员工的发展，制订员工的职业生涯计划，以实现员工的个人价值。绩效管理不仅在人力资源管理系统中处于核心地位，还是企业制定人事决策的重要依据，是现代人力资源管理的重要组成部分。绩效管理与工作分析、人员招聘选拔、员工培训开发、薪酬管理、职业生涯管理、劳动关系管理等人力资源管理的具体职能都具有紧密的联系。

规范的绩效管理过程遵循了 PDCA 循环，包括绩效计划、绩效实施、绩效考核、绩效反馈与结果运用四个环节。

现代绩效管理工作需要全员参与。其中，高层管理人员是绩效管理的决策者、支持者与推动者；人力资源部是绩效管理的组织者与指导者；直线经理是绩效管理的执行者和反馈者；员工是绩效管理的具体落实者。

 思考题

1．如何理解管理学中的绩效？
2．如何理解企业实践中的绩效？
3．绩效的决定性因素是什么？
4．企业为什么越来越重视周边绩效？
5．什么是绩效管理？它与绩效考核的区别是什么？
6．简述绩效管理对员工和组织的积极作用。
7．简述绩效管理的过程。
8．如何理解不同人员在绩效管理中的角色与职责分工？

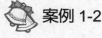 案例 1-2　　　　　　　　王君的困惑

王君最近的情绪糟糕透了，他坐在办公室里，冲着墙上那张《××年度销售统计表》不断生气。这也难怪，全公司 23 个办事处，其他办事处的销售绩效全面看涨，唯独他负责的 A 办事处不但没涨，反而有所下跌。

在××公司，王君是公认的销售状元，进入公司仅五年，除前两年打基础外，后三年一直荣获"公司销售冠军"，可谓"攻无不克、战无不胜"，也正因为如此，王君从一般的销售工程师发展到客户经理、三级客户经理、办事处副主任，最后成了办事处主任，

王君的发展同他的销售绩效一样，成了该公司不灭的神话。

王君担任 A 办事处主任后，深感责任重大，上任伊始，身先士卒，亲率 20 名弟兄摸爬滚打，决心再创佳绩。他把最困难的片区留给自己，经常给下属传授经验。但事与愿违，一年下来，绩效令他非常失望。

烦心的事还没完。临近年末，除要做好销售总冲刺外，公司年中才开始推行的"绩效管理"还要做。

王君叹了一口气，自言自语："天天讲管理，天天谈管理，市场还做不做。管理是为市场服务，不以市场为主，这管理还有什么意义。又是规范化，又是考核，办事处哪有精力去抓市场。公司大了，花招也多了，人力资源部的人员多了，总得找点事来做。考来考去，考得主管精疲力竭，考得员工垂头丧气，销售业绩怎么可能不下滑。不过，还得要应付，否则，公司将一个大帽子扣过来，自己吃不了，兜着走。"

好在对于绩效管理，王君也是轻车熟路了，通过内部电子流程系统，他给每个员工发送了一份考核表，要求他们尽快完成自评工作。同时，他自己根据员工一年来的总体表现，利用排队法给所有员工排了序。排序是一件非常伤脑筋的工作，时间过去那么久了，下属又那么多，自己不可能都那么了解，谁好谁差确实有些难以区分。不过，好在公司没有什么特别的比例控制，特别好与特别差的，王君还是可以把握的。

排完队，员工的自评也差不多结束了，王君随机选取 6 名下属进行了 10～15min 的考核沟通，最后，问题总算解决了，考核又是遥远的下个年度的事情了，每个人又回到"现实工作"中去。

资料来源：绩效管理与绩效考核的区别[EB/OL].（2021-04-12）[2025-01-07]. https://zhuanlan.zhihu.com/p/364198483.

思考与讨论：
1. 王君对绩效管理的理解有哪些偏差？
2. 该公司的绩效管理成功吗？你认为哪些因素导致了该公司绩效管理的现状？

团队互动演练

研究型学习小组结合本章所学，从生活、学习和工作三个方面举例探讨绩效的定义、特征和影响因素。

教学目的
- ☑ 加强学生对绩效在实践中的认识。
- ☑ 提高学生对绩效特征的理解。
- ☑ 强化学生对影响绩效因素的理解。

教学平台
- ☑ 计算机中心实验室，每个学生配备一台计算机，允许网络连接。
- ☑ 标准化教室，供学生讨论和陈述。
- ☑ 指导教师提供实训的基本思路。

教学步骤

第一阶段：小组成员围绕绩效的定义、特征和影响因素收集和整理资料。

第二阶段：小组成员在阅读资料的基础上充分讨论，得出对绩效的认知结论。

第三阶段：对所界定的绩效进行分类，包括绩效的定义，即行为类、结果类、能力类和综合类；绩效的特征，即多因性、多维性和动态性；绩效的影响因素，即技能、激励、环境和机会，形成一份绩效汇总表。

第四阶段：各小组推选一位发言人，汇报讲解小组研究成果，其余小组表态是否赞同，指出有分歧的地方，全班讨论（视课时情况，随机抽取小组发言或者全体小组讲解）

第五阶段：指导教师根据小组分工和讨论情况，绩效的定义、绩效的特征和绩效的影响因素界定与归类的准确性与全面性，所提交汇总材料的规范性等方面进行评分。

团队成员

研究型学习小组在组长指导下合理分工，各负其责，按规定时间完成任务。

研究成果

☑ 一份有关绩效的定义、特征、影响因素的资料汇总表。

☑ 小组讨论并修改完善的过程。

第二章 绩效计划

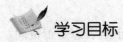

学习目标

- ☑ 熟悉绩效计划的具体准备工作。
- ☑ 掌握绩效计划制订的具体内容。
- ☑ 掌握绩效标准制定的方法。
- ☑ 把握绩效目标制定的基本原则及注意事项。

案例 2-1 绩效计划的制订"凭感觉"

又到年底，随之 2021 年的目标也在紧张的制定之中，人力资源部办公室的灯光又开始守着整个黑夜，人力资源部经理挠着头在思考如何将服务部门的指标制定得可量化、将销售部门的目标制定得合情合理。

这时，销售部负责人气冲冲地来到人力资源部，把《2021 年目标责任书》狠狠地甩在人力资源部经理的办公桌上，说道："你们不想让我干就直接说，不要搞这种小动作，去年销售目标才 3000 万元，今年你要我做到 5000 万元，你以为是过家家。"最后在公司领导的协调下，目标改成了 4000 万元，事后领导对人力资源部经理说："你不要往心里去，如果当初我们就定 4000 万元，他肯定折腾到 3500 万元……"

话还没有说完，行政部负责人也一脸难色地走过来了："领导，我们行政部就是做服务工作，你看我们'员工流失率'的权重占了 30%，人走不走跟我们这么大的关系吗？"在旁边的产品负责人也说话了："经理，我们产品中心一个月都可能在一个点上开发产品，你却搞时效管理，还按六要素写，否则每次扣一分，那我们只有每天盯着时间搞绩效，不搞产品了，不过这样也挺好，这样我们的绩效成绩保证达标。"如此，该公司绩效计划的设定成了管理者与被管理者之间的博弈，行政服务部门成了绩效管理的牺牲品，将产品研发部门从"狼"逼成了"羊"。

那么，公司该如何制订销售部门的绩效计划才更科学呢？

资料源于网络，并经作者加工整理。

"凡事预则立，不预则废。"制订绩效计划作为绩效管理的首要环节，为绩效管理的实施提供了两大主要内容：绩效目标和绩效标准。简单来说，绩效计划的形成就是管理者与员工通过双向沟通形成绩效目标和绩效标准的过程。而员工个人的绩效目标源于对组织目标的分解，组织目标是基于组织战略提出的；员工的绩效标准源于个体的岗位职责，可通过职位分析予以明确。因此，在绩效计划中，首要工作就是制订组织战略规划和职位分析，为绩效计划的制订做好准备。

第一节 绩效计划概述

一、绩效计划的定义

绩效计划是被考核者和考核者双方对应该实现的工作绩效进行沟通的过程,并将沟通的结果落实为正式书面协议,即绩效计划和考核表,它是双方在明晰责、权、利的基础上签订的一种内部协议。

从企业最高层开始,将绩效目标层层分解到各子公司和部门,最终落实到个人。对于各子公司而言,这个步骤即经营业绩计划过程;而对于员工而言,则为绩效计划过程。因此,绩效计划作为绩效管理的一种有力工具,体现了上下级之间承诺的绩效指标的严肃性,使决策层能够把精力集中在关键经营决策上,确保企业总体战略的逐步实施和年度工作目标的实现,有利于在企业内部创造一种突出绩效的企业文化。

绩效计划要充分体现的原则就是员工参与与正式承诺。社会心理学家研究发现,当人们亲身参与了某项决策的制定过程时,他们一般会倾向于坚持立场,即使在外部力量的作用下也不会轻易改变立场。这种坚持态度的产生主要取决于两个因素:一是被卷入的程度,即是否参与决策形成的过程;二是是否为此做出了公开表态,即做出正式承诺。从这一点来看,让员工参与绩效计划的制订过程,并就合约上的内容与管理者达成一致,形成正式承诺,对于企业绩效管理的顺利实施具有重要的意义。

二、绩效计划的内容

(一)绩效计划是关于绩效目标和标准的合约

绩效考核是绩效管理过程中最重要的环节。要想顺利实施绩效考核,必须知道依据什么对绩效进行考核。如果对绩效进行考核之前没有就什么是好的绩效、什么是坏的绩效达成一致的标准,那么在绩效考核的过程中就容易产生争议和矛盾,达不到应有的效果。在绩效周期开始时,管理人员和员工必须对员工绩效的目标和标准达成一致的意见并签订合约。在绩效计划阶段,让员工参与计划的制订,并且签订非常正规的绩效合约,可以让员工感到自己对绩效计划中的内容是做了很强的公开承诺的,这样他们就会更加倾向于坚守这些承诺,执行自己的绩效计划。如果员工没有参与绩效计划的制订过程,仅仅由主管人员强制执行计划,或者只是口头确定,没签字确认,那么很难保证他们坚持按计划行事。

在员工的绩效合约中,至少应该包括以下几个方面的内容:①员工在绩效考核周期内要达到的绩效目标是什么?②达到绩效目标的结果是怎样的?③这些结果可以从哪些方面去衡量?评判的标准是什么?④从何处获得关于员工工作结果的信息?⑤员工的各项工作目标的权重如何?

（二）绩效计划是一个双向沟通的过程

绩效管理不是管理人员的单向行为，不能暗箱操作，它事关管理人员和员工的共同利益，是双方相互沟通、不断进步的过程。所以，在开始制订绩效计划时，管理人员就要让员工参与进来，不断与员工沟通，倾听员工的感受与想法，征求员工的意见，共同确定各项绩效指标及标准，最终达成共识。

在这个双向沟通的过程中，管理人员主要应向员工解释和说明以下问题。
（1）企业的整体目标是什么？
（2）为了完成这样的整体目标，员工所处的业务单元的目标是什么？
（3）为了达到这样的目标，对员工的期望是什么？
（4）对员工的工作应该制定什么样的标准？完成工作的期限应该如何确定？
员工应该向管理人员表达以下内容。
（1）自己对工作目标和如何完成工作的认识。
（2）自己对工作的计划和打算。
（3）自己对工作的疑惑和不理解之处。
（4）在完成工作中可能遇到的问题和需要申请的资源。

绩效计划的主要目的就是让企业中不同层次的人员对企业的目标达成一致的见解，帮助组织业务单元和员工个人朝着一个共同的目标努力。所以，管理人员和员工能否就绩效计划达成共识是问题的关键。

第二节　绩效计划的准备

一、战略规划

在制订战略规划时，需要仔细分析一个组织当前所处的竞争环境、目前所处的位置，以及未来想要达到的位置，制定组织的战略目标，设计行动计划和实施方案，确定最有可能帮助组织达成战略目标的各种资源（包括人力资源、组织资源和物质资源等）的分配方案。

（一）环境分析

所谓环境分析，是指为了了解在组织所处的特定行业中的很多大问题而对外部和内部变量进行分析，其目的是使组织在全面了解各方面信息的前提下进行决策。

对组织外部环境（external environment）的分析包括对组织面临的各种机会和威胁的分析。机会是指可以帮助组织取得成功的一些外部环境特征，可能是那些当前还没有人提供服务的市场，也可能是尚未被开发和利用的劳动力，还有可能是新的科技进步。而威胁则是阻碍组织取得成功的外部环境特征，如经济衰退，也包括竞争对手有了创新产品等。

外部环境因素包括但不限于以下内容。
（1）经济。例如，近期是否会出现经济衰退或者目前的经济衰退是否有可能在不久的将来结束？经济趋势将会对企业业务产生何种影响？

（2）政治（法律）。例如，拟进入的国际市场是否会出现政治变革，会对企业的进入战略产生怎样的影响？

（3）社会。例如，劳动力的老龄化会对企业产生何种影响？

（4）技术。例如，所在行业将会出现哪些新的技术？或者说，这些新技术将会怎样影响企业的经营方式？

（5）竞争对手。例如，竞争对手的战略和产品将如何影响企业的战略和产品？我们能够预料到竞争对手的下一步吗？

（6）客户。例如，客户现在想要什么？在未来的五年，他们想要什么？我们能预测到这些需求吗？

（7）供应商。例如，企业现在和供应商的关系如何？在未来的一段时间内，这种关系会发生变化吗？如果发生变化，将会以何种方式发生？

对企业的内部环境（internal environment），主要分析企业的优势和劣势。优势是组织可以用来增强其竞争优势的那些内部特征，如组织的资产和员工的关键技能。劣势是那些可能阻碍组织成功的内部特征，它可能是无法使组织内的各个部门变成一个整体的一套过时的组织结构，也可能是组织、部门和个人三个层次的目标不一致等。内部环境因素包括但不限于以下内容。

（1）组织结构。例如，目前的组织结构是否有利于实现快速、有效的沟通？

（2）组织文化。组织文化是指那些被组织成员认可却不成文的规范和价值观。例如，目前的组织文化是鼓励创新还是阻碍创新？是鼓励中层管理人员的创新行为，还是会对其形成阻碍？

（3）组织协作。例如，组织各部门对资源的竞争是否在事实上已经导致任何跨部门的合作都无法实现？或者说，各部门对于跨部门的合作项目是否抱有一种开放、合作的心态？

（4）运转流程。例如，供应链的运行状况是否良好？当客户需要我们时，他们能否找到我们？在找到我们之后，他们能否得到满意的答复？

（5）规模。例如，组织的规模是太小还是太大？成长的速度是不是太快了？能否有效地管理组织的成长或收缩？

通过环境分析收集到的关于组织的机会、威胁、优势和劣势的信息可以帮助组织分析差距，即对组织的外部环境和内部环境进行对比分析。对外部环境中的机会和威胁与内部环境中的优势和劣势这四个因素加以配对组合之后，就会出现下面四种情形（按照从竞争力最强到竞争力最弱的顺序加以排列）。

（1）机会+优势=强势。一个组织的内部环境因素和外部环境因素之间的最佳结合是在外部环境中存在机会，同时在组织内部环境存在能够抓住这种机会的优势。这显然是一个组织应当努力追求的方向。以苹果公司为例，其在智能手机市场的领导地位是其显著优势之一。当5G技术兴起时，苹果公司迅速识别到了这一市场机会，并充分利用其研发和设计优势，推出了支持5G网络的iPhone系列。通过结合内部优势和外部机会，苹果成功巩固了其在智能手机市场的领导地位，并实现了业务的快速增长。

（2）机会+劣势=约束。在存在约束的情况下，外部机会是存在的，然而组织的内部劣势却使得它无法抓住这些外部机会。假设某个传统汽车制造公司面临新能源汽车市场的崛起，但其自身在新能源汽车技术方面存在劣势，此时该公司可以通过与新能源汽车技术领先的企业合作，引进先进技术，并利用政府对新能源汽车的扶持政策，加速自身在新能源汽车领域的布局。通过这种方式，该公司能够克服内部劣势，抓住市场机会，实现业务转型和升级。

（3）威胁+优势=弱势。在这种情况下，尽管组织面临外部威胁，但组织内部具有的优势可以遏制这种威胁。以某高端化妆品品牌为例，其在市场上拥有较高的品牌知名度和美誉度。然而，随着市场竞争的加剧，越来越多的竞争对手涌入高端化妆品市场。为了应对这一威胁，该品牌利用其品牌优势，加大研发投入，推出了一系列具有创新性的差异化新产品。同时，通过加强品牌营销和渠道拓展，该品牌成功抵御了市场竞争对手的冲击，保持了市场份额的稳定增长。

（4）威胁+劣势=困境。这是一个组织面临的最糟糕的情况，既面临外部威胁，又具有内部劣势。例如，一个小型家电制造公司在市场上面临技术落后和竞争激烈的双重威胁。为了克服劣势和应对威胁，该公司决定采用 WT 策略。首先，通过引进外部技术和人才，提升自身的研发能力；其次，加强成本控制和质量管理，提高产品的性价比；最后，调整市场策略，聚焦细分市场，避免与大型家电制造商的直接竞争。通过这些措施，该公司逐渐提升了自身的劣势地位，并在激烈的市场竞争中保持着稳定的增长。

以上案例展示了四种竞争策略在实际应用中的多样性和灵活性。不同的企业可以根据自身的实际情况和市场环境选择合适的策略来应对挑战和抓住机遇。同时，这些策略也不是孤立的，企业可以根据需要综合运用多种策略，实现更好的发展。

（二）使命陈述

环境分析完成，要明确组织所属的情况是强势、约束、弱势还是困境，组织成员就需要确定自己是谁、要做什么。然后，要把这些信息整合到组织的使命陈述中。使命陈述提供了一个组织存在的目的及其活动范围等方面的信息，好的使命陈述应能够很好地回答以下问题。

（1）组织为什么存在？
（2）组织的活动范围有多大？
（3）组织要为哪些客户提供服务？
（4）组织要提供哪些产品和服务？

下面我们来看一看可口可乐公司的使命陈述。

- ☑ 我们做的所有事情都源于我们的持续性使命激励。
- ☑ 让全球各地的人们在身体、思想、精神上感到愉悦畅快。
- ☑ 通过我们的品牌与行动激励人们积极、乐观、向上。
- ☑ 在我们涉及的一切领域中创造价值、追求卓越。

可口可乐公司的各部门如果要在公司使命的指引下制定本部门的使命，还需要得到更多、更具体和更详细的信息。同样地，要将组织及其各部门的使命陈述运用到个人职位描述的编制过程中，并且据此管理个人和团队的绩效，也需要更为详细的信息。总的来说，一份完整的使命陈述应当包括以下几个方面的内容。

（1）组织准备提供的基本产品和服务是什么？（组织是做什么的）
（2）组织所要服务的主要市场或客户群体是谁？（组织要为谁服务）
（3）组织所要提供的产品或服务具有哪些独特的好处或优势？（组织能够带来哪些好处）
（4）组织准备运用何种技术来生产产品或提供服务？
（5）通过谋求增长和盈利获得生存的基本关注点是什么？

一个组织的使命陈述往往还会包含组织的价值观和理念等方面的信息，具体如下。

（1）组织的管理哲学。
（2）组织力求塑造的公众形象。
（3）员工和股东所接受的企业自身形象。

（三）愿景陈述

一个组织的愿景是关于其未来发展愿望的一种陈述。显然，愿景陈述通常是在组织使命陈述完成之后才确定下来的，因为只有当一个组织明确了自己到底是谁、自己存在的目的是什么后，才能清楚自己在未来将会成为什么样子。然而，需要注意的是，很多组织的使命陈述和愿景陈述常常是混在一起的，在许多情况下，二者很难区分。在这种情况下，愿景陈述常常包括两个组成部分：一是核心理念，它常常被视为使命；二是预想中的未来，它常常被视为愿景。核心理念包括一个组织的核心目标和核心价值观，而预想中的未来则具体说明组织的长期目标，以及组织期望成为的那种组织的总体蓝图。

愿景陈述一般应当遵循以下原则。

（1）简洁。一个组织的愿景陈述应当简洁明快，这样才能让员工记住。
（2）可证实。好的愿景陈述应当能够经受住现实的考验。例如，我们如何才能判断格瑞夫公司是否变成了"本行业中最理想的工作场所之一，致力于创建一个能够使每个员工都变得更加卓越的工作氛围"呢？
（3）有时限。好的愿景陈述应当界定组织实现各种愿望的具体时间。
（4）不断更新。过时的愿景陈述是没有用的。组织必须持续更新愿景陈述，最好是在旧的愿景实现之后立即提出新的愿景。
（5）聚焦。好的愿景陈述并不是对各种愿望的简单罗列，而要聚焦于对组织未来的成功至关重要的组织绩效中的多个方面。
（6）可理解。愿景陈述应当以一种清晰的、直截了当的方式表达出来，以便所有的员工都能理解它。
（7）鼓舞人心。良好的愿景陈述应当能够使员工对组织的未来充满信心，同时激励他们帮助组织实现愿景。
（8）延展性。20世纪80年代，微软公司刚刚开始开发MS-DOS操作系统，其在当时的愿景陈述是：在每个家庭和每张桌子上都放上一台计算机。这一愿景陈述无疑是非常具有延展性的，在当时，大型计算机仍然占据绝对统治地位，而第一台微型计算机（现在的个人计算机）才刚刚被生产和销售出去，因此，微软的这种愿景在当时被认为是荒谬可笑的,但这个愿景早已变成了现实。之后,微软公司又提出了新的愿景陈述:将计算机装进每辆轿车和每个人的口袋里。

总而言之,愿景陈述是对组织未来各种期望的一种描述。相比之下,使命陈述更强调现在,愿景陈述则更强调未来。

(四)战略规划

战略是为达到既定目标所制订的策略性计划或实现程序。它能够解决组织成长、生存、转型、稳定、创新及领导力等方面的问题。

良好的战略表述应包含以下三项基本要素,即OAS。

(1)目标(objective):战略要达到的最终结果。"目标"部分的陈述与先前讨论的愿景类似,既要求尽量对目标进行量化,如盈利能力、规模、市场份额、排名或股东回报等,也要求设定具体的时间期限,如3~5年实现。

(2)优势(advantage):组织达到目标所使用的方法。"优势"表示企业将采取何种差异化、更好的或独特的竞争手段,描述了企业如何吸引客户的价值主张。价值主张应该包含那些企业想要区别于或优于竞争对手的购物体验或关系。它可以用传统的战略术语表述,如低成本或产品、服务、客户关系等方面的差异化。

(3)范围(scope):组织想要经营的领域与市场。"范围"界定了企业想要竞争或赢取的细分市场。范围可以是细分的目标客户、产品线的宽度、采用的技术、服务的地区及纵向一体化的程度。

美国西南航空公司的OAS战略表述如表2-1所示。毫无疑问,美国西南航空公司的目标是成为美国最盈利的航空公司。时间限制可以省略,因为该公司目前在美国航空业的排名已经是第一,只需保持这个地位即可。该公司的优势就在于航班的低价格、高频率、可靠性和航空服务的快捷性。该公司的客户细分和价值主张定位非常精准,主要瞄准那些注重飞行便利性且对价格敏感的乘客,这些人愿意忍受一些不便,如没有预订、许多人同时登机、没有头等舱或机场休息室,以换取快速的城市间航空飞行和准点抵达。这个例子说明了如何运用不到50个字把组织战略简洁有力地以OAS形式表达出来。

表2-1 美国西南航空公司的OAS战略表述

目标(O)	战略要达到的最终结果	成为美国最盈利的航空公司
优势(A)	组织达到目标所使用的方法	航班的低价格、高频率、可靠性和航空服务的快捷性
范围(S)	组织想要经营的领域与市场	针对那些注重飞行便利性且对价格敏感的乘客

【专题拓展2-1】　　　　　华为战略规划全面解码

二、职位分析

(一)工作描述

1. 职位目的分析

职位目的,即职位存在的主要目的和价值,通常以"职位概述"形式出现。职位目的分析涉及以下内容：组织为什么需要这个职位？该职位为组织整体目标的完成承担了什么样的责任？该职位对组织的独一无二的贡献是什么？职位目的要清晰地表达本职位在什么条件下设置、具体要做什么，以及本职位为什么存在。例如，人力资源部门经理的职位目的可以表述为"为有效配置、合理开发及管理公司的人力资源，在公司经营战略和政策规定的指导下，制订人力资源规划和策略，建立人力资源管理体系，组织和指导员工招聘、绩效考核、薪酬福利管理、员工激励、培训与开发"。

2. 职位职责分析

职位职责分析不仅包括对本职位任务范围的分析，还包括对职位责任大小（权限）、重要程度，以及职位关键活动、要获得的成果和衡量的关键要点的分析。每个职位在履行其责任时都有它规定的任务，当有足够多的相关任务时，一个职位便产生了。所谓任务分析，就是分析任务的性质、内容、实现任务的形式，执行任务的步骤和时间要求等。通过任务分析，可以实现任务的一体化，体现任务的意义。

职位任务是指为了实现职位目的，任职者需要在哪些主要领域、通过哪些主要活动、获得什么样的最终结果。职位应负责任一般按各项工作的重要性排序且最多不超过10项。职位任务的分析要点包括以下两个：该职位应完成的最终结果；达到最终结果所应开展的主要活动。主要的分析项目有：在资金、设备、仪器仪表、工具器皿、原料、材料的使用与保管上的责任；在与他人的分工、协作和完成生产上的责任；在完成工作任务的数量、质量及劳动效率上的责任；在维护企业信誉，做好市场开发、产品设计、生产工艺、质量检验、行政管理、职工政治思想、业务素质培养上的责任等。

对职位主要活动及其结果的评价指标与应负责任相对应，重在牵引性，可以定性，也可以定量。衡量要点一般包括时间（及时完成率、开发周期等）、质量（故障率、出错率、一次合格率、客户满意度、有效投诉率、可操作性等）、成本（投入产出比等）和数量等。评价指标要有关键性，而不能片面与空泛，应抓住职位绩效特征的根本，找出相应的绩效指标。一般来说，好的绩效指标应具有以下四个特性：一是重要性，即指标对组织价值或利润的影响程度应比较大；二是敏感性，即指标能正确区分出绩优绩效与绩劣绩效；三是可操作性，即指标必须有明确的定义和计算方法，能有效地进行量化与比较，易于取得可靠和公正的初始数据；四是职位可控性，即指标内容是一个职位控制范围之内的，而不是该职位不能控制的。

3. 职位劳动强度分析

职位劳动强度是指在作业时间内人体做功的大小、能量消耗的多少，主要用劳动紧张程度、劳动负荷、工时利用率、劳动姿势和工作班制等指标来分析。出于定性分析角度，劳动紧张程度主要是指对员工在劳动过程中脑、眼、耳和四肢的协调性、感知和处理信息的速度、注意力的集中程度、反应的快慢等进行分析；劳动负荷是指根据员工在工作中采用的推、拉、走、跑等动作来分析员工做功的大小和能量消耗的多少；工时利用率是指对员工的工时利用情况进行分析，以计算工时利用率等相关指标；劳动姿势是指对员工作业时必须采用的坐、站、跑、蹲、攀、踢、踏、俯卧、仰视、蹲伏、弯腰和倒悬等姿势进行分析；工作班制是指对各种班制，如常白班、三班倒、两班倒、四班三运转、四六班制、四八班制、大三班等进行分析,以确定工作班制对员工的身心健康是否有影响。出于定量分析角度,劳动强度就是用点因素法将各个指标的属性分成由低到高的几个等级,然后赋予每个等级一定的分值,根据各等级的分值分析各等级的属性情况。

4. 职位劳动条件分析

职位劳动条件主要包括以下因素:物资设备条件、技术条件、安全卫生条件、工作环境和劳动过程组织。其中,物资设备条件主要包括劳动工具、机械设备、厂房设施、通风和除尘装置、安全和调温设备,以及卫生设施等;技术条件包括生产工艺、技术资料、工具书等,这些是劳动者在完成工作任务时所需的技术支持;安全卫生条件即用人单位必须提供符合国家规定的劳动安全卫生条件和必要的劳动防护用品,对从事有职业危害作业的劳动者应当定期进行健康检查;工作环境包括自然环境和根据生产需要而布置的人工环境,如工作地点的空间、光线、温度等;劳动过程组织包括生产中的劳动组织、操作方式,体力劳动和脑力劳动的比重等。

5. 职位职权分析

责权应该统一,为了保证职责的有效履行,应该赋予职位一定的职权。职位职权分析就是分析任职者应该具备的对各项任务进行决策、管理的范围和程度。就范围而言,一般包括行政权(或叫作业务权)、人事权和财务权等;就程度而言,一般分为建议权、调查权、指导权、监督权、审批权和决策权等不同等级。

(二)任职资格文件

1. 职位知识要求分析

在职位分析之后,应对各种职位所需的知识水平进行分析,认真研究胜任每一个职位所需要的基本知识与作业知识,以便更好地实现人职匹配。当然,职位所需的知识水平不仅是指正规学历教育,也包括通过职位培训获得的知识与技能。通常,它由以下六个方面组成:一是文化程度,即胜任本职位工作所应具有的最低学历或同等学力;二是专门知识,即胜任本职位工作所应具有的专业基础知识与实际工作经验;三是政策法规知识,即应具备的政策、法律、规章或条例方面的知识;四是管理知识,即应具有的管理科学知识或业务管理知识;五是外语水平,即因专业、技术或业务工作需要,对一门或数门外语的掌握程度;六是相关知识,即本职位主体专业知识以外的其他知识。知识要求可采用精通、通晓、掌握、具有、懂得、了解六级表示法。

2. 职位工作经历要求分析

由于每个职位规格不同,对员工的要求也不同。这不仅表现在知识水平上,还表现在需要本职位人员具备一定的感知判断力和领悟力上。这些能力的取得必须依靠工作经历的积累,这也就构成了工作经历分析。通过工作经历要求分析,可以决定职位所要求的员工工作经历指标,一般用年限来表示,如有本职位3~5年的工作经历、有本职位5~10年的工作经历等。

3. 职位工作技能要求分析

工作技能是指一个人结构化地运用知识完成某项具体工作的能力，即对某一个特定领域所需要技术与知识的掌握情况。所谓职位工作技能要求分析，主要是指要明确胜任本职位工作所应具备的运用相关工具、技术和方法的熟练程度与精通程度等。因为职位所要求的工作技能会随着职位的不同而存在很大差异，因此，为了便于对不同职位的技能要求进行比较，在实践中，我们往往只关注其中少数几项对所有职位都通用的技能，如决策能力、组织协调能力、计算机操作能力、外语能力和公文处理能力等。各项工作技能一般从低到高分为1~5级。例如，外语能力就可以分为：不需要；国家英语四级，简单读写；国家英语六级，具备一定的英语听说读写能力；英语专业八级，能熟练运用英语表达。

4. 职位身体素质要求分析

职位身体素质要求分析也称为心理品质要求分析，分为体能性向和气质性向。

体能性向，即任职者应具备的行走、跑步、爬高、跳跃、站立、旋转、平衡、弯腰、下蹲、跪卧、举重、携重、推力、拉力、握力、耐力、听力、视力、灵巧和手眼配合等方面的能力。根据心理学家的研究，与工作相关的心理品质包括以下内容：智力、语言能力、数字能力、空间理解力、形状视觉、书面材料知觉、运动协调能力、眼手足协调能力和颜色分辨能力。

气质性向，即任职者应具备的耐心、细心、沉着、勤奋、诚实、主动性、责任感、支配性、掩饰性和情绪稳定性等气质倾向。

职位身体素质要求分析最常用的方法是五点量法，以简洁的文字说明五个级别：最重要的、较重要的、中等重要的、次等重要的、不重要的和最优的、良好的、一般的、差的、最差的。

【专题拓展 2-2】　　　　　工作分析=岗位绩效管理？

三、绩效计划的具体准备工作

（一）绩效计划的信息准备

绩效计划通常是通过管理者与员工双向沟通的绩效计划会议得到的，为了使绩效计划会议取得预期的效果，事先必须准备好相应的信息，主要包括以下内容。

1. 组织信息

员工的绩效计划必须与组织的目标紧密结合，因此，管理者与员工应该在绩效计划会议上就组织的战略目标、发展计划和经营计划进行沟通，并确保双方对此没有异议。在召开绩效计划会议之前，管理者和员工都需要重新回顾组织的目标，确保已经熟悉了组织的目标。

2. 部门信息

每个部门的目标都是从组织的整体目标分解而来的，部门目标与组织整体目标紧密相连。部门信息的主要内容是部门计划和团队计划。

部门计划的制订依据是组织的年度计划。部门计划直接和各职能部门关联，从而也和各职能部门员工的绩效标准密切关联。因此，部门计划也是员工制订绩效计划之前需要了解的重要信息。

组织各职能部门中越来越多以团队为单位从事各项活动，团队这种形式的采用使得小单元内的目标、责任更加具体、明确，员工更容易制订个人绩效计划。

3. 个人信息

（1）员工所在职位的工作分析。在员工所在职位的工作分析中，通常规定了员工的主要工作职责，以工作职责为出发点设定工作目标，可以保证将员工个人的工作目标与职位的要求联系起来。工作描述需要不断地修订，在制订绩效计划之前，应对工作描述进行回顾，重新思考职位存在的目的，并根据变化了的环境调整工作描述。

（2）上一个绩效周期的评估结果。如果员工在上一个绩效周期内完全按照绩效计划完成绩效指标，绩效评估合格的话，那么这一周期的绩效计划就可以设定新的目标；如果上一个绩效周期的绩效指标并没有全部完成，那么新一周期绩效计划就需要考虑那些没有达成的绩效指标应该如何改进，这也体现了绩效管理的最终目的是实现所预定的绩效目标。

（二）绩效计划的沟通方式选择

决定采用何种方式完成绩效计划的沟通是非常重要的问题，需要结合组织的文化氛围、员工特点及所要达到的工作目标等因素进行选择。

1. 员工大会

员工大会是在整个组织范围内进行沟通的一种方式。由于参加人数多、时间长，员工大会不可能经常召开，一般只有遇到非常重大的事项时才召开。在绩效计划阶段，召开员工大会是十分有必要的，要让全体员工意识到绩效管理和每一个员工息息相关，进而意识到绩效计划在整个绩效管理体系中的重要地位，这样才能调动起全体员工的积极性，使其成为绩效计划的主体。

2. 小组会议

小组会议通常是在员工大会的主导下，在各个职能部门或者各个职能部门下的团队召开的。小组会议相对于员工大会来说，参加的人数少、讨论的事项比较集中，其讨论结果基本上就是绩效计划阶段的预定成果——绩效合约的雏形。另外，小组会议除能够明确个人在目标达成过程中的分工外，还有助于不同成员之间的协调配合，通过讨论还可以发现工作中可能存在的各种问题。

3. 单独面谈

如果员工个人感觉自己的绩效合约仍然存在问题，可以和职能部门主管面谈，就绩效合约达成过程中的困难、达成合约所需得到的帮助、所需的资源支持进行商讨，部门主管应尽可能满足员工的需求，帮助员工制订合理的、切实可行的绩效计划。

第三节 绩效计划的制订

一、绩效标准的制定

绩效标准反映了组织对岗位工作的要求，只有在确定绩效标准的基础上，才能根据员工的具体情况有针对性地制定出详细的绩效目标和计划。

（一）绩效标准的特征

人们往往容易将绩效标准的概念与绩效目标的概念混为一谈。绩效目标是针对具体的人制定的。因此，目标的典型特征是具有挑战性。而绩效标准是以职务工作为基础制定的一套客观标准，该标准与职务工作所对应的人无关。一名主管可能管理许多从事相同职务工作的下级员工，对于所有员工，他应该只制定一套绩效标准，而对于每个员工，则需要依据每个员工的个人经验、技术和过去的表现等制定不同的绩效目标。

绩效标准应该体现出绩效评价的公正性。具体来说，绩效标准具有以下十个特征。

（1）绩效标准是基于工作本身而非工作的人制定的。在制定绩效标准时，应根据对该职务固有的职务职能标准来制定，而不管是谁在做这项工作。例如，在通常情况下，一个公司会有多个秘书，但针对秘书职务的绩效标准只应有一套，而非每个在岗的秘书一人一套（当然，每个在岗的秘书都应有一份包括绩效目标在内的绩效计划）。

（2）绩效标准体现的是工作执行情况可以接受的绩效水平，而不是工作执行情况良好的绩效水平。这样一来，员工有更多的机会超过标准，从而获得他人与自我的认同。我们一般不主张制定过高的绩效标准，以免使员工在工作中承受不必要的心理压力。

（3）绩效标准是一般员工可以达到的。本项特征与前面一项特征有直接关系。正因为绩效标准体现的仅仅是"可接受"的水平，所有在职的员工都应该能够达到这一水平。当然也有可能出现例外的情况，那就是新员工刚刚开始适应工作时，尚处在学习阶段，在这期间无法完全达到绩效标准的要求也是正常的。在正常的情况下，每一个员工都应该能够达到绩效标准的要求，甚至有一部分员工能够超出这一标准。

（4）绩效标准应为众人所知，并且是十分明确的。绩效标准应清楚明了，能够让管理者和员工明确其含义。然而，事实上各种原因都可能使各方对绩效标准的含义存有误解，这一点应该尽量避免。

（5）绩效标准应尽可能地经过管理者和员工双方的沟通协调并取得认同后再制定出来，这一点对于更好地激励员工和进行绩效评价非常重要。因为绩效标准是管理者进行员工绩效考核时所适用的评价标准。在标准不能得到认同的情况下，任何评价活动都可能引发双方之间的争执与矛盾，这对于绩效管理的有效性是十分不利的。

（6）绩效标准应尽可能具体，并且是可以衡量的。有些人坚持绩效标准应以量化的方式表示。他们主张以数量、百分比或数字等表示各个具体的标准类型。事实上，并不是所有情况下都可能甚至有必要用量化的方式表示绩效标准。有些时候我们并不排斥甚至只能采用主观判断的方式进行评价。在这种情况下，绩效标准也应尽可能被具体明确地说明。

（7）绩效标准要有时间的限制。这一时间限制包括两个方面的含义：一是指绩效标准必须清楚说明员工应该在什么样的时间限制下实现所规定的标准；二是指该绩效标准今后能否继续适用，即适用的时间期限如何。

（8）绩效标准是可以改变的。这一点与前面时间限制的第二层含义是相对应的。另外，我们还可以通过回忆前面谈到的绩效的动态性特征来理解这一点。绩效变动的原因也许是新方法或新设备的引进，或工作要项发生了变化。需要指出的是，在正常的情况下，绩效标准不应该仅仅因为员工无法达到而轻易改变。

（9）绩效标准的数量应根据实际需要而定，并没有固有的标准。人们往往会关心应该制定多少条标准才算合适，这个问题与"要有几个工作要项"相似，都没有一个肯定的数字作为答案。制定多少条标准应完全依工作而定。在实践中，工作标准多寡主要还是看上级管理者对员工的要求。管理者决定用多少条标准清楚说明他对下属员工的绩效期望。如果用两条标准（如量与质两项）就能够表达，那就两条标准；如果管理者感到需要数十条标准才能说明，那么就制定数十条标准。通常，绩效标准稍多些为好，因为绩效标准的内容越丰富，员工越能够通过它全面清楚地了解工作的全貌，管理者越能够从多个方面评价员工，同时能够更加全面地指出员工在工作中的长处及应改进的地方。

（10）绩效标准应以文字的形式表达出来。管理者与员工个人在就绩效标准达成共识之后都应得到一份书面绩效标准，以便于随时提醒他们，使他们不只靠记忆行事。对于员工而言，能够经常拿着绩效标准对照自己的行为是一种很好的自我反馈过程。

（二）制定绩效标准的一般步骤

绩效标准与各个岗位员工的职责密切相关，制定绩效标准的一般步骤如下。

（1）收集与工作有关的背景信息，如收集组织结构图、工作流程图等，确定岗位工作说明书。组织结构图显示了当前工作与组织中其他工作的关系，以及岗位在整个组织中的位置；工作流程图则提供了与工作有关的更为详细的信息，应对组织结构图中各个部门的职责进行分解，根据工作流程图找出部门人员为了履行部门职责应完成的各项工作任务。在这个过程中，人们往往首先根据现有的情况进行汇总和归纳，之后再进行必要的调整。

（2）确定工作规范。工作规范包括每个岗位所需要的知识、技能、经验、资格（文凭、资格证书）等，全面反映工作对员工的品质、特点及工作背景或经历等方面的要求，应尽可能具体，并划分出相应的等级。

（3）根据工作说明书和工作规范确定岗位的工作量、主要工作事项，并根据每个员工的工作内容制定相应的绩效标准。

（4）主管与员工就所制定的绩效标准进行沟通和协商，并对绩效标准进行修正，最终达成共识。

（三）制定绩效标准的方法

制定绩效标准的方法有很多，早在20世纪初期，学者就开始对工作方法进行研究，通过程序分析、操作分析和动作分析，确定各个岗位的工作标准。现代人力资源管理中的工作分析将岗位的工作内容分解为较小的任务,使人们能够更容易地对工作进行评价和管理。根据岗位的工作说明书来制定绩效标准成为较常用和简便的一种方法。

1. 根据工作说明书确定岗位工作要项

在工作说明书中,对岗位工作所包含的重要工作职责的逐条陈述被称为工作要项。工作要项是提取在岗人员绩效评价要素的主要来源。工作要项的数量无一定规则,依据工作说明书提取出纳工作要项的具体示例如表2-2所示。

表2-2 出纳工作要项提取示例

工作说明书中列明的工作职责	工 作 要 项
（1）办理现金收付和银行结算业务； （2）审核有关原始凭证,据以收付各种款项； （3）办理外汇出纳业务； （4）编制及打印现金和银行存款余额日报单,核对库存； （5）核对银行账目,编制银行存款余额调节表； （6）掌握货币资金余额,及时提供有关数据； （7）保管库存现金及各种有价证券； （8）保管有关印章、空白收据和空白支票	（1）结算； （2）审核凭证； （3）出纳； （4）对账； （5）保管

2. 将工作要项转化为绩效标准

绩效标准是在管理者和员工双方经沟通协商取得认同的基础上制定出来的,让员工参与绩效标准的制定不仅有利于避免双方在绩效考核中产生分歧,而且可以激励员工达到甚至超过标准。根据表2-2中的工作要项,通过管理者与员工共同协商制定的绩效标准如表2-3所示。

表2-3 绩效标准

工 作 要 项	绩 效 标 准
结算	（1）每月两次办理银行结算业务,不得有差错； （2）能够按要求完成,不延期
审核凭证	（1）审核每单原始凭证,不得有遗漏； （2）对不符合规范的凭证,要求及时修改； （3）定期整理、归类原始凭证
出纳	保证现金满足日常经营使用需要
对账	核对银行账目,编制银行存款余额调节表
保管	（1）保管库存现金及各种有价证券,使其安全有保障； （2）保管有关印章、空白收据和空白支票,严格按规定使用

如果某项工作只有一个员工在做,那么管理者与该员工共同制定绩效标准；如果某项工作不只有一个员工在做,则必须有相当人数的员工代表参与到绩效标准的制定中。

（四）制定绩效标准时应注意的问题

1. 绩效标准的压力要适度

绩效标准要使大多数员工经过努力可以达到,绩效标准的可实现性会促使员工更好地发挥潜能。但是,绩效标准又不能定得过高,不能可望而不可即,这样容易使员工产生沮丧或自暴自弃的情绪。实践表明,员工在适当的压力下可以取得更好的绩效。因此,绩效标准的水平要适度,标准产生的压力以能提高劳动生产率为限。

2. 绩效标准要有一定的稳定性

绩效标准是考核员工工作绩效的权威性尺度,因此,绩效标准需要具有相当的稳定性,以保证标准的权威性。当然,这种权威性必须以标准的适度性为基础。一般来说,绩效标准一经制定,其基本框架不应改变。不过,为了使绩效标准及时反映和适应工作环境的变化,需要对其进行不断的修订。但是修订往往只是部分的、对某些条款的变动,而不需要作大幅度的变动。对于新创立的公司来说,由于缺乏经验、绩效标准不够完善,所以经常修订绩效标准往往是不可避免的,此时,吸取同行业其他公司的经验,参照国际的、国内的先进标准,是建立绩效考核体系的有效途径。

3. 绩效标准应符合 SMART 原则

SMART 原则是制定绩效标准、绩效目标的常用原则。

以上只是对绩效指标与绩效标准的总体概述,在实际应用中不可生搬硬套。实际上,规模较大的企业一般都有自己独立的绩效管理体系和方法。当前比较流行的绩效管理方法有目标管理、平衡计分卡、KPI(关键绩效指标)、标杆管理等。每一种绩效管理思想对绩效指标与绩效标准的设计都有独特的要求,在实践中,我们应该将这些绩效指标与绩效标准的设计理论和方法与企业的绩效管理系统结合起来。

☞【专题拓展 2-3】　　　　绩效考核标准制定六大要点

二、绩效目标的制定

制订绩效计划最重要的内容就是制定绩效目标。在制定绩效目标的过程中,管理者需要特别重视以下几个方面的内容。

(一)绩效目标制定的基本步骤

绩效目标的制定过程通常包含如下基本步骤。

(1)成立一个由高层领导参与的战略规划小组,负责拟定和描述组织的愿景,在高层领导之间达成共识后,确定企业的战略目标。对一个成熟的企业来说,可直接根据企业的愿景和战略,结合企业的年度工作计划,制定企业的绩效目标。

(2)每个高层领导与其分管部门的管理者组成小组,制定各部门的目标,然后基于部门目标和部门工作计划,制定部门绩效目标。在制定部门绩效目标时,管理者需要注意部门绩效目标和企业绩效目标的纵向协同和不同部门绩效目标之间的横向协同。

(3)部门管理者与员工就部门绩效目标的分解和实现方式进行充分沟通,制定每个员工的绩效目标。在这一过程中,部门管理者需要统筹协调每个员工的工作内容,既要保证本部门的目标能够实现,也要保证每个员工都有充分的发言权,并鼓励员工积极参与绩效目标的制定。通过保证基层员工的绩效目标与部门绩效目标的协同性和一致性,确保个人、部门和企业绩效目标的协同性和一致性，进而保证通过绩效目标分解将企业战略系统化为每个员工的日常行动。

（二）绩效目标的制定依据

管理者在设定绩效目标时，一般应根据企业战略及上一级部门的目标，并围绕本部门的职责、业务重点和流程要求制定本部门的工作目标，以保证本部门、各个岗位的工作朝着企业要求的总体目标推进。因此，绩效目标大致有以下三个制定依据。

1. 企业战略目标或部门目标

部门绩效目标源于企业战略目标，员工个人绩效目标源于部门绩效目标，这充分体现出目标体系的相互支撑关系。只有这样，才能保证每个员工都按照企业要求的方向努力，才能实现企业整体战略目标。图 2-1 体现了从企业战略到员工个人绩效目标的分解过程。

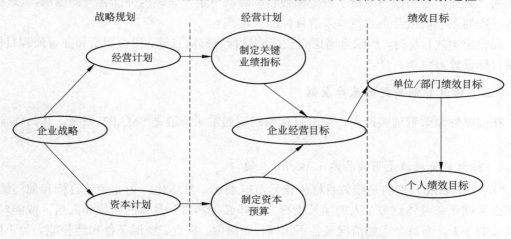

图 2-1 从企业战略到员工个人绩效目标的分解过程

资料来源：朴愚，顾卫俊. 绩效管理体系的设计与实施[M]. 北京：电子工业出版社，2006.

2. 岗位职责

岗位职责用以描述一个岗位在企业中所扮演的角色，即此岗位对企业有什么样的贡献或产出。岗位职责在岗位/职位说明书中有详细的描述，内容相对比较稳定，除非岗位本身发生调整。而绩效目标是对在一定条件下、一定时间内任职者应达到的工作结果和行为的描述，也就是说，绩效目标具有一定的时间性和阶段性。因此，岗位职责是确定绩效目标的依据，而绩效目标是对岗位职责的具体化，示例如表 2-4 所示。

表 2-4 B 地区销售部经理的岗位职责、衡量标准与绩效目标

考核项目	岗位职责	衡量标准	绩效目标
销售策略	制定销售策略，以不断提高市场占有率，达到企业的销售额和利润指标	市场占有率、利润	市场占有率提高 10%；年利润率为 20%
销售目标	制订销售计划，合理调动资源，严格控制价格，监督完成本地区销售任务，以保证本地区销售任务的完成	地区销售额	地区销售额完成 8000 万元，挑战目标为 1 亿元

续表

考核项目	岗位职责	衡量标准	绩效目标
渠道建设	制订各区核心渠道计划,了解渠道客户的要求,提高渠道复合化程度,以提高所属区域渠道的质量与数量	渠道的数量、质量	新开拓3家合作伙伴,每家的年销售额在30万元以上
利润	提高销售额,控制价格和销售费用,以达到利润目标	利润、销售费用	销售费用降低8%
风险控制	定期检查各区库存、欠款、租赁情况并及时处理,以降低经营风险	准备金率	回款目标完成率为80%

3. 业务流程目标

企业的产出是通过业务流程实现的,而业务流程的目标和手段是由内外部客户的需求驱动的。因此,在给部门或员工设定绩效目标时,一定要兼顾内外部客户的需求,以保证业务流程的上下衔接及企业整体绩效目标的实现。

在设定绩效目标时,应综合考虑企业战略目标或部门目标、岗位职责和业务流程目标,确保目标设置得科学、合理。

(三) 绩效目标制定的基本原则

在战略性绩效管理实践中,绩效目标的制定通常应该遵循SMART原则,其具体含义如下。

1. 绩效目标应该是明确具体(specific)的

"S"(specific)指的是绩效目标应该尽可能细化、具体化。企业绩效目标和部门绩效目标必须细化和具体到每个人的绩效指标上,即必须落实到具体的岗位和人员,或能对应到具体的个人,而每个人的情况又各不相同,如岗位、权责、资源条件和经验能力等不同,因此绩效目标应该明确、具体地体现每个员工的具体工作。只有将这种要求尽可能表达得明确具体,才能更好地激发员工实现这一目标,并引导员工全面地实现管理者对他们的绩效期望。例如,某客户经理的绩效目标应为"3天内解决客户的投诉",而不是"尽快解决客户投诉问题";人力资源部培训主管的绩效目标应为"第一季度20%的时间用于培训新员工",而不是"要利用淡季进行员工培训"等。如果使用平衡计分卡管理工具,则需要将目标、指标和目标值结合起来考察。

2. 绩效目标应该是可衡量(measurable)的

"M"(measurable)是指绩效目标应能够衡量,即可以将员工实际的绩效表现与绩效目标相比较,也就是说,绩效目标应该提供一种可供比较的标准。设定绩效目标,是为了激发每个人的潜力,使其为实现企业目标而共同努力,因此,绩效目标必须可以衡量,这样才能为人们的行为提供及时有效的反馈,在绩效考核时才能进行量化。绩效目标的可衡量特征与绩效评价指标和绩效标准的可衡量特征是密切相关的,这三者的可衡量特征决定了绩效评价和反馈在绩效管理中的可操作性。例如,客户经理的绩效目标为"提高客户满意度",衡量该绩效目标的绩效指标之一是"回复客户投诉率",绩效标准则是"24小时内答复投诉问题"。需要指出的是,可衡量并不代表要绝对量化。关于这一点,我们在谈到评价指标的特征时会进一步阐述。

3. 绩效目标应该是可达到（attainable）的

"A"（attainable）是指绩效目标是通过努力就能够实现的。绩效目标通常是比现实能力范围稍高一点的要求，强调"蹦一蹦，够得着"。因此，在绩效目标的制定过程中，管理者和下属需要充分沟通，共同制定可达到的绩效目标。如果管理者为了追求高绩效，利用行政手段和权力，给下属强加很高的绩效目标，就可能造成下属心理上的抗拒，使其在绩效目标不能达到时，首先想到的是推卸责任，而不是努力去实现绩效目标。而所谓绩效目标切实可行，不仅强调不应该制定过高的不切实际的绩效目标，还强调应该根据员工的潜力制定具有一定挑战性但是通过努力可以实现的绩效目标。过高的绩效目标会使员工失去信心和动力，而绩效目标太低又无法使员工发挥应有的水平。切实可行是在二者之间找到一个最佳的平衡点，即制定一个员工通过努力就可以达到的可行的绩效目标。

4. 绩效目标应该与战略有关联（relevant）

"R"（relevant）是指绩效目标体系要与组织战略目标相关联，个人绩效目标要与企业绩效目标和部门绩效目标相关联。与战略目标相关联原则要求在制定绩效目标时，应对企业战略有清晰明确的界定，同时在分解和承接过程中，要避免因错误理解而制定出看似合理，但对企业战略没有贡献甚至效果适得其反的绩效目标。

5. 绩效目标应该具有时限性（time-based）

"T"（time-based）是指完成绩效目标需要有时间限制。这种时间限制实际上是对绩效目标实现方式的一种引导，要求根据工作任务的权重、事情的轻重缓急确定完成绩效目标的最后期限，安排项目进度，并据此对绩效目标进行有效的监控，以便在出现问题时能及时对下属进行绩效辅导。例如，"上半年实现大客户增长率5%"，这个目标确定的时间限制就是当年6月30日。绩效目标的时间限制通常是与绩效周期联系在一起的，不同绩效目标的绩效周期不同。在绩效目标确定的情况下，管理者的要求和下属的工作能力等方面的情况是确定时间限制最重要的因素。对于被授予较大权限的员工来说，制定他们的绩效目标时行为引导可能会少一些，但时间限制在任何情况下都是必不可少的。另外，企业往往会根据需要制定分阶段的分目标，无论是整个绩效计划的总目标，还是分阶段的分目标，都应设定相应的时间限制。

☞【专题拓展 2-4】　　　绩效目标的设定与制定

三、绩效计划的审核

（一）绩效计划审核的目的

审核阶段是为了提高绩效计划的有效性。绩效管理首先是对绩效计划的管理。如果绩效计划制订得不合理，会导致整个绩效管理过程的失败。因此，在绩效计划付诸实施之前，一定要对绩效计划进行审核。

（二）绩效计划审核的内容

在审核绩效计划时，主要关注以下四个方面的内容。

1. 绩效计划是否包括员工的主要职责

员工的主要职责是制定绩效计划及考评内容的基本依据，也是查阅、调整绩效计划及考评内容的基本参照信息。

2. 绩效计划中考评指标的设定是否合理

要判断绩效计划中对工作目标的设定是否合理，则主要按照工作目标中设定的考评标准及时间进行判定。

3. 绩效计划中的权重设置是否合理

审核绩效计划及考评内容所划分大类的权重是否能体现工作的可衡量性及其对企业整体绩效的影响程度，是否便于查看不同职位类型在大类权重设置上的规律及一致性。

4. 绩效计划的周期是否明确合理

绩效计划原则上以年度为周期，应根据员工的职务和应完成的工作目标等具体工作特点设定相应指标，确认周期制定合理且被员工了解。

总之，当绩效计划结束时，应获得下面的结果：员工的工作目标与企业的总体目标紧密相连；员工的工作职责及描述可以反映本次绩效考核周期内的主要工作内容；管理者和员工对员工的主要任务、任务重要程度、完成标准、权限等都已达成共识；管理者和员工都十分清楚可能遇到的困难和障碍，并明确管理者所能提供的支持和帮助；形成一个经过双方协商讨论的文档，并且管理者和员工双方都要在该文档上签字确认。绩效计划书一式两份，管理者和员工人手一份，作为员工未来绩效周期内的工作指南，也是管理者对员工的工作进行检查、监督与评定的重要依据。表 2-5 为某公司绩效合约样表。

表 2-5 某公司绩效合约样表

姓名：李明		职位：大客户部经理		直接主管：市场部总经理	
绩效期间		2023 年 8 月 1 日—2024 年 1 月 31 日			
绩效目标	产出结果	完成时限	衡量标准	评估来源	权重
完成《大客户管理规范》	修订后的《大客户管理规范》	2023 年 8 月 31 日	大客户管理者责任明确；大客户管理流程清晰；大客户的需要在管理规范中得到体现	上级主管	20%
调整部门内部的组织结构	新的团队组织结构	2023 年 9 月 15 日	能够以小组的形式面对大客户；团队成员的优势能够得到互补和发挥	上级主管 直接下属	10%
完成对大客户的销售目标	大客户数量；销售额；客户保持率	2024 年 1 月 31 日	大客户数量达到 30 个；销售额达到 2.5 亿元；客户保持率不低于 80%	销售记录	50%

续表

姓名：李明		职位：大客户部经理		直接主管：市场部总经理		
绩效期间		2023年8月1日—2024年1月31日				
绩效目标	产出结果	完成时限	衡量标准		评估来源	权重
建立大客户数据库	大客户数据库	2023年12月31日	大客户信息能够全面、准确、及时地反映在数据库中；该数据库具有与公司现有管理信息系统的接口；数据安全；使用便捷；具有深入的统计分析功能		上级主管	20%
签约人：		主管签字：			时间：	
备注：本绩效合约若在实施过程中出现变更，应填写绩效合约变更表或重新签订合约。最终的绩效评价以变更后的绩效合约为准。						

（三）绩效计划的跟进和调整

市场的竞争是激烈的，市场的变化是无常的。无论是工作环境还是工作本身的内容、重要性等，都随着市场的改变而不断变化，这导致了绩效计划有可能过时甚至完全失误。除客观原因所致，员工本身工作状态的好坏、管理者监督指导力度的大小等都可能影响绩效结果。进行绩效沟通，就是为了保持工作过程的动态性，能及时调整目标和工作任务。

1. 发现偏差，及时纠正

由于客观或主观环境变化的不确定性，绩效计划在实施的过程中很可能会遇到困难。为了最终实现绩效目标，使目标与结果大致趋于一致，对绩效计划的跟进是非常有必要的。通过每个阶段的追踪检查，能够及时发现绩效计划实施过程中出现的各种偏差并及时采取行动进行纠正，从而维持目标的弹性。

2. 持续跟进，建立沟通

从某种程度上讲，绩效计划的跟进能够提供更多的沟通机会，让员工与主管定期交流，从而使双方之间的配合更加默契，在更大程度上达成一致，以更好地实现组织目标。

绩效计划跟进时间长短的不同，对于绩效计划实施的效果会产生很大的影响。对于所处职级不同的员工，绩效计划的跟进时间是不同的。一般来说，对于高层管理人员，绩效计划的跟进周期相对来说可以长一点儿，一般可以以"年度"或者"半年度"作为周期；而对于中层管理人员和普通员工，绩效计划的跟进周期相对来说可以短一点儿，一般可以以"月度"或者"季度"作为周期。

但需要明确的是，无论是哪类人员的绩效计划，都要有相应的跟进措施，否则管理者就无法掌握绩效计划实施的效果，更无法掌握绩效计划实施过程中出现的问题并进行反馈。在那些无论是对哪类人员都没有相应跟进计划的企业里，对高层管理人员没有跟进计划的比例最高。这恰好从另外一个侧面提醒我们，在企业绩效管理体系中，往往最容易忽视高层管理人员的绩效跟进。所以组织在制订绩效跟进计划时，一方面要加强对中层管理人员和普通员工绩效计划的跟进，另一方面更应该加强对高层管理人员绩效计划的跟进，以便在公司内树立良好的榜样。

本章小结

绩效计划环节包括绩效计划的准备、绩效计划的沟通和绩效计划的制订三个步骤。在战略规划和职位分析的基础上，管理者和员工各自准备绩效计划前的相关信息，从而推动绩效计划的顺利沟通。在充分沟通的基础上，双方各自就绩效标准、绩效目标等内容达成共识，形成一份绩效合约。

绩效计划的准备主要包括战略规划、职位分析和具体准备工作三个方面。其中，战略规划为绩效目标的制定提供了基础，它的基本步骤是：环境分析、明确使命、愿景陈述和战略规划。职位分析提供了绩效标准，它包括对工作本身和承担工作的人两部分内容进行分析。在此基础上，管理者和员工就绩效计划的信息和沟通方式进行准备，其中绩效计划的信息准备包括组织信息、部门信息和个人信息三个层面。

在充分沟通绩效计划的基础上，双方就绩效标准和绩效目标进行确认，最终形成一份绩效合约，并进行审核与确认。绩效标准可以根据工作说明书确定岗位工作要项，然后将工作要项转化为绩效标准。绩效目标则需要结合企业的战略目标或部门目标、岗位职责、业务流程目标进行制定，并遵循目标制定的 SMART 原则，即绩效目标应该是明确具体的、可衡量的、可达到的、与战略有关联的、有时限性的。绩效计划的审核是为了确保绩效计划的内容包含了员工的主要职责，绩效计划的战略相关性，同时，要做好绩效计划的跟进和调整，发现偏差，及时纠正，持续跟进，建立沟通。

思考题

1. 如何理解战略规划、职位分析与绩效计划的关系？
2. 如何进行战略规划的制订？
3. 组织进行环境分析的主要内容有哪些？
4. 职位分析的主要内容有哪些？
5. 绩效计划的信息准备包括哪些方面？
6. 如何进行绩效标准的制定？
7. 绩效标准的制定应注意哪些问题？
8. 绩效目标制定的来源有哪些？
9. 什么是绩效目标制定的 SMART 原则？
10. 绩效计划形成中管理者和员工各自沟通的内容是什么？
11. 绩效计划审核的目的和内容是什么？

 **案例 2-2**   **某集团企业 PBC 绩效管理**

某大型集团企业是世界领先的家电研发、制造企业。该企业要成为全球化领先企业，必须建立起高效的绩效管理体系和高绩效企业文化。要实现这两点，不仅需要企业管理层的顶层设计，也需要全员的共同参与，需要有效的个人绩效承诺，把企业目标和个人目标、企业利益和个人利益紧密地捆绑在一起。

该企业的全球化战略为全体员工指明了未来发展的方向。企业未来的成功要靠企业的每个员工按照战略目标的指引，为自己设置具体、明确、可衡量的个人绩效计划，并做出绩效承诺。所以，企业未来的成功将取决于每一个员工个人绩效计划的实现程度。

该企业制定了个人绩效承诺（personal business commitment，PBC）绩效管理体系，该体系有以下四个方面的特点。

☑ 战略导向。绩效管理体系是以企业的战略为指导而设计和建立的。
☑ 持续改进。绩效管理过程通过计划、反馈、辅导、评估、改善的逻辑持续改进。
☑ 全员参与。绩效指标和工作目标通过层层分解，实现了全员参与。
☑ 均衡发展。平衡短期和长期利益间的关系，构建基于员工能力发展的绩效管理体系。

为保证绩效管理的有效实施，该企业的绩效管理分成以下四个部分。

（1）集团办公会。集团办公会是该集团企业绩效管理的最高领导机构，其主要职责如下：推动集团绩效管理体系实施；处理绩效管理体系实施过程中的重大问题；制定年度绩效考核的原则；决定绩效和薪酬之间的关系；对绩效申诉做最后裁决；召开集团和各部门的月度经营总结会议，进行绩效回顾和辅导。

（2）集团人力资源部。集团人力资源部是绩效管理规定的制定机构，其主要职责如下：制定全集团的绩效管理规定、标准和指导原则，优化集团绩效管理体系；为各子公司和各部门的 HR 推行绩效管理提供培训、指导和绩效规定解释等相关支持；汇总、整理、分析、研究绩效管理过程中的相关问题，并制定改进措施；研究分析企业内其他管理体系的相关规定与绩效管理体系相关规定之间的配合关系，若不匹配，提供解决方案。

（3）各公司、各部门的 HR。各公司、各部门的 HR 是绩效管理的支持者，其主要职责如下：跟踪本公司、本部门绩效管理制度和规定的执行情况；负责为本公司或本部门管理者提供必要的指导或培训；汇总、统计、上报本公司或本部门的绩效考核结果。

（4）各部门管理者。各部门管理者是绩效管理的主体和绩效考核的执行人，其主要职责如下：按照规定执行集团制定的各项绩效管理制度；负责本部门的绩效管理组织和实施；指导和帮助员工确定绩效管理指标和目标，制定考核权重；指导和帮助员工制订绩效管理的工作计划；负责管理本部门所有员工的绩效结果的评价；按照公司规定的流程处理员工的绩效申诉；按月与员工进行绩效结果的回顾，并辅导员工；培养员工能力，指导和帮助员工制订绩效改进计划。

该企业绩效管理的整个流程分成四个环节，分别是绩效计划、绩效辅导、绩效评价和绩效激励。

（1）绩效计划。在绩效计划环节，由考核人指导和帮助被考核人制定绩效考核指标，设定员工的工作目标，并制定和签订被考核人的个人绩效承诺。

（2）绩效辅导。在绩效辅导环节，由考核人对被考核人进行月度业务目标的回顾和辅导，以及年度中期绩效目标计划的回顾和辅导。考核双方进行绩效改进计划或者进行目标调整。

（3）绩效评价。在绩效评价环节，由考核人对被考核人进行季度业绩的评价、年度综合绩效的评价，以及就评价结果进行绩效反馈和辅导。

（4）绩效激励。在绩效激励环节，企业根据被考核人的绩效结果，进行相应的薪酬发放、职位调整、员工能力发展，以及绩效改善等工作。

企业所有员工都要通过个人绩效承诺做出个人对公司业绩的承诺。该公司的个人绩效承诺包括以下三个部分。

（1）业务目标。员工根据所在岗位的工作性质、职责和企业年度工作计划的要求，在上级管理者的指导和帮助下制定个人的业务目标。

（2）员工管理目标。该企业通过为员工的上级管理者设置员工的管理目标，引导管理者关注团队建设、下属培育，培养管理者的领导力，支持业务目标的达成。

（3）个人发展目标。员工在上级管理者的指导和帮助下，设置个人的发展目标并制订个人的发展计划（individual development plan，IDP），不断提高自己的工作能力，支持业务目标的达成。

该企业的绩效管理指标分为定量指标和定性指标两类。定量指标的计算过程如图2-2所示。

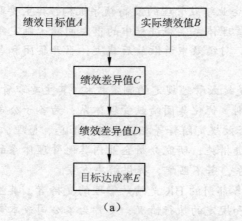

图2-2 某企业定量指标的计算过程

该企业的定性指标根据绩效水平的高低共分成了5个等级，如表2-6所示。

表2-6 定性指标等级

等级	绩效水平
1	远远超出绩效期望
2	明显超出绩效期望
3	基本达到绩效期望
4	与绩效期望有一些差距
5	与绩效期望有明显差距

该企业的绩效评价周期如表2-7所示。

表2-7 绩效评价周期

周 期	评价周期	内　　容
定期	回顾辅导	月度业绩回顾辅导； 年度中期绩效回顾辅导
季度	业绩评价	季度目标完成情况
年度	业绩考核	管理者的业务目标、员工管理目标、个人发展目标年度完成情况
		员工的业务目标、个人发展目标年度完成情况

该企业年度绩效评价由直线经理评估、二线经理审核，年度综合绩效评价的结果如表2-8所示。

表2-8 年度综合绩效等级量表

绩效等级	定　义	描　　述
PBC=A	非常出色的年度顶级贡献者	取得优异成果，业绩明显高于其他人；超出或者有时远远超出绩效目标；能够为他人提供极大的支持和帮助，并表现出其岗位所需要的各项能力和素质
PBC=B+	出色的高于平均的贡献者	工作范围和影响力超越其工作职责；绩效表现超过大多数员工，有发展的眼光和影响力；总是能达到或有时超出绩效目标；为他人提供有力的支持和帮助，并表现出其岗位所需的各项典型能力素质
PBC=B	胜任的扎实的贡献者	始终能够实现工作职责；具有适当的知识、技能、有效性和积极性水平；基本能达到或有时超出绩效目标；为他人提供相应的支持和帮助，并表现出其岗位所需的各项技能
PBC=C	需要改进提高的最低贡献者	与他人相比，不能充分执行所有的工作职责，或者虽执行了职责，但水平较低或成果较差，并且/或者不能证明具有一定的水平的知识、技能、有效性和积极性；如果连续PBC=C是不可以被接受的，需要提高
PBC=D	不能令人满意的贡献者	不能证明其具备所需要的知识和技能，或不能利用所需的知识和技能；不能执行其工作职责；在连续被定级为PBC=C之后仍未显示出提高

资料来源：任康磊. 绩效管理与量化考核从入门到精通[M]. 北京：人民邮电出版社，2019.

思考与讨论：
1. 该企业的PBC绩效管理有哪些可借鉴的地方？
2. 该企业PBC绩效管理在设定绩效目标时是如何保证战略导向的？

 团队互动演练

研究型学习小组以所提供的公司背景材料为基础，根据本章所学提炼出模拟岗位（HRBP一直播群组）的绩效目标和绩效标准。

教学目的
☑ 让学生区分绩效目标和绩效标准。
☑ 培养学生制定绩效目标和绩效标准的能力。
☑ 加强学生对绩效计划形成的理解。

教学平台
☑ 计算机中心实验室，每个学生配备一台计算机，允许网络连接。
☑ 标准化教室，供学生讨论和陈述。
☑ 指导教师提供模拟实训的基本思路。

教学步骤

第一阶段：阅读背景材料。

字节跳动成立于 2012 年 3 月，目前公司的产品和服务已覆盖全球 150 多个国家和地区、75 个语种，曾在 40 多个国家和地区位居应用商店总榜前列。据媒体报道，字节跳动于 2023 年全年销售额增长 30%至 1100 亿美元（约合 7843 亿元人民币），超过腾讯。1100 亿美元是什么概念？2022 年全球年度营业收入超过 1000 亿美元的互联网公司有：谷歌，2800 亿美元；微软，1983 亿美元；Meta，1166 亿美元。字节跳动能取得如此亮眼的营业收入成绩，主要就是得益于出海的成功，抖音海外版 TikTok 已然成为全球第一大短视频平台，在各个互联网巨头的围剿之下，依然屹立不倒。目前 TikTok 的全球用户总量已超过 30 亿，活跃用户更是逼近 10 亿，作为对比，微信、淘宝等 App，包括海外版用户量基本在 10 亿左右，巨大的用户差异也是字节跳动后来居上的原因。而且 TikTok 就像一座还没有被完全挖掘的金矿，其广告、电商、游戏、金融等领域都还有很大的提升空间。

职位名称：HRBP-直播群组
职位 ID：A231574

职位描述
☑ 负责业务部门的团队搭建，利用各种有效途径满足需求，根据现有团队情况，设计人员成长路径及人员培养方案，有效制订和实施人才发展计划并跟进实施。
☑ 能够洞察组织和团队存在的问题，并应用专业理论、方法、工具，为业务团队提供全方位解决方案，包括招聘、培训、绩效、员工关系等人力资源工作，并推动方案落地。
☑ 协助完成组织及团队氛围建设，推动公司文化的建设和业务的高速发展。
☑ 本科以上学历，5 年及以上人力资源工作经验。互联网公司 HR 从业经验优先；具有强烈的探索欲望和追求卓越的专业精神。
☑ 了解人力资源各模块的基本工作，并具备 TD（人才发展）、OD（组织发展）、OC（组织文化）、C&B（薪酬福利）等一个模块及以上的经验。
☑ 熟悉国家相关的人力资源政策、法律法规。
☑ 自我驱动，思考力强，认真负责，有亲和力，能适应公司快速发展的工作节奏。

第二阶段：根据所提供信息，确定该职位的绩效目标和绩效标准。

第三阶段：结合绩效目标和绩效标准设计应遵循的原则或特征，评价所制定的每一项目标和标准。

第四阶段：小组完善并汇总绩效目标和绩效标准，形成一份简单的绩效计划书。

第五阶段：指导教师从绩效目标和绩效标准提取的准确性、真实性、完整性，小组分工和讨论过程，提交绩效计划书的质量三大方面进行评分。

团队成员

研究型学习小组在组长指导下合理分工，各负其责，按时间规定完成任务。

研究成果

☑ 一份简单的绩效计划书。
☑ 小组讨论并修改完善的过程。

第三章 绩效实施

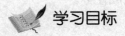 **学习目标**

- ☑ 认识绩效沟通的目的,熟悉绩效沟通的内容,掌握绩效沟通的原则;
- ☑ 掌握绩效沟通的多样化形式与技巧;
- ☑ 了解绩效信息收集的内容,明确绩效信息收集的来源,掌握绩效信息收集的方法;
- ☑ 认识绩效辅导的作用,理解绩效辅导的原则;
- ☑ 掌握不同的绩效辅导风格,把握绩效辅导的时机。

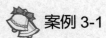 **案例 3-1　　　　　咖啡沟通,华为坚持营造良好的沟通氛围**

在欧美地区的很多企业中,经常会采取这样一种沟通方法咖啡沟通。基本上管理者每个月必须拿出四个晚上的时间,也就是每个礼拜要有一次,每次都不能低于三个小时与其30%的部下进行沟通。久而久之,这就形成了一种严格的制度。华为所引入的就是这种沟通方式,当然不是规定一定要喝咖啡,也可以选择喝茶。这并不是简单地让管理者把任务布置下去,而是不断地找机会与下属沟通。

任正非说:"我们提倡'一杯咖啡吸收宇宙能量',世界上很多成就伟大事业的人,每天都在和别人喝咖啡与吃饭,怎么他就变成伟大的人了呢?这就是沟通,华为已经改变了以前僵化的考核方法,允许员工上班期间喝杯咖啡,在一起沟通的时候,就有思想碰撞,就会产生火花。"

也许一句话、一个不经意的动作,就能提供出一个新思路,华为的文化现在是具有弹性的。其目的就是有效排除管理者和下属员工之间的沟通障碍,同时在沟通过程中抓住沟通的本质,并且能够根据与下属员工进行谈话的内容及时作出反馈,最终实现完美沟通。

任正非说:"公元1世纪至5世纪是人类文明繁荣的历史时期,那时没有互联网、没有电话,但是不要认为很落后,民主制度、雅典法典、罗马法典、议会制度等都源于那个时代,因为每个人都可以站在罗马广场上阐述自己的观点,天才成批来。心声社区(华为员工论坛)就是一个'罗马广场',STW(战略技术研讨会)也要成为一个'罗马广场'。心声社区总体是很健康的,让大家免责提意见,使华为文化得到普及和理解。虽然大家在上面'胡说八道',针对我们说的,有很多人来评头论足。我不需要知道背后是谁,但是我知道华为有人才。"

由此可知,在华为,完善员工沟通渠道、营造和谐的企业氛围,是绩效沟通的重中之重。对员工而言,如果企业能够有一个良好的沟通机制,那么企业就能有效地整合他们的情感要素,使得他们能够实施精神层面的充分交流。

任正非非常认可咖啡沟通。他说:"我们期望'黑天鹅'也要飞在我们的'咖啡杯'中,虽然按我们现在的思想结构,'黑天鹅'还不在我们的杯子里。首先我们要去掉'农民意识',跟别人去喝咖啡,要送一瓶好酒;和教授合作,不要提那么多要求,就说能否在你立项和失败的时候给我们讲两堂课。在讲的过程中,我们喝几次咖啡。我们与几百人喝了咖啡,消化几百个人的思想,然后就会领先世界。如果你不理解,当'黑天鹅'出现时,就会错失。"

资料来源:汪廷云. 华为绩效管理法[M]. 广州:广东经济出版社,2017.

管理者和员工通过沟通共同制订了绩效计划,形成了绩效合约,但这并不意味着后面的计划执行过程就会完全顺利。无论是市场环境、组织环境还是工作内容等,都会发生变化,这就使得绩效计划有可能变得不合时宜甚至彻底过时。另外,管理者有必要了解工作的进展,有必要对员工的工作状态加以监督并提供必要的帮助、指导,而员工也需要得到相应的反馈和辅助。为了解决以上问题,工作过程中的绩效沟通十分必要。持续的绩效沟通可以使一个绩效周期里的每一个人,包括管理者和员工,都能随时获得有关改善工作的信息,并就出现的变化情况达成新的合约。

第一节 绩效沟通

一、绩效沟通的含义与目的

绩效沟通是指管理者与员工在共同工作的过程中分享各类与绩效有关的信息的过程。具体来说,就是管理者与员工一起讨论有关工作的进展情况、潜在障碍和问题、解决问题的可能措施,以及管理者向员工提供支持和帮助等信息的过程。绩效沟通是每一个管理者工作内容的重要组成部分,相应的沟通技巧也是其必须掌握的管理技能之一。

在绩效实施的过程中,管理者应与员工持续沟通的目的主要在于以下三点。

1. 通过持续的沟通对绩效计划进行调整

俗话说:"计划不如变化快。"如今,竞争的需要迫使企业不断地调整自身以适应外部环境,生产和经营的模式、工作设计和任务内容越来越灵活并富有弹性。在这种情况下,管理者和员工不得不面对随时会发生的变化,并及时对自己的工作方式和内容加以调整,通过双方之间持续不断地沟通解决所面临的各种问题,如由于竞争对手产品的变化而不得不改变自身产品性能的要求,由于外部障碍的出现而不得不改变绩效标准、期限和工作目标权重等。绩效沟通的目的之一就在于适应环境变化的需要,适时变更目标和工作任务的要求,从而保证工作计划和过程是动态的、弹性的、敏感的。

2. 通过持续沟通为员工提供信息

员工在执行绩效计划的过程中需要了解的信息主要有以下两类。

(1)关于如何解决工作困难的信息。由于工作环境的变化加剧,员工的工作也变得越来越复杂,在制订绩效计划时很难准确全面地估计所有在绩效实施过程中所能遇到的困难和障碍。通过绩效沟通，员工能够向管理者反馈自己在工作中遇到的各种问题，并寻求解决方案；工作发生变化时，员工能够了解自己应该如何应对，从而更好地完成自己的工作。

（2）关于自身工作的反馈信息。员工都希望在工作过程中不断地得到关于自身绩效的反馈信息，以便不断地改善自己的绩效和提高自己的能力。如果在半年或一年的绩效周期内，管理者从未给过员工任何绩效信息的反馈，那么到绩效期末发布考核结果时，员工很有可能难以接受。而通过绩效沟通，员工可以了解自己的表现得到了什么样的评价，以及为什么获得这样的评价，以便保持工作的积极性并更好地改进工作。

3. 通过持续的沟通为管理者提供信息

对管理者而言，他们需要得到有关下属工作情况的各种信息，从而更好地协调下属的工作。当下属工作中出现各种问题时，管理者应及时掌握情况，以避免不必要的损失。另外，他们需要了解下属的工作进度，以便在必要时向上级汇报。此外，管理者还应该有意识地收集一些绩效考核和绩效反馈时需要用到的信息，这些信息将有助于管理者更好地履行他们在绩效考核中担负的职责。

二、绩效沟通的内容

通过上面的分析不难看出，绩效沟通的目的就是保证每个人都能在任何时候获得改善工作绩效所需要的各类信息。要实施有效的绩效沟通，首先应确定沟通的具体内容。管理者与员工双方可以通过反思的方式确定绩效沟通内容，反思的问题如图3-1所示。

绩效沟通的主要内容应回答以下问题。

（1）工作的进展如何？
（2）员工的工作状态如何？
（3）工作中的哪些方面进展顺利？为什么？
（4）工作中的哪些方面遇到了困难或障碍？为什么？
（5）绩效目标和计划是否需要修正？如果需要，如何修正？
（6）员工需要哪些帮助和支持？
（7）管理者能够提供哪些资源和信息、采取哪些行动来支持员工？

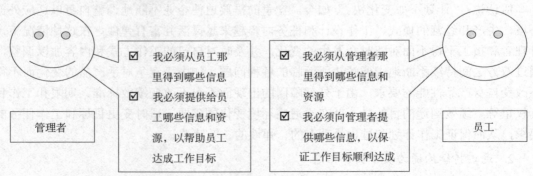

图3-1 管理者和员工需要反思的问题

资料来源：武欣. 绩效管理实务手册[M]. 北京：机械工业出版社，2005.

【专题拓展 3-1】　　　　　　华为绩效沟通"奇葩说"

三、绩效沟通的原则

实现高效的绩效沟通并不是一件简单的事情，管理者和员工都需要为绩效沟通做好充分的准备，既要掌握基本的沟通技巧，又要遵循基本的沟通原则。以下三项基本的绩效沟通原则对规范沟通行为、提高沟通效果具有重要作用。

（一）对事不对人原则

人们在沟通中存在两种导向：问题导向和人身导向。问题导向，指的是沟通时关注问题本身，注重寻找解决问题的方法；人身导向的沟通则更多地关注出现问题的人，而不是问题本身。对事不对人原则要求沟通双方针对问题本身提出看法，充分维护他人的尊严，不轻易对人下结论，要从解决问题的目的出发进行沟通。

人身导向的沟通往往会带来很多负面的影响。但是，人们在遇到问题时往往直接归咎于人，甚至导致一定程度的人身攻击。因此，人身导向的沟通往往只是发牢骚，并不能对解决问题产生积极影响。另外，如果将问题归咎于人，往往会引起对方的反感和防卫心理。在这种情况下沟通，不但不能解决问题，还会对双方的关系产生破坏性影响。人身导向的沟通不适合批评，同样不适合表扬。即使你告诉对方"你很优秀"，如果没有与任何具体的行为或结果相联系，也可能会被认为是虚伪的讽刺而引起对方的极度反感，这一点往往被人们忽视。

（二）责任导向原则

责任导向原则，就是在绩效沟通中引导对方承担责任。与责任导向相关的沟通方式有两种：自我显性的沟通与自我隐性的沟通。典型的自我显性的沟通使用第一人称的表达方式；而自我隐性的沟通则采用第三人称或第一人称复数，如"有人说""我们都认为"等。自我隐性的沟通通过使用第三者或群体作为主体，避免对信息承担责任，从而逃避就其自身的情况进行真正的交流。如果不能引导对方从自我隐性转向自我显性的沟通方式，就不能实现责任导向的沟通，不利于实际问题的解决。

另外，遵循责任导向的定位原则，人们通过自我显性的沟通方式，能够更好地与对方建立联系，表达合作与协助的意愿。"我想这件事可以这样……""在我看来，你的问题在于……"等说法都能够给人这样的感受。与此相对应的是，人们往往通过自我隐性的沟通方式逃避责任，这往往给人一种不合作、不友好的感受。在建设性沟通中，人们应该使用责任导向的自我显性的表达方式，与沟通对象建立良好的关系。

因此，当员工使用自我隐性的沟通方式时，管理者应该在给员工说话权利的同时，使用要求对方举例的方式引导员工采用自我显性的沟通方式，使员工从旁观者立场转变为主人翁立场，自然而然地为自己的行为承担责任。

（三）事实导向原则

在前面对事不对人原则中我们谈到，建设性沟通应该避免轻易对人下结论。遵循事实导向原则能够帮助我们更好地克服这种倾向。事实导向原则在沟通中表现为以描述事实为主要内容的沟通方式。在这种沟通方式中，人们通过对事实的描述避免对人身的直接攻击，从而避免对双方的关系产生破坏性影响。特别是在管理者指出员工的缺点和错误时，更应该恪守这一原则。在这种情况下，管理者可以遵循以下步骤进行描述性沟通：首先，管理者应描述需要修正的情况。这种描述应基于事实或某个特定的、公认的标准，如"你在这个季度的销售额排名中处于部门最后一名""这个月你收到了3次有关服务质量的投诉"等。这种描述能够在很大程度上避免员工产生抗拒心理。但是，仅仅描述事实是不够的。在描述事实之后，管理者还应该对这种行为可能产生的后果做一定的描述。例如，"你的工作业绩出乎我的意料，这将对我们整个部门的销售业绩产生不良的影响""顾客表示无法接受这样的服务水平，他们宁可放弃我们的产品"等。在这里，管理者应该注意不要过于严厉地责备，否则员工会将精力集中于如何抵御攻击，而不是如何解决问题。最后，管理者可以提出具体的解决方式或引导员工主动寻找可行的解决方案。当然，在现实中，并不是所有情况下都适用以上步骤。上面的例子是针对指出员工工作中的问题而言的。总之，在可能的情况下用事实依据来代替主观的判断，能够最大限度地避免对方产生不信任感和抵御心理。总之，事实导向原则能够帮助我们更加顺利地展开建设性沟通。

四、绩效沟通的形式

绩效沟通是一个充满细节的过程，管理者与下属的每一次信息交流都是一次具体的沟通。总的来说，绩效沟通可以分为正式的绩效沟通和非正式的绩效沟通。正式的绩效沟通是组织管理制度规定的各种需要定期进行的沟通。非正式的绩效沟通则是除正式规章制度和正式组织程序外，管理者和员工所进行的有关绩效信息的沟通。

（一）正式的绩效沟通

正式的绩效沟通方式主要包括正式的书面报告和管理者与员工之间的定期会面两种形式。其中，管理者与员工之间的定期会面又包括管理者与员工一对一会谈和有管理者参加的团队会议。

1. 正式的书面报告

很多管理者都要求员工定期上交工作汇报，以了解员工的工作情况和遇到的各种问题，并要求员工提出建设性意见。书面报告最大的优点就是简单易行，而且能够提供文字记录，避免了额外的文字整理工作。为了让员工更好地完成书面报告，管理者应该让员工有机会决定他们应该在报告中写些什么，而不应该由管理者一厢情愿地决定。当双方就这个问题达成一致后，管理者可以设计出一个统一的样表，以方便员工填写。这种表格的形式非常多，但通常需要包括工作的进展情况、工作中遇到的问题、建议和意见等栏目。另外，书面报告的形式在很大程度上还要取决于员工的文化水平。对不同文化水平的员工，工作报告的要求往往也不同。

但是，在很多情况下，员工并不重视书面报告，将这项工作视为额外的负担，只是应付了事。这主要是由于很多组织没有将书面报告与其他沟通方式结合起来，使这种书面沟通成为一种单向的信息流动。由于管理者和员工缺乏面对面沟通的机会，这种信息的单向流动使大量的信息变成摆设。可以通过将书面报告与其他沟通方式结合使用来克服这个问题。例如，当管理者通过书面报告中提供的信息了解到工作过程中发生的某个问题时，可以到工作现场指导员工解决这个问题或通过面谈与员工交流，共同寻求解决问题的途径。

2. 定期会面

为了寻求更好的解决问题的途径，管理者与员工之间的定期会面是非常必要的。这种会面不仅是交流信息的最佳机会，而且有助于在管理者与员工之间建立一种亲近感，这对于培育团队精神、鼓励团队合作是非常重要的。

（1）一对一会谈。定期会面最常见的形式就是管理者与员工之间的一对一会谈。在每次会谈的开始，管理者应该让员工了解这次会谈的目的和重点。例如，管理者可以说"今天我想和你谈一谈你的工作进展情况""上次会谈中谈到的问题解决了吗？有什么新的问题……"由于是一对一会谈，管理者应该将会谈集中在解决员工个人面临的问题上，以使会谈更具实效。例如，让员工了解企业整体经营方向的变化非常重要，但更关键的是要让他明确各种变化对于他个人的工作产生了什么影响。也就是说，应该将问题集中在调整员工的工作计划、解决员工个人遇到的问题上。大多数管理者都会犯的一个错误就是过多地"教训"而忘记了倾听。管理者应该更多地鼓励员工进行自我评价和报告，然后再进行评论或提出问题。如果问题是显而易见的，就应该鼓励员工尝试自己找出解决问题的方法。另外，管理者应该在会谈的最后留出足够的时间让员工有机会说说他想说的问题。员工是最了解其工作现场情况的人，从他们的口中了解情况是非常重要的。

在会谈中，管理者还应该注意记录一些重要的信息，特别是在会谈中涉及计划性事务时，更应如此。例如，对于工作计划的变更、答应为员工提供某种培训等，都应该留有记录，以防止过后遗忘。

（2）团队会议。书面报告和一对一会谈的一个共同缺陷就是交流的信息只在沟通双方之间共享。由于很多工作都是以团队为基础开展的，这两种方式都不能实现充分沟通的目的，这时就需要采用一种新的沟通方式——有管理者参加的团队会议。有管理者参加的团队会议应该精心设计交流内容，避免因不恰当的内容造成无效沟通而浪费时间和在团队成员之间造成不必要的摩擦或矛盾。团队成员之间在工作中相互关联并产生影响，每个团队成员都能够不同程度地了解和掌握其他团队成员的工作情况，而且每个团队成员都能够通过解决大家共同面对的问题提高个人乃至团队的绩效。因此，群策群力是解决问题最好的方式之一。

需要注意的是，涉及个人绩效的严重问题不应轻易成为团队会议的话题。任何人都有犯错的时候，这种公开的讨论是最严厉的惩罚。不同的文化背景决定了人们对这种情况的承受能力和接受能力不同。通常情况下，这种针对个人的绩效警告应该在私下进行。团队形式的会议意味着更多的时间和更复杂。此外，要确定一个适合所有人的开会时间有时也是一件不容易的事情。对于较小的团队，这种问题还比较容易解决。如果涉及的团队较大，团队会议就不能过于频繁，有时可以采用派代表参加的方式解决这个问题。

团队会议更要注意明确会议重点、控制会议的进程。管理者可以要求每个人都介绍一下工作的进展和遇到的困难，以及需要管理者提供什么帮助等。可以使用结构化问题提纲和时间表来控制进程。例如，管理者可以要求每个参会人员谈一下工作的进展情况、遇到的问题，以及可能的解决方法。如果找到了问题并能够很快地解决，就应立即安排到个人，以确保问题得到及时解决。如果不能在规定的时间内找出问题的解决方法，可以计划开一个规模更小的小组会议或要求某个人在规定时间内草拟一份方案等。不能由于个别难以解决的问题而影响整个会议的进度，毕竟这种团队会议的时间是十分宝贵的。只有充分利用每一分钟，才能使会议发挥最大的作用。因此，强调时间限制是十分重要的。

与一对一会谈相同，团队会议也应该做好书面会议记录。参会人员可以轮流担任这项工作，并及时向参会人员反馈书面会议记录。

为了有效利用以上两种定期会面的绩效沟通形式，应当特别注意以下两个方面的问题。

（1）无论是一对一会谈还是团队会议，最大的问题就是容易造成时间的无谓浪费。如果管理者缺乏足够的组织沟通能力，这种会谈就可能成为无聊的闲谈，也可能变成员工相互扯皮、推卸责任的场所。因此，掌握一定的沟通技巧对管理者而言是非常必要的。

（2）沟通频率是管理者需要考虑的另一个重要问题。从事不同工作的员工可能需要不同的沟通频率，甚至从事同一项工作的人需要的交流次数也不尽相同。管理者应该根据每个员工的不同情况，安排绩效沟通（书面的或口头的）频率。对于团队会议，管理者更应该充分考虑所有团队成员或参会人员的工作安排。

（二）非正式的绩效沟通

管理者与下属之间的绩效沟通并不仅仅局限于采取正式的书面报告和定期会面形式。事实上，工作过程中或工作之余的各种非正式会面也是非常好的沟通机会。非正式绩效沟通最大的优点在于及时性。当员工在工作中发生问题时，管理者可以与之进行简短的交谈，从而促使问题得到及时解决，毕竟问题并不总是发生在计划之内。对于各种亟待解决的问题，必须采取更加灵活的沟通方式——非正式的绩效沟通。

常见的非正式绩效沟通形式主要有以下几种。

1. 走动管理

走动管理是指管理者在员工工作期间不时地到员工的座位周围走动，与员工交流，随时解决员工提出的问题。整天坐在自己的办公室里与员工隔绝的上司往往不受员工的欢迎，即使管理者对员工的问候和关心本身并不能解决工作中的难题，但足以使员工受到鼓舞和激励。但是，管理者在走动管理中要注意不要过多干涉员工的具体工作行为，避免对其指手画脚、评头论足，否则员工会感到被监视和不信任，反而容易使其产生心理压力和逆反情绪。

2. 开放式办公

开放式办公主要指的是主管的办公室随时向员工敞开，只要不是有客人在办公室或正在开会，员工随时可以进入办公室与主管讨论问题。这样做的好处是将员工置于比较主动的位置上，员工可以选择自己认为合适的时机与主管沟通，也可以自己选择和主管沟通的内容。美国惠普公司创造了一种独特的"周游式管理办法"，鼓励部门负责人深入基层，直接接触广大员工。为此，惠普公司的办公室采用美国少见的"敞开式布局"，即全体人员都在一间敞厅中办公，各部门之间只用矮屏分隔，除少量会议室、会客厅外，无论哪一级领导都不设独立的办公室，同时不称呼头衔，即使对董事长，也直呼其名。这样有利于打造无拘无束和合作的气氛，使上下级员工之间能够更好地沟通，敞开办公室的大门，营造平等的气氛，同时敞开了彼此合作与心灵沟通的大门。

3. 其他形式

管理者还可以利用工作间歇与员工沟通，如共进午餐、咖啡时间等，也可以在上下班途中、联欢会、生日会等非正式的团队活动中与员工进行沟通。在这些场合，管理者可以在比较轻松的氛围中了解员工的工作情况及其遇到的需要帮助的问题，但一定要注意沟通技巧，不要破坏气氛，让员工扫兴。

表 3-1 所示为非正式绩效沟通的优、缺点。

表 3-1 非正式绩效沟通的优、缺点

优 点	缺 点
☑ 形式多样，时间、地点灵活； ☑ 及时、便捷，解决问题的效率高； ☑ 提高员工满意度； ☑ 增强员工与管理者的亲近感	☑ 缺乏正式沟通的严肃性； ☑ 容易滋生小道消息； ☑ 并不适合所有类型的沟通的目的和内容

☞【专题拓展 3-2】　　　　绩效沟通的四张表

五、绩效沟通的技巧

绩效沟通是技术要求相对较高的一种沟通，在具体的沟通实践中，管理者需要运用各种各样的沟通技巧。

（一）积极倾听技巧

沟通是一个双向的过程。从表面上看，这种双向性表现在沟通双方不仅要通过沟通的过程向对方传递信息乃至想法，而且需要通过沟通过程得到所需的信息。双向性沟通更深层次的含义在于，信息发出者并不只是单向地发出信息，还需要根据接收者的反应得到相应的反馈，从而调整沟通的内容和方式。

很多管理者经常会忽视积极倾听的意义，尤其是在与员工沟通时，他们往往会失去应有的耐心。这种做法将严重影响沟通的质量，甚至影响管理者与员工之间的良好关系。绩效沟通中的任何一方都应该具备积极倾听的技巧，以充分获取信息，使整个沟通的过程得以顺利进行。

积极倾听通常能够帮助管理者更好地解决问题。每个人在形成对某种事物或观念的正确判断之前，往往只有一些朴素的、模糊的认识，仅仅通过自己的思考很难得到全面的信息。在这种情况下，积极倾听能够帮助我们获取信息、整理思路，从而更好地解决问题。部分管理者常常过于武断，发现工作中存在的问题时，往往会理所当然地将自己的看法视为正确观点。这种先验意识阻碍了他们与员工之间的有效沟通，使他们难以接受与自己观点相左的看法，从而无法做到积极倾听。

有时，管理者的行为也会阻碍沟通的有效进行。实践表明，传递信息不仅可以通过口头或书面语言，还可以通过肢体语言。例如，当员工走进管理者的办公室，开始讲述自己在车间里遇到的问题时，如果管理者一边嘴里"嗯"着，一边还在翻看手中的文件，员工就会收到这样的反馈信息：他手中的文件才是有意义的事，他并不关心我谈的问题。可想而知，这样的沟通无法产生积极的效果。

积极倾听是每一个管理者必须具备的管理技巧之一。有学者将积极倾听的技巧分为以下五种。

（1）解释。倾听者要学会用自己的语言解释讲话者所讲的内容，从而检验自己是否完全理解了对方的想法。例如：

讲话者："我觉得很压抑，因为我自愿加班加点，尽了最大的努力，按时完成了项目，可是好像人人都不赞同我。"

倾听者："你看上去很失望，你没有得到足够的支持。"

讲话者："是的，正是这样，并且……"

（2）向对方表达认同。当有人向你表达某种情感或情绪时，要对对方的感受表示认同，鼓励对方进一步表达他的想法。例如：

讲话者："我真是烦极了。这项预算非常不精确，他们希望我严格管理，我花费大量的时间来熟悉它们、发现错误，却耽误了我的正常工作。"

倾听者："是的，这真是够烦的。"

讲话者："就是，关键是我还有好多其他的事要做，而且我的大脑需要休息。"

倾听者："听起来你确实烦恼极了，该怎么办呢？"

讲话者："我建议……应该……就好了。"

（3）简要概括对方表达的内容。对对方所说的内容进行简要的概括，表明确实了解了对方所要表达的内容，并促使对方进一步说明他的观点，将谈话推向更深层次。例如：

讲话者："你不在时发生了许多事情。李×撞了车，需要好几天才能治好；王×患了流感；张×扭伤了脚。此外，我们的一份重要文件还莫名其妙地丢了，我正在做一个替代的文件。这一切真是糟透了。你回来了，我真高兴。"

倾听者："看来这段时间你做了大量的工作，一直忙到现在，对吧？"

讲话者："是呀！如果由我来安排，我会让一切都井井有条的。当然，现在我已经在做了。"

（4）综合对方表达的内容，得出一个结论。与上述第三种做法不同，倾听者不仅可以简要概括对方的观点，还可以形成一个结论性观点，使话题能够进一步展开。例如：

讲话者："有这么几个问题，首先，没有人能够预测政策的改变；其次，我们最好的一个技术员刚刚辞职了，而这个项目的最后期限就在眼前！我认为我们该想想怎么应付这些问题。"

倾听者："你是说这一系列障碍使完成这个项目成了一件十分困难的事？"

讲话者："是的，我认为最关键的是掌握政策变化的动向。如果政策不变，我们还有机会。"

(5) 站在对方的角度大胆设想。例如：

讲话者："我真不知道该如何抉择，每项议案都有人提出赞成和反对的意见，而且反应都相当激烈。"

倾听者："如果我处在你的位置上，我宁愿慢些做出决定，以免得罪某一方。"

讲话者："是的……我想我需要更多的信息，或许应该再收集一些意见，向所有在这方面有经验的人请教一下。"

(二) 非语言沟通技巧

美国心理学家艾伯特·梅拉宾提出了一个著名的沟通公式，即在总的沟通效果中，语言占7%，语气占38%，肢体语言占55%，即73855公式。所以，在沟通中，不仅仅是语言的表达，很多时候，一个动作、一种腔调，甚至一个眼神就已经将信息传达出来了。

非语言沟通（nonverbal communication）指的是使用除语言符号外的各种符号系统，包括形体语言、类（副）语言、空间利用以及沟通环境等进行沟通。在沟通中，信息的内容部分往往通过语言来表达，而非语言则作为提供解释内容的框架，用来表达信息的相关部分。在绩效沟通中，管理者和员工应该了解如何通过动作、语调和面部表情等适当的肢体语言来表达意思，知道如何通过说什么和不说什么来表达自己的想法。

具体来说，非语言沟通有六种形式，分别是肢体语言、眼神接触、人际距离、时间控制、实物与环境和类（副）语言：①肢体语言：即以身体动作等特征表达出来的有意义的信息，比如面部表情、手势、姿势、抚摸和拥抱等身体接触的方式，它们可以代替自然语言，辅佐深层次意义的表达，流露真实感情。②眼神接触，可以表露对对方的理解、鼓励和热诚等。③人际距离，可以了解人际关系的亲密程度，一般在工作场合里，合适的人际距离是120～360cm。④时间控制，会谈时选择适宜的时间段和控制适当的时间长度，有助于促进双方关系的稳定和有效。什么样的沟通，安排什么样的时间，偶尔的相遇，可能只有短短的几分钟，如果用来谈心，可能就不太适合。⑤实物与环境，人们用以表现自己的专业属性和性格特征，了解他人的无声语言，表现在沟通选择的环境，借助的实物。⑥类（副）语言，一般包括声音要素和功能性发音，前者如音质、音量、音调、节奏等辅助性语言，后者则指无固定词义的发音，如哭、笑、叹息、呻吟等，它们能够弥补语言表达的不足，增加了语言的特殊意义。当然，我们需要了解的是，不同国家或地区的风俗习惯可能是不同的。当我们习惯用竖起的大拇指表达赞美的时候，可能在某些国家却意味着粗鲁；我们用拇指和食指构成圆形，其他三指伸直来表示OK和满意的时候，某些国家的人可能会认为你在侮辱他。

以下是提高非语言沟通技巧的一些方法。

1. 保持开放的姿态

☑ 避免交叉双臂或双腿，这可能会给人一种封闭或防御的印象。

- ☑ 保持身体朝向倾听者，表明你对交流持开放态度。

2. 使用适当的手势
- ☑ 使用手势来强调你的观点，但确保它们自然、适当并与你的言辞相匹配。
- ☑ 避免使用过多的手势，这可能会分散倾听者的注意力。

3. 维持眼神交流
- ☑ 在沟通中与对方保持眼神交流，这可以增强你的可信度并建立联系。
- ☑ 如果直接看一个人会让你感到不舒服，可以选择看他们的眉毛或鼻梁。

4. 注意面部表情
- ☑ 确保你的面部表情与你的话语相匹配，传达出积极和自信的情绪。
- ☑ 练习微笑，这不仅能使你显得更加亲切和可信，还能让你感觉更加放松和自信。

5. 使用适当的空间
- ☑ 在公共场合中，了解个人空间的重要性，不要过于接近他人，以免造成他人不适。
- ☑ 在沟通中，适当移动位置可以显示你的活力，但要确保移动有目的性且不干扰信息的传递。

6. 控制声音的非语言元素
- ☑ 通过变化语调、音量和语速加强情感和强调重点。
- ☑ 避免单调的语调，这可能会使对方失去兴趣。

7. 穿着得体
- ☑ 根据场合选择合适的服装，这会给人留下专业和自信的第一印象。
- ☑ 确保衣着整洁、合身，符合你想要传达的形象。

8. 练习镜像
- ☑ 观察和模仿那些你认为在非语言沟通方面做得很好的人，比如公众演讲者或你所尊敬的领导者。
- ☑ 通过镜子或录像练习演讲，然后分析并改进非语言沟通技巧。

9. 调整节奏和时间
- ☑ 学会在沟通中适时停顿，这可以帮助你控制节奏，给对方时间消化信息。
- ☑ 适当的停顿可以增强你的话语权重，让你的下一句话更有影响力。

10. 自我觉察
- ☑ 在交流过程中，时刻注意自己的非语言信号，确保它们与你想要传达的信息一致。
- ☑ 如果你感到紧张，有意识地调整你的非语言行为，如深呼吸、放松肌肉或改变姿势。

总之，非语言沟通是一个持续学习和实践的过程。有效地提高我们的非语言沟通技巧，可以在各种情况下更自信地表达自己，改善绩效沟通的效果。

（三）组织信息的技巧

在沟通过程中，由于沟通双方的生活背景、经历以及个人观点和地位方面的不同，信息接收者和发出者会对相同的信息符号产生不同的理解。因此，如何组织沟通信息，使沟通双方互相理解，就成了保障沟通质量的决定性因素。在组织信息过程中，管理者和员工需要保障绩效信息的完整性和准确性。

1. 选择合适的沟通形式

目前主要的沟通形式包括会谈、书面报告、信息系统等各种各样的形式。在选择媒介时，不能仅凭信息发出者的意愿，而要根据沟通对象的特征、沟通的目的以及各方面的环境因素等进行综合考虑。例如，管理者要针对某个员工在工作中的问题进行辅导，通常应该采用一对一会谈的形式；而对于团队工作中的问题，在团队成员数量有限并有可能集中而不影响工作进展的情况下，就可以采用团队集体会议的方式进行沟通。随着信息技术的不断发展，信息传递的准确性有了很大的提高，人们可以在很短的时间内将信息以文字文件、图像、声音等形式传送到世界的各个地方。在企业管理中，人们可以在更加广泛的领域使用企业内部网络或基于互联网的信息平台进行管理者与员工双方的沟通。但是，如果员工受工作环境和个人情况所限缺乏经常上网的条件，则不适用于这种形式，而可以尝试书面报告等形式。

2. 选择恰当的语言表达方式

主要应注意使用恰当的词汇和合适的语言风格。当沟通双方在文化和语言上有差异时，往往会导致对相同词汇的不同理解。关于语言风格的选择，沟通双方可以根据不同的沟通主题，决定是选择正式语言、非正式语言，还是非规范语言。这三种不同类型的语言运用于不同的沟通方式，服务于不同的沟通对象和沟通目的。在管理者与员工之间进行的非正式沟通中，人们更多地运用非正式语言进行交流，甚至会使用一些在工作场所中大家都能理解的非规范语言。但是在正式的书面沟通（如定期的工作报告）中，应使用正式语言精确地表达信息的内容。

【专题拓展 3-3】　　　　　　积极倾听的艺术

第二节　绩效信息的收集

一、绩效信息收集的意义

赫伯特·西蒙认为："决策过程中至关重要的因素是信息联系，信息是合理决策的生命线。"全面准确和客观公正的绩效信息是绩效管理相关决策的基础，绩效信息的质量在一定程度上决定了绩效管理的成败。在绩效管理实施过程中，管理者需要持续地收集和积累大量准确有效的绩效信息，为绩效管理的过程控制和考核工作提供翔实的信息，这也是绩效管理成功的基础和关键之一。作为一项长期的基础性工作，绩效信息收集的重要意义主要体现在以下三个方面。

1. 绩效信息收集是执行绩效计划的基础

通过对绩效计划执行过程中各种绩效信息的收集和分析，可以发现绩效计划执行中存在的问题，这有利于管理者对绩效计划总体情况的通盘掌控，在员工需要帮助时提供及时有效的帮助和支持，更重要的是能够在重大绩效事故出现之前就做出正确的预判，从而避免产生重大损失。同时，管理者也可以通过关键事件树立典型标杆，帮助员工在计划执行过程中进行自我改进和自我调整。

2. 绩效信息收集是制定绩效考核决策的依据

绩效考核的权威性、科学性和公平性是保障绩效管理系统有效性的关键。制定科学、公平的绩效考核决策需要建立在准确、翔实的绩效信息的基础上，这样才能避免评价的主观随意性。

3. 绩效信息收集是改进绩效决策的依据

通过对绩效信息的系统整理和全面分析，梳理和挖掘出绩效优秀的原因，并发现有利于绩效提升的因素或导致绩效低下的各种问题，为组织绩效的持续提升做好信息资源保障。例如，可以对绩效优秀者和绩效一般者进行全面的对比研究，特别是对比分析绩效优异的关键事件和绩效低下的关键事件，挖掘其深层次的原因，及时推广成功经验，为绩效低下者提供培训，对系统性问题进行及时整改，达到持续改进绩效的目的。

二、绩效信息收集的内容

任何信息的收集行为都需要占用组织的资源，而几乎所有组织的资源都是有限的。绩效信息收集的主要内容是与绩效目标达成密切相关的关键绩效信息，而不要求对绩效信息做全面记录。绩效信息收集要求既重视结果又重视过程，要求对重要的过程信息和结果信息进行全面完整的记录。关于绩效信息收集内容的确定，需要关注如下几个要点。

1. 绩效目标决定绩效信息收集的范围

所有与实现各层次绩效目标相关的重要绩效信息都需要被收集、记录和保存下来，其中与组织战略目标相关的绩效信息是需要特别关注的内容。

2. 绩效信息收集的内容需要面向绩效考核

绩效考核与绩效计划执行的信息在内容上是一致的，绩效考核需要的信息是绩效计划执行中的重要内容。绩效考核是一项鉴定活动，是依据绩效信息对绩效计划执行情况的评判。在绩效管理实施过程中，需要对绩效信息进行全面的收集和整理，为绩效考核工作提供充足的依据，从而确保绩效考核的公正性和准确性，并保障员工对绩效考核结果的认可。

3. 绩效信息一般分为关键事件、业绩信息和第三方信息

关键事件是指一些比较极端或比较有代表性的行为或具体事件。当这类事件发生时，要及时、客观地做好记录，不应当加入任何主观的判断和修饰。记录的内容主要是全面描

述事件，包括事件具体发生的时间、当时的情况、员工具体的行为及最后的结果等。总之，应尽可能客观、具体地列出重要的关键事件或结果信息。

业绩信息是指完成绩效计划或工作任务时的各种业务记录，特别需要注意收集绩效突出者和绩效有问题者的相关信息。业绩信息收集的过程也是对绩效相关的数据、观察结果、沟通结果和决策情况等的记录过程，主要确定需要做什么、为谁做、什么时候做，从而帮助员工取得更好的绩效。员工是绩效的主要责任者，让员工参与绩效信息收集也是使员工参与绩效管理过程的好方法。通过收集信息，员工不再将绩效管理看成监督和检查的工具，而是把绩效管理看成发现和解决问题的工具。

第三方信息是指由客户等帮助收集的信息。内部记录的绩效信息不可能涉及绩效考核的方方面面，管理者也不可能了解员工的每个工作细节，例如，管理者不可能总是盯着电话是不是在响了十几声之后才被接听，也不可能总是观察员工接听电话的内容和态度，所以有必要借助第三方来收集信息。

☞【专题拓展3-4】　　　　　绩效信息收集困难，怎么破？

三、绩效信息收集的来源

绩效信息收集应该实现制度化，对信息来源、信息汇总部门、信息使用和反馈部门等做出明确的规定。其中，信息汇总部门、信息使用和反馈部门应采用静态的制度性规定，如信息由人力资源部门或绩效考核办公室汇总，向各部门及时进行绩效反馈，对绩效信息的使用、保密等按照组织的规定执行即可。对信息来源的规定则应是动态发展的，管理者需要做出明确的规定，确保信息收集渠道的畅通和准确有效的绩效信息的获得。目前，通常采用多渠道保障绩效信息的准确性和客观性。很多组织采用全方位的绩效信息收集方式，要求高层管理者、部门管理者、一般员工、外部客户等都参与绩效信息的收集。针对具体岗位，需要明确每种信息来源在绩效考核中的权重，对于最重要的绩效信息，应该保证其完整、全面和准确。

四、绩效信息收集的方法

采用科学的绩效信息收集方法获取准确、有效和全面的绩效信息是做出科学的绩效管理决策的基础，对提升战略性绩效管理的决策质量有重要的意义。目前，主要的绩效信息收集方法有如下几种。

（一）工作记录法

针对需要详细记录的工作，需要使用工作记录法收集相应的绩效信息。例如，对于财务、生产、销售、服务有关方面的数量、质量、时限等指标，就需要使用工作记录法，规定相关人员填写原始记录单，并定期进行统计和汇总。工作记录法要求使用规范的信息收集表格，在条件允许的情况下，也可以使用电子表格或绩效信息系统收集信息，以便于信息的存储、统计、汇总和分析。

（二）观察法

观察法是指管理者直接观察员工的工作表现。在各种收集方法中，观察是最直接的，所有信息通常是由管理者亲眼所见、亲耳所闻的，而不是从别人那里得知的。管理者常常采用走动式管理，对工作现场进行不定时的考察，从而获取第一手绩效信息。

（三）抽查或检查法

这种方法常常与工作记录法结合使用，是为了核对相关绩效信息的真实性而采用的一种信息收集方法。管理者或专门的部门可以对员工绩效信息进行抽查或检查，确保原始信息的真实性。

（四）关键事件法

这种方法要求在绩效实施过程中，对特别突出或异常失误的关键事件进行记录，为管理者对业绩突出者进行及时奖励和对重大问题者进行及时辅导或纠偏做准备，并为绩效考核和绩效改进做基础信息收集。

（五）他人反馈法

员工的某些工作绩效不是管理者可以直接观察到的，也缺乏日常的工作记录，在这种情况下，就可以采用他人反馈法收集信息。一般来说，当员工的工作是为他人提供服务或在工作过程中与他人发生关系时，就可以从员工服务的对象或与之发生关系的对象那里得到有关的信息。例如，对于从事客户服务工作的员工，管理人员可以通过客户满意度调查表或对客户进行电话访谈的方式获得员工的绩效信息；对于公司内部的行政后勤等服务性部门的人员，可以从接受其服务的其他人员那里了解信息。

绩效信息收集方法的正确有效与否直接关系信息质量的好坏，而每种方法都有一定的局限性，因此各种方法的综合运用是值得推荐的，当然也要考虑收集的成本和效率。

五、绩效信息收集的注意事项

（一）要有目的

收集信息之前，一定要明确为什么要收集这些信息。例如，有些工作没有必要收集过多的过程信息，只需要关注最后结果，那就不必费尽心思收集过多的绩效信息。否则，不但浪费人力、财力、物力，也会使管理者和员工对绩效管理工作产生厌烦情绪。

（二）要收集事实而不是判断

要收集能反映绩效行为和结果的事实，而不应对事实做主观判断和推测。例如，"小王与客户打电话的声音越来越大，而且用了一些激烈的言辞"是一段对工作行为事实的描述，而"小王的情绪容易激动"是对事实的主观判断。可靠的绩效信息是那些可以被观察或测量的客观行为和结果，行为背后的动机或情感则是信息记录和收集者的主观推测，由于带有较大的感情色彩和个人倾向，所以不能用作绩效信息。

(三)要让员工参与

作为管理者,不可能每时每刻观察员工,因此管理者观察到的信息可能是不完全或者是偶然性的。让员工参与到绩效信息的收集过程中,教会员工做工作记录是解决这一问题的好方法。另外,员工参与绩效信息收集能够体现员工的主动性,以此为依据对员工进行评价也容易让员工接受。但是,员工在做工作记录或收集绩效信息时往往会出现选择性记录,收集的情况或夸大成绩或强调困难,或对问题和缺陷轻描淡写。所以,最好采用结构化方式,明确员工所要收集和记录的信息内容与要求。

(四)要采用科学、先进的方法

科学、先进的收集和记录方法可以大大提高信息收集的效率与质量。例如,可以采用抽样方法,就是从员工全部的工作行为中抽取一部分进行记录。这些被抽取出来的工作行为就叫作一个样本,通过代表性样本客观公正地反映员工的绩效情况。常用的抽样方法有固定间隔抽样、随机抽样、分层抽样等。另外,绩效管理信息系统的应用也越来越广泛,包括企业的 ERP(企业资源计划)系统或者其他类似业务管理系统(如财务部门的数据系统)等,这些系统中与员工绩效相关的所有数据可为绩效管理提供及时、准确、全面的信息,可以使员工和管理者随时掌握绩效的最新情况。

第三节 绩效辅导

绩效辅导,是指管理者采取恰当的领导风格,在进行充分的绩效沟通的基础上,根据绩效计划,针对员工在工作进展中存在的问题和潜在的障碍,持续激励和指导员工,以帮助其实现绩效目标,并确保其工作不偏离组织战略目标的过程。管理者作为绩效辅导的主导者和推动者,不仅需要对员工提出的各种要求做出积极回应,还需要及时发现并解决潜在问题。

一、绩效辅导的作用

(1)向员工提供建议,以帮助他们改进绩效。换句话说,绩效辅导不仅涉及管理者向员工描述清楚需要做什么,而且需要告诉他们应当怎样做。绩效辅导既关注结果,也关注行为。

(2)给予员工指导,从而使他们合理地开发自己的知识和技能。绩效辅导需要提供两个方面的信息:一是员工为正确地完成工作需要具备哪些方面的知识和技能;二是员工如何才能获得这些知识和技能。

(3)为员工提供支持,同时只在员工确实有需要时才出现。绩效辅导要求当员工需要管理者的帮助时,管理者会及时出现,但它同时要求管理者不要每时每刻对员工的工作进行监督和控制。归根结底,绩效辅导是一种为员工提供便利的活动,改进绩效的责任最终还是要落在员工个人身上。

(4)使员工获得信心,让他们确信自己有能力持续提升个人的绩效,同时增强他们对管理个人绩效的责任感。绩效辅导不仅涉及给予员工积极的反馈,让员工对自己所做的工作充满信心,而且要向他们提供其他反馈,使他们知道自己在哪些方面还需要有所改善。

(5)帮助员工提升胜任能力,指导他们获得更丰富的知识和技能,从而帮助他们完成更加复杂的任务、承担更高级别的工作。绩效辅导需要综合考虑短期目标和长期目标两个方面,其中包括员工如何才能从新知识和新技能中获益——在他们未来从事新的工作或承担新的工作任务时,这些新知识和新技能将派上用场。

二、绩效辅导的原则

1. 良好的绩效辅导关系是基础

为了使绩效辅导发挥作用,非常重要的一点是在提供辅导的管理者和员工之间建立起信任与合作的关系。法尔和雅各布斯认为,所有参与这一过程的利益相关者之间的"合作式信任"很有必要。为了建立这种关系,管理者首先要认真倾听,从而充分理解员工。换句话说,管理者要站在员工的立场,从员工的角度来看待工作和组织。其次,管理者要善于寻找员工身上积极的一面,因为这样更容易被员工理解和接受。最后,管理者要认识到,绩效辅导不是要对员工做什么,而是要与员工一起做些什么。总之,管理者在进行绩效辅导时要善于换位思考,并有同情心,这样有助于与员工建立起良好的关系。

2. 员工是自我变革的源头和主导者

管理者必须认识到,员工是自我变革和自我成长的源头。毕竟绩效辅导的目的是改变员工的行为,以及为员工在未来表现出不同的绩效指引方向。如果员工不能对自身未来进行规划,得不到指引,这种改变就不会发生。因此,管理者应该为员工确定目标和方向提供便利条件。

3. 员工是完整、独特的

管理者必须认识到,每一个员工都是独特的个体,都有与工作相关的身份或无关的身份,以及独特的个人经历。管理者必须尝试建立起对员工的整体性、全面性和丰富性的认识。如果管理者能够了解员工的生活,并帮助员工以更有意义的方式构建个人生活与工作体验之间的联系,将非常有好处。

4. 管理者是员工成长的助推器

管理者要指导员工成长,并对其成长的具体内容(如开发计划)提供帮助,但又不能包办这些事项。管理者需要维持员工乐于探索的态度,帮助员工更好地了解自己的优势、资源和挑战,并且帮助员工制定目标。

三、绩效辅导风格的选择

(一)依据员工成熟程度选择绩效辅导风格

管理者不可能也不需要随时对员工进行绩效辅导。管理者只需要在员工需要辅导时,及时提供辅导与支持即可。因此,对管理者来说,准确判断员工在什么情况下需要绩效辅导就成为一个技术性问题。为了提高绩效辅导的有效性，管理者需要对不同的员工采取不同的方式，使绩效辅导更有针对性。

保罗·赫西（Paul Hersey）和肯·布兰查德（Ke.Blanchard）在 1969 年提出了领导情境理论，又称作领导生命周期理论，为管理者做出正确的判断、选择正确的绩效辅导风格提供了理论指导。该理论将领导行为划分为任务行为和关系行为两个维度，并根据两个维度组合成指示、推销、参与和授权四种不同的领导风格。

（1）S1 指示：高任务—低关系领导风格。

（2）S2 推销：高任务—高关系领导风格。

（3）S3 参与：低任务—高关系领导风格。

（4）S4 授权：低任务—低关系领导风格。

该理论还比较重视员工的成熟程度，这实际上隐含了一个假设：领导者的领导力大小实际上取决于员工的接纳程度和能力水平的高低。而根据员工的成熟程度，也就是员工完成任务的能力和意愿程度，可以将员工分成以下四种类型。

（1）M1：员工既无能力又不愿意完成某项任务，这时是低度成熟阶段。

（2）M2：员工缺乏完成某项任务的能力，但是愿意完成这项任务。

（3）M3：员工有能力但不愿意完成某项任务。

（4）M4：员工既有能力又愿意完成某项任务，这时是高度成熟阶段。

领导情境理论的具体模型如图 3-2 所示。

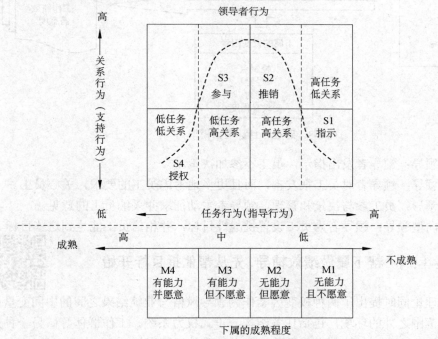

图 3-2　领导情境理论模型

领导情境理论的核心就是将四种基本的领导风格与员工的四种成熟程度相匹配，管理者根据员工的不同绩效表现做出适当回应并提供相应的帮助。随着员工成熟程度的提高，管理者不但可以减少对其工作任务的控制，而且可以减少关系行为。具体来讲，在 M1 阶段，可采用给予员工明确指导的指示型风格；在 M2 阶段，领导者需要采用高任务—高关系的推销型风格；到了 M3 阶段，参与型领导风格最有效；而当员工的成熟度达到 M4 阶段时，领导者无须做太多的事情，只需授权即可。

（二）依据环境和员工的权变因素选择绩效辅导风格

管理者在帮助员工实现其绩效目标的过程中，需要充分考虑员工自身的特点和环境的限制因素，然后提供有针对性的绩效辅导。罗伯特·豪斯（Robert House）提出的路径—目标理论为管理者提供了相关的理论指导。

豪斯认为，如果领导者能够弥补员工或工作环境方面的不足，则会提升员工的工作绩效和满意度。有效的领导者通过明确指出实现工作目标的途径来帮助员工，并为员工消除在实现目标过程中出现的重大障碍。有效的领导是以能够激励员工达到组织目标以及员工在工作中得到的满足程度来衡量的。如图 3-3 所示，豪斯提出了以下四种领导风格。

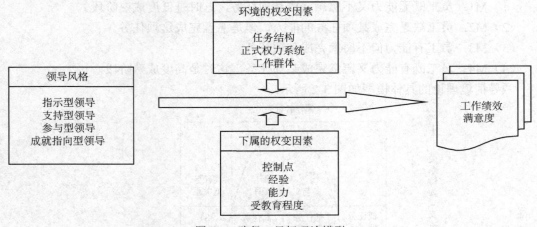

图 3-3　路径—目标理论模型

（1）指示型领导：领导者发出指示，员工不参加决策。
（2）支持型领导：领导者对员工很友善，而且更多地考虑员工的要求，关心员工。
（3）参与型领导：员工参与决策和管理，领导者主动征求并采纳员工的意见。
（4）成就指向型领导：领导者为员工设置挑战性目标，并相信员工能达到这些目标。

【专题拓展 3-5】　帮下属做绩效辅导，先从帮他拆目标开始

路径—目标理论同时提出了两种权变因素作为领导风格与业绩结果之间的中间变量：一种是员工控制范围之外的环境，包括任务结构、正式权力系统、工作群体等；另一种是员工个性特点中的一部分，如控制点、经验、能力、受教育程度等。

豪斯指出，领导者的选用没有固定不变的公式，应当根据领导方式与权变因素的恰当配合来考虑。但是与菲德勒（Fiedler）不同，豪斯认为领导者是弹性灵活的，同一领导者可以根据不同的情境因素选择不同的领导风格。由路径—目标理论还可推导出一些观点，

这些观点对于领导行为的指导同样具有很重要的意义。

（1）当面对结构模糊的任务或压力较大时，指示型领导会带来更高的满意度。

（2）当任务结构化时，支持型领导会得到比较高的绩效和满意度。

（3）对能力强或经验丰富的员工而言，指示型领导被视为累赘。

（4）组织正式权力系统越完善、越官僚化，领导者越应采用支持型风格而减少指示行为。

（5）当工作群体内部有激烈冲突时，指示型领导会产生较高的下属满意度。

（6）内控型员工更乐于接受参与型领导。

（7）外控型员工对指示型领导更满意。

路径—目标理论虽然受到中间变量过少的限制，但无论是理论本身还是由之推导出的观点，都得到了不同程度的验证，为领导者选择领导风格奠定了理论基础，这些管理的箴言也符合许多高级管理者的行为理念。

从路径—目标理论可以看出，管理者在选择绩效辅导风格时，需要根据员工的全部因素和环境的全面因素两个方面的管理情境，在指示型领导、支持型领导、参与型领导以及成就指向型领导等辅导风格中做出具体的选择，从而确保通过有效的绩效辅导来弥补员工的不足，以更好地实现绩效目标。为了实现绩效目标，管理者需要及时、系统地找出并消除绩效障碍，同时，管理者的角色也发生了改变，其基本角色不再是法官，更多的是伙伴、教练或者导师。

（三）依据管理者的个性特点和行为偏好选择绩效辅导风格

（1）推动者。这种管理者常采用推动型绩效辅导方法，会直截了当地告诉被辅导的员工应该做什么。例如，管理者需要指导一个员工怎样去和客户打交道，在这种情况下，这种管理者倾向于对被辅导的员工这样说："你必须用这种方式和客户说话。"这种管理者往往极其自信，说话时语速很快并且语气非常坚决，常常是只讨论工作任务和事实，不太善于表达，很少流露出个人感受。

（2）说服者。这种管理者常采用劝说的方法来说服员工按他的想法去做。在上面那种情况下，这种管理者会尽力向员工解释，如果用某种特定的方式去和客户沟通，则对组织及员工本人会有哪些方面的好处。与推动者类似，说服者也非常自信，不过，说服者往往倾向于使用丰富的肢体语言，更多地谈论人际关系，同时会流露出丰富的个人感受。

（3）温和者。这种管理者会采取一种比较温和的风格，他们希望每一个人都很快乐。这种管理者的主观性很可能大于客观性，他们之所以会指导员工用某种方式去和客户交流，只是因为"从感觉上来说"那样做应该是对的。这种管理者不是那么自信，说话时语气也比较柔和，会经常停顿，他们很少打断别人的谈话，并且喜欢做很多有条件的陈述。

（4）分析者。这种管理者喜欢用一种系统的、逻辑性较强的方式对绩效进行分析，在提出建议时往往会依据相关的规则和流程。同样是上面的那个例子，在告诉员工应该如何与客户交流时，分析者会这样说："手册里就是这么说的。"总之，分析者不是很自信，但与推动者相似的是，他们会更多地谈论工作任务和事实，而不是个人感受。

以上四种辅导风格哪一种最好？哪一种最有效？答案是：没有哪一种风格一定优于其他风格。优秀的绩效辅导应当被视为一种学习的机会，同时是设置目标和分派任务的机会。

辅导有时需要提供指导,有时需要说服员工怎样以一种特定的方式去做一件事情,有时则需要同情心和形成一种积极的影响,有时又需要特别重视既定的规则和流程。但是有一点是肯定的,即只强调其中任何一种辅导风格对员工的开发和成长都是不利的。

☞【专题拓展 3-6】 随堂小测验:你的绩效辅导风格是怎样的

四、绩效辅导的时机

管理者必须掌握辅导的时机,确保及时有效地对员工进行指导。一般来说,在以下时机对员工进行辅导会获得较好的效果。

(1)当员工需要征求意见时。例如,员工向管理者请教问题或者有了新想法想征求他人看法时,管理者可以在这个时候不失时机地对员工进行辅导。

(2)当员工希望解决某个问题时。例如,员工在工作中遇到障碍或者有难以解决的问题,希望得到帮助时,管理者可以传授给员工一些解决问题的技巧。

(3)当管理者发现可改进绩效的机会时。例如,管理者发现某项工作可以用另一种方式做得更快、更好时,就可以指导员工采用这样的方法。

(4)当员工通过培训掌握了新技能时。如果管理者希望员工将新技能运用于工作中,就可以辅导员工使用这种技能。

(5)当面临新的职业发展机会时。例如,管理者发现员工拥有可供开发的潜力,而企业现在恰好拥有新的项目或发展机会,就可以辅导员工争取机会。

(6)当员工的工作业绩出现问题时。例如,员工的工作绩效行为或结果不符合标准而其自身尚未发觉,管理者就应及时给予提示和指导,以纠正其不当行为或观念。

五、绩效辅导的程序

进行辅导时,首先要对员工的工作方法、结果进行客观的评价。这种正式的评价主要是通过描述具体的行为、数据来对照目标进行反馈,提出这些行为、数据可能造成的影响与后果,在此基础上进行辅导。对于高层员工而言,这种辅导更多的是提出建设性建议;而对于基层员工来说,更多的是管理者的亲自演示与传授。绩效辅导的程序如图 3-4 所示。

| 第一步:讲授 |
| 第二步:演示 |
| 第三步:让员工尝试 |
| 第四步:观察员工 |
| 第五步:对于进步给予称赞或再指导 |

图 3-4 绩效辅导的程序

辅导员工时应注意以下问题。
(1)给予员工足够的信任。
(2)对员工的辅导应该是经常性的,而不是出了问题才进行辅导。

（3）即使员工绩效表现出色，也应给予辅导。一方面，要认可员工的表现，另一方面，要鼓励员工以后做得更好，以更大的工作热忱回应管理者。

（4）传授和启发相结合。管理者不应总是直接告诉员工该怎么做，还应该启发员工自己思考和探索解决问题的方法。

（5）给员工独立工作的机会。管理者应让员工大胆尝试，而且要对一些他们在过程中可能犯的错误表示宽容。

（6）注重提升员工的能力。辅导不应仅仅停留在解决一些具体的问题上，更应该以提高员工的自身能力为目标。这样，员工以后若遇到类似问题或新问题，就有能力独立应对了。

【专题拓展 3-7】 运用 GROW 模型进行绩效辅导，让绩效管理更高效

本章小结

员工在执行绩效计划的过程中，管理者仍然负有重要的管理职责。他需要继续就员工工作中发生的问题进行沟通，及时进行绩效辅导，真正实现绩效管理的员工开发功能；也需要就员工工作中反映的工作情况及时做好绩效信息记录，为绩效考核和绩效反馈做准备。

绩效实施中的绩效沟通有助于绩效计划的调整，也为绩效考核、绩效反馈与结果应用提供信息基础。管理者和员工就工作进展、工作困难、绩效目标、工作支持等方面的内容，遵循对事不对人、责任导向和事实导向原则，采取正式与非正式的多样化方式进行绩效沟通。同时，重视积极倾听、非语言沟通、组织信息等方面的技巧，提高绩效沟通的有效性。

绩效信息的收集能够为绩效执行、绩效考核和绩效改进等提供依据，收集的信息应该与工作绩效紧密相关，以该岗位的关键绩效指标或绩效目标/计划作为依据进行信息的收集。绩效信息收集的来源与绩效考核的主体一致，主要包括上级、同事、下级、员工本人和客户等；可以采用的方法包括工作记录法、观察法、抽查或检查法、关键事件法、他人反馈法等。为提高收集信息的有效性，还应该注意有目的地收集信息、收集事实而不是判断、让员工参与收集信息、采用科学先进的方法收集信息等。

通过绩效沟通和绩效信息收集，管理者需要对员工在绩效执行中的问题进行绩效辅导，帮助员工在过程中改进绩效。为使绩效辅导发挥作用，应遵循以下指导原则：良好的绩效辅导关系是基础；员工是自我变革的源头和主导者；员工是完整而又独特的；教练是员工成长的助推器。绩效辅导的风格多种多样，可以依据员工成熟程度、环境和员工的权变因素、管理者的个性特点和行为偏好等采取不同的方式，各种方式都有好有坏，应因人而异综合使用。

思考题

1. 绩效沟通在绩效管理中的作用是如何体现的？

2. 绩效沟通应遵循的原则有哪些？
3. 绩效沟通的形式有哪些？其优、缺点是什么？
4. 在绩效沟通时应注意哪些方面的技巧？
5. 绩效信息的收集在绩效管理中的作用如何体现？
6. 如何收集绩效信息？
7. 绩效信息收集的来源有哪些？
8. 如何提高绩效信息收集的有效性？
9. 绩效辅导应遵循的指导原则有哪些？
10. 如何理解绩效辅导风格的选择？
11. 绩效辅导的基本程序是什么？

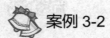

案例 3-2　　　　华为绩效辅导：追根究底

华为的绩效辅导坚持追根究底的方法，旨在帮助员工查找自身绩效不佳的原因，这样可以从根源上提升员工实现绩效目标的能力，最终让企业制定的绩效目标得以顺利实现。失败是成功之母，但重犯同样的错误是不应该的，也是不被允许的，这正是华为绩效辅导追根究底的原因所在。

华为销售部门有个员工在月度考核中绩效不佳，其部门主管就找时间和这个员工长谈了一次，希望能够通过这次对话帮助这个员工找到当月绩效不佳的原因。主管首先询问这个员工对自身绩效不佳有何看法。这个员工想了想，将绩效不佳的原因归结为"销售不好做，客户太挑剔"。

主管听了之后并没有立即发表看法，而是拿出了这个员工当月的绩效考核表，指着其中"客户满意度"一栏说："销售不好做，客户太挑剔，这些都是客观原因，想要让客户买我们的东西，打开市场，做好客户服务是先决条件，你让客户满意了、开心了，那么你的业绩自然上去了。这个月你的'客户满意度'评分很低，你应该从这方面找原因。"

紧接着，部门主管讲了一个当月绩效考核优秀员工服务客户的故事："有一次，公司的一位客户按照合同约定自提商品300多件，但在双方交接时发现，发货人员少寄了6件商品。发现了问题，那个员工并没有置之不理，而是不顾自身工作紧张，立即赶到火车站，在时间非常紧张的情况下协助客户卸下商品，并重新清点。那个员工经过多次清点，确信问题应该出在客户清点的方式上，经过检查，原来有几件商品捆绑在一起，客户将它们当成一件商品了。"

"很多企业在遇到这种问题时会告诉客户，是他们的清点方法不对，让对方重新清点。而那个员工并没有这么做，因为在他看来，客户永远是正确的；只要是客户需要的，就是他应该去做的。正是在这种客户理念的引导下，他才赢得了客户的支持和信任，业绩月月都是最佳。"

听了主管一席话，这个员工一下子明白了自身业绩不佳的原因：客户满意度方面做得不好，没能真心实意地践行"以客户为中心"的经营理念。找到了原因，这个员工进行了有针对性的自我批判和改进，将主要工作精力集中在了做好客户沟通和服务上，在接下来一个月的绩效考核中后来居上，顺利地完成了个人承诺的绩效目标。

资料来源：汪廷云. 华为绩效管理法[M]. 广州：广东经济出版社，2017.

思考与讨论：
1. 结合案例，谈谈你对华为绩效辅导"追根究底"的理解。
2. 本案例中的部门主管体现了什么样的绩效辅导风格？

 团队互动演练

研究型学习小组以所在学校所参加的社团或社会实践项目为基础，以在实践中的岗位和活动经历为模拟对象，设计一次绩效沟通过程。

教学目的
- ☑ 强化学生绩效计划在实践工作中应用的意识。
- ☑ 培养学生独立设计一次绩效沟通过程的能力。
- ☑ 加强学生对沟通能力重要性的认识。

教学平台
- ☑ 计算机中心实验室，每个学生配备一台计算机，允许网络连接。
- ☑ 标准化教室，供学生讨论和陈述。
- ☑ 指导教师提供模拟沟通过程的基本思路。

教学步骤
第一阶段：各小组自由讨论，选择一个小组认同的模拟团队中的具体岗位为模拟对象；对所选岗位进行职位分析，了解岗位在组织中的地位、岗位的职责及任职资格等，进行组织目标分解和职责描述。

第二阶段：对所在岗位上的员工（挑选一个成员模拟）的工作业绩，通过多方面信息收集进行客观整理，推选另外一个成员作为该岗位员工的直接上级，双方对绩效信息有充分准备。

第三阶段：选择绩效沟通的方式、合理安排时间、布置沟通环境等。

第四阶段：小组课堂展示模拟绩效沟通的过程，并提交绩效沟通设计的报告。

第五阶段：指导教师为学生模拟过程评定成绩，其主要依据为：第一，所选岗位的职位分析、目标分解合理性；第二，对绩效信息准备的充分性和真实模拟度；第三，模拟沟通时的程序与语言是否规范，以及技巧应用能力；第四，提交模拟总结报告的质量。

团队成员
研究型学习小组在组长指导下合理分工，各负其责，按规定时间完成任务。

研究成果
- ☑ 课堂展示模拟的绩效沟通过程。
- ☑ 绩效沟通设计的报告。

第四章　绩效考核体系的设计

 学习目标

- ☑ 了解绩效考核指标体系的构成；
- ☑ 明确绩效指标设计的原则，掌握提取绩效指标的方法；
- ☑ 掌握绩效指标权重设计的方法；
- ☑ 了解绩效考核方法选择的影响因素；
- ☑ 把握绩效考核主体的选择及其常见误差，学会实施针对性培训；
- ☑ 了解绩效考核周期的影响因素。

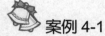 案例 4-1　　　国有企业如何突破绩效考核的误区

某国有企业 A 公司在业内具有较高的知名度。由于国家政策的变化，该公司面临着众多小企业的竞争与挑战。为此，该公司从前几年开始着手从绩效考核等内部管理方面进行突破。人力资源部在原有的考核制度基础上制定出了《中层干部考核办法》。在每年年底正式进行考核之前，人力资源部公开了当年的具体考核方案，以使考核达到可操作化程度。

A 公司考核的方式和程序包括被考核者填写述职报告，召开全体职工大会进行述职，民意测评（涵盖全体职工），向科级干部甚至全体职工征求意见（访谈），考核小组进行汇总、写出评价意见并征求主管副总的意见后报公司总经理。

绩效考核的内容主要包含三个方面：被考核单位的经营管理情况；被考核者的德、能、勤、绩及管理工作情况；下一步工作打算及努力的方向。

对中层干部的考核完成后，公司领导在年终总结会上进行说明，并将具体情况反馈给个人。尽管考核的方案中明确说明考核与人事的升迁、工资的升降等方面挂钩，但最后的结果总是不了了之，没有任何下文。

对于一般员工的考核则由各部门的领导掌握。子公司的领导对于下属业务人员的考核通常依据经营指标的完成情况（该公司中所有子公司的业务员均有经营指标的任务），对于非业务人员的考核，无论是总公司还是子公司，均由各部门的领导自由决定。通常的做法是到了年底要分奖金了，部门领导才会对自己的下属做一个笼统的排序。这种考核方法使得员工的卷入程度较高。公司在第一年进行操作时，获得了比较大的成功。由于被征求了意见，一般员工觉得受到了重视，感到非常满意，领导则觉得该方案得到了大多数人的支持，也觉得满意。但被考核者由于历史条件和当前条件不同，年初所定的指标不同，觉得相互之间无法平衡，并不满意。

新考核方案进行到第二年时，大家已经失去了第一年时的热情。第三年、第四年进行考核时，员工考虑前两年考核的结果出来后，业绩差的和好的并没有任何区别，自己还得

在领导手下干活，领导来找他谈话，他也只能敷衍了事，被考核者认为年年都是那套考核方案，没有新意，只不过是领导布置的事情，不得不照做罢了。

资料来源：国有企业如何突破绩效考核的误区[EB/OL]．（2021-01-07）．[2024-10-09]．https://www.hroot.com/d_new-421661.hr.

绩效考核作为绩效管理的核心环节，涉及"评价什么""如何评价""谁来评价""多长时间评价一次"等重要问题。在实施正式的绩效考核前，组织必须就这些问题形成统一的认知，对组织的绩效考核体系进行一次总体设计，在此基础上，再针对不同的员工采取差异化方式灵活管理。为提高考核的科学性与准确性，本章将从绩效考核过程中的考核指标体系、考核方法、考核主体和考核周期四个方面进行系统介绍。

第一节 绩效考核指标体系

一、绩效指标的分类、设计原则与选择

（一）绩效指标的分类

1. 硬指标与软指标

硬指标指的是那些可以以统计数据为基础，把统计数据作为主要评价信息，建立评价数字模型，以数据工具求得评价结果，并以数量表示评价结果的评价指标。使用硬指标可以免除个人经验和主观意识的影响，具有一定的客观性和可靠性。借助于电子信息技术，硬指标可以有效地提高评价的可行性和效率。但是，当评价所依据的数据不够可靠，或者当评价的指标难以量化时，硬指标的评价结果就难以保证客观和准确。同时，硬指标往往比较死板，缺乏灵活性。

软指标指的是主要通过人的主观评价得出评价结果的评价指标。在实践中，人们常用专家评价来指代这种主观评价的过程，因此又将软指标评价称为专家评价。专家评价，就是由评价者对系统的输出做出主观的分析，直接给评价对象打分或做出模糊判断，如很好、好、一般、不太好、不好等。这种评价指标完全依赖评价者的知识和经验，容易受主观因素的影响。所以，软指标的评价通常由多个评价主体共同完成。运用软指标的优点在于这类指标不受统计数据的限制，可以充分发挥人的智慧和经验。

随着信息技术的发展和模糊数学的应用，软指标评价技术获得了迅猛的发展。通过评价软指标并对评价结果进行科学的统计分析，我们能够将软指标评价结果与硬指标评价结果共同运用于各种判断和推断之中，以提高绩效考核结果的科学性和实用性。

2. 特质、行为、结果三类绩效指标

特质类绩效指标关注的是员工的素质和发展潜力，在选拔性评价中更为常用。行为类绩效指标关注的是绩效实现的过程，适用于通过单一方式或程序化方式达到绩效目标的职位。结果类绩效指标更多地关注绩效结果或绩效目标的实现程度。

表 4-1 为特质、行为、结果三类绩效指标比较一览表。

表 4-1 特质、行为、结果三类绩效指标比较一览表

	特　质	行　为	结　果
适用范围	☑ 适用于对未来的工作潜力做出预测	☑ 适用于评价可以通过单一的方式或程序化方式实现绩效目标的岗位	☑ 适用于评价那些可以通过多种方法达到绩效标准或绩效目标的岗位
不足	☑ 没有考虑情境因素，通常预测效度较低； ☑ 不能有效地区分实际工作绩效，容易使员工产生不公平感； ☑ 将注意力集中在短期内难以改变的人的特质上，不利于改进绩效	☑ 需要对那些同样能够达到目标的不同行为方式进行区分，以选择真正适合组织需要的方式，这一点比较困难； ☑ 当员工认为其工作重要性较小时意义不大	☑ 结果有时不完全受被评价对象的控制； ☑ 容易诱使评价对象为了达到一定的结果而不择手段，使组织在获得短期效益的同时丧失了长期利益

如果按照这种分类设计绩效指标，比较好的解决办法是折中，即将评价的维度冠以"特质"标签，而对维度的定义和量表锚点的选择则采取结果与行为定向的方法。然而，这种对工作行为采取"特质"的操作性定义的方法并不能完美地解决问题本身，只是其与单纯依靠特质或单纯依靠行为相比而言更优而已。

3. 结果指标与行为指标

在评价各级员工已有的绩效水平时，通常采用的绩效指标有两类：结果指标与行为指标。

结果指标一般与公司目标、部门目标及员工的个人指标相对应，如成本降低 30%、销售额提高 3%等。行为指标一般与工作态度、协调能力、合作能力、知识文化水平、发展潜力等指标相对应。

由于企业的中高层员工能够更加直接地对企业的关键绩效产生影响，在企业的各个管理阶层中，越是处于"金字塔"顶端的员工，其绩效考核中的结果指标越多，行为指标越少；而越是处于"金字塔"基层的员工，其绩效考核中的结果指标越少，行为指标越多，具体如图 4-1 所示。

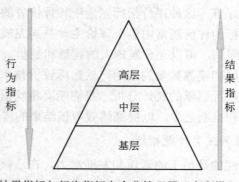

图 4-1 结果指标与行为指标在企业管理层"金字塔"中的变化

不过，结果指标通常只反映部门和员工过去的工作绩效。如果只关注结果指标，则容

易使企业忽略那些影响部门和员工长期发展的因素。因此，在设计绩效考核指标时，要将结果指标与行为指标结合使用。

(二) 绩效指标的设计原则

1. 定量为主、定性为辅原则

由于定量化的绩效考核指标便于确定清晰的级别标度，有利于提高评价的客观性，因此在实践中被广泛使用。例如，财务指标一直以来被国内外企业用作关键绩效指标之一，可见其易于量化的特点不可忽视。但是，这个原则并不能适用于所有的职位。它只是提醒人们要尽可能地对能够量化的指标进行量化。同时，对于一些定性的评价指标，也可以借助相关的数学工具对其进行量化，从而使评价的结果更加精确。

2. 少而精原则

绩效指标要通过一些关键绩效指标反映评价的目的，而不需要面面俱到。设计支持组织绩效目标实现的关键绩效指标，不但可以帮助企业把有限的资源集中在关键业务领域，同时可以有效缩短绩效信息的处理过程，乃至整个评价过程。另外，少而精的评价指标易于被一般员工所理解和接受，也可以促使评价者迅速了解绩效考核系统，掌握相应的评价方法与技术。所以，在构建绩效考核指标体系时，要选取最有助于企业战略目标实现的指标，以引导企业和员工集中实现企业的绩效目标。

3. 可测性原则

评价指标本身的特征和该指标在评价过程中的现实可行性决定了评价指标的可测性。设置指标的级别标志和级别标度就是为了使绩效指标可以被测量。同时，评价指标代表的对象也是不断变化的。在选择绩效指标时，要考虑获取相关绩效信息的难易程度，很难收集绩效信息的指标一般不应当作为绩效考核指标。

4. 独立性与差异性原则

独立性原则强调评价指标之间的界限应该清楚、明晰，避免发生含义上的重复。差异性原则指的是评价指标需要在内涵上有明显的差异，使人们能够分清它们的不同之处。要做到这一点，首先在确定绩效考核指标的名称时要讲究措辞，明确每一个指标的内容界限，必要时还需要做出具体明确的定义，避免指标之间的重复。例如，"沟通协调能力"与"组织协调能力"中都有"协调"一词，但实际上应用的人员类型是不同的，这两种协调能力的含义也是不同的。"沟通协调能力"往往可以运用于评价普通员工，而对于拥有一定数量下属的中层管理人员，则可以通过考核他们的"组织协调能力"来评价他们在部门协调与员工协调中的工作情况。如果在一个人身上同时评价这两种协调能力，则容易引起混淆，降低评价的可靠性和准确性。

5. 目标一致性原则

这一点是选择绩效指标时应遵循的最重要的原则之一。它强调各个评价指标所支持的绩效目标应该具有一致性。针对企业的战略目标建立的评价指标体系，要保证各个绩效指标的确能够支持战略目标在各个层面上的子目标，从而保证企业战略目标的实现。不仅如此，绩效考核指标之间的目标一致性还强调绩效指标的完整性。评价指标应该能够完整地反映评价对象系统运行总目标的各个方面，这样才能够保证总目标的顺利实现。

（三）绩效指标的选择依据

绩效考核的目的和被评价人员所承担的工作内容和绩效标准是绩效考核指标的选择依据。另外，从评价的可操作性角度考虑，绩效指标的选择还应该考虑取得所需信息的便利程度，这样才能通过绩效考核指标做出真正科学、准确的评价。因此，绩效指标的选择依据包括以下几个方面。

1. 绩效考核的目的

绩效考核的目的是选择绩效考核指标的一个非常重要的依据。能够用于评价某一岗位绩效情况的绩效考核指标往往很多，但是绩效考核不可能面面俱到，否则会导致可操作性降低，进而使评价丧失意义。因此，根据绩效考核的目的，对可能的绩效考核指标进行选择是非常重要的。

2. 被评价人员所承担的工作内容及其绩效标准

每一个被评价人员所承担的工作内容及其绩效标准都是通过将企业的总目标分解成子目标落实到各个部门，再进行进一步的分工而确定的。每个员工都应有明确的工作内容和绩效标准，以确保工作的顺利进行和工作目标的实现，而绩效指标就应体现这些工作内容和标准，从时间、数量、质量上赋予评价指标一定的内涵。绩效考核指标的名称和定义应与工作内容相符，指标的标度应与绩效标准相符，这样的绩效考核指标才能够准确地引导员工的行为，使员工的行为与组织的目标相一致。

3. 取得评价所需信息的便利程度

为了使绩效考核工作能够顺利进行，应保证能够方便地获取与评价指标相关的统计资料或其他信息。因此，所需信息的来源必须稳定、可靠，获取信息的方式应简单可行。只有这样，绩效考核指标体系才是切实可行的，才能在进行绩效考核时做到有据可依。同时，要避免主观随意性，使绩效考核的结果易于被评价对象所接受。

【专题拓展 4-1】 绩效指标设计中的九个工作成果特征分析

（四）提取绩效指标的方法

绩效指标主要源于两个方面：部门和员工的工作任务、企业的战略目标。提取绩效指标的方法主要有工作分析法、个案研究法、业务流程分析法、专题访谈法、经验总结法和问卷调查法六种。

1. 工作分析法

工作分析是人力资源管理的基础工作之一，也是组织与工作系统管理的重要基础。它是确定完成各项工作所需履行的责任，所须具备的知识、技能的系统工程。工作描述、任职资格、工作成果的计量与激励，以及员工的职业发展问题，都是工作分析关注的焦点。

其中，工作描述和任职资格是工作分析的两个直接成果。

在以提取绩效考核指标为目的的工作分析中，首先需要分析某一职位的任职者需要具备哪些能力，以及该任职者的工作职责；其次，需要确定以什么指标来衡量任职者的能力和工作职责，并指出这些能力的相对重要性，这样就可以明确各个职位的绩效考核指标。

2. 个案研究法

个案研究法是指在较长时间内对某一个个体、群体或某一个组织进行连续调查研究，并从典型个案中推导出普遍规律的研究方法。例如，根据评价目的与对象，选择若干个具有典型代表的任务或事件为调研对象，通过系统的观察、访谈、分析确定评价要素。

常见的个案研究法有典型任务（事件）研究与资料研究两大类。典型任务（事件）研究是以典型人物的工作情境、行为表现、工作绩效为直接对象，通过对典型人物的系统观察、分析研究来归纳总结他们所代表的群体的评价要素。资料研究以表现典型任务（事件）的文字材料为研究对象，通过对这些资料的对比分析和总结归纳出评价要素。

3. 业务流程分析法

该方法指的是通过分析被考核人员在业务流程中承担的角色、责任及其同上下级之间的关系来确定衡量其工作绩效的指标。此外，如果业务流程存在问题，还应对流程进行优化或重组。

4. 专题访谈法

该方法是研究者通过面对面谈话，用口头沟通的方式直接获取有关信息的研究方法。研究者通过分析汇总访谈所获得的资料，可以获取许多信息。专题访谈法有个别访谈和群体访谈两种。个别访谈气氛轻松、活跃，可快速获取信息。群体访谈采取座谈会的形式，具有集思广益、民主团结等优点。

专题访谈的内容主要围绕以下三个问题展开。

☑ 你认为对担任该职位的员工最基本的要求是什么？
☑ 该职位工作的主要特点是什么？
☑ 检验该职位工作成效的主要指标有什么？

5. 经验总结法

经验总结法是指众多专家探讨总结经验，提炼出规律性研究方法。它一般可分为个人总结法和集体总结法两种。个人总结法是请人力资源专家或人力资源部门的工作人员回顾自己的工作，通过分析最成功或最不成功的人力资源决策来总结经验，并在此基础上总结出评价员工绩效的指标目录。集体总结法是请若干人力资源专家或企业内部有关部门的主管（6～10人）集体回顾工作，列出长期以来用于评价某类人员的常用指标，并在此基础上列出绩效考核指标。

6. 问卷调查法

问卷调查法就是设计者根据需要，把要调查的内容设计到一张调查表中，写好填表说明和要求，分发给有关人员填写，收集和征求不同人员意见的一种方法。该方法让被调查者根据个人的知识与经验，自行填写答案。调查的问题应设计得直观、易懂，数量不宜过多，应尽可能减少被调查对象的回答时间，以免影响调查表的回收率和调查质量。

例如，研究者通过访谈法把评价某职务人员的绩效考核指标归纳为40个，为了从这40个指标中筛选出关键的评价指标，可以用问题或表格的形式进行问卷式民意调查。

问卷按答案的形式可以分为封闭式问卷和开放式问卷两大类。

（1）封闭式问卷。封闭式问卷分为是非法、选择法、排列法和计分法四种。

① 是非法。在问卷中列出若干问题，要求被调查者做出"是"或"否"的回答。例如：
☑ 销售人员需要具备较强的口头表达能力吗？　　是（　）否（　）
☑ 生产人员是否应具备较强的口头表达能力？　　是（　）否（　）

② 选择法。被调查者必须从并列的两种假设提问中选择一种。例如：
☑ 对部门主管而言，最重要的工作能力应该是高深的专业理论知识。（　）
☑ 对部门主管而言，最重要的工作能力应该是协作能力。（　）

③ 排列法。被调查者要对多种可供选择的方案按其重要性进行排序。例如：
☑ 一个优秀的主管应具有沟通能力、协调能力、高度的责任心、丰富的专业知识、足够的耐心五项特征，请根据这五项特征的重要性进行排序。

④ 计分法。问卷列出几个等级分数，要求被调查者进行判断选择。例如：
☑ 研究人员的口头表达能力应该是：
A. 稍低于一般水平（　　　）　　　B. 具备一般水平（　　　）
C. 具备较高水平（　　　）　　　　D. 具备相当高的水平（　　　）
注：A计1分；B计2分；C计3分；D计4分

（2）开放式问卷。开放式问卷没有标准化答案，被调查者可以按照自己的意愿自由回答。如某企业对推销员绩效考核指标的问卷中有如下问题：
☑ 你认为对该职位员工最重要的是应具备何种能力？
☑ 你认为考勤对于该职位的员工来说重要吗？

二、绩效指标的权重设计方法

（一）主观经验法

主观经验法是一种主要依靠历史数据和专家直观判断确定权重的简单方法。这种方法需要企业有比较完整的考核记录和相应的评估结果，它可以是决策者个人根据自己的经验对各项评价指标重要程度的认识，或者是从引导意图出发对各项评价指标的权重进行分配，也可以是集体讨论的结果。此方法的主要优点在于决策效率高、成本低、容易被人们所接受，适合专家治理型企业和规模比较小的企业；其主要缺点是所获得数据的信度和效度不高，而且有一定的片面性，对决策者的能力要求很高。

（二）等级序列法

等级序列法是一种简单易行的方法，通常需要一个评价小组对各种评价指标的相对重要性进行判断。首先，让每个评价者根据评价要素的重要性从高到低进行排序。例如，要对营销人员的六项考核要素进行权重分配，就要求其分别对这六项指标从最重要到最不重要进行排序。等级序列法得到的资料是次序量表资料，这种资料可以用以下公式转换成等距量表资料，以比较各种考核指标的顺序及差异程度。

$$P=(\sum FR-0.5N)/nN$$

式中：

　　P——某评价指标的频率；

　　R——某评价指标的等级；

　　F——对某一评价指标给予某一等级的评价者的数目；

　　n——评价者数目；

　　N——评价指标数目。

求出各评价指标的 P 值后，查正态分布表，将 P 值转换成 Z（数理统计中，正态分布对应的一个固定值）值，从而区分出不同考核要素之间重要性的具体差异。最后，把各评价指标之间的 Z 值转换比例，就可以得出每个指标的权重值。

（三）对偶加权法

对偶加权法是指对各考核要素进行比较，然后汇总比较结果，从而得出权重的加权方法。

如表 4-2 所示，将各考核要素在首行和首列中分别列出，将行中的每一项要素与列中的每一项要素进行比较。其计分标准为：行中要素的重要性高于列中要素的重要性，得 1 分；行中要素的重要性低于列中要素的重要性得 0 分。比较结束后，对各要素的分值进行统计，即可得出各考核要素重要性的排序。

表 4-2　对偶加权法示例

考 核 要 素	考 核 要 素				
	A	B	C	D	E
A	—	1	0	1	1
B	0	—	0	1	1
C	1	1	—	1	1
D	0	0	0	—	1
E	0	0	0	0	—

在比较对象不多的情况下，对偶加权法更为准确、可靠。这种方法得到的结果是次序量表资料，只有把它转化为等距量表资料，才能判断出不同指标的相对重要性。其方法是，先统计出与其他指标相比，认为某指标更重要的人数，然后把人数转换成比例，再查正态分布表，将 P 值转化为 Z 值，从而区别出不同考核要素重要性的具体差异。最后，把每个评价指标的 Z 值转换成比例，就可以得到每个指标的权重值。

（四）倍数加权法

采用该方法，首先要选择出最次要的考核要素，以此为 1，然后将其他考核要素的重要性与该考核要素相比较，得出重要性倍数再处理。例如，对营销人员考核要素的加权，假设智力要素是最次要的,其他要素的重要性与智力要素相比,重要性倍数关系如表 4-3 所示。六项合计倍数为 14.5,故各项考核要素的权重分别是 1.5/14.5、2/14.5、1/14.5、3/14.5、5/14.5 和 2/14.5,最后换算成百分数即各考核要素的权重。

表 4-3　倍数加权法示例

考 核 要 素	与智力要素的重要性倍数关系
品德素养	1.5
工作经验	2
智力素质	1
推销技巧	3
销售量	5
信用	2

倍数加权法的优点在于它可以有效地区分各考核要素的重要程度。另外,它也可以不选用最次要的考核要素,而选用最具代表性的考核要素为基本倍数。

（五）权值因子判断表法

权值因子判断表法的基本操作步骤分述如下。

（1）组成专家评价小组,包括人力资源专家、评价专家和其他相关人员。根据对象和目的的不同,可以组建不同的专家评价小组。

（2）制定评价权值因子判断表,如表 4-4 所示。

表 4-4　权值因子判断表

评 价 指 标	指标 1	指标 2	指标 3	指标 4	指标 5	指标 6	评 分 值
指标 1	×	4	4	3	3	2	16
指标 2	0	×	3	2	4	3	12
指标 3	0	1	×	1	2	2	6
指标 4	1	2	3	×	3	3	12
指标 5	1	0	2	1	×	2	6
指标 6	2	1	2	1	2	×	8

（3）由各专家分别填写评价权值因子判断表。填写方法是对行因子与列因子进行比较。如果采取的是 4 分制,那么非常重要的指标为 4 分,比较重要的指标为 3 分,重要的指标为 2 分,不太重要的指标为 1 分,不重要的指标为 0 分。

（4）对各专家所填的权值因子判断表进行统计,将统计结果折算为权重,如表 4-5 所示。

指标权重能够反映企业重视的绩效领域,对于员工的行为有很明显的引导作用。因此,权重的设计应当突出重点目标,体现出管理者的引导意图和价值观念。同时,权重的设计还直接影响着评价的结果。因此,运用上述办法初步确定的指标权重,还必须经过相关部门的审核与讨论,确保指标权重的分配与企业整体指导原则相一致,同时确保指标能够层层分解下去。

表 4-5 权值统计结果表

评价指标	考核人员								评分总计	平均评分	权重	调整后权重
	1	2	3	4	5	6	7	8				
指标1	15	14	16	14	16	16	15	16	122	15.25	0.254 17	0.25
指标2	16	8	10	12	12	12	11	8	89	11.125	0.185 417	0.20
指标3	8	6	5	5	6	7	9	8	54	6.75	0.112 50	0.10
指标4	8	10	10	12	12	11	12	8	83	10.375	0.172 92	0.20
指标5	5	6	7	7	6	5	7	6	49	6.125	0.102 08	0.10
指标6	8	16	12	10	8	9	8	12	83	10.375	0.172 92	0.15
合计	60	60	60	60	60	60	60	60	480	60	1.000 00	1.00

【专题拓展 4-2】 华为是如何制定绩效考核指标的？

第二节 绩效考核方法

一、绩效考核方法的分类

绩效考核方法的种类比较多，每种方法都有各自的优、缺点，都有其相对的适用领域。一般来说，大多数企业往往综合运用多种不同方法，以适应其不同岗位、不同发展阶段对绩效考核的不同需要，实现不同的绩效管理目的。本节侧重于从不同角度对绩效考核方法进行分类，并对其基本情况进行简单介绍，各种方法的具体内容将在后续章节中详细阐述。

（一）依据考核内容的重点分类

依据考核内容的重点，绩效考核方法分为：结果导向型、行为导向型和特征导向型。

1. 结果导向型

结果导向型考核着眼于"干出了什么"，而不是"干了什么"，其重点在于产出和贡献，而不关心行为和过程。这类考核对于那些最终绩效表现为客观的、具体的、可量化的指标的员工是非常适合的，如在一线从事具体生产的操作人员。

2. 行为导向型

行为导向型考核重点评价员工在工作中的行为表现，即工作是如何完成的。这种考核类型适合绩效难以量化考核或需要以某种规范行为来完成工作任务的员工，如管理人员、服务人员等。行为导向型考核面临的主要问题是实际考核时难以覆盖所有与工作行为相关的标准。

3. 特征导向型

特征导向型考核主要用于考核员工的个性特征和个人能力等，所选择的指标主要是那些抽象的个人基本品质，如决策能力、对公司的忠诚度、主动性、创造性、交流技巧，以及是否愿意与他人合作等。这种考核对员工工作结果的关注不足。

(二) 依据考核标准类型分类

依据考核标准类型，绩效考核方法分为相对评价法和绝对评价法。

1. 相对评价法

相对评价法，又称为比较法，是一种比较简单且常用的评价方法。这种方法并不在事先制定统一的评价标准，而是在部门或团队内对人员进行相互比较后作出评价。由于相对评价法是最简便的评价方法，评价结果一目了然，用作各类管理决策的依据十分方便，因此得到了广泛应用。但是，采用相对评价法得出的评价结果无法在不同评价群体之间进行横向比较，而且难以找出充分的理由说明最终评价结果的合理性，因此往往很难让员工接受评价结果，也很难为奖励分配决策提供令人信服的依据。另外，相对评价法最致命的缺点在于无法找出造成绩效差距的原因，因而无法对员工进行有效的绩效辅导，以促使其改进。常见的相对评价法主要有排序法（包括直接排序法和交替排序法）、配对比较法和强制分配法等。

2. 绝对评价法

绝对评价法是根据统一的标准尺度衡量相同职位的员工，即按照绝对标准评价员工的绩效，绝对评价的标准是客观统一的，不以评价对象为转移，可以对每个员工进行单独评价，在不同员工之间进行横向比较。绝对评价的评价结果也可以直接有效地运用于各种人力资源管理决策，同时可为员工修正和改善自己的工作提供参考。但绝对评价法的设计要耗费大量的时间和精力，专业性较强，因此经常需要外部专家的协助。另外，使用时也需要对评价者和被评价者实施系统培训，让其掌握评价技能，从而保证该方法的实施效果。

(三) 依据考核指标类型分类

依据考核指标类型，绩效考核方法分为硬指标型和软指标型。

1. 硬指标型绩效考核方法

硬指标主要分为两类：一是生产指标，如产量、销售量、废/次品率、原材料消耗率、能耗率；二是个人工作指标，如出勤率、事故率、违纪犯规率等。这些指标是客观的、定量的，因而是最可信的。然而，事实上，影响工作绩效的原因有很多，员工受自身不可控的环境因素的影响很大，并且会因重视短期指标而牺牲长期绩效。

2. 软指标型绩效考核方法

软指标型绩效考核方法主要分为结果导向型和行为导向型两类。结果导向型方法是针对工作之后的成果进行考核评价，主要包括目标管理法、岗位绩效指数化法、产量衡量法等。行为导向型方法是针对工作行为进行相对考核和绝对考核。进行相对考核时，它被称为行为导向型主观评估法，即对员工的工作情况进行相互比较，得出每个员工的评估结论，主要包括交替排序法、配对比较法、强制分布法等。进行绝对考核时，它被称为行为导向型客观评估法，即首先对员工的工作行为加以界定，然后根据员工在多大程度上做出了这些行为做出评价，主要包括图尺度评价法、关键事件法、行为对照表法、行为锚定等级评价法等。

（四）依据考核体系的系统性分类

依据考核体系的系统性，绩效考核方法分为非系统性和系统性两种。

1. 非系统性绩效考核方法

一般来说，非系统性绩效考核方法是针对具体岗位的关键性任务设立绩效考核指标，与企业经营绩效、战略实现的联系不大。这种方法主要包括以业绩报告为基础的绩效考核（自我报告法、业绩评定法）、以员工比较为基础的绩效考核（简单排序法、配对比较法、强制分布法等）、关注员工行为及个性特征的绩效考核（因素考核法、图尺度评价法、行为锚定等级评价法）、以个人绩效合约为基础的绩效考核、以特殊事件为基础的绩效考核等。

2. 系统性绩效考核方法

由于关键岗位与企业发展、企业战略实现是紧密相连的，这需要在绩效考核中体现出来，而非系统性绩效考核方法无法做到这一点。另外，任务的不确定性和目标的固定性使得我们必须寻求解决问题的办法。要将企业成功、战略实现反映到员工绩效考核体系中，就需要采用系统性绩效考核方法。此方法主要包括当前企业运用得越来越多的基于关键绩效指标（key performance indicator，KPI）的考核、基于平衡计分卡（balanced score card，BSC）的考核、基于标杆管理的考核、基于目标管理（management by objective，MBO）的考核等。本书对于绩效考核方法的讲述主要采用的是此种分类方式。

☞【专题拓展 4-3】　　恶意打分、打人情分……绩效评分岂能
"看领导喜好、拼关系"？

二、绩效考核方法选择的影响因素

（一）企业战略与绩效考核目标

企业绩效考核的主导目标决定了它应该选择何种绩效考核方法。例如，有的企业经营业绩不佳，急需在一定时期内提升经营业绩，完成既定的目标，那么结果导向型绩效考核方法比较适合这类企业的需要。再如，有的企业追求的是建设一支高素质的、稳定的员工队伍，短期绩效目标的完成情况并不是其首先要考虑的问题，这类企业就比较适合采用行为导向型绩效考核方法。

（二）员工的工作性质

1. 工作的独立性

企业内部员工工作的独立性主要取决于相互之间工作的依赖程度，这与工作内容的可

分解程度密切相关。对于团队合作性要求较高、工作结果在很大程度上受到相关外部因素的影响、独立性弱的工作，一般采用行为导向型绩效考核方法比较合适。对于独立性较强、个人对工作控制力强、对他人依赖较小的工作，采用结果导向型绩效考核方法可能更合适。

2. 工作的结构化程度

对于员工工作的结构化程度，主要通过其工作内容、完成方式、程序和结果等的确定性来判断。结构化程度高的工作，其外在控制影响力弱，个人自由发挥空间有限，工作内容、程序、完成方式都是确定的，员工只要按照程序化规定行动就可以达到预期的工作效果，因而一般宜采用行为导向型绩效考核方法。反之，结构化程度低的工作，员工对工作方式和内容的自主空间大，上级较难通过行为观察推断其工作绩效，因而一般宜采用结果导向型绩效考核方法。

3. 工作内容的复杂程度

工作内容复杂程度的实质是工作内容的可分解程度，这可以从横向与纵向两个角度进行分析。从横向角度看，工作内容的难易程度决定了工作的可分解程度。简单的劳动可以被分解成不同的程序或环节且每一个工作环节都可以为独立的个体所承担。复杂的劳动往往很难清晰地分解成单一的工作程序或环节，即使被分解成相对独立的工作程序或环节，独立的个体也往往难以胜任。从纵向角度看，完成一项任务的工作时间的延续性决定了工作的可分解程度。一项工作时间短且不延续的任务往往较易被分解为阶段性工作程序或环节，并可由独立的工作个体完成。复杂性任务往往伴有工作时间长且延续性要求高的特征，很难分解为个体可独立承担的具体工作环节，因此很难衡量工作期间个体的具体工作行为。这样，对于复杂程度高的工作往往以结果导向型绩效考核方法为主进行评估；对于复杂程度低的工作，则可通过观察个体行为，以行为导向型绩效考核方法为主进行评估。

4. 岗位层级的高低

岗位层级指的是员工在组织中所处的位置。岗位层级的高低和工作性质密切相关，并影响着绩效考核方法的选择。一般而言，在组织中，低层级岗位的工作内容大多微观、具体、结构化程度高，一般可以通过工作行为和结果进行衡量，所以采用行为导向型绩效考核方法相对有效。高层级岗位的工作则较多涉及宏观决策，复杂而抽象，常常是思维活动的结果，一般难以通过具体的工作行为显示其绩效，因而通过结果导向型为主的绩效考核方法来评估比较合适。

5. 工作目标的可量化程度

由于工作性质各异，各项工作目标的可量化程度是不同的。一般，工作目标的可量化程度越高，越适宜采用结果导向型绩效考核方法。如果工作目标难以量化，则可以根据工作行为可测的程度选择相应的行为导向型绩效考核方法。

(三) 组织的特点

1. 组织的规模大小

当组织的规模不断扩大时，分工越来越细化。在工作相关性较强的正式组织中，每个员工只负责完成工作总量中很小的一部分,组织很难考核其工作行为是否与组织目标的实现直接相关,因此组织中的各个子系统必须采用一个简单的、能够被组织中其他员工清晰理解的绩效衡量手段,这时采用结果导向型绩效考核方法比较合适。对于分工层次不是很明晰、员工个人绩效对组织绩效具有直接影响的组织而言,采用行为导向型绩效考核办法则更适宜。例如,一个只有七八个人的小组织,通过行为观测就能很清晰地了解员工的工作效果,所以采用行为导向型绩效考核方法就可以进行有效评估。

2. 组织文化

如果一个组织的领导类型倾向于关心人,拥有"强调员工发展"的组织文化,那么以观测员工行为过程为基础的行为导向型绩效考核方法更适合该组织。如果一个组织的领导类型倾向于关心工作任务本身,其组织文化倾向于关注员工工作结果的输出,那么结果导向型绩效考核方法更适用于该组织。

3. 组织的外部环境

处于不同行业及不同生命周期的组织所面临的外部环境的压力是不同的。如果组织的开放性强,所面临的外部环境复杂多变、竞争激烈,那么为了满足迅速适应外部竞争的需要,组织往往更强调当前的工作成效,因而采用获得数据相对迅捷的结果导向型绩效考核方法比较适宜。如果组织面对的外部环境相对稳定,同行业竞争压力较小或处于生命周期中持续上升的回报期,那么实力和时间比较充分,并且企业战略更倾向可持续发展,选用行为导向型绩效考核方法更适应组织目标的实现。

(四)考核结果的用途

考核结果可以有很多用途,如可以为招聘与选拔提供反馈信息,可作为确立员工劳动报酬的依据、晋升和奖励的重要参照标准、员工岗位调配的依据,也可据以确定培训、开发的对象与内容等。绩效考核方法的选择必须事先考虑其考核结果的用途。

例如,员工比较评价法的评价基础是整体的印象,而不是具体的比较因素,所以较难发现问题存在的领域,因此不适合用来对员工提供绩效改进的建议或进行反馈和辅导,而且它在为奖金的分配提供依据方面的作用也是有限的。如果企业实施绩效考核的目的是制定重大的人事决策,如晋升和涨薪等,那么评价者就必须对员工进行相互比较,这时员工比较评价法就是不可或缺的。又如,在目标管理考核法中,由于不同的部门、不同的岗位所设立的目标一般有所不同,部门之间、员工之间的可比性不强,因此使用这种方法获得的评价结果就不便于为奖金的分配提供依据,也不适宜为日后的晋升决策提供支持,但是这种方法能够发现具体的问题和差距,便于制订下一步的工作计划,因此非常适合用来为员工提供绩效改进的建议和进行反馈和辅导。

(五)承担考核成本的能力

绩效考核成本往往为绩效管理者或设计者所忽视,但是它在实践中很重要,往往成为影响绩效考核成败的一个重要因素。绩效考核成本不仅包括直接发生的绩效考核费用和时间成本,而且包括间接的机会成本、组织成本等。因此,组织承担考核成本的能力也成为选择考核方法时的重要影响因素。越复杂的考核方法，越需要花费更高的考核成本，不仅需要大量的经费，而且需要大量的时间和精力，如要请专家开发专门的考核量表，需要领导进行更慎重的讨论和决策。绩效考核的组织管理部门不仅平时就要有所准备和积累，而且要在考核体系运行中运用大量的统计分析方法，要考虑各类储存在计算机里的员工管理资料，以及考核信息与计算机相匹配的问题等，因此成本较高。出于降低管理成本的考虑，很多组织可能更愿意选择一些便于操作、简单易行的方法以减少考核时间、费用和精力。无论采用何种方法，并不能仅看它是否能节约成本，还要看它是否符合科学、有效的原则，要以企业利益的最大化为标准。

☞【专题拓展 4-4】　　　年底绩效评估还要"卷"？

真相是，大厂都在做减法

第三节　绩效考核主体

一、绩效考核主体的选择

由于现代企业中的岗位设置和专业分工日益复杂，因此仅凭一个人的观察和评价很难对员工做出全面、准确的判断。能够接触员工工作、获得员工绩效信息的主体是多方面的，直接上级、员工本人、同事、下级和外部客户都可以参与到评价过程中。由于不同的评价主体具有不同的特点，在评价过程中承担不同的评价职责和管理责任，因此，选择不同的评价主体不仅是出于绩效管理的需要，也是出于组织整体协同和员工激励的需要。

（一）直接上级

直接上级在绩效管理过程中自始至终都起着十分关键的作用。在大多数组织中，上级评价是最常用的评价方式，组织将绩效考核视作员工直接上级的责任，这是由于直接上级通常是最熟悉员工工作情况的人，而且比较熟悉评价的内容。同时，对于直接上级而言，绩效考核作为绩效管理的一个重要环节，为他们提供了一种引导和监督员工行为的手段，从而可以帮助他们促进部门或团队工作的顺利开展。如果直接上级没有绩效考核的权力，将削弱他们对于其下属的控制力。另外，绩效管理的开发目的与员工的上级对员工进行培训与技能开发的工作是一致的，员工的上级能够帮助人力资源管理部门更好地将绩效管理与培训制度相结合，从而充分发挥这两种人力资源管理制度的行为引导作用。总之，直接上级在观察和评价其下属的工作绩效方面占据着最为有利的位置，同时承担着更大的管理责任。

但是，直接上级对员工工作的观察未必是全面的和客观的，观察时间的限制以及个人的主观偏见有可能使其评价缺乏准确性和公正性。因此，在员工的直接上级独立地对员工绩效进行评估后，一般还要由员工直接上级的上级对评估结果进行复核，这样会有助于减少肤浅的或有偏见的评估结果，因为间接上级往往比直接上级更能把握和平衡标准、做出客观的评判。

（二）员工本人

提倡自我评价的理论基础是班杜拉（Albert Bandura）的"自我强化理论"，这一理论包括自我目标设定、对目标执行的自我监控、自我实施奖励及惩罚。该理论认为，许多人都了解自己在工作中哪里做得好、哪些是需要改进的。如果给他们机会，他们就会客观地对自己的工作业绩进行评价，并采取必要的措施加以改进。另外，自我评价的实施能够提高员工本人对最终绩效考核结果的接受程度，善于自我评价的员工会在自我工作技能开发等方面表现得更加积极和主动。

但是，大多数研究表明，员工对自己的工作绩效所做出的评价总是比其直接上级或同事所做出的评价等级高。一项研究显示，当员工被要求对自己的工作绩效进行评价时，所有类型的员工中有40%的人将自己放到前10%（"绩效最好者之列"）；剩下的人要么将自己放入前25%（"大大超出一般水平"）之列，要么将自己放入前50%（"超出一般水平"）之列；通常情况下，只有1%~2%的人将自己列入低绩效等级范围。事实上，那些总是将自己列入高绩效等级的员工在很多时候是低于一般绩效水平的。

（三）同级评价

同级评价是指由被评价者的同事对其进行评价。这里的同级不仅包括被评价者所在团队或部门的成员，还包括其他部门的成员。这些人员一般与被评价者处于同一管理层级，并且与被评价者有密切的工作联系。研究表明，同级评价的信度和效度都很高。同时，同级评价还是工作绩效预测的有效因子。这是由于同级经常以一种与上级不同的眼光看待他人的工作绩效，如他们会更加注重相互之间在工作中的合作情况。另外，上级与员工接触的时间毕竟有限，员工在上级面前总是会把自己最优秀的一面表现出来，而他的同事却总能看到他的真实表现，这就是同级评价最有价值之处。此外，以同级作为评价主体来补充上级评价有助于形成关于个人绩效的一致性意见，并帮助人们消除偏见，促进被评价者更好地接受评价结果。实证研究表明，一个员工的同事对他的评价可以有效地预测出此人将来能否在管理方面获得成功。

尽管来自同级的评价信息极具价值，但这一评价主体也有其难以克服的局限。当绩效考核结果与薪酬和晋升等激励机制结合得十分紧密时，同级之间的竞争关系会引发利益冲突，从而影响人际关系和工作氛围。另外，同级之间的个人关系也可能影响评价的可信程度。一些人在对与其私交较差的同事进行评价时往往会不考虑其绩效而给予较低的评价；反之，则给予高分。此外，同级之间还可能存在"互相标榜"的问题，即所有同事串通起来相互为对方打高分，进而使评价结果失去意义。

（四）下级评价

下级评价给管理者提供了一个了解员工对其管理方式和风格的看法的机会，这种自下而上的反馈更多地侧重于对管理者管理技能的评价，而不是对其实际工作业绩的评价。适合采用下级评价的管理技能包括领导能力、沟通能力、团队协调能力、组织能力等，而计划、预算、创新等能力采用下级评价就不太适当。下级评价要采用匿名提交的方式，而且要保证足够的下级数量，以提高评价者的安全性和评价结果的公正性。

由于下级评价与传统的自上而下的管理方式相悖，因此采用该方法要格外谨慎。下级从未做过管理者从事的工作，很有可能想当然地对管理者的行为加以判断，因此对其评价结果要合理地分析之后再应用。另外，管理者也有可能担心由于某些必要的管理行为触动了员工的利益（如批评、惩罚）而在评价时遭到报复。当然，员工在评价时也会担心对上级做出诚实的评价会引来对自己的谴责和威胁。总之，下级评价在很大程度上还是一种管理突破，使用得当对提高管理质量、培养组织氛围大有好处，因此越来越多的企业组织员工以不署名的方式参与对上级的评价，其中对员工进行广泛问卷调查的方式非常普遍。

（五）客户评价

基于全面质量管理的考虑，越来越多的企业开始将内部和外部客户作为员工绩效考核的评价主体之一。在外部客户评价中，常见的做法是选择消费者和供应商作为评价主体。例如，在服务行业中，以客户为评价主体对那些直接面对客户的服务人员进行评价，可以更多地了解他们在实际工作中的表现。更为重要的是，由于客户满意度已经成为企业成功的关键因素，因此通过将客户作为评价主体来引导员工行为，可以促进员工更好地为客户提供服务。

内部客户包括企业内部所有得到员工服务与支持的人。例如，直线经理得到了人力资源部门招聘和培训员工的服务支持，那么直线经理就可以成为对人力资源部门进行评价的内部客户。内部客户的确认和评价可以提高组织整体的协同配合程度，改善流程运作的质量和效率，进而提高企业的内部实力。

绩效本身具有多维性，而不同评价主体从不同角度观察和感受，自然对同一员工工作绩效的判断不同，各种评价主体并不是相互孤立、相互排斥的，而是应该根据岗位特点选择多个评价主体，即结合多视角，以保证考核结果的客观、公正。当然，这样做必然会增加评价的时间和成本，因此要量力而行。上级评价与自我评价相结合是最常用的评价体系，其操作流程如图4-2所示。

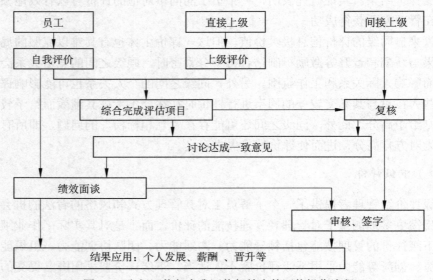

图4-2 上级评价与自我评价相结合的评价操作流程

☞【专题拓展 4-5】　　企业中的兼岗、借调、轮岗人员，
　　　　　　　　　　 绩效考核如何操作

二、绩效考核主体的常见误差及其解决方法

（一）绩效考核主体的常见误差

1. 相似性误差

相似性会产生吸引力，因此人们往往喜欢那些与自己相似的人，这就导致在有些情况下，评价者很有可能对于那些与自己有相似之处的人给予较高的绩效评价，这种相似可能体现在态度、偏好、个性，以及地域、籍贯等人口统计学特征方面。

2. 首因误差

评价者在一开始对一个员工做出了好或不好的判断之后，就会忽略随后可能产生的并不支持判断的信息。这种误差可能与相似性误差并存，这是因为第一印象往往建立在某种程度的相似性的基础之上：一个员工与主管人员越相似，主管人员对该员工的第一印象就越有可能是良好的。

3. 对比误差

当主管人员将一个员工与其他人进行对比，而不是与事先确定下来的绩效标准进行对比时，对比误差就出现了。即使采用绝对评价体系，也会出现对比误差。例如，一个主管人员将某个员工的绩效水平定为合格，而这个员工的实际绩效水平可能并不能达到合格，其原因在于这个主管评价过的其他人的绩效水平都很低，而这个员工的绩效水平之所以被评价为合格，只不过是因为他的绩效水平看起来比其他人更高一些。这种误差最有可能出现在同一个主管人员需要在同一时间段完成对多个员工的绩效考核的情况下，因为在这种情况下，主管人员在对某个员工的绩效进行评价时，很难完全不考虑对其他员工的评价。

4. 晕轮误差

晕轮误差发生在评价者无法对需要评价的各个绩效方面进行有效的区分时。如果一个员工在某个绩效维度上得到了高分，他就有可能在其他绩效维度上也获得高分，即使他在所有绩效维度上的表现并不是一样的。例如，如果一个员工的出勤记录特别好，那么评价者可能会对此人的敬业度和生产率也给予很高的评价。然而，这可能只是因为这个员工有一大笔银行贷款要还，因而不敢失去这份工作，而不是因为他真的是一个绩效优秀的员工。换言之，出勤率高的员工并不一定就是生产率高的员工。出现这种误差的一个典型原因是，主管人员是根据自己对员工的整体印象作出评价的，而不是针对员工在每个绩效维度上的表现分别进行评价的。

5. 逻辑误差

逻辑误差指的是评价者在对某些有逻辑关系的要素进行评价时，使用简单的推理而造成的误差。产生逻辑误差的原因是两个评价要素高度相关。例如，很多人认为"社交能力和谈判能力之间有很密切的逻辑关系"，于是他们在进行绩效评价时往往会依据"既然社交

能力强,谈判能力当然也强"的逻辑而对某个员工作出评价。

晕轮误差与逻辑误差的本质区别是:晕轮误差只在同一个人的各个特点之间发生作用,在绩效考核中是在对同一个人的各个评价指标进行评价时出现的;而逻辑误差与被考核者的个人因素无关,它是由于考核人员认为评价要素之间存在一致的逻辑关系而产生的。

6. 前因误差

当绩效考核结果主要受到绩效考核周期初期收集到的信息的影响时,就会出现前因误差。例如,在对员工的沟通技巧进行评价时,主管人员往往对发生在绩效考核周期初期的那些涉及沟通的事件赋予较大的权重,而对发生在后期的沟通事件赋予较小的权重。

7. 近因误差

当绩效考核结果主要受到在绩效考核周期后期收集到的信息的影响时,便会出现近因误差。近因误差与前因误差恰恰相反,评价者会更多地受到在绩效考核周期后期发生的那些事件的影响,而对于在整个绩效考核周期的其他阶段发生的事件则没有给予同样的关注。

8. 溢出误差

当员工在前面的绩效考核周期中得到的评价分数对于他们在后面得到的绩效考核结果产生了不恰当的影响时,溢出误差便产生了。例如,主管人员可能会假定:一个在前几个绩效考核周期中都表现优秀的员工,在当前的绩效考核周期内也应该是表现优秀的,因而他会按照这种信念做出绩效评价。

9. 刻板印象误差

刻板印象误差发生在主管人员简单地基于员工所属群体的总体特征对员工进行评价时。例如,主管人员可能会有这样一种信念,即特定的员工群体(如女员工)具有比较谦逊的沟通风格。这样,在对一个女员工进行评价时,主管人员很可能会在没有任何行为证据支持的情况下,自然而然地将这个女员工的沟通风格描述为"谦逊的"。当一个人(如女员工)承担的是与刻板印象并不相符的某种职位类型(如飞机零部件组装),但是并没有表现出刻板印象所固化的那种行为模式时,这种类型的误差就有可能导致绩效考核偏见。这种评价误差会导致对某些群体成员的长期绩效做出较低的评价。

10. 归因误差

归因误差是指主管人员认为员工的绩效之所以较差,是由于员工的个人因素(如人格和能力),而不是环境因素(如设备故障)造成的。换言之,在进行绩效考核时,不同的主管人员会对环境因素赋予不同的权重。如果主管人员错误地放大了员工的个人因素对绩效产生的影响,而忽视了环境因素的作用,那么随后制订的绩效改进计划很可能是无效的,这是因为环境对绩效的制约依然存在(如设备过时)。

11. 负面误差

当评价者更重视负面信息而不是正面信息或中性信息时,便会产生负面误差。例如,一个评价者可能观察到了某个员工和一个客户之间出现过一次不愉快的互动,但是他也同样观察到了这个员工与客户之间的几次很愉快的互动,而且这几次互动都让客户很满意。然而,这个评价者在对这个员工的"客户服务"维度进行评价时,却重点考虑了那次负面事件。事实上,这种负面误差与现实中的另一种情况是完全相符的,即大多数人在看报纸或者看电视时都更倾向于记住那些负面的新闻,而不是那些正面的新闻。

12. 由考核主体个人偏见造成的误差

它是指考核主体在进行各种评价时,可能在员工的个人特征,如种族、民族、性别、年龄、性格、爱好等方面存在偏见,或者偏爱与自己的行为或人格相近的人,造成人为的不公平。考核主体个人偏见可能表现在对与自己关系不错、性格相投的人会给予较高的评价,对女性、老年人等持有偏见,会给予较低的评价,等等。

13. 严格误差

严格误差发生在一个评价者对大部分员工或者所有员工都给予较低(严格)评价时。也就是说,严格误差涉及人为压低绩效考核分数的情况。大部分严格误差都是评价者故意制造出来的误差,主管人员往往希望通过这种做法来警醒员工,教训不听话的员工,暗示员工应该考虑离职了,留下一份关于员工不良绩效的记录,等等。

14. 居中趋势误差

居中趋势误差通常发生在这样一种情况下:评价者只使用评价尺度中间的那些点,而避免使用评价尺度两端的点。这种做法导致大多数员工或全部员工都被评为"合格"。这也是一种有意的误差,它主要是由于主管人员希望确保安全而人为造成的。这种误差的负面影响就是很难区分出在接受同一个评价者评价的一些员工中,哪些人的绩效水平较高、哪些人的绩效水平较低。

15. 宽大误差

宽大误差发生在一个评价者对大部分员工或所有员工都给予较高水平的评价时。换言之,宽大误差涉及人为地抬高绩效考核分数的情况。宽大误差极有可能是一种有意的误差,主管人员出于以下几个方面的考虑,往往会故意制造这种误差:使员工获得绩效加薪或报酬的可能性最大化;激励员工,避免撰写书面材料;避免与员工产生对抗;让不想要的员工获得晋升;让自己的上级认为自己更优秀。最近的一些研究已经揭示出,具有某些特定人格特点的人更有可能表现出比较宽大的倾向,这些特点包括责任心不强(也就是说,不是一贯地努力追求卓越),宜人性程度更高(也就是说,更让人信任、合作性更强及更有礼貌)。一项调查结果显示,在 3/4 实施了绩效考核体系的企业中,绩效考核的信度都受到了宽大误差的影响。

(二)绩效考核主体常见误差的解决方法

避免绩效考核主体产生误差最主要的方法是:通过培训使考核主体认识种种评价误差,从而使他们有意识地避免这些误差的产生。具体来说,为了避免上述误差,可以采用的方法有以下几种。

(1)将绩效考核指标界定清晰,以避免晕轮误差、逻辑误差及各种错误倾向的产生。

(2)使考核人员正确认识绩效考核的目的,以避免宽大化倾向及中心化倾向。

(3)在必要时,结合使用比较法(包括排序法、一一对比法、人物比较法和强制分布法),以避免宽大化倾向、严格化倾向和中心化倾向。

（4）考核主体可能对被考核者缺乏足够的了解，导致对于评价的结果缺乏信心，因而倾向于做出中心化评价。解决这一问题的方法就是使考核主体有足够的时间和渠道加强对被考核者的了解，在必要时甚至可以延期考核。

（5）考核主体缺乏信心还可能源于对考核体系本身缺乏信心，解决这一问题最重要的手段就是通过培训使他们了解评价系统的科学性和重要性，这样可以在一定程度上避免宽大化倾向和中心化倾向的产生。

（6）通过培训使考核主体学会如何收集资料作为评价依据，以避免首因误差、近因误差和溢出误差，也通过使考核主体学习如何科学地收集考核中使用的事实依据来避免这三类误差的产生。

大多数主管人员都不愿意做负面评价，不仅是因为不想得罪人，也是因为担心被评为劣等表现会对员工造成负面影响，打击员工的信心和士气。在主管人员如此不甘愿的心态和感觉下，所做的考核必定是含糊混淆的，无法对员工起到正面有效的引导作用。无论是主观的成见还是无心的小差错，都足以使绩效考核产生误差。就员工本身而言，他们大多数认为自己难以有机会将最好的一面以常态呈现给主管人员，因此考核结果当中经常出现"普通""合乎标准"等中等评价。现对上述所提到的部分误差及相应的解决方法进行总结，如表4-6所示。

表4-6 绩效考核主体的常见误差及其解决方法

误差类型	具体描述	培训重点
晕轮误差	对考核对象某个特征的印象决定了总体看法	清晰界定绩效考核指标
逻辑误差	使用简单的推理而造成的误差	
由考核主体个人偏见造成的误差	考核主体在进行评价时，可能在员工的个人特征，如种族、民族、性别等方面存在偏见，造成人为的不公平	
宽大误差	对考核对象所做的评价高于其实际成绩	结合使用比较法（包括排序法、一一对比法、人物比较法和强制分布法）
严格误差	对考核对象所做的评价过分严格	
居中趋势误差	对一组评价对象做出的评价相差不多，导致评价结果拉不开距离	
首因误差	员工在绩效考核初期的绩效表现对考核人员评价其以后的绩效表现产生延续性影响	考核主体记录评价期间发生的关键事件
近因误差	考核主体只凭员工绩效评价期间最后阶段的行为表现进行评价	
溢出误差	由于被考核者在评价期之前的绩效失误或者卓越表现而降低或提高其当期的评价等级	

三、绩效考核主体的培训

（一）参照框架培训

参照框架培训主要通过让评价者彻底熟悉需要评价的各种绩效维度来提高评价者所做评价的准确性。这种培训的总目标是通过建立一个通用的参考框架，使评价者获得对每个员工在每种绩效维度上的表现都能做出准确评价的技能。

在典型的参照框架培训课程中，首先，让评价者讨论需要接受评价的员工目前承担的工作职责及其职位描述。其次，让评价者通过认真考查和讨论每个绩效维度的定义，以及代表优秀绩效、一般绩效和较差绩效的例子，来熟悉需要评价的所有绩效维度。再次，让评价者利用在现实绩效管理体系中使用的绩效考核表格，对某个假想员工的绩效进行评价，这个员工的情况往往会以书面形式描述出来，或者通过录像中的现实场景呈现出来。最后，实施培训并告知受训者，对每个绩效维度进行评价的正确结果应该是什么样的，得出这种评价结果的原因是什么，同时要讨论正确的绩效考核结果和受训者得出的绩效考核结果之间存在的差别在哪里。在通常情况下，参照框架培训课程包括以下几个基本步骤。

（1）告知评价者需要根据三个绩效维度对三个员工分别进行绩效考核。

（2）将绩效考核表格分发给评价者，指导他们阅读，同时大声朗读每个绩效维度的定义及其评价尺度。

（3）针对绩效考核表格中的每个评价尺度，让评价者讨论能够代表员工在每个评价尺度上的各种绩效水平的相应行为，这样做的目的是在评价者当中建立一种通用的绩效理论（参照框架），使他们能够对绩效维度的含义及各种不同行为代表的绩效水平达成共识。

（4）让全体受训者共同观看一段模拟现实场景的录像，录像中包括与所要评价的那些绩效维度相关的一些行为。观看录像后，培训者会要求受训者利用事先提供的评价尺度对录像中的员工进行绩效考核。

（5）每个受训者得出的绩效考核结果都要与本小组中其他成员分享并加以讨论。培训者则应尽量确定受训者在得出他们的评价结果时主要是依据录像中的哪些行为，并且要找出不同的评价结果之间存在哪些方面的差异。

（6）培训者向受训者提供反馈，解释录像中的员工在每一个绩效维度上为什么应当获得某种特定的评价结果（目标分数），同时展示出在目标分数和受训者打出的分数之间存在的差异。

（二）行为观察培训

行为观察培训是一种为了使无意的误差最小化而实施的培训。行为观察培训关注的是评价者如何观察、存储、回忆及运用绩效信息的问题。总的来说，这种培训会提高评价者观察绩效的技能。

例如，有一种行为观察培训就是要向绩效评价者展示应当如何利用笔记或日志等辅助观察工具。在事先对每个绩效维度中包括的各种相关行为都做好编号的情况下，这些辅助观察工具可以帮助评价者很方便地记录员工的行为（记录行为编号即可）。在利用这些辅助观察工具的情况下，评价者能够记录下在特定时期内观察到的更多员工行为事件。不仅如此，对于使整个绩效考核周期内的行为观察及关键事件记录变得更加标准化来说，日志等工具也是非常有效的。此外，在填写绩效考核表格时，这些工具也能够起到帮助提取记忆的作用。在提取记忆方面能够获得帮助是非常有用的，这是因为评价本身往往是仅仅根据记忆来完成的，如果没有记录或者日志，就很容易因为社会背景（如友谊偏差）和时间（如上下级关系保持的时间长短）等方面的因素而使评价结果出现歪曲。

(三) 自我领导力培训

自我领导力培训的目的是强化评价者对自己的绩效管理能力的信心。自我领导力培训包括积极的自我言语、心理意象，以及积极的信念和思维模式。这种培训的一种基本假设是，如果评价者的自我指导性、自我激励性及自信心有所增强，评价的准确性就会提高。总的来说，自我领导力培训强调行为标准的根本（内部）源泉，它强调人们会为实现自己的内在价值而做事。

自我领导力培训已经成为建构绩效管理体系时广泛使用的一种工具，即使主管人员不一定参与绩效管理体系，它也是非常有益的培训课程。实践表明，自我领导力培训能够有效地强化心理，同时提升自我效能感（也就是说，一个人相信只要自己尝试着去做某件事情，就一定会取得成功）。我们可以根据下面几个步骤设计一套自我领导力培训课程。

（1）观察并记录现有的信念、假设、自我言语及心理意象模式。例如，对绩效管理体系的信念是什么？管理者如何看待自己在绩效管理体系中扮演的角色？是否相信自己有能力准确地观察和记录绩效？

（2）对在步骤（1）中发现的信念、假设、自我言语及心理意象模式的功能性和建设性进行分析。例如，管理者关于绩效管理体系的信念对于该体系在未来取得成功是有害的吗？

（3）识别或形成更加具有功能性和建设性的信念、假设、自我言语及心理意象模式，从而取代那些功能紊乱的信念、假设、自我言语及心理意象模式。例如，形成这样一种对员工的印象，即员工从自己的上级主管人员那里获得绩效反馈之后会感到满意，而不是表现出一种防御或对抗姿态。

（4）用更能发挥功能的思维模式代替在实际场景中形成的功能紊乱的思维模式。例如，可以想出一些更加积极的假设、与本人进行对话的更加积极的方法，也可以想象与一个员工进行绩效讨论的可能后果的积极意象等，将这些内容写在一张纸上。

（5）在以后的时间里继续监控并且维持这些积极的信念、假设、自我言语及心理意象模式。

有一个相关培训项目名为评价者自我效能培训（SET-R）。这一培训的目的是减少绩效管理中人际互动给评价者带来的不适感，增强评价者对自身拥有的必要绩效管理能力的信心。这种培训一般包括以下几个步骤。

（1）让评价者观看能够让其间接体验到成功评价经历的录像，这些录像中需要包括经理同下属完成了一场成功的绩效审议会议方面的内容。

（2）评价者需要针对录像中的哪些特定行为促成了会议的成功进行讨论。这种讨论包含双重目标：首先，它让评价者注意到录像中的经理运用了哪些技能来提供负面反馈；其次，它告诉评价者，他们本人也有能力召开这样成功的绩效审议会议。

（3）让评价者参与到角色扮演练习中，评价者在这种练习中需要为员工提供绩效反馈。这种练习需要重复进行，直到评价者掌握了一定程度的绩效反馈技巧。

总的来说，评价者在提供绩效考核信息时，既有可能出现有意的误差，也有可能出现无意的误差。有意的误差大多与动机问题有关，在有些情况下，评价者会看到歪曲评价信息会比提供正确的评价信息获得更多的好处。无意的误差在很大程度上是由于认知偏差造成的，这些认知偏差之所以会出现，是因为观察、编码、存储及回忆绩效信息确实是一项非常复杂的任务。通过制定和实施良好的绩效管理体系、沟通计划及各种培训项目，可以使评价误差在很大程度上最小化。关于沟通计划，很重要的一个方面是，它必须提供令人信服的理由来说明一点，即提供更准确的信息要比提供不准确的信息对自己更有利。培训课程的重点常常应当放在对评价者通常容易犯的一些错误进行描述方面（评价者误差培训）。除此之外，这些培训课程还应当帮助评价者形成一个在进行绩效考核时可以使用的通用参照框架，同时应当能够为他们提供一些有助于改善其观察能力和记忆能力的工具。当绩效考核的重点是行为时，参照框架培训非常有用。当绩效考核的重点是结果时，行为观察培训则显得特别有用，这是因为评价者在这种培训中不仅要学习如何观察行为，还要了解行为与结果是如何联系起来的。

第四节 绩效考核周期

一、绩效考核时机的选择

怎么选择绩效考核的最佳时机呢？大部分组织会采取以下两种做法。

（1）工作年度法。这是指在员工进入组织满一年时或在此前后对他们进行绩效考核。在每半年进行一次绩效考核的情况下，第一次绩效考核通常在员工入职尚不满一年但是满6个月时进行，第二次绩效考核则是在员工入职刚好满一年时或者是在这一时间前后进行。这种做法最大的好处是，管理者不需要一次性填写所有员工的绩效考核表格。这种做法的不利之处在于，由于对某些员工进行绩效考核的时间与对全体员工进行评价的通常时间不一致，因此无法使绩效考核结果与报酬挂钩的时间和通常的财政年度起止时间保持一致。

（2）财政年度法。这是指在一个财政年度结束时对员工进行绩效考核。如果在一个组织的绩效考核系统中包含半年评价，则一次绩效考核是在年中时完成的，另一次绩效考核是在财政年度结束时进行的。采取这种做法的好处是，使所有员工的绩效考核表格都在同一时间内完成，这为在不同员工之间进行绩效比较及报酬分配提供了便利。根据财政年度周期进行绩效考核的另一个好处是，个人的目标设定可以更容易地与组织的目标设定联系起来，因为大部分组织会将它们的经营目标与财政年度联系在一起。因此，根据财政年度来进行绩效考核的做法有助于让员工的工作活动和工作目标与他们所在部门和组织的工作活动和工作目标保持一致。对于那些需要在短时间内对所有员工开展绩效考核的管理者而言，这会不会给他们增加额外的工作负担呢？如果一个组织实施的绩效管理体系不是本书中阐述的这些最佳绩效管理实践，并且绩效考核也不是每年只进行一次，那么这确实可能成为一个重要的问题。如果上级管理者与员工之间在全年当中都保持关于绩效问题的持续沟通，管理者在填写绩效考核表格时应该不会遇到意外情况。同时，对于管理者来说，填写绩效考核表格的工作也不会造成太大的时间压力。

二、绩效考核周期的影响因素

（一）评价指标与评价周期

决定绩效考核周期长短的最重要的因素就是评价指标的类型和内容。在绩效考核过程中，针对不同的评价指标，设定的评价周期也不同。对于组织中的过程性指标，其评价周期相对较短，这是由于绩效取得过程的情况会直接影响最终绩效结果，需要不断进行监控和评价；而结果性指标则要在较长一段时间内才能反映出来，其评价周期可以相对较长。另外，从工作业绩指标和工作态度指标的角度来看，也要设置不同的考核周期，以达到准确衡量的目的。工作业绩是工作产生的结果，业绩指标通常表现为完成工作的数量指标、质量指标、工作效率指标和成本费用指标。工作业绩指标的评价周期要根据其绩效反映出来的时间长短来确定，如次品率等指标在短期内就可以衡量，应该适当缩短其评价周期，如以日、周或月度来计算。这样可以使员工把注意力集中于这些短期业绩指标，及时调整自己的行为，以便完成短期工作任务。而利润率、资产总额等业绩指标需要很长的时间（通常是一个财年）才能计算，因此这类指标要适当延长评价周期。

对员工行为的评价可以反映其对待工作的态度，态度评价也是绩效考核的重要内容。因此，找出每个职位的具体行为指标很有意义，因为了解了这些行为，就可以指导员工并让员工知道什么样的行为是组织所期望的。虽然态度的真正转变需要很长的时间，但在实践中也可以通过缩短态度指标的评价周期、提高态度指标的权重来引导员工关注工作态度问题，通过不断地考核来实现员工态度的最终转变。

（二）管理层级与评价周期

高层管理者是指对组织整体负责的领导。对高层管理者的评价旨在促使其理清思路，抓住组织发展的战略重点，并承担起落实宏观战略、完成整体目标的责任。因此，对高层管理者的考核主要围绕以下内容进行：愿景及战略的规划和制定、影响组织发展的重要的结果性指标的完成情况、处理复杂情况的能力、组织文化的建设、组织架构及流程的设计、绩效及管理改进计划的制订和实施、人员培养与开发，以及职业素养和工作态度。对高层管理者的评价过程实际上就是对整个组织的管理状况进行全面、系统评价的过程，而这些战略实施和改进计划都不是短期内就能取得成果的。因此，高层管理者的评价周期比较长。

中层管理者是指组织中的部门负责人。对中层管理者的评价，一方面取决于组织战略目标的分解与承接落到其所在部门的指标完成情况；另一方面取决于个人绩效完成情况及工作态度等。中层管理者在组织中起到承上启下的作用，要兼顾组织层面、部门层面和个人层面的绩效目标，其评价周期要比高层管理者短。

基层管理者和普通员工的评价周期一般比较短。他们的绩效结果一般显现得比较迅速。同时，出于对其绩效不断改进的目的，也要尽量缩短评价周期，保证出现的问题能够及时得到解决。

（三）职位类型与评价周期

市场营销人员主要从事产品推广、销售与品牌提升工作，其考核指标主要包括市场占有率、项目成功率、客户忠诚度、品牌与技术营销、销售额、回款率及客户满意度等。这些指标也是企业重点关注的指标，及时获取这些信息并进行反馈，有利于尽早调整战略、战术。因此，根据市场销售人员的工作性质与特点，可以以月度或季度为评价周期，或者根据情况缩短评价周期。

对于生产工人，在特别强调质量管理的今天，在评价产量的同时，应当引入质量指标，并注重绩效改进的评价指标比重。这些实际上都传达了一个信息：生产绩效需要短期的反馈，以便于员工进行横向比较，找出绩效差距，确定改进方法。另外，生产工人的薪酬发放也要尽量缩短时间，这样才能起到激励员工的作用。要为这种短期薪酬发放提供依据，必然要求短期的、及时的绩效考核。

服务人员的工作同时具有生产人员和销售人员工作的性质，因为服务本身就是企业的一种甚至是全部的产品，而服务人员的绩效与销售具有密切的相关性，在一些以提供的服务作为其全部或主要产品的企业中，服务人员本身就是承担销售指标的人员。因此，服务人员的评价周期应当与市场销售、生产人员一样，尽量采用较短的评价周期。

事实上，市场销售、生产和服务人员都属于带有生产性质的人员。对于这类带有生产性质的人员，一般来说，应当尽量缩短评价周期，以便及时对他们的工作进行认可和反馈。一般情况下，进行月度评价比较合理，部分稳定发展的企业可以进行季度评价。

对研发人员的评价是为了向研发人员提供正确的支持意见和改进建议，为研发人员的工作创造一个宽松、稳定的环境，激励研发人员进行更有成效的研发活动，避免导致急功近利的短期行为。对研发人员的绩效考核旨在检查其目前的工作进度，找出存在的问题和改进的方法，以提高研发工作的效率和效果。因此，对研发人员既可以根据项目周期确定评价周期，也可以定期进行检查。

行政人员主要是指人力资源、财务、计划、秘书等对企业的业务起支撑和辅助作用的人员。行政人员的工作不像业务人员那样有容易量化的指标，对行政人员的评价通常也会由于缺乏数据支持而变得没有说服力。因此，如何评价那些无法直接用数量指标来衡量的业绩，是设计行政人员绩效评价体系的重点。对此，应根据职位和职责的履行情况进行评价，衡量一定质量要求下的工作量和工作进度，重点评价的是过程而非结果。鉴于行政人员的工作特点，大多数企业都采用随时监督的方式，并以季度或者月度评价为主。

（四）绩效管理实施的时间与评价周期

绩效管理的实施要经历由初始的摸索期到后来的成熟期等几个阶段。绩效管理体系的完善不是一蹴而就的，需要经过几个绩效考核周期的经验积累，不断从以前的绩效考核周期的管理中吸取教训并总结经验。

正是因为绩效管理刚开始实施时需要不断地试错，所以刚开始实施绩效管理时，评价周期不能过长。如果绩效考核周期过长，绩效管理体系中的问题就需要很长时间才能暴露出来，就会影响绩效管理体系的有效性和稳定性。以绩效指标的选择为例，由于没有经验，一开始选择的指标可能并不能很好地反映评价对象的真实绩效情况。这就要求绩效考核周期尽量短，通过短期评价检验评价指标的信度和效度，及时对指标系统进行修正，并在下一个绩效考核周期对新修订的指标进行检验。

随着绩效管理实施时间的推进,组织实施绩效管理的经验越来越丰富,绩效管理体系越来越完善,这时应当如何确定绩效考核周期呢?从理论上说,评价周期越短越好。缩短绩效考核周期,一方面,在较短的时间内,评价主体对评价对象的工作产出有比较清晰的记录和印象,能够比较准确地对其绩效进行评价,如果都等到年底再进行评价,可能会由于绩效信息收集的不全面,并受到近因效应的影响或主观感觉的影响,而使评价结果的客观性、公正性大打折扣。另一方面,对工作的产出及时进行评价和反馈,可以有效地激励组织成员,并且有利于及时改进工作。但是,由于绩效考核涉及人员、机构、时间及资源等多个方面的配合,所以绩效考核周期短就意味着绩效管理的成本高。考虑到实施绩效管理的成本,在绩效管理系统成熟后,可以适当延长绩效考核周期。

(五)绩效考核目的与评价周期

一般来讲,绩效考核的目的有两个:一是了解并准确评估绩效水平;二是分析并改进绩效。当绩效考核是为了评估绩效水平时,必须对员工在评价周期内的所有绩效进行评价,并作为制定薪酬、晋升、培训与开发等决策的依据。但有很多结果性指标需要较长时间才能完成,只有将评价周期设置得相对长一些,才能保证所有层次的绩效结果都有足够的时间显现出来,以保证评价的准确性和完整性。当绩效考核是为了了解绩效水平时,评价周期一般以季度、半年或一年为宜。当绩效考核是为了分析并改进绩效时,则需要对绩效进行短期回顾与评价,以日、周、月为周期对绩效进行评价,以便及时发现绩效问题并加以改进。

【专题拓展 4-6】　　　　　　阿里巴巴调整考核周期,员工转岗需先离职再入职

本章小结

绩效考核体系主要包括绩效考核指标体系的构建、绩效考核方法的选择、绩效考核主体的选择和绩效考核周期的确定。

绩效考核指标体系由绩效指标、绩效标准和绩效指标的权重设计三大部分构成。其中,绩效指标的选择为最关键的环节,也是首要环节。绩效指标的选择应遵循定量为主、定性为辅,少而精,可测性,独立性与差异性,目标一致性等原则,依据绩效考核的目的、被评价人员所承担的工作内容及其绩效标准、取得评价所需信息的便利程度等方面,灵活采用工作分析法、个案研究法、业务流程分析法、专题访谈法、经验总结法、问卷调查法等方法。绩效指标的权重设计主要有主观经验法、等级序列法、对偶加权法、倍数加权法和权值因子判断表法等。

绩效考核方法有不同的分类方式,依据考核内容的重点,分为结果导向型、行为导向型和特征导向型;依据考核标准的类型,分为相对评价法、绝对评价法;依据考核指标类型,分为硬指标型和软指标型;依据考核体系的系统性,分为非系统性和系统性。绩效考核方法在选择时应考虑企业战略与绩效考核目标、员工的工作性质、组织的特点、考核结果的用途、承担考核成本的能力等因素。

绩效考核的主体应该力求多元化，包括能够获得员工绩效信息的上级、员工本人、同事、下级和客户。在考核中，这些考核主体不可避免地会出现一些无意误差，包括相似性误差、首因误差、对比误差、晕轮误差、逻辑误差、前因误差、近因误差、负面误差、溢出误差、刻板印象误差、归因误差等；也可能出现由考核主体个人偏见而造成的误差、严格误差、居中趋势误差、宽大误差等有意误差。这就需要提前对绩效考核主体进行针对性培训，包括参照框架培训、行为观察培训、自我领导力培训等，减小误差发生的可能性。

绩效考核时机的选择主要有两种方法：工作年度法和财政年度法，企业当前采用较多的是财政年度法。企业在选择考核周期的具体长短时，应综合考虑评价指标、管理层级、职位类型、绩效管理实施的时间、评价目的等因素。

思考题

1. 绩效考核指标的选择应遵循哪些原则？
2. 绩效指标选择的依据有哪些？
3. 绩效指标选择的方法有哪些？
4. 绩效指标的权重设计有哪些方法？其各自的优、缺点是什么？
5. 绩效考核方法选择时应考虑的因素有哪些？
6. 不同绩效考核主体进行评价的侧重点是什么？
7. 绩效考核主体在评价中可能出现哪些误差？
8. 如何对绩效考核主体进行针对性培训，以减少考核误差？
9. 绩效考核周期的长短与哪些因素有关？

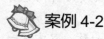
案例 4-2　　　　　　　联想集团的特色绩效管理

如果你看到联想集团的绩效考核表格，一定觉得不太规范，甚至有点乱，但这正是联想集团的特色绩效管理。

个人、团队双指标体系共存

夏伟（化名）刚到联想集团一年多，是研发部门的一个普通员工，春节前后，他经常无所顾忌地坐在工位上傻笑。原因很简单，快到年终考核了，他觉得自己的业绩很好。

然而等到结果出来时，夏伟的喜悦骤然少了许多：报酬并没有他估计得那样高。更让夏伟不能理解的是，另一个研发团队的张帆（化名）开拓的新项目没有他多，绩效成绩竟然比他高。夏伟觉得奇怪：公司的报酬不是和业绩直接挂钩的吗？

满腹疑问的夏伟找到了人力资源部门，得到的解释是：虽然夏伟开拓的新项目多，但团队整体的开拓成绩平平，所以综合起来这一项的成绩不高；而张帆个人开拓的新项目虽然没有夏伟多，但其团队成绩高。眼下，团队成绩的权重比较大，加权之下，夏伟的成绩确实比张帆差了些，这些考核方式都在第四季度开始的时候做过宣讲。

这是联想集团绩效管理平衡的措施之一，"对于不便于把指标细化到每一个人身上的部门来说，联想集团认为这部分业务刚好也是异常强调团队协作的业务，团队业绩的好坏直接影响着个人绩效。"联想集团招聘总监卫弘说。

因此，夏伟绩效考核后的收入计算公式就是：收入=$P \times Q \times G$。其中，P是部门业绩考核系数（也称为权重）；Q是个人业绩考核系数；G是岗位工资。这个公式虽然简单，不过作为一个多元复变函数，操作的难度和复杂性都是很大的。因为在一定时期内，G值是固定的（由岗位和能力级别确定），P和Q就都成了导向性"旗帜"，给部门和员工工作行为和努力方向做出了方向性指挥，尤其是员工个人不能控制的P系数，对员工的导向性作用很大，这也是联想集团平衡个人和团队协作的法宝之一。

而对于类似于指标极其明确，甚至很容易分配到个人头上的产品或者销售部门，联想集团则尽量考核到人，如华东区的年度销售任务，通过层层分解，每个销售人员的目标非常明确，集团无须再为某个销售团队设立考核指标，直接到人反倒更明了。

联想集团华东区域总部人力资源总监曹金昌觉得，这样看似混乱的双指标体系能共存，正是联想集团在指标设置环节的特色："设置指标其实是绩效考核的关键，联想集团也遭遇过很多因为指标不清晰、不个性而带来的麻烦，慢慢地，我们摸索出了一条道路，在设置指标的时候尽量做到全面。"

曹金昌所说的全面包括四个方面的内容：①根据不同的业务设置不同的考核指标；②尽可能地定量；③指标的界定一定要十分清楚，描述也要让员工看得明白；④设置指标时一定要和员工进行沟通。

每个人都要有个性化目标设置

在联想集团，每个员工都有两个目标：短期目标和中长期目标。

一般情况下，短期目标都是根据企业的目标分解到员工头上的，而中长期目标则是每个员工对自己未来的描述。每年年初，联想集团的员工都要向部门领导提交一份自己的中长期发展规划，如果这份规划和部门领导对员工的判断一致，就生效，人力资源部门也会创造各种条件、提供尽可能多的资源帮助员工。

而如果员工对自己的中长期发展规划和部门领导对其的观察、定位不一致，双方就一定要坐下来沟通。联想集团认为，不管是什么样的考核方式，调动员工的积极主动性和创造性都是最终目的，而不是完全按照上级的意思办事。

为了做到考核尽量个性化，联想集团先从部门的个性化开始抓起，针对个性化表现不那么明显的销售部门，联想集团为每个销售人员都建立了一套销售系统，登录该系统就可以看到自己年度内的所有计划、完成情况等信息。

对于绩效考核的难点：职能和研发部门的考核，联想集团也力争个性化。联想集团在研发上的投入很大，在考核的过程中也运用了大量的人力和物力。联想集团把研发部门分成研究院和二级研发机构（研发部门），虽然同为研发工作人员，但这两个系统的人员所从事的工作大不相同。研究院多从事基础性和前瞻性研究，以保障联想集团未来的竞争力，而二级研发机构则多从事产品的更新换代等工作。

王明是二级研发机构的研发人员，联想集团在考核他的时候主要考虑两个方面的指标：研发周期和工程化。

"现在产品的更新换代快，我们会根据市场上同类产品的淘汰周期以及联想集团想要得到的业界标准确定研发周期。"曹金昌说研发周期反映在市场上就是一个企业的市场反应速度，直接决定着企业是否能够跟上消费者的步伐。

而工程化指标则包括研发转化成产品的时间、件数以及一次生产成功率等，是衡量研发成果转化成市场价值的有效手段。

当然，除这两个硬性指标外，客户满意度也是衡量二级研发机构员工绩效的重要指标之一。

研究院的考核指标与二级研发机构大相径庭。专利数是考核研究院的主要指标，同时有论文发表数和国家课题的参与数。

研发人员在联想集团是可以换岗的，如果二级研发机构的研发人员喜欢从事基础性研究工作，可以申请调到研究院去，申请的当季度，绩效考核内容跟随发生变化，王明就是从二级研发机构调到研究院的研发人员。

不仅不同的部门有不同的绩效指标，根据业务的发展阶段，联想集团也采用不同的考核指标。联想集团一般把业务分为成熟业务、发展中业务、新兴业务。一般情况下，成熟业务更关注利润的成长，并将质量提升为部门考核指标；而发展中业务需要继续推进销量与销售额的提高，更关注销售额；新兴业务则更关注销量。

沟通是捏在渔夫手中的收网线

如果把绩效管理比喻成一张错综复杂的渔网，沟通就是捏在渔夫手中的收网线，联想集团深信这一点。

联想集团的绩效沟通不只停留在事前让员工知道为什么考核和如何考核上，也不只停留在事后分析上，更重要的是事中的纠正和完善上。

2020年第四季度最后一个月，李雪莲（化名）领导的一个销售团队的考核目标发生了改变，原因是联想集团市场部门发现远程教育迅速崛起，伴随而来的肯定是大规模的采购，这对联想集团来说是一笔很大的生意，但在制定第四季度考核指标的时候并没有发现这样的现象，于是和员工沟通后删改绩效考核指标成为必然。

"市场发生了改变，我们部门的绩效考核表里立即增加上了远程教育项目的内容，类似的事件在联想集团的绩效考核过程中常有发生。"李雪莲说。

当然，并不是在发生变化的时候绩效沟通才开始运行，员工随时可以向人力资源部门反映问题，人力资源部门也随时期待着和员工面对面讨论绩效。

卫弘一再提醒，绩效结果出来后的沟通一定不能大而化之，因为这直接关系着员工的积极性和下一阶段工作的正确与否，结果出来没有沟通而导致员工怨恨主管甚至企业的例子数不胜数。

很多企业也都认识到绩效沟通的重要性，纷纷强令人力资源部门进行绩效面谈，并制作绩效面谈的指标上交绩效管理中心，但事实上是否进行了面谈无从得知。

联想集团也非常害怕收上来的绩效面谈报告是人力资源部门闭门造车的结果，为此，每次绩效考核结束，联想集团都会对员工展开无记名调查，确认是否得到了绩效面谈的机会，绩效考核的知晓率是考核联想集团人力资源工作者的重要绩效指标之一。

在联想集团，你永远是"小马拉大车"

了解联想集团的人都知道，联想集团部门内给员工强制排序，把员工强制性地分成A、B、C三等，虽然不同团队之间的这种分级是保密的，但拿到C甚至B的员工都会黯然。

这个时候的人力资源工作者必须很努力地向 C 等员工说明这样分级是为了更有效地利用资源，团队会根据他所处的级别给予相匹配的资源和有针对性的帮助、指导等。

如果对绩效考核成绩或者排序有意见，员工有权向部门总经理或人力资源部提出申诉，如果申诉经调查属实，企业一定会对该员工进行重新评定。

一般情况下，联想集团的季度考核成绩主要影响薪资浮动，而年度考核则与调岗或辞退、培训与个人发展、薪资等级调整、红包、股权、升迁、评优等结合。

既然实行了绩效管理，联想集团就一定要让绩效成绩和员工紧密相关。联想集团的企业文化中有一条就是要求员工"踏踏实实工作，正正当当拿钱"，反映到具体的管理措施，终究是用人不唯学历重能力、不唯资历重业绩，一切凭业绩说话。

在人才的选拔和任用上，联想集团也有一套规范的手段和流程。不是以某个人的主观判断来决定人员的录用和选择，而是通过绩效成绩在对素质、能力综合评价的基础上，把合适的人放在合适的位置上。

不断地修正和沟通的绩效让联想集团能够在赛马中识别好马。不同员工进联想集团的时间有先后，学历也会有高低，但只要有能力，创造出了显著的业绩，都可以得到重用，都能够有所发展。在联想集团，因为业绩突出，一年之内提升三次者有之；进联想集团仅三个月，能力强得到重用者有之。在联想集团，每个员工都是"小马拉大车"，一旦长成大马，就会有更大的车拉，这也迫使员工不断给自己提出更高的要求，在提高中去应对工作的压力和挑战。

资料来源：联想集团的特色绩效管理[EB/OL]．（2021-01-08）[2024-10-11]. https://www.hroot.com/d_new-421668.hr.（已改编）

思考与讨论：
1. 联想集团的绩效管理有什么特色？
2. 联想集团的绩效考核指标设置遵循了哪些原则？

 团队互动演练

研究型学习小组以所在学校所学专业的人才培养方案为基础，以学生四年的学习成长经历为模拟对象，以学生在本专业领域的整体素质为评价核心。

教学目的
- ☑ 加强学生对所学专业的人才培养要求的认识。
- ☑ 提高学生独立构建绩效考核指标体系的能力。
- ☑ 强化学生对绩效考核过程的理解。

教学平台
- ☑ 计算机中心实验室，每个学生配备一台计算机，允许网络连接。
- ☑ 标准化教室，供学生讨论和陈述。
- ☑ 指导教师提供模拟评价过程的基本思路和所需材料。

教学步骤

第一阶段：指导教师以《××专业本科人才培养方案》为参照，各组学生可对材料中的考核指标及权重赋分等进行设定。

第二阶段：分组的个人评价中先由学生本人进行自我评价，然后由本组组长以直接上司身份进行评价，组长的评价表中上司评价部分可由任一组员代评。

第三阶段：分组陈述时组员均须出场，现场随机抽取 1 个组员做发言人，其他组员可适当补充。陈述的内容主要为：第一，对评价表中设定的评价指标及权重等的解释；第二，对本小组成员的自评以及组长以上司身份评价的客观性；第三，评价结果的控制情况；第四，本次模拟评价活动的切身感受。

第四阶段：总结报告分小组提交，以小组的认识和感受为主要内容，类似于绩效主管的年度工作小结。

第五阶段：指导教师为学生模拟过程评定成绩，其主要依据为：第一，对评价表中各项指标的设定及解释水平；第二，评定表中各项内容的评定和本人真实情况的符合程度；第三，小组陈述时表现的专业水平及配合程度；第四，提交模拟总结报告的质量。

团队成员

研究型学习小组在组长指导下合理分工，各负其责，按规定时间完成任务。

研究成果

☑ 每个小组成员的评价表格。
☑ 以小组为单位的模拟总结。
☑ 模拟评价的过程及感受交流。

第五章　非系统的绩效考核方法

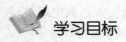 学习目标

- ☑ 理解业绩评定表法、配对比较法、图尺度评估法、行为锚定等级评定量表法、行为观察量表法、关键事件法等考核方法的含义，能对各种方法进行比较和评价；
- ☑ 掌握各种考核技术方法的适用条件和实施步骤；
- ☑ 了解各种考核技术方法的优、缺点。

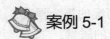 案例5-1　　　　　　　　　该不该实行末位淘汰制

在绩效考核中，不得不提到一种特别的制度：末位淘汰制。具体而言，末位淘汰制是指工作单位根据设定的目标，结合各个岗位的实际情况设定考核指标体系，并以此指标体系为标准对员工进行考核，最后根据考核的结果对得分靠后的员工进行淘汰的绩效管理制度。该制度在许多企业中都有较好的应用，如华为。

末位淘汰制这一绩效管理方式是由美国通用电气公司前CEO（首席执行官）杰克·韦尔奇首先提出并在通用电气公司实践运用的。杰克·韦尔奇是一个竞争心很强的人，他早年在GE工作时，因为自己得到的年终奖金与比他绩效差的员工没有显著差别而深感不安，觉得深深挫伤了自己的工作积极性，因此一直想着要拉开优秀员工与落后员工之间的奖励差距，造成一种大家都争优秀的氛围。这个理想最终在他担任GE的CEO之后，通过末位淘汰制得以实现。杰克·韦尔奇命令各层管理者每年对自己管理的员工进行严格的评估和区分，从而产生20%的明星员工（A类）、70%的活力员工（B类）及10%的落后员工（C类）。C类员工视其实际表现会得到一到两年的改进缓冲期，逾期无改进者则被解雇。通过坚定不移地"不断裁掉最差的10%的员工"，GE在杰克·韦尔奇近20年的管理时间里市值增长30多倍，成为华尔街的宠儿。

GE的成功使末位淘汰制受到关注，甚至让许多人产生一种错觉，以为只要应用了末位淘汰制就可以使企业成功。某大型企业的老总邱金良（化名）最近也在思考"该不该实行末位淘汰制"的问题。下面我们来看看邱总遇到的问题。

邱金良的这家企业以前是省纺织工业厅直属的一家大型纺织厂，5年前改制之初，企业里人浮于事、效率低下，干部能上不能下、员工能进不能出，成本居高不下，市场占有率日益萎缩。3年前，邱金良眼看着企业走下坡路，下定决心改变当时的人事管理制度，在参考了众多知名企业的做法之后，末位淘汰制被当作一件法宝引入了该企业的人事制度。其目的是通过末位淘汰制这样一种强势管理，给员工一定的压力，激发他们的积极性，改变企业精神面貌。该制度规定，每年年底对所有员工进行360°评估，各部门得分名列最后10%的员工将被淘汰。

制度实行第一年，邱金良感觉效果很明显。一大批平日表现不好的员工得到处理，其他员工的工作积极性有了很大的提高，企业在市场上的表现也有了很大起色。但是，"末位淘汰制"的推行也带来了一系列问题，如到底淘汰多少人比较合适呢？如果淘汰的比例过高，则容易造成后备力量跟不上、员工心理负担过重、同事关系紧张等现象，而淘汰比例过低，又起不到应有的作用。还有就是淘汰后的安置问题，也需要慎重考虑。

而末位淘汰制带来的麻烦还不只有这些，随着制度的实行，一些怪现象不断出现在企业中：如小刘进企业5年了，在设备安装部干活卖力，还曾经提了好建议让企业降低了成本，所以邱金良对这个小伙子非常看中，打算培养他做后备经理，但绩效考评结果令人十分意外：一年下来，小刘的名字竟然出现在"淘汰名单"里。经过调查，邱金良发现，被淘汰的员工并不都像想象中那么差，有些甚至是平时挺勤快的人。干活越多的人，出错的概率越大；越坚持原则的人，得罪的人越多，结果导致这两类人的年终评分都很低，按照公司的规定，他们就被淘汰了。但是企业里有很多人对他们被淘汰感到惋惜，意见也很大，认为如果再这样淘汰下去，就没有人敢说真话了。

因为实行末位淘汰制，公司销售部门在不利的市场环境中努力拼搏，取得了非常好的业绩，实行几年后，已经很难从中选出最差的10%的人了；即使选出这10%的员工，邱金良也觉得他们不应该被淘汰，但是名列最后10%的员工被淘汰是整个人事制度改革的核心内容，这让邱金良左右为难。同时，被淘汰的员工到处喊冤，认为自己被淘汰是因为评价中存在着不公平现象，很多工作表现比自己差的人由于人缘好或者会讨好领导，反而排名很靠前。在经过一次深入调研后，邱金良陷入困惑，到底该不该继续实行末位淘汰制？

资料来源：末位淘汰制全解析[EB/OL]. （2021-10-22）[2024-10-11]. http://www.chinahrd.net/blog/417/1216601/416827.html.

一个优秀的员工总是希望自己的努力及努力的结果能被主管看到；相反，一个不努力的员工则总是希望能够滥竽充数，不被他人所发现。留住优秀员工、淘汰差的员工，对于提高企业业绩是很有效的方法。良好的员工绩效考核体系可以支撑企业持续产生高绩效，保证企业的长久发展，这一点是毫无疑问的。问题是，打造一套适用于本企业的绩效考核体系确实是一个费时费力的过程。虽然有一些系统考核技术，如基于关键业绩指标的绩效考核体系、基于目标管理的绩效考核体系、基于平衡计分卡的绩效考核体系等可供使用，但是更多的企业在进行绩效考核时，并不是从组织战略目标到员工个人绩效目标逐级进行系统考核，而是就具体的工作任务，在员工个体绩效层面上设计考评体系并进行绩效考核。本章专门介绍一些主要针对员工个体绩效考核的非系统绩效考核方法，其总结和分类如表5-1所示。

表5-1 非系统的个体绩效考核方法分类表

以业绩报告为基础	以员工比较系统为基础	针对员工行为及个性特征	以特殊事件为基础	全方位
自我报告法；业绩评定表法	简单排序法；交替排序法；配对比较法；强制分布法	因素评价法；图尺度评估法；行为锚定等级评定量表法；行为观察量表法；混合标准量表法；综合尺度量表法；行为对照表法	关键事件法；不良事故评估法	360度考核法

第一节　以业绩报告为基础进行绩效考核

非系统的绩效考核方法很多，但不外乎直接描述式和间接描述式两大类。直接描述式比较适合评价成型工作，即可见性强、事件感强的工作。间接描述式比较适合评价非成型工作，即可见性和事件性都不强的工作。前者的优点是客观性强、精确度高，缺点是无法反映出潜在的工作负荷，而后者正好相反。在实际使用中，以上两种方式常常结合应用，下面分别介绍各种常用的绩效考核方法。

一、自我报告法（自评）

自我报告法是员工利用书面形式对自己的工作进行总结及评价的一种方法。这种方法多适用于管理人员的自我评估，并且测评的人数不宜太多。自我评估是自己对自己一段时间工作结果的总结，让被评价者主动地对自己的表现加以反思，为自己的绩效作出评价。

自我报告法通常让被评价者填写一份员工自我鉴定表，如表 5-2 所示，对照岗位要求，回顾一定时期内的工作状况并列出将来的打算，同时列举在这段时间内的重大贡献事例及失败的事例（1～3 件），给出相应的原因，对不足之处提出改进建议。自我报告一般在每年年终进行，要求大家集中在一起，事先不清楚集中的目的且要求没有助手参加，自己独立完成总结。

表 5-2　员工自我鉴定表

姓　　名		学　　历		专　　业	
部　　门		入本部门日期		现任岗位	
项　　目					
目前工作	本月（年）你所实际担任的工作是什么：_____ 在执行工作时，你曾感到有什么困难：_____				
工作目标	本月（年）你的工作目标是什么：_____				
目标实现	本月（年）你的目标实现到了什么程度：_____				
原因	你的目标实现（或不能实现）的原因有哪些：_____				
贡献	你认为本月（年）对公司较有贡献的工作是什么？你做到了什么程度：_____				
工作构想	在你担任的工作中，你有什么更好的构想？请具体说明：_____				

二、业绩评定表法（他评）

业绩评定表法是一种被广泛采用的考评方法，它根据所限定的因素对员工进行考评。采用这种方法，主要是在一个等级表上对业绩的判断进行记录。考核等级被分成几类（通常是一个 5 级或 7 级的量表），常常采用诸如"优秀""一般"和"较差"等形容词来定义。当给出了全部等级时，这种方法通常可以使用一种以上的业绩考核标准。业绩评定表受到欢迎的原因之一就是它简单、迅速。

业绩评定所选择的因素有两种：一是与工作有关的因素；二是与个人特征相关的因素。如表 5-3 所示，与工作有关的因素是工作数量和工作质量，而与个人特征相关的因素有可靠性、积极性、适应能力和合作精神。评价者通过指明最能描述出员工及其业绩的每种因素的比重来完成评价工作。

表 5-3 员工业绩评定表

员工姓名：_____	考核说明：
工作头衔：_____	1. 每次仅考虑一个因素，不允许因某个因素给出的考核结果而影响其他因素的考核
部门：_____	2. 考虑整个考核周期的业绩，避免集中在近期的事件或孤立事件中
基层主管：_____	3. 以满意的态度记住一般员工应履行的职责。高于一般水平或优秀的考核，表明该员工与一般员工有明显的区别
考核时期：_____	

考 核 因 素	考 核 等 级				
	较差，不符合要求	低于一般，需要改进，有时不符合要求	一般，一直符合要求	良好，经常超出要求	优秀，不断地超出要求
工作数量：考虑完成的工作量、生产率达到可接受的水平了吗					
工作质量：在进行任务指派时要考虑到准确、精密、整洁和完成情况					
可靠性：在进行任务指派时要考虑到其以往完成工作的准确、精密、整洁和完成情况					
积极性：该员工实现工作承诺的信任程度					
适应能力：考虑是否具备对需求变化和条件变化的反应能力					

合作精神：考虑为了他人及与他人共同工作的能力。如果让你加班，是否愿意接受？（　　）

未来成长和发展的潜力：
□　当前工作的最好或接近最好的业绩
□　这个工作中最高或接近最高的业绩，但在另一个工作中有成长的潜力。例如……
□　经过进一步培训和实践能取得进步
□　没有明确的限定

员工声明：　　我同意□　　不同意□　　这个考核

评论：

员工	负责人	审查人
日期	日期	日期

有些企业为评价者对给定的各个因素做出评价提供了一定灵活运用的空间。当评价者做出最高或最低的评价时，要求注明理由，即使是被要求这样做，这种做法也会受到鼓励。例如，如果对一个员工的积极性的评价为"较差，不符合要求"，则评价者需提供基于这种较低评价结论的书面意见。给予这种书面意见的目的在于，避免出现武断或草率的判断。

表 5-3 对每个因素和每一等级也作出了定义。为了得到一个对工作质量的较优秀的评价，一个员工必须不断地超额完成其工作要求。对各种因素和等级的定义越精确，评价者就会越完善地考评员工的业绩。当每个评价者对每个因素和等级都按同样的方法解释时，则会取得整个组织评价上的一致性。许多绩效考核的业绩评定表还提供了对员工成长潜力的评价。表 5-3 包含了与一个员工未来成长和发展潜力有关的几个类别。考核的结果从"当前工作的最好或接近最好的业绩"一直排列下去，没有明显的界线。虽然在对过去业绩或将来潜力同时做出评价方面有些欠缺，但这种做法还是经常被采用。

第二节 以员工比较系统为基础进行绩效考核

大部分绩效考核工具要求评价者依据某些优胜标准来评价员工绩效。然而，使用员工比较系统，员工的绩效是通过与其他员工的绩效相比较来评价的。换言之，员工比较系统是用于排序，而不是用于评分。排序形式有很多种，如简单排序、交替排序、配对比较和强制分布。

一、简单排序法

在使用简单排序法进行绩效考核时，评价者只要简单地把一组中的所有员工按照总业绩的顺序排列起来即可，部门中业绩最好的员工被排列在最前面，业绩最差的员工被排在最后面。这种方法的主要问题是，当个人的业绩水平相近时，难以进行准确排序。

作为简单排序法的一种演变，平均比较法将每个员工的工作业绩与其他员工的工作业绩进行简单比较，获得有利的对比结果最多的员工，就在绩效考核中被排列在最靠前的位置上。而有些人力资源管理者对这种考核方法持有异议，他们的观点是员工所要达到的是他们的任务目标，而不是他们取得的目标要比工作小组中的其他人更好。这种考核方法的使用事实上已超出了个人绩效领域，因此应在一个更广泛的基础上加以考虑。

运用简单排序法进行绩效考核最大的优点是简单实用，其考核结果也令人一目了然，但这种方法容易给员工造成心理压力，在感情上也不易被接受。

二、交替排序法

通常来说，根据某些工作绩效考核要素对员工从绩效最好到绩效最差进行排序，要比绝对地对他们的绩效进行评价容易得多，因此交替排序法也是一种运用得非常普遍的工作绩效考核方法。其操作方法如下：①将需要评价的所有员工的名单列出来，然后将不是很熟悉因而无法对其进行评价的员工的名字划去。②分别显示在被评价的某一要素上，哪个员工的表现是最好的、哪个员工的表现是最差的。③再在剩下的员工中挑出最好的和最差的。以此类推，直到排列完所有被评价的员工。

三、配对比较法

配对比较法使得排序型工作绩效考核方法变得更为有效。其基本做法是，将每一个员工按照所有的考核要素（工作质量、创造性等）与其他员工进行比较，根据配对比较的结果，排列出他们的绩效名次，而不是笼统地排序。假定需要对 5 个员工进行工作绩效考核，在运用配对比较法时，首先应当列出一张表格，其中要标明所有需要被考核的员工的姓名及需要考核的所有工作要素。然后，对所有员工根据某一类要素进行配对比较，然后分别用"+"（好）和"-"（差）标明谁好一些、谁差一些。最后，汇总每一个员工得到的"好"的数量，如表 5-4 所示。

表 5-4　以配对比较法考核员工绩效

就"工作质量"要素所做的考核						就"创造性"要素所做的考核					
比较对象	被考核员工姓名					比较对象	被考核员工姓名				
	A	B	C	D	E		A	B	C	D	E
A		+	+	-	-	A		-	-	-	-
B	-		-	-	-	B	+		-	+	+
C	-	+		+	-	C	+	+		+	-
D	+	+	-		+	D	+	-	+		-
E	+	+	+	+		E	+	-	+	+	
	2+	4+	2+	1+	1+		4+	1+	1+	2+	2+

配对比较法的缺点是，一旦员工人数过多（大于 5），手续就比较麻烦，因为配比的次数是按公式 $[n(n-1)]/2$（其中 n 为人数）增长的。5 个员工需要配比 10 次，10 个员工就需要配比 45 次，如有 50 个员工就需要配比 1225 次。而且只能评比出员工的名次，不能反映出他们之间的差距有多大，也不能反映出他们在工作能力和品质方面的特点。

四、强制分布法

该方法需要评价者按照绩效考核结果将被评价者分配到一种类似正态分布的标准中。这种方法是基于这样一个有争议的假设，即所有小组中都有同样优秀、一般、较差表现的员工分布。可以想象，如果一个部门全部是优秀员工，则部门经理可能难以决定应该把谁放在较低等级的小组中。

强制分布法与"按照一条曲线进行等级评定"的意思基本相同。使用这种方法就意味着要提前确定按照一种什么样的比例将被评价者分别分布到每一个工作绩效等级上。例如，人们可能会按照表 5-5 所列比例原则确定员工的工作绩效分布情况。

表 5-5　确定员工的工作绩效分布情况的比例（示例）

绩效等级	比例
绩效最高的	15%
绩效较高的	20%
绩效一般的	30%
绩效低于要求水平的	20%
绩效很低的	15%

这种方法的优点是有利于管理控制，特别是在引入员工淘汰机制的公司中，它能明确筛选出被淘汰对象。由于员工担心因多次落入绩效最低等级区间而遭解雇，因而强制分布法具有强制激励和鞭策的功能。当然，它的缺点也同样明显，如果一个部门的员工的确都十分优秀，那么强制进行正态分布划分等级可能会带来多方面的弊端。

从以上介绍的几种基本的比较方法可以看出，员工比较系统的优点是成本低、实用，评定所花费的时间和精力较少。而且，这种绩效考核方法有效地消除了某些评价误差，如避免了宽大误差和居中趋势误差。当然，员工比较系统也有缺点：首先，因为判定绩效的评分标准是模糊或不实在的，评分的准确性和公平性就可能受到很多员工的质疑。其次，员工比较系统没有具体说明一个员工必须做什么才能得到好的评分，因而不能充分地指导或监控员工行为。最后，公司用这样的考核系统不能公平地对来自不同部门的员工的绩效进行比较。举个比较常见的例子，A部门排在第六名的员工可能比E部门排在第一名的员工做得更好。而且，当一组员工人数很少时，也许并没有理由假定正态分布符合员工表现的实际差别。有时，评价者可能会为自己被迫在员工中人为地制造一个根本不存在的正态分布而感到心理压力，致使其产生居中趋势误差，干脆把员工都放在中间位置。

为了克服强制分布法的缺陷，同时将员工的个人激励与集体激励更好地结合起来，可以使用团体评价制度，以改进强制分布法的效果。

其主要实施步骤如下：①确定各等级的奖金分配点数，在这里要特别注意的是，各等级之间的点数差别应该具有充分的激励效果。②每个员工根据绩效评估标准对除自己以外的其他员工进行0~100分的评价。员工的评价结果应该严格保密，以防引起同事之间的矛盾和纠纷。③对称地去掉若干个最低分和最高分，求出每个员工的平均分。④将部门所有员工的平均分加总，再除以部门员工人数，计算出部门所有员工的绩效评估平均分。⑤用每个员工的平均分除以部门的平均分，就可以得到一个标准化平均分。评价的标准分在1分左右的员工，应该得到"中等"的评价，明显大于1分的员工，应该得到"良"甚至"优"的评价，而标准分明显低于1分的员工，应该得到"差"甚至"劣"的评价。也有些企业为体现管理人员的作用，以员工团体评价结果与管理人员评价结果的加权平均值作为员工最终的评价结果。一般而言，管理人员的权重不应过大。各个平均等级之间的数值界线可由管理人员根据过去员工的绩效评价结果的离散程度来确定。⑥根据每个员工的评价等级所对应的奖金分配点数，计算部门的奖金总点数，然后结合可以分配的奖金总额，计算每个奖金点数所对应的金额，并得出每个员工应该得到的奖金数额。其中，各个部门的奖金分配总额是根据各个部门的主要管理人员进行相互评价的结果来确定的。各个部门的评价结果是公开的，以促进部门之间的良性竞争。⑦为了鼓励员工尽量客观、准确地评价自己的同事，那些对同事的评价排列次序与最终结果的排列次序最接近的几个员工，应该得到提升评价等级或其他形式的奖励。

著名的英特尔公司的绩效评价就采用了排序法。英特尔公司的评价周期是一年，员工的评价记录载入档案。该公司对员工进行评价的方式是主管人员在一起开会，对承担相同工作的员工，根据他们对部门或组织的贡献大小进行排序。该公司的经验是一个评估单位中包括的员工数量最好在10~30人。在过去，英特尔公司将员工区分为常见的A、B、C、D、E五个等级，结果被评价为"C"的员工最多，并不被视为有成就的员工，这严重影响了员工的积极性。现在，英特尔公司已经将评价结果的五个等级简化为"杰出""成功""有待改进"三个层次，有效地克服了这一问题。在英特尔公司，员工评价工作由一位"排序经理"（ranking manager）负责组织和实施，直到最后生成一个员工名次的"龙虎榜"。

☞【专题拓展5-1】　　　员工的绩效考核排在末位，
就辞退员工，合法吗？

第三节　针对员工行为及个性特征进行绩效考核

一、因素评价法

因素评价法是指将一定的分数按权重分配给各绩效考核因素，使每一项绩效考核指标都有一个评价尺度，然后根据被评价者的实际表现在各考核因素上评分，最后汇总得出的总分就是被评价者的绩效考核结果。此法简便易行，而且比排序法更为科学。

例如，我们可以为被评价者设定以下四个绩效考核因素，运用因素评价法划分权重并制定标准如下，并以此为基础对员工进行绩效考核。

（1）出勤，占总分的30%。出勤率100%为满分（30分），病、事假一天扣1分，旷工一天扣20分，迟到或早退一次扣15分，旷工一天以上或缺勤30天以上者不得分。

（2）能力，占总分的20%，分上、中、下三等。将技术高、能独立工作、完成任务好、胜任本职工作的评为上，将低于这个技术水平的评为中或下。在考核阶段内，如有1个月未完成下达任务，扣10分。

（3）成绩，占总分的30%，分上、中、下三等。将协调性好，积极主动工作，安全生产、完成任务好的评为上，将较差的评为中，将再差的评为下。在工作、生产中出现一次差错，造成损失或安全、质量方面事故的，经公司研究做出处理者，一次扣10分，情况严重者不得分。

（4）组织纪律，占总分的20%，分为上、中、下三等。将工作服从分配、遵守规章制度、讲究文明礼貌、能团结互助的评为上，否则评为中或下。违反公司规章制度或因工作失职经公司处理者，一次扣10分。

各考核因素的上、中、下三个等级的比例均分别控制在25%、60%、15%。

二、图尺度评估法

图尺度评估法主要是针对每一项评定的重点或考评项目，预先订立基准，包括依不间断分数程度表示的尺度和依等级间断分数表示的尺度，前者称为连续尺度法，而后者称为非连续尺度法，在实际运用中，以后者为主。表5-6就是一个典型的图尺度评估表。它列举出了一些绩效构成要素（如"质量"和"生产率"），还列举出了跨越范围很宽的工作绩效等级（从"不令人满意"到"杰出"）。在进行工作绩效评估时，首先针对每一个员工，从每一项评估要素中找出最符合其绩效状况的等级，然后将每一个员工所得到的所有分值进行加总，即得到其最终的工作绩效评估结果。

表 5-6　图尺度评估表 1（部分）

员工姓名：　　　　　　　　　　　　职位：
部门：　　　　　　　　　　　　　　员工薪酬：
绩效考核目的：□年度例行考核　□晋升　□绩效不佳　□工资调整　□试用期结束　□其他
员工到现职时间：　　　　最后一次考核时间：　　　　正式考核时间：

说明：请根据员工所从事工作的现有要求仔细地对员工的工作绩效加以考核。请核查各代表员工绩效等级的小方框。如果绩效等级不合适，请以"N"字样说明。请按照尺度表中所表明的等级来核定员工的工作绩效分数，并将其填写在相应的用于填写分数的方框内。最终的工作绩效结果通过将所有的分数进行加总和平均而得出

考核等级说明

O：杰出（outstanding）——所有各方面的绩效都十分突出，并且明显比其他人的绩效优异得多。
V：很好（very good）——工作绩效的大多数方面明显超出职位的要求，工作绩效是高质量的，并且在考核期间一贯如此。
G：好（good）——是一种称职的和可信赖的工作绩效水平，达到了工作绩效标准的要求。
I：需要改进（improvement needed）——在绩效的某一方面存在缺陷，需要进行改进。
U：不令人满意（unsatisfactory）——总的来说，工作绩效水平无法让人接受，必须立即加以改进。绩效考核等级在这一水平上的员工不能增加工资。
N：不做考核（not rated）——在绩效等级表中无可利用的标准，或因时间太短而无法得出结论

员工绩效考核要素	考 核 尺 度		考核的事实依据或评语
1. 质量：所完成工作的精确度、彻底性和可接受性	O V G I U	□　91～100 分 □　81～90 分 □　71～80 分 □　61～70 分 □　60 分及以下	
2. 生产率：在某一特定的时间段中所生产的产品数量和效率	O V G I U	□　91～100 分 □　81～90 分 □　71～80 分 □　61～70 分 □　60 分及以下	
3. 工作知识：实践经验和技术能力，以及在工作中所运用的信息	O V G I U	□　91～100 分 □　81～90 分 □　71～80 分 □　61～70 分 □　60 分及以下	
4. 可信度：某一员工在完成任务和听从指挥方面的可信任程度	O V G I U	□　91～100 分 □　81～90 分 □　71～80 分 □　61～70 分 □　60 分及以下	
5. 勤勉性：员工上下班的准时程度、遵守规定的工间休息、用餐时间的情况及总体的出勤率	O V G I U	□　91～100 分 □　81～90 分 □　71～80 分 □　61～70 分 □　60 分及以下	

员工绩效考核要素	考 核 尺 度		考核的事实依据或评语
6. 独立性：完成工作时不需要监督和只需要很少监督的程度	O □ V □ G □ I □ U □	91～100 分 81～90 分 71～80 分 61～70 分 60 分及以下	

当然，许多企业不仅停留在对一般性绩效考核要素（如"数量"和"质量"）的评估上，还对作为评估标准的工作职责进行了进一步分解。例如，表 5-7 是针对行政秘书职位工作绩效的图尺度评估表。表中，行政秘书职位的五种主要职责标准都是从工作说明书中选取出来的，并被放在了优先考虑位置。这五种职责的不同重要性都是以百分比的形式反映出来的。表中"评语"部分是留给评估人做一般性说明的，在对秘书报告工作的及时性以及遵守工作规章的情况等这些"一般性绩效"进行评估时，它将十分有用。

表 5-7　图尺度评估表 2（部分）

工作内容与责任		被考核职位：行政秘书
A. 打字速写	权重：30%	考核等级：1□ 2□ 3□ 4□ 5□
以每分钟 60 个单词的速度按照适当的格式准确地将来自以下各个方面的指令打印成文件：口头指示、录音内容、手写笔记或正式笔记、总经理的手写材料、手写会议纪要等。打印通知、会议议程、工作日程和其他以下内容材料：打印商业协会调查；汇总和打印经营报告和其他各种报告，包括文本和表格；打印从报纸杂志上摘选下来的文章，整理和打印信件、备忘录、文件副本以及其他要求打印的文件		评语：
B. 接待	权重：25%	考核等级：1□ 2□ 3□ 4□ 5□
当面或通过电话核定已经签订的合同，热心地帮助来电者和来访者；接听电话，转移消息、提供信息或将电话留言转给某人；接待来访者，提供信息或直接将来访者引到相应的办公室或个人处；作为主人在来访者等待期间提供临时服务，操纵自动应答设施		评语：
C. 计划安排	权重 20%	考核等级：1□ 2□ 3□ 4□ 5□
对工作日程进行有效管理，包括对约见、会议、施行以及其他此类活动的安排；对工作日程进行安排；为总经理、董事会成员和其他人员约见面人员；为办理出差补贴做好准备；协助进行年度会议的安排；为保证在职培训计划的实施，在房间内、课间供应咖啡以及饮食方面提供必要的服务；对组织各项设施的使用进行计划安排；为外部发言人、咨询专家安排好交通、旅程并协调相应的费用		评语：
D. 文件与资料管理	权重：15%	考核等级：1□ 2□ 3□ 4□ 5□
创建并维护一个合适的文件管理系统，能够按照要求迅速地存入和取出文件，制订文件空间分配计划，分别在文件管理系统中为回函、会议记录、报告、规定以及其他相关文件做出妥当的安排；将资料放进文件夹中的适当位置；从文件夹中查找并取出需要的资料；对文件进行挑选、装订和剔除，在必要时进行文件汇总或销毁；保存和保护某些重要文件；将文件资料整理成可直接使用的形式		评语：

续表

工作内容与责任		被考核职位：行政秘书	
E. 办公室一般服务	权重：10%	考核等级：1□ 2□ 3□ 4□ 5□	
以一种受欢迎的方式和既定的程序来履行相关办公室职责；通过邮递中心处理邮件、寄送文件和邮品；查阅外来邮件并进行分拣；对文件进行复制；掌管一定的现金；从相关的报纸和杂志中摘取与组织有关的文章；负责公告栏的书写；完成其他预定的工作		评语：	
该员工是否能够按照要求报告工作并坚持在工作岗位上？□是的　□不是			
如果不是，请予以解释：			
该员工是否听从指挥并遵守工作规章制度？□是的　□不是			
如果不是，请予以解释：			
该员工在工作中是否能与同事自觉保持协调一致并主动配合？□是的　□不是			
如果不是，请予以解释：			
该员工是否具备顺利完成工作所必需的知识、技术、能力和其他方面的能力？□是的　□不是			
如果不是，请予以解释：			
请说明员工需要采取何种特定的行动来改善其工作绩效：			
请根据以上各方面情况总结该员工的总体工作绩效水平：			
此份报告是根据本人对工作以及员工行为的观察和了解而得出的		本人的签名只说明我已经看到这份工作绩效考核表，但这并不意味着我同意上述的结论	
考核者姓名	日期		
审查者姓名	日期	员工姓名	日期

利用图尺度评估表不仅可以对员工的工作内容、责任及行为特征进行评估，而且可以向评估者展示一系列被认为是优秀工作绩效所必需的个人特征（如合作性、适应性、成熟性、动机），并对此进行评估。如我们可以为每一个必备的个人特征给定一个 5 级或 7 级的评定量表，量表上的分数用数目、描述性词语或短评加以规定，用以表示不同的绩效水平。表 5-8 是一个按 5 级划分用于评估员工个人特征的图尺度评估表。

表 5-8　图尺度评估表 3（部分）

员工姓名：						部门：		职位：	评估人：
A. 衣着和仪表	1	2	3	4	5			用下列评定量表按每一品质评估该员工：	
B. 自信	1	2	3	4	5			5=优秀，你所知道的最好的员工；	
C. 可靠程度	1	2	3	4	5			4=良好，满足所有的工作标准，并超过一些标准；	
D. 机智和圆滑	1	2	3	4	5			3=中等，满足所有的工作标准；	
E. 态度	1	2	3	4	5			2=需要改进，某些方面需要改进；	
F. 合作	1	2	3	4	5			1=不令人满意，不可接受	
G. 热情	1	2	3	4	5				
H. 知识	1	2	3	4	5				

图尺度评估法的优点是实用且开发成本低，因此许多组织都使用图尺度评估表。当然，此种方法也有缺点，如不能有效地指导行为，也就是说，评估表不能清楚地指明员工必须做什么才能得到某个确定的评分，因而员工对组织期望他们做什么一无所知。例如，在"态度"这一项上，员工被评为"2"这个级别，可能很难找出改进的办法。

除此之外，图尺度评估表也不能提供一个良好的机制，以提供具体的、非威胁性的反馈。因为多数负面反馈一般应集中在具体行为上，而不是评估表所描述的定义模糊的个人特征。例如，如果告诉员工他们不可靠，大部分员工会很生气，感到被冒犯，而如果用行为的条件给出反馈："上周有六位顾客向我投诉你没有回他们的电话"，那么员工会更易于接受。

图尺度评估表的另一个缺陷是评定的准确性不高。由于评估表上的分数未被明确规定，所以很可能得不到准确的评定。例如，两个评估者可能用完全不同的方式来解释"平均"标准，这样未被明确规定的绩效标准会导致评定失误的增加，还有可能提供偏见产生的各种现成机制。也有一些人认为，图尺度评估表做出的评定只不过是"主观判断的说法"，不应用于晋升决策，因为在这样一个主观的过程中，可能存在潜在的偏见。

三、行为锚定等级评定量表法

行为锚定等级评定量表法是传统业绩评定表和关键事件法的结合。使用这种方法，可以对源于关键事件的有效和非有效工作行为做出更客观的描述。熟悉一种特定工作的人，能够识别这种工作的主要内容，然后由他们对每项内容的特定行为进行排列和证实。因为此方法的特点是需要有大量员工参与，所以它可能会被部门主管和下属更快地接受。

在行为锚定等级评定量表法中，不同的业绩水平会通过一张等级表得以反映，并且根据一个员工的特定工作行为被描述出来。假设员工绩效评估所选择的一个评估要素是"吸收和解释政策的能力"，那么对于这个评估要素最积极的评估结果可能是："可以期望该员工成为组织中其他人新政策和政策变化的信息来源"。而针对这个评估要素最消极的评估结果可能是："即使对员工重复解释后，该员工也不可能学会什么新东西"。在最消极和最积极的结果之间可能存在几种层次。行为锚定等级评定量表法对各种行为进行了举例，而不仅仅是为检查诸如最积极业绩提供一个可能。因为特定的行为可以被指出来，所以这种方法更便于在考核中进行讨论。这种方法可以克服其他评估方法的弱点。有关行为锚定有效性的报告有褒有贬，并无法完全确认它在克服评估者误差或取得心理测验有效性方面比其他方法更优越。这种方法的一个特定缺陷是，使用的行为是定位于作业而不是定位于结果，这给部门经理提出了一个潜在的问题，即他们不是对实现期望目标的员工而是对正在执行作业的员工进行评估。

行为锚定等级评定量表法的目的在于：通过一个如表 5-9 所示的等级评定量表，对关于特别优良或特别劣等绩效的描述加以等级性量化，从而将描述性关键事件法和量化等级评定法的优点结合起来。因此，其倡导者宣称，它比人们所讨论过的所有其他种类的工作绩效评估工具都具有更好和更公平的评估效果。

表 5-9　客户服务行为锚定等级评定量表

等　级　锚　定	行　　为
7	把握长远盈利观点，与客户达成伙伴关系
6	关注客户潜在需求，起到专业参谋作用

续表

等级锚定	行　为
5	为客户而行动，提供超常服务
4	个人承担责任，能够亲自负责
3	与客户保持紧密而清晰的沟通
2	能够跟进客户回应，有问必答
1	被动的客户回应，拖延和含糊回答

开发行为锚定等级评定量表的过程是相当复杂的，可以简要概括如下：首先，行为锚定等级评定量表开始于工作分析；其次，使用关键事件技术；再次，事件或行为依据维度加以分类；最后，为每一个维度开发出一个评定量表，并用这些行为作为"锚"来定义量表上的评分。运用行为锚定等级评定量表法进行员工绩效评估，通常要求按照以下步骤进行行为锚定等级评定量表的设计。

(1) 确定关键事件。一组对工作内容较为了解的人（员工本人或其直接上级）用工作分析的关键事件技术得出一系列有效和无效的工作行为。

(2) 初步建立绩效评价指标。将确定的关键事件合并为几个（通常是5～10个）绩效评价指标，并给出指标的定义。

(3) 重新分配关键事件，确定相应的绩效评价指标。在不知道所分配的维度的情况下，与主题有关的另一组同样熟悉工作内容的人评价行为清单。换言之，将每一个维度的名称和定义告知这些人，要求他们将所有的行为按正确的维度加以分类。如果第二组中一定比例的人（通常80%或更多）分配给同一行为的维度与工作分析者分配给它的维度相同，则该行为被保留下来。

(4) 确定各关键事件的评价等级。被"保留"下来的行为由第二组与主题有关的人加以评审。这些人依照一项工作绩效去评定每种行为的等级。例如，如果使用一个7级量表，"7"将标志着该行为代表一个极其有效的绩效水平，"1"标志着极其无效的绩效。

(5) 建立最终的员工绩效评估体系。分析者为每个特征构建一个评定量表，量表中列出该特征的名称和定义。对行为的描述被放置在量表上的一个与它们的平均有效性评分相对应的位置上。

行为锚定等级评定量表法的优点很多。尽管使用行为锚定等级评定量表法要比使用其他工作绩效评价法（如图尺度评估法）花费更多的时间，但是许多人认为，行为锚定等级评定量表法有以下一些十分重要的优点。

(1) 工作绩效的计量更为精确。由于是由那些对工作及其要求最为熟悉的人来编制行为锚定等级体系，因此行为锚定等级评定量表法能够比其他评价法更准确地对工作绩效进行评价。

(2) 工作绩效评价标准更为明确。等级尺度上所附带的关键事件有利于评估者更清楚地理解"非常好"和"一般"等各种绩效等级的工作绩效到底有什么差别。

(3) 具有良好的反馈功能。关键事件可以使评估者更为有效地向被评估者提供反馈。

(4) 各种工作绩效评价要素之间有着较强的相互独立性。将众多的关键事件归纳为

5~6种绩效要素（如"知识和判断力"），使得各绩效要素之间的相对独立性很强。例如，在这种评价方法下，一个评估者很少会仅仅因为某人的"知觉能力"所得到的评价等级高，就将此人的其他所有绩效要素等级都评定为高级。

（5）具有较好的连贯性。相对来说，行为锚定等级评定量表法具有较好的连贯性和较高的信度。这是因为不同评估者对同一个人进行评估时，其结果基本上是类似的。

从行为锚定与图尺度评估的比较上看，行为锚定等级评定量表法和图尺度评估表一样，要求评估者根据个人特征评定员工。典型的行为锚定等级评定量表包括7个或8个个人特征，被称作"维度"，每一个都被一个7级或9级的量表加以锚定。

但是行为锚定等级评定量表与图尺度评估表在结构上并不相同。行为锚定等级评定量表是用反映不同绩效水平的具体工作行为的例子来锚定每个特征。行为锚定等级评定量表最大的优点在于它指导和监控行为的能力。行为锚定使员工知道他们被期望表现哪些类型的行为，从而给评估者提供以行为为基础的反馈机会。在最初被提出时，行为锚定等级评定量表被预测将大大优于图尺度评估表。人力资源管理专家认为，行为锚定导致更准确的评分，因为它们能使评估者更好地诠释评定量表上不同评分的含义。

然而，这种期望并未真正实现。大部分研究都没能提供证据证明建立和使用行为锚定等级评定量表所花费的大量时间和精力从结果上看是值得的。行为锚定等级评定量表的失败可能在于评估者在尝试从量表中选择一种员工绩效水平的行为时所遇到的困难。有时一个员工会表现出处在量表两端的行为，因此，评估者不知应为其分配哪种评分。例如，在表5-9中所介绍的行为锚定等级评定量表上，被评估的客服人员可能与客户达成伙伴关系，但有时又表现出被动回应客户，拖延含糊回答。

☞【专题拓展5-2】　　做好绩效评估，要用好"绩效评估量尺"

四、行为观察量表法

行为观察量表法（behavioral observation scales，BOS）也称为行为评价法、行为观察量表评价法，是在关键事件法的基础上发展起来的。行为观察量法是由工作绩效所要求的一系列合乎组织期望的行为组成的表单。它与行为锚定等级评定量表大体接近，只是在量表的结构上有所不同。行为观察量表法不是首先确定工作行为处在何种水平上，而是确认员工出现某种行为的概率，它要求考核者根据某一工作行为发生的频率或次数对被考评者打分，如"从不"（1分），"偶尔"（2分），"有时"（3分），"经常"（4分），"总是"（5分）。既可以将不同工作行为的评定分数相加得到一个总分数，也可以按照对工作绩效的重要程度赋予工作行为不同的权重，加权后再相加而得到总分。

下面以管理人员在企业改革中克服阻力或障碍的能力进行行为观察量表法的举例。
1. 勇于承担领导责任：□1　□2　□3　□4　□5
2. 解释变革的必要性：□1　□2　□3　□4　□5
3. 倾听群众的意见或建议：□1　□2　□3　□4　□5

4. 向下属说明改革的细节：□1　□2　□3　□4　□5

……

总分 =＿＿＿＿＿＿＿＿＿＿＿＿＿＿。

（一）行为观察量表法的实施步骤

采用行为观察量表法，主要有以下若干步骤。

（1）要采用关键事件技术找出关键行为，将内容相似或者一致的关键事件归为一组，形成一个行为项目。由考核者或分析人员将相似的行为项目归成一组，从而形成行为观察量表中的一个评价标准。

（2）行为观察量表的内部一致性。将通过工作分析得到的关键事件随机排序并拿给第二个或者第二组人，同样按照上述做法对关键事件进行重新归类。把归类一致性达到80%的考核标准保留下来。如何计算归类的内部一致性呢？如果第一组人将1、2、3、4、5这五个关键事件归到一个考核标准下，而第二组人将1、2、4、5归到同一考核指标下，则归类的内部一致性为4÷5×100%＝80%，该考核指标可以保留下来。

（3）检查行为观察量表内各考核标准之间的相关性。它应该由十分熟悉被考核者工作内容的人员对考核工具进行系统评价，以判断考核工具是否包括了所关心的行为项目的代表性样本。可以记录随着被分类的关键事件的增加而增加的行为指标的数量。如果75%的关键事件分类后90%的行为指标已经出现，则可以认为是比较满意的。

（4）将每个行为指标划分为五级利克特（Likert）量表。以管理人员"向下属说明改革的细节"这一关键事件为例，如果0~64%的情况下会做，则得分为1；65%~74%的情况下会做，则得分为2；75%~84%的情况下会做，则得分为3；85%~94%的情况下会做，则得分为4；95%~100%的情况下会做，则得分为5。

（5）根据行为观察量表，并视考核实际情况，删除不具有鉴别力的行为指标。

（6）进行因子分析形成相关考核标准。如果被考核的人数是行为项目的3~5倍，就可通过因子分析方法，根据行为项目的相关程度将行为项目分组，从而形成不同的考核标准，也就是通过统计学方法得到绩效考核的标准（构建量表的结构效度）。

（7）为考核指标赋予适当的权重。行为观察量表是基于利克特量表发展起来的，在权重方面给予每个考核指标相同的权重。但根据实际需要，可以赋予不同的权重。

以上步骤是开发行为观察量表的基本步骤。在实际操作中，应该不断改进和完善各个行为项目、考核指标及指标权重等，使之更加准确。

（二）行为观察量表法的优、缺点

1. 行为观察量表法的优点

（1）研究显示，行为观察量表在内容上是有效的，即具有内容效度。行为观察量表在量表的内部一致性上是令人满意的。所有区分优秀、低劣绩效的行为都被包括在量表中。

（2）行为观察量表是用使用者提供的数据针对使用者而开发的，因而对于量表的理解和使用比较便利。调查表明，使用行为观察量表之后，管理者与员工抱怨考核工具中的考核指标太模糊、不能理解或不适合考核员工的情况大大减少了。

（3）行为观察量表有利于进行清晰的绩效反馈，它鼓励在管理者和员工之间就员工的优、缺点进行有意义的讨论。清晰的绩效反馈结合明确的目标设定，可以促进产生和保持积极的行为变化，实践证明这是一个有效的激励因素。

（4）行为观察量表本身可以单独作为职位说明书或作为职位说明书的补充。作为一种工作描述，行为观察量表也可以对潜在的工作候选人进行"工作预览"，通过展示行为观察量表，使他们了解企业期望他们做出什么行为。

2. 行为观察量表法的缺点

（1）行为观察量表要求考核者根据详尽的行为清单对员工进行观察，这有相当大的难度。因为指标虽然很多，但是很难包含所有的行为指标的代表性样本。

（2）行为观察量表的效度有待提高。

（3）管理者单独考核工作量太大，不具有可操作性。

（4）五级频率标度在实际把握上有很大的困难。它要求管理者弄清一个人到底是在95%的情况下还是在94%的情况下会做某件事，从而确定绩效结果是4分还是5分，这是不切合实际的。对于这一点的改进方案是：不要以同样的标准评价每一种行为，有些行为在50%的情况下发生即可接受，而有些行为必须在100%的情况下发生才可接受。

【专题拓展5-3】 如何进行绩效评估行为观察？

五、混合标准量表法

（一）混合标准量表法的含义

混合标准量表法（mixed standard scales，MSS）又称为混合标准尺度法，简称混合量表法。它作为与工作标准相对照的一种绩效考核方法，是由美国学者伯兰兹（Blanz）和吉塞利（Ghiselli）于1972年在传统的评价量表的基础上提出的，主要目的是减少诸如晕轮误差和宽大误差、严格误差。这种量表不让考核者知道考核的标准是什么，考核者只需根据行为指标评价员工的表现是优于（+）、等于（=）还是差于（-）行为指标描述的内容。

（二）混合标准量表法的实施

1. 开发混合标准量表的要点

开发混合标准量表，需要掌握以下几个要点。

（1）确定考核维度。考核维度是由设计者根据组织的实际需要和被考核者所从事的工作性质等因素决定的。约翰·伯纳丁（H.J.Bernardin）和凯恩（J.S.Kane）提出了在绩效考核中最常用的六个主要维度：质量、数量、及时性、成本节约、监督的需要和人际影响。若考核的维度较大，也可以在每一个维度下再拟出几个子维度。

（2）维度的表达。维度的表达就是为每一个考核维度的好、中、差三个等级拟出一条范例性陈述。若维度中包含子维度，则要对每一个子维度也做出好、中、差的范例性陈述。

（3）确定每一个维度和子维度的权重。由于考核的角度不同、目的不同，每一个维度的重要性也不同。每一个子维度又是一个维度的各个方面的分别体现，因此也要依据重要性调整权重，但必须确保每组子维度权重之和为1，各维度权重之和也应为1。

（4）打乱次序，掩盖评分等级。要打乱每一个评估指标的好、中、差三种行为表述的次序，使得每一个考核维度的等级不易被人看出。可以说，打乱次序是混合标准量表法最大的特色，是检验考核者是否客观、认真、有效地进行评估的重要手段，这对于提高考核的效度与信度具有十分重要的作用。

表5-10是用于评价巡警的一个混合标准量表。表中采用了9个行为导向的绩效评价指标。这些指标是通过使用一种类似行为锚定等级评定量表法中确定评价指标的方式确定下来的。找一些熟悉评价对象工作的人写出代表高、中、低三种绩效水平的行为描述。例如，对于"预防犯罪行为"这一维度，他们用如下描述表示三个层次的绩效水平。

（1）高水平：在巡区采取大量措施预防和控制犯罪，教育市民防止罪犯的技巧；对预防设备有广泛的知识。

（2）中等水平：在巡区做一些努力，强调预防犯罪；对预防设备有适当的知识。

（3）低水平：与本区市民极少或几乎没有接触，未能告知他们预防犯罪的方法。

表5-10 混合标准量表示例

本部分的每个项目涉及巡警工作不同侧面的绩效水平。请仔细阅读每个项目，确定被评价巡警的一般工作表现是"等于""优于"还是"劣于"项目中的描述，并请分别在相应的被评价巡警号码下的括号内写上"＝""＋""－"来表示这三种情况。

巡警号码 5 7 4 3 1 9 2 8 10 6	工 作 表 现
( ) ( ) ( ) ( ) ( ) ( ) ( ) ( ) ( ) ( )	1. 行为有时紧张，但并不影响履行职责。
( ) ( ) ( ) ( ) ( ) ( ) ( ) ( ) ( ) ( )	2. 尽管有时因工作繁忙，制服略有不整，但大多数时间穿戴整齐。
( ) ( ) ( ) ( ) ( ) ( ) ( ) ( ) ( ) ( )	3. 工作报告良好，但偶尔需要更加深入或条理化，有时有表达方面的困难。
( ) ( ) ( ) ( ) ( ) ( ) ( ) ( ) ( ) ( )	4. 在巡区采取大量措施预防和控制犯罪，教育市民防止毒犯的技巧；对预防设备有广泛的知识。
( ) ( ) ( ) ( ) ( ) ( ) ( ) ( ) ( ) ( )	5. 与本区市民极少或几乎没有接触，未能告知他们预防犯罪的方法。
( ) ( ) ( ) ( ) ( ) ( ) ( ) ( ) ( ) ( )	6. 几乎在任何场合下都能做出适当判断，以预先选择或采取合适的行为。
( ) ( ) ( ) ( ) ( ) ( ) ( ) ( ) ( ) ( )	7. 对于与什么人共事或不与什么人共事很挑剔，难以与许多巡警相处。
( ) ( ) ( ) ( ) ( ) ( ) ( ) ( ) ( ) ( )	8. 在任何时候、任何场合下表现出最大的热情和努力。
( ) ( ) ( ) ( ) ( ) ( ) ( ) ( ) ( ) ( )	9. 即使在极端紧张的情形下也镇定自若，没有紧张的表现。
( ) ( ) ( ) ( ) ( ) ( ) ( ) ( ) ( ) ( )	10. 令人满意地执行任务；几乎不投机取巧或曲解规则。

续表

巡警号码 5 7 4 3 1 9 2 8 10 6	工作表现
( )( )( )( )( )( )( )( )( )( )	11. 格外注意形象；几乎常常表现出一种为市民服务的自豪感。
( )( )( )( )( )( )( )( )( )( )	12. 干净利落地解决大多数骚乱，尽管有些是棘手的；在工作中善于运用以往经验，以求尽善尽美。
( )( )( )( )( )( )( )( )( )( )	13. 跟其他人在一起时表现出深刻的见识和娴熟的技能，常能防止和解决冲突，缩短了市民与巡警的距离。
( )( )( )( )( )( )( )( )( )( )	14. 能与任何合作者友好相处，愿意帮助新巡警并指导他们；准确如一地执行命令。
( )( )( )( )( )( )( )( )( )( )	15. 在大多数情况下，有判断能力，表现得当，努力满足市民需要。
( )( )( )( )( )( )( )( )( )( )	16. 了解法律的新变化，但偶尔忽视执行；很了解巡区

巡警号码 8 2 7 5 4 10 1 3 6 9	工作表现
( )( )( )( )( )( )( )( )( )( )	17. 必须严密监督其工作表现，否则可能不符合标准。
( )( )( )( )( )( )( )( )( )( )	18. 向市民表露出一种对工作漫不经心的态度。
( )( )( )( )( )( )( )( )( )( )	19. 在任何情形下都能意识到法律及其适用性；对巡区有彻底的了解。
( )( )( )( )( )( )( )( )( )( )	20. 工作报告对于侦破犯罪并无用处；工作报告中材料重复。
( )( )( )( )( )( )( )( )( )( )	21. 其行为说明在许多场合下经常缺乏适当判断；经常做出草率粗心的判断。
( )( )( )( )( )( )( )( )( )( )	22. 在巡区做一些努力，强调预防犯罪；对预防设备有适当的知识。
( )( )( )( )( )( )( )( )( )( )	23. 不去有意了解与工作相关的信息；有时在本巡区内迷路。
( )( )( )( )( )( )( )( )( )( )	24. 高标准地完成职责，并在没有监督的情况下坚持；无论涉及谁，都是公正的执法者。
( )( )( )( )( )( )( )( )( )( )	25. 在一场冲突中，如果不造成大量麻烦，几乎不能恢复秩序。
( )( )( )( )( )( )( )( )( )( )	26. 把巡警工作当作一时之计，随时准备跳槽；几乎没有表现出工作热情。
( )( )( )( )( )( )( )( )( )( )	27. 尽管与某些人格类型的人难以相处，但能同大多数人共同工作；虽能训练新巡警，但宁可不去训练

2. 混合标准量表法的具体实施步骤

完成混合标准量表的开发后，即可由人力资源部门或者相关的主管部门向所有被考核者发放该量表。如果采用360°考核法，那就可以让被考核者本人，其上级、下级以及同事或客户都参与考核，必要时还可以外聘专家进行考核。

运用混合标准量表法进行考核，要求考核者针对被打乱的混合标准量表中的陈述句逐一进行评价。若范例性陈述与被考核者的实际工作表现相符，则在此范例性陈述后写上"="；若被考核者的表现优于范例性陈述，则在此范例性陈述后写上"+"；若被考核者的表现差于范例性陈述，则要在此范例性陈述后写上"-"。

根据考核者给出的评价，对被考核者的表现做出最后评判。其具体实施步骤如下。

首先，将打乱次序的范例性陈述按照原来的维度分布进行重排，并将考核者的打分填入其中，形成表5-11。

表 5-11 考核者的打分

分 类 ∑维度权重=1 ∑子维度权重=1	优于（3分）；等于（2分）；劣于（1分）					
	第一维度（40%）			第二维度	……	
	子维度1 （30%）	子维度2 （20%）	子维度3 （20%）	……	……	……
优于的表述	3	2	3	2	……	……
等于的表述	3	3		2		
劣于的表述	3	3	2	2		
分值	7	6	6	6	……	……

其次，判断逻辑的有效性。对于每一个维度或子维度的优、中、差三种描述，考核者一般会给出三种答案，但是按照逻辑分析，有些显然是不成立的。如表5-11中第三得分列所示，被考核者的表现优于优的表述，却差于中等表述，等于差的表述，显然是不符合逻辑的。在整个混合标准量表中，若是某个考核者的评分无效率达到一定的程度（如>30%），就应该舍弃该量表。

再次，求和，计算总分。对所有的逻辑有效组合，给出一个数字作为其分数。如最好的表现是第一种组合，优于优者，赋以最高分7分。然后以此类推，最差的表现是劣于劣者，赋以最低分1分。最后，由每一个子维度的分数乘以权重，得出维度的分数；每个维度的分数乘以权重，得出总分数。这就是一个考核者对被考核者的评价分数。

最后，求得最终分数。对于每个考核者给出的有效评价分数进行简单平均，也可以按照考核者的类型赋予不同的权重，加权平均得到最后的分数。

（三）混合标准量表法的优、缺点

混合标准量表法与行为锚定等级评定量表法相比具有两个最突出的特点，同时具有两个优点。

首先，混合标准量表法打散了各评价指标的各个维度，能够避免考核者因受到等级规定的影响而不能客观地根据维度的范例性陈述进行评价。以行为锚定等级评定量表法为例，考核者在评价时可以看到每个锚定物都对应着特定的等级，这样容易发生诸如宽大误差的主观误差，混合标准量表法则避免了这种情况的发生。

其次，混合标准量表法采用了特殊的评分方式。在合理编制维度的前提下，可以通过寻找评价结果中是否有自相矛盾的情况来判断考核者是否认真地进行了评价。例如，在前一个例子中，表5-10中的第26项和第8项分别代表了工作态度这一评价指标的低水平和高水平。如果考核者在评价同一名巡警时，在第8项写"="，而在第26项也写"="，则说明评价结果是非逻辑性的。这种情况如果在多个考核者身上发生，就应该考虑重新设计混合标准量表的维度了。

此外，在上面的例子中，如表 5-10（续表）所示，量表将评价对象的排列顺序进行了变更。这种方式能够在一定程度上避免评价者受惯性思维的影响。在可能的情况下（用同样的量表评价两个名义上的评价对象时），我们可以在使用其他评价方法时借鉴这种做法。当然，这种方法究竟能起多大作用，还很难做出定论。

当然，混合标准量表法也有缺点，主要体现在以下两个方面。

（1）绩效衡量标准量化不足，可能导致不同的考核者对于绩效标准做出不同的解释，有时可能得出差异非常大的评价等级，排出十分不同的绩效顺序。

（2）有限的范例性陈述难以表达被考核者所有的现实行为。在实际工作过程中，有各种复杂因素左右着员工的行为，环境的急速变化也会导致员工行为的多样化。

六、综合尺度量表法

综合尺度量表法是将结果导向量表法与行为导向量表法相结合的一种考核方法。在该方法中，评价指标的等级规定采用了行为与结果相结合的方式。这种方式既能够有效地引导员工的行为，又能够对结果进行直接控制。表 5-12 是用于评价工作态度指标的例子。

表 5-12　综合尺度量表法示例

要素名称	协作性	职位等级	中层管理者	职位类别	职能管理
要素定义：在工作中是否能够充分认识本部门在工作流程中所扮演的角色，考虑别人的处境，主动承担责任，协助上级、同事做好工作					

等级	定义	评分
S	正确认识本部门在流程中所扮演的角色，合作性很强，自发主动地配合其他部门的工作，积极地推动公司总体工作的顺利进行	20
A	愿意与其他部门合作，在其他部门有需要时，能够尽量配合工作，从而保证公司总体工作的正常进行	16
B	大体上能够按规定配合其他部门的工作，基本上能够保证公司总体工作的正常运行	12
C	有时有不配合其他部门工作的现象，存在部门本位主义倾向，从而导致公司的总体工作有时会遇到困难	8
D	根本不与其他部门沟通和协调，部门本位主义倾向明显，在工作中经常与其他部门发生冲突，导致公司总体工作陷入僵局	4

运用综合尺度量表法最大的困难在于，如何设计与职务相关的指标尺度。因此，采用这种考核方法需要付出较大的设计成本。有学者主张给评价指标名称贴上"特质"的标签，评价指标的定义和尺度则采用行为导向和结果导向相结合的方式。综合尺度量表法中所使用的评价量表采用的就是这种设计思路。

七、行为对照表法

行为对照表法也称为普洛夫斯特法，是由美国圣保罗人事局的 J.B.普洛夫斯特在 1920 年创立的一种评价方法。运用这种方法时，评价者只要根据人力资源部门提供的描述员工行为的量表,将员工的实际工作行为与表中的描述进行对照,选出准确描述员工行为的陈述(评价者只要做出"符合""不符合"二选一的决定),评价者选定的项目无论多少都不会影响评价的结果。这种方法能够在很大程度上避免因评价者对评价指标的理解不同而出现评价偏差。

制作行为对照表是一项十分繁杂的工作。由于行为对照表中列举的内容与评价对象的工作内容密切相关,因而必须由熟悉评价对象工作内容的人逐项进行核定。表 5-13 是一个简化了的例子。

表 5-13 行为对照表(示例)

评　价	项 目 描 述	项目计分(不公开)
√	懒惰	-2
	对自己的工作十分熟练	1
	行动迟钝	-1/-2
√	值得信赖	1
	语言粗俗	-1/-2
	声音、态度十分明朗	1
√	人际关系良好	1
……	……	……

在表 5-13 这个例子中,左边的"评价"一栏中打钩的项目就是评价者认为被评价者的行为与项目描述一致。右边的"项目计分"栏在实际的评价表中是不公开的,这是为了避免评价者由于了解评价项目的加分或减分情况而影响判断。

行为对照表法的优点体现在以下几个方面。

(1)评价方法简单,只需对项目和事实进行一一核实,并且可以回避评价者不清楚的情况。

(2)不容易产生晕轮误差等评价者的主观误差。

(3)可以进行员工之间的横向比较,较好地为发放奖金提供依据。

(4)评价标准与工作内容高度相关,评价误差小,有利于行为引导。

(5)执行成本很小。

同时,行为对照表法存在以下缺点,影响了该方法的普及程度。

(1)评价因素项目所列举的都是员工日常工作中的具体行为。无论如何,这种列举不可能涵盖工作中的所有行为。

(2)设计难度大、成本大。在拟定各个项目、确定排列方式和各项目的分数比重时,都需要设计者具备高深的专业知识,必须借助专家的力量才能完成。

(3)由于评价者无法对最终结果做出预测,因而可能降低评价者的评价意愿。

(4)能够发现一般性问题,但无法对今后员工工作绩效的改进提供具体明确的指导,故不是特别适合用来为员工提供建议、反馈、指导。

总之,行为对照表法的设计初衷是通过简单易行的评价过程防止评价者的主观与草率。

但是，如果不能科学地设计量表并谨慎地控制评价过程，很可能导致不良后果的发生，在使用中需要谨慎留意。

第四节　以特殊事件为基础进行绩效考核

一、关键事件法

关键事件法在现代绩效考核中的应用较为广泛，可以使考核更具有针对性。关键事件法利用一些从一线管理者或员工那里收集到的工作表现的特别事例进行考核。通常，在这种方法中，几个员工和一线管理者汇集了一系列与特别好的或差的员工表现有关的实际工作经验，而对平常的或一般的工作表现均不予考虑。关键事件法通过发现特别好的或差的工作表现，可以把最好的员工从一般员工中挑出来。因此，这种方法强调的是代表最好或最差表现的关键事件所代表的活动。关键事件法一般有如下三种。

（一）年度报告法

年度报告法的一种形式是一线监督者保持对考核期内员工关键事件的连续记载。监督者每年报告决定员工表现的每一个员工记录，其中特别好的或特别差的事例就代表了员工在考核期内的绩效。在考核期中没有或很少被记录的员工所做的工作是令人满意的，他们的绩效既不高于也不低于预期的绩效水平（标准或平均绩效水平）。年度报告法的优点是特别针对工作，工作联系性强，而且由于考核是在特定日期就特定事件进行的，考核者一般不受或很少偏见的影响。

年度报告法的主要缺陷是很难保证对员工表现的精确记载。由于监督者更优先地考虑其他事情，因此常常不会给记录员工表现分配以充足的时间。这种不完善可能是由于监督者的偏见或简单地由于缺乏时间和努力。如果管理者对监督者进行必要的训练，使他们能客观、全面地记载员工的关键事件，这种考核方法也可以用于开发性目标。年度报告法的另一个缺陷是缺乏关于员工的比较数据，很难用关键事件的记录来比较不同员工的绩效。

（二）关键事件清单法

关键事件法也可以开发一个与员工绩效相联系的关键行为的清单来进行绩效考核。这种考核方法要求对每一项工作给出20或30个关键项目。考核者只简单地检查员工在某一项目上是否表现出众。出众的员工将得到很多检查记号，这表明他们在考核期的表现很好。一般员工将只得到很少的检查记号，因为他们仅在某些情况下表现出众。

关键事件清单法常常给不同的项目以不同的权重，以表示某些项目比其他项目重要，通常权重不让考核者知悉。在将员工关键事件清单上的检查记号汇总以后，就可以得到相关员工的数量型评价结果。由于这种方法产生的结果是员工绩效的数量型总分，因此必须为组织内每一个不同岗位制定一个考核清单，这种方法是很费时间的，而且费用很高。

☞【专题拓展 5-4】　　　　通用公司的关键事件清单法

（三）行为定位评级量表

行为定位评级量表把行为考核与评级量表结合在一起，用量表对绩效做出评级，并对关键行为事件根据量表值做出定位。这种量表用于评价性目标，可以很容易获得与绩效增长和提升可能性相联系的数字型评价结果。这种方法也能用于开发性目标，因为它是与工作紧密联系的，而且是用代表好的工作成绩的关键事项作为评价事项。

二、不良事故评估法

实践发现，在对员工绩效进行评估时，对于某些例行的工作会存在这样一种现象：即使这些工作被很好地完成，也不会被列为重要的绩效评估指标，而一旦这些例行的工作出了差错，会给整个组织带来巨大的损失。

如何对以这些常规性的、例行性工作为主要工作内容的员工进行绩效评估？这里建议使用不良事故评估法，即通过预先设计的不良事故清单对员工行为进行评估，以确定员工的绩效水平。

☞【专题拓展 5-5】　　　　××公司财务部不良事故管理办法

第五节　360 度考核法

绩效考核一直是人力资源管理领域的一个重点和难点，在人事决策（如奖惩、人员选拔等）和薪酬管理方面具有重要的作用。随着人力资源管理理论和实践的不断深入与发展，管理者越来越认识到员工的发展与企业的发展是紧密联系在一起的。因此，员工的职业生涯发展、工作生活质量的提高等成为人力资源管理新的焦点。与此相对应，绩效考核的内容和形式也在不断地变革和创新，尤其值得注意的是，近几年一种新的绩效考核方法——360 度考核法在国内外许多公司受到青睐，相关学术研究也成为人力资源管理和组织行为学的一大热点。

一、360 度考核法的概念

360 度考核法，也称为全方位考核法或多源考核法。它是一种从不同层面的人员中收集评价信息，从多个视角对员工进行综合考核的方法，也就是由被考核者本人及与他有密切关系的人，包括被考核者的上级、同事、下级和内外部客户等，对被考核者进行全方位的匿名评价，然后由专业人士根据各方面的评价结果，对比被考核者的自我评价向被考核者提供反馈，从而使被考核者知晓各方面的意见，清楚自己的所长所短，以达到帮助被考核者改变行为、提高能力水平和绩效的目的。作为一种新的业绩改进方法，360度考核法得到了广泛的应用。

二、360度考核法的特点

（1）全视角。从任何一个方面去观察人，做出的判断都难免片面。360度考核法的考核者来自企业内外的不同层面，考核的角度更多，考核内容更全面、更客观。

（2）考核结果误差小。360度考核法的考核者不仅来自不同层面，而且每个层面的考核者都有若干个，考核结果取其平均值，从统计学的角度看，其结果更接近客观情况，可减少个人偏见及评分误差。

（3）针对性强。360度考核法对不同的被考核者分别使用不同的考核量表，针对性强。

（4）匿名考核。360度考核法采用匿名方式，使考核者能够客观地进行评价，以保证考核结果的可靠性，减少考核者的顾虑。

（5）参照开放式表格。通过开放式表格，能够收集到很多比较中肯的评价意见。与传统方法相比，它需要对收集到的大量表格和考核信息进行分门别类的统计和分析，绘制多种统计图表，从中发现问题，提出考核意见。

三、如何实施360度考核法

（一）实施360度考核法前的准备工作

实施360度考核法是一个系统工程，在启动这一工程之前，任何一项准备工作不够完善，都将导致考核的失败，造成考核者和被考核者之间关系的紧张，给公司带来不利的影响，因此做好实施前的准备工作是360度考核法成功的关键。

（1）实施360度考核法必须先获得高层管理人员的支持与协助。360度考核法归根结底是为提高企业绩效、顺利达成企业战略目标服务的。因此，高层管理人员必须明确地提出360度考核法所要达到的目标，以及评价活动与企业战略、竞争力之间的关系。另外，在实施360度考核法之初，人们对考核常常会抱有一种防御的态度，实施新的考核方法很容易受到员工的怀疑和阻碍，而获得高层管理人员的支持，自上而下地推行，将有利于实施过程的顺利进行。因此，高层管理人员有必要在推行360度考核法之前，组建一个由管理层和员工代表共同组成的委员会，专门负责360度考核法的实施工作。

（2）要充分了解360度考核法，包括考核的目的、参与者和如何考核。在开始实施360度考核法之前必须先弄清楚以下问题。

① 企业自身是否做好了实施考核的准备？例如，对沟通技巧、领导能力和管理模式等的培训就是非常行之有效的准备工作，也可以在企业内部做一个调查，以确定360度考核法的实施是否还存在问题。另外实施考核的环境也是非常重要的。

② 参与者有哪些？360度考核法将关注哪些员工？由谁来制定考核体系？

③ 谁将有机会接受考核？是所有人都接受考核，还是只有管理人员接受考核？

④ 还需要哪些人同意？谁是360度考核法的主体？是人力资源部、企业领导，还是来

自不同级别的跨部门的员工？不同企业，评价的主体会略有差别。

⑤ 360度考核将采用哪些方法？被考核的员工是只需要填写调查问卷，还是需要更进一步的面谈和考察呢？最后的调查报告只是单纯反映统计结果的数据和图形，还是整理过的书面建议？是人工生成还是用计算机自动生成反馈报告？

⑥ 收集到的数据需要在何种程度上进行保密？如果倾向于匿名调查，那么在报告和反馈面谈中，就要尽量避免提到考核者或者被考核者的姓名。另外，管理人员常常要回答一些关于个人的问题，考核数据可能会在面谈时被无意地泄露出去。

⑦ 哪些信息需要被公开？

⑧ 360度考核法的结果是什么？被考核者会得到提升、培训、告诫或者被辞退吗？360度考核法是唯一的决定因素吗？

⑨ 为实施360度考核法，组织结构需要做哪些调整？360度考核法的实施常常是企业组织结构变革的一部分，很少单独进行。所以，我们必须了解360度考核法在什么时候，如何与培训、薪酬等其他体系相关。

⑩ 为保证360度考核法的顺利实施，还需要哪些后勤支持？是通过网络还是通过书面调查问卷收集调查信息？需要哪些技术上的支持？

（3）实施前要努力营造考核氛围。换言之，就是要让相关人员都信任360度考核法，相信反馈的结果将被用于个人和企业的发展，而且对所有人都是公平的（具有良好的保密性和有用性）。应该由被挑选的考核者和被考核者信任且对360度考核法非常熟悉的人来从事这项工作。例如，可以让考核者和被考核者提名由谁来负责360度考核法的实施。由于外部聘请顾问或专家与考核者和被考核者之间的利益关系较少，立场中立，容易被认为更具有公正性。如果从企业外部聘请项目负责人，则应注意尽量聘请与企业有长期合作，已经取得员工信任的专家。

（4）要有足够的开放性。让每个员工都能够敞开心扉，愿意接受别人的评价，也愿意向别人表达自己的看法。良好的氛围是开放的基础，员工只有感受到公平、正面、积极的氛围，才会自愿地、主动地提出自己的想法并接受别人的批评和建议。

（二）360度考核法的实施流程

要在企业内部成功地实施360度考核法，必须遵循以下流程。

1. 明确360度考核法的目的

这一阶段的工作相当重要，它影响着考核过程的顺利进行和考核结果的有效性。其主要目的是使所有相关人员，包括所有考核者与被考核者，以及所有可能接触或利用考核结果的管理人员，正确理解企业实施360度考核的目的和作用，进而建立起对该考核方法的信任。

对被考核者进行如何接受他人反馈的训练，可以采用讲座和个别辅导的方法，关键在于建立其对于考核目的和方法的可靠性的认同。与奖励、薪酬挂钩只是考核结果的一个方面，还要让被考核者体会到360度考核法的结果主要是为管理者、员工改进工作和未来发展提供依据的。

360度考核法的主要目的应该是服务于员工的发展，而不是对员工进行行政管理，如提升、工资确定或绩效考核等。实践证明，当用于不同的目的时，同一考核者对同一被考核者的考核会有所不同；反之，被考核者对于同样的考核结果也会有不同的反应。当360度考核法的主要目的是服务于员工的发展时，考核者所做出的考核会更加客观和公正，被考核者也更愿意接受考核的结果。当360度考核法的主要目的是进行行政管理，服务于员工的提升、工资确定等时，考核者就会考虑到个人利益得失，所做的考核相对来说难以客观公正；而被考核者也会怀疑考核者考核的准确性和公正性。究竟是把360度考核法用于员工的发展，还是对员工进行行政管理，取决于企业的高层管理人员。本书认为，应尽量把360度考核法用于员工的发展。

这并不是说不能把360度考核法用于对员工的行政管理，但是在这样做时，一定要注意事先向员工如实讲清楚。不要在开始考核时告诉员工考核结果将用于员工的发展，而在考核过程中或者考核之后再告诉员工考核结果将用于对员工的行政管理，否则就会使员工对管理层的信任大打折扣。

2. 组建360度考核队伍

360度考核队伍的成员无论是由被考核者自己选择还是由上级指定，都应该得到被考核者的同意，这样才能保证被考核者对结果的认同和接受。360度考核法一般是让被考核者的上级、同事、下属和客户对被考核者进行考核，但是并不是所有的上级、同事、下属和客户都适合做考核者，一定要选那些与被考核者在工作上接触多、没有偏见的人作为考核者。即使是这样，也不一定要求所有的考核者对被考核者的所有方面进行考核，可以让被考核者确定由谁来对他（她）的哪些方面进行考核。例如，对于被考核者的客户服务意识，可能由客户来考核更合适；对于被考核者的沟通能力，可能由同事来考核更合适。

3. 对考核者进行关于360度考核技术的培训

在进行360度考核时，一般是由多个考核者匿名进行考核的。采用多个考核者，确实扩大了信息收集的范围，但是并不能保证所获得的信息就是准确的、公正的。同样，虽然匿名考核可能使考核结果更加真实，但是更真实的考核并不一定就是更有效的。

在360度考核法的实施过程中，受到信息层面、认知层面和情感层面等因素的影响，可能导致所获得的考核结果是不准确的、不公正的。从信息层面来说，考核者对被考核者所承担的职位角色可能并不是非常了解，有可能不知道应该对被考核者的哪些行为表现进行考核，也有可能没有或者很少有机会观察被考核者的行为表现。如果没有掌握相应的信息或者了解的信息是不全面的，考核结果就会出现误差。

从认知层面来说，由于对人的考核是一项复杂的活动，需要考核者正确地获取、储存、提取并集成不同时间段内与被考核者所担任的职位、工作业绩有关的各种信息，从而对被考核者进行考核。而考核者可能会简化这项活动，只是根据他们对被考核者的整体印象而不是具体的行为表现来对被考核者进行考核。

从情感层面来说，考核者可能会无意识或者有意识地歪曲对被考核者的考核。为了维护自己的尊严，有些考核者在考核时会给自己较高的考核分数，而给其他人较低的考核分数。也有些考核者在对自己进行考核时，倾向于把成功归因于自己的能力，把失败归因于外部环境的限制；而在对他人进行考核时，倾向于把成功归因于外部环境，把失败归因于被考核者个人。在同一个企业工作的员工，既是合作者，又是竞争者，考虑到各种利害关系，考核者有时还会故意歪曲对被考核者的考核。例如，可能会给跟自己关系好的被考核者以较高的考核分数，给跟自己关系不好的被考核者以较低的考核分数。

为避免考核结果受到考核者主观因素的影响，提高考核结果的准确性和公正性，在进行360度考核之前，应对考核者进行指导和培训，使他们熟悉并能正确使用相关技术，让考核者对被考核者的职位角色有所了解，知道如何做出正确的考核，知道在考核的过程中经常会犯哪些错误。在培训时，最好让考核者先进行模拟考核，然后根据考核的结果指出考核者所犯的错误，以提高考核者在实际考核时的准确性和公正性。

此外，在理想情况下，企业最好能根据自身情况建立专属的能力模型要求。

4. 问卷设计

360度考核法一般采用问卷形式。问卷分为两种：一种是给考核者提供5分等级或者7分等级的量表（称为等级量表），让考核者选择相应的分值；另一种是让考核者写出自己的考核意见（称为开放式量表），二者也可以结合使用。从问卷的内容来看，可以是与被考核者的工作情境密切相关的行为，也可以是比较具有共性的行为，或者是二者的结合。

目前，多数360度考核法问卷都采用等级量表的形式，有的同时包括开放式问题。问卷的内容一般是比较具有共性的行为。采用这种问卷进行360度考核有两个优点：一是成本比较低；二是实施起来比较容易。采用现成的360度考核问卷，企业所要做的事情就是购买问卷、发放问卷，然后将问卷交给供应商统计处理，或者按照供应商提供的方法进行统计处理。但是，这种方法也有不足，最主要的一点就是问卷内容都是共性行为，与企业的战略目标、组织文化、具体职位工作情境的结合并不是很紧密，加大了结果解释和运用的难度，会削弱360度考核法的效果。

为避免上述不足，一些企业开始编制自己的360度考核问卷。采用这种方法，要求人力资源工作者分析拟考核职位的工作，抽取出典型的工作行为，编制考核问卷，对考核结果进行统计处理，并向被考核者和考核者提供反馈。采用这种方法所编制的问卷，能确保所考核的内容与企业的战略目标、组织文化以及具体职位的工作情境密切相关，使考核结果能更好地为公司服务。但是，这种方法对人力资源部门的技能要求比较高，同时其成本比购买成熟的问卷高。

在实际工作中，越来越多的企业开始采用折中的方案，即先从外部购买成熟的问卷，然后由考核者、被考核者和人力资源工作者组成专家小组，判断问卷中所包括的行为与拟考核职位的关联程度，保留关联程度比较高的行为；然后，根据对职位的分析，增加一些必要的与工作情境密切相关的行为。采用这种方式，既能降低成本，也能保证问卷所包括的行为与拟考核职位具有较高的关联性。

☞【专题拓展5-6】　　管理人员能力素质360度考核问卷

5. 实施360度考核法

实施360度考核法，分别由上级、同事、下级、相关客户和员工本人按各个维度标准进行考核。在考核过程中，除了上级对下级的考核无法实现保密，其他几种考核最好采取匿名的方式，必须严格维护填表人的匿名权及对考核结果报告的保密。大量研究表明，在匿名考核的方式下，人们往往愿意提供更为真实的信息。

在这个阶段，需要对具体实施过程加强监控和质量管理。例如，从问卷的开封、发放、宣读指导语到疑问解答、收卷和加封保密的过程，要实施标准化管理。

6. 统计评分数据并报告结果

在提供360度考核报告时要注意对考核者匿名需要的保护。还有很重要的一点，要确保考核的科学性。例如，报告中列出的各类考核人数一般以3～5人为限；如果某类考核者（如下级）少于3人，则必须归入其他类，而不得单独以下级考核的方式呈现考核结果。

7. 反馈和辅导阶段

向被考核者提供反馈和辅导是一个非常重要的环节。360度考核法最终能不能改善被考核者的业绩，在很大程度上取决于考核结果的反馈。考核结果的反馈应该是一种双向反馈。一方面，应该就考核的准确性、公正性向考核者提供反馈，指出他们在考核过程中所犯的错误，以帮助他们提高考核技能；另一方面，应该向被考核者提供反馈，以帮助被考核者提高能力水平和业绩水平。当然，最重要的是向被考核者提供反馈。

在考核完成之后，应该及时提供反馈。一般可由被考核者的上级、人力资源部门人员或者外部专家，根据考核的结果，面对面地向被考核者提供反馈，帮助被考核者分析在哪些方面做得比较好，哪些方面还有待改进，该如何改进。此外，还可以比较被考核者的自评结果和他评结果，找出考核结果的差异，并帮助被考核者分析其中的原因，让被考核者更加全面地了解自己的长处和短处，更清楚地认识到企业和上级对自己的期望及目前存在的差距。如果被考核者对某些考核结果确实存在异议，可以由专家通过个别谈话或者以集体座谈的方式向考核者进一步了解相关情况，然后根据座谈结果向被考核者提供反馈。当然，如果企业有着良好的信息共享机制和氛围，也可以让员工在专家的辅导下，自由地就考核结果进行沟通交流。如果企业是第一次实施360度考核法，最好请专家或顾问开展一对一的反馈辅导谈话，以指导被考核者阅读、解释以及充分利用360度考核和反馈报告。另外，请外部专家或顾问也容易形成一种"安全"（不用担心是否会受惩罚等）的氛围，有利于与被考核者深入交流。

四、360度考核法的优、缺点

360度考核法可称为多渠道考核法，是指通过收集与被考核者（主要是管理者）有密切工作关系的、来自不同层面的人员的考核信息，全方位地考核反映被考核者的工作行为与表现的过程。

通常认为，360度考核法具有以下优点。

（1）360度考核法同传统的绩效管理方法相比具有更多的信息渠道，与只有上级介入的考核方法相比更有可能发现问题。

（2）在只有管理者一人参加的传统反馈方法中，员工有可能对反馈的信息持怀疑态度，因为它只是来自一个人，而这个人可能有偏见。在360度考核法中，如果上级、同事、下级和客户都说某个员工的沟通能力有问题，因为这是来自不同渠道的信息，所以这个员工更有可能接受这条意见。

360度考核法具有以下缺点。

（1）考核者主要由被考核者本人提名，有失公允；个别被考核者对考核者的选取缺少广泛性、代表性，不排除有提名与自己关系好的人作为考核者的现象。

（2）各维度的评价标准不够明确，考核者在评价时不太好掌握尺度。

（3）由于360度考核法侧重于对被考核者各方面的综合考核，属于定性考核，缺少定量的业绩考核。

（4）当各种渠道的评分和信息不一致时，理解这些评分和信息会很难。例如，对同一员工的沟通能力问题，上级评为优，下级评为中，而客户评为差，这时应该怎么办？

（5）360度考核法涉及的数据和信息相比单渠道考核法更多，因此收集和处理数据的成本较大。

使用360度考核法提取员工绩效信息，由于参与考核的主体较单一考核主体更为复杂，因此需要采取相应的措施保证考核信息的质量。当英特尔公司建立了360度考核体系后，它还建立了以下保障措施，从而使考核信息的质量达到最优、可接受程度达到最大。

（1）确保匿名。确保一个员工不会知道其他任何人对他的考核（不包括上级）。

（2）使信息反馈者富有责任感。上级应该与每个参与考核的人员进行讨论，让每个人都知道自己是否正确使用了考核标准、是否作出了可靠的考核，以及其他人是如何参与考核的。

（3）防止对系统"开玩笑"。有些人试图通过给超低分来伤害某个员工，小组成员也有可能串通一气打高分，上级应该严肃查处这些明显的"作弊"行为。

（4）使用统计程序。使用加权平均或其他数量方法来综合考核。上级应该慎用主观的方法，因为这有可能对系统造成破坏。

（5）辨认和鉴别偏见。如检查是否存在年龄、性别、种族或其他方面的偏见。

【专题拓展5-7】　　　　GE研发中心360度考核表

本章小结

对企业而言，要留住优秀员工、淘汰差的员工，最有效的方式是进行绩效考核。一个良好的员工绩效考核体系可以支撑企业持续产生高绩效，保证企业的长久发展。

关于员工个体绩效考核的非系统化技术非常多，总结起来，有以下几种：以业绩报告为基础的绩效考核、以员工比较系统为基础的绩效考核、针对员工行为及个性特征的绩效考核、以特殊事件为基础的绩效考核、360度考核法。这些绩效考核方法可根据企业的实

际情况和员工的类型，既可以单独使用，也可以结合起来使用，例如，对某企业而言，中高层管理人员的考核使用以个人绩效合约为基础的绩效考核技术，而对于除中高层管理人员以外的其他员工，则使用关注员工行为及个性特征的绩效考核方法等。

思考题

1. 关于员工个体绩效考核的非系统化主要有哪些？这些方法的优、缺点分别是什么？
2. 作为一种绩效考核与绩效管理工具，同单纯的目标管理相比，个人绩效合约在设计上的优势主要体现在哪些方面？
3. 有人认为360度考核法非常有效，但也有人认为只有员工的直接上级才了解员工的真实业绩，360度考核法没有意义。你如何看待这个问题？
4. 在本章所列的几种主要的非系统绩效考核方法中，你认为哪些方法在设计上是有联系的？哪些方法可以合并起来使用？
5. 假如你是一个企业管理者，你要选择一些方法和工具来考核你的员工，你会重点考虑哪些因素？

案例5-2　　　　腾讯简化考核，"带头大哥"做对了吗？

2022年，腾讯发布全员邮件，宣布启动新一轮"人才评估体系优化升级"，对全集团的人才管理制度进行改革。此次升级主要涵盖绩效管理和职级晋升两个方面，焦点是对于人才考核评估方式进行简化。

腾讯作为互联网大厂，近年来在人力资源制度方面频频改革，其若干实践一度被奉为"带头大哥"。那么，此次制度改革究竟因何而生？具体改革了哪里？它是否会引领未来的管理趋势呢？

1. 腾讯的两大考核制度

要想了解腾讯的此次改革，首先我们需要明确腾讯的人才评估体系。腾讯考核主要分为绩效考核和晋升考核。绩效考核主要针对基层干部和员工。其指标分为两个部分，即业务评价（业绩考核）和组织管理评价（行为考核），权重分别为70%和30%。晋升考核主要有两个关卡：一是硬性资格，如工作年限、在当前等级的停留年限、考核成绩、所负责业务的核心程度等；二是现场答辩，形式是专业通道面试。

这两类考核之间也有明确关系。绩效考核关系员工内部"活水计划"的调配和年终奖；在绩效考核达标的基础上，员工可以获得晋升答辩资格，通过打分排名实现晋升。客观来说，无论是从指标体系还是从政策设计上，腾讯的人才评估系统都是比较常规而规范的模式。

2. 为何开启考核改革？

这是腾讯继2019年调整专业职级体系后，再一次针对人才管理进行调整。那次改革更新了职业生涯设计，而后，腾讯通过组织调整、薪酬回顾等方式，一直努力明确分工，并校正自己对于人才的评估，力图实现人岗匹配。此次更新人才评估体系，可以视为这个方向改革的深化。进一步看，这次改革还要考虑两个大的时代背景：一是互联网红利消失，这是传统互联网商业模式发展到一定阶段的必然。以前互联网大厂搞银弹战术、人海战术，充分利用流量红利和政策空间实现了高速发展。现如今，互联网已进入存量时代，高速扩张、跑马圈地的时代基本结束，企业面临严峻考验。二是外部商业环境凛冬已至，这是若干变量突如其来、叠加效应的结果。全球经济大环境差，受疫情、市场环境、人口结构等因素影响，近年来，腾讯财报表现不如预期，企业在这种环境下急需变革。

早在2021年年报和电话会议上，马化腾就坦言，2021年是充满挑战的一年，收入增长放缓、财务面临逆风。2022年5月，马化腾在《腾讯可持续社会价值报告（2021）》中又再次提到了腾讯正面临着挑战和发展并存的新阶段。财报显示，2022年第一季度，腾讯实现营业收入1354.71亿元，同比持平；净利润234亿元，同比下滑51%，降速一半已是不争的事实，而这也是腾讯连续第三个季度出现净利润同比下滑。互联网寒冬下，腾讯急需寻找新的增长空间，在管理上精耕细作成为必然选择。具体来说，组织与人力资源管理的方方面面都需要创新，而作为一家重视人才的企业，从人才评估上入手也就显得顺理成章了。

3. 改了什么？效果如何？

根据穆胜咨询的观察，腾讯本次主要针对人才考核评估的四个要素进行了改革，具体如下。

（1）内容（考什么）——倡导不面评答辩，将升职所需的PPT、演讲汇报等取消，鼓励简化评审方式。

（2）主体（谁来考）——9~11级的晋升权交由员工所在部门、业务线决定；12级及以上的员工晋升由个人申报改为由部门提名申报。

（3）等级（分几档）——绩效评分由五星制（1~5星）绩效评估体系精简为三档：突出（outstanding）、良好（good）与欠佳（underperform），更接近"271"法则。

（4）周期（何时考）——员工和管理者进行的"同级反馈/下属反馈"由一年两次简化为一年一次；晋升9级及以上评审由一年两次简化为一年一次。

这种改革的效果如何？至少从员工的感知来说是一片叫好。脉脉上，腾讯员工说："考核压力降低，这是好事，以后就不会那么卷了。""答辩本身就容易不公平，很多时候是一堆非专业评委坐在上面，有外行考核内行之嫌。"直观来看，改革的好处似乎是显而易见的，具体如下。

（1）等级更加清晰。改革前的1星和2星都属于"低绩效"区间，领导往往打2星，1星形同虚设，或者直接"三星堆"，部分评价体系较为模糊。改革后减少了无效的评价等级。

（2）利于改善关系。改革前互评反馈体系加剧内部矛盾和小团体斗争，而改革后反馈次数的减少缓解了此类冲突，在一定程度上有利于营造良好的工作氛围。

（3）机制得以简化。改革前员工升职需要花费大量时间做PPT、演讲汇报等，这个制度被认为是导向员工"做表演"，而非导向他们通过工作创造价值。改革后不用做PPT等，晋升频率也减低，考核机制和流程更加简单。

（4）更加看重能力。改革前员工需要通过由不同部门评委组成的"通道评审"答辩，评委对其专业领域不甚了解，员工只要会演讲、会做PPT，比起平时工作成绩更能得到评委的认可，从而得到晋升的机会。改革后晋升权力下放，员工能更专注工作本身和个人业务能力的提升，不为短期绩效而工作，而是将精力聚焦在那些更有创造性价值的业务上。

整体来看，腾讯的探索核心目的是"反内卷"，以最低成本实现对于人才的客观评估，牵引人才健康发展、为企业创造价值。腾讯以前的绩效考核制度和晋升考核制度常被员工诟病，每年考核的时候都会有员工质疑其考核的合理性，如强制分布大家轮流"背星"的情况是否合理（"背星"就是承担了低星的绩效）？答辩由各部门非专业评委评审是否合理？通过此次变革，腾讯表示："希望通过这次优化升级，简化评估方式，提升管理效率，澄清理念导向。鼓励长期主义，引导员工以实在的工作业绩、价值贡献论英雄、拿回报，不论资排辈。"

资料来源：腾讯简化考核，带头大哥做对了吗？[EB/OL].（2022-07-12）[2024-10-11]. http://www.chinahrd.net/blog/418/1046475/417093.html.

思考与讨论：
1. 腾讯公司绩效考核改革的痛点和难点是什么？
2. 我们可以从腾讯公司绩效考核改革中得到什么样的启发？

 团队互动演练

研究型学习小组以所在学校为基础，完成学校某类岗位人员的《行为锚定等级评定量表法绩效考核方案》。操作指导如下。

教学目的
- ☑ 熟悉行为锚定等级评定量表的构建流程。
- ☑ 理解行为锚定等级评定量表的设计原则。
- ☑ 了解行为锚定等级评定量表法的适用范围。

教学平台

以学生熟悉的组织为依托，选择某一类岗位，完成行为锚定等级评定量表法绩效考核方案设计。

硬件支持：计算机中心实验室，每个学生配备一台计算机，允许网络连接。标准化教室，供学生讨论和陈述。

指导教师提供行为锚定法绩效考核方案设计基本思路。

教学步骤

第一阶段：将学生分成若干小组，每小组5~6人，两两搭配为一个大组，如果是奇数组，则余出一组作为专家组，若是偶数组，则每组抽调一人形成专家组。专家组成员分别派到两两搭配的大组间工作。

第二阶段：每个大组选择同一岗位进行观察（全班可以选同一个岗位），每个大组内的小组分别用工作分析的关键事件技术来得出一系列有效和无效的工作行为。

第三阶段：每个小组将这些行为分类为个人行为大致能表征的工作维度或工作者特征，这些指标（大概5~10个）由分析者归类和加以定义。

第四阶段：重新分配关键事件，确定相应的绩效评价指标。在不知道所分配的维度的情况下，与主题有关的另一组同样熟悉工作内容的人来评论行为清单。换言之，大组间承担专家身份的同学将对方小组设定的每个维度的名称和定义告知该小组，要求他们将所有的行为按正确的维度加以分类。如果两组中一定比例的人（通常80%或更多）分配给同一行为的维度与工作分析者分配给它的维度相同，则该行为被保留下来。

第五阶段：确定各关键事件的评价等级。"保留"下来的行为由各小组加以评审。大家依照一项工作绩效去评定每种行为的等级。例如，如果使用一个7级量表，"7"将标志该行为代表一个极其有效的绩效水平；"1"标志极其无效的绩效。

第六阶段：建立最终的员工绩效评估体系。分析者为每个特征构建一个评定量表，量表中列出该特征的名称和定义。对行为的描述被放置在量表上的一个与它们的平均有效性评分相对应的位置上。

团队成员

研究型学习小组在组长指导下合理分工，各负其责，按规定时间完成任务。

研究成果

- ☑ 《行为锚定等级评定量表法绩效考核方案》。
- ☑ 点评小组方案和设计感悟。

第六章　基于关键绩效指标的绩效考核

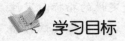
学习目标

☑ 了解关键绩效指标的起源、含义；
☑ 理解关键绩效指标的特征；
☑ 掌握关键绩效指标体系的构建原则和设计的基本思路；
☑ 熟悉审核关键绩效指标的方法。

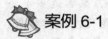
案例 6-1　　　　　　　　海底捞的绩效考核

张勇考核海底捞每个分店的方法不是有点怪，而是很怪。海底捞总部对分店不考核利润指标，不仅如此，张勇对海底捞每年要赚多少钱也没有目标要求。

张勇认为考核利润没有用，利润只是做事的结果，事做不好，利润不可能高，事做好了，利润不可能低。另外，利润是很多部门工作的综合结果，每个部门的作用不一样，很难合理地分清楚。不仅如此，利润还受偶然因素的影响。例如，一个店如果地址选不好，无论店长和员工怎么努力，也做不过一个管理一般、位置好的店。可是店长和员工对选址根本没有发言权，一定要考核分店的利润不仅不科学，也不合理。

我（黄铁鹰）说："利润多少同成本也有关，各店起码对降低成本还是能起一定作用的吧。"张勇说："对，但店长以下的管理层能起到的更大作用是什么？是提高服务水平，抓更多的顾客。相对于创造更多营业额来说，降低成本在分店这个层次就是次要的了。随着海底捞的管理向流程和制度转变，我们也开始推行绩效考核。结果，有的小区试行对分店进行利润考核，于是就发生扫厕所的扫把都没毛了还在用；免费给客人吃的西瓜也不甜了；给客人擦手的手巾也有破洞了。"

"为什么？因为选址、装修、菜式、定价和人员工资这些成本大头儿都由总部定完了，分店对成本的控制空间不大。如果你非要考核利润，基层员工的注意力只能放在这些'芝麻'上。我们及时发现了这个现象，马上就停止了对利润指标的考核。其实稍有一些商业常识的管理人员和员工就不会不关心成本和利润。你不考核，仅仅是核算，大家都已经很关注了；你再考核，关注必然过度。"

关于绩效考核有句名言，"考核什么，员工就关注什么"。看来，海底捞员工的绩效同海底捞的考核也有关系。我问张勇："你们连每个火锅店的营业额也不考核？"张勇说："对。我们不仅不考核各店的利润，也不考核营业额和餐饮业经常用的一些 KPI，如单客消费额等，因为这些指标也是结果性指标，如果一个管理者非要等这些结果出来了，才知道生意好坏，那就晚了。"

张勇说："黄老师，我觉得公司把结果性指标作为目标，分解到每个部门和员工身上，然后按此进行考核、激励和惩罚的做法，听起来很科学、很有道理，但做起来太难了。因为企业绩效是所有员工协作的结果，每个部门和员工的作用不同，指标就应该不同。怎么确定这些指标？必须懂行的人做才行，否则一定会'捡了芝麻，丢掉西瓜'。我说的懂行，可不是懂人力资源，而是懂得做生意和管理。我们现在对每个火锅店的考核只有三类指标：一是顾客满意度；二是员工积极性；三是干部培养。"

我说："这些指标可都是定性的，你怎么考核？"张勇说："对，是定性的指标。定性的东西，你只能按定性考核。黄老师，我真不懂这些科学管理工具为什么非要给定性的指标打分。比如顾客满意度，难道非要给每个顾客发张满意度调查表？你想想看，有多少顾客酒足饭饱后愿意给你填那个表？让顾客填表不反而增加顾客的不满意吗？再说，人家碍着面子勉强给你填的那张表又有多少可信度？"

我说："那你怎么考核顾客满意度？"他说："我们就是让店长的直接上级——小区经理经常在店中巡查。不是定期去，而是随时去。小区经理和他们的助理不断同店长沟通，顾客对哪些方面的满意度比过去好，对哪些方面的满意度比过去差；这个月熟客是多了还是少了。我们的小区经理都是服务员出身，他们对顾客的满意情况当然都是行内人的判断。对员工积极性的考核也是如此，你黄老师去考核肯定不成，因为你看到每个服务员都是跑来跑去、笑呵呵的，没有什么不一样。可是我就会跟你说，你看那个男生的头发长得超出了规定；这个女生的妆化得马马虎虎；有几个员工的鞋脏了；那个员工站在那里，眼睛睁着，走神了。这不就是员工积极性的表现吗？店长对组长、组长对员工的考核也是如此，都是这种定性的考核。"

我又问："他们的奖金就根据这些定性的考核决定？"张勇说："不仅是奖金，他们的提升和降职也都是根据这三个指标。你想想看，一个不公平的店长，手下的服务员怎么可能普遍有积极性？服务员的积极性不高，顾客的满意度怎么可能会高？在这种情况下，你不会等到这家店的营业额和利润数字出来后再提醒或者撤换店长或员工，因为结果一定不会好，即使好，也不是他们的原因。我们就有很赚钱的店，但是店长就是提拔不起来，因为他培养人的能力不行。他一休假，店里就出乱子。那么即便他的店很赚钱，他也可能被降职。"

我又说："按照你的考核方式，下级的命运全由直接主管来决定，这样是否足够公平和客观？"张勇说："不是全部，而是主要由上级来决定。你想想看，上级同自己的直接下级在一起的时间最长，工作交往最多，也最了解下级的工作状态和为人。如果他不对下级的升迁起主要决定作用，谁更有资格来决定呢？把大多数人拍脑袋做的判断用数据表现出来就客观了吗？我看不一定。其他人的意见只能起参考作用，如果其他同事对这个人有意见，平常就会自觉或不自觉地表现出来，作为经常同他在一起的上级，很容易就会发现，这也是上级考察下级的一个方面。当然，我们的定性考核不是上级说你行你就行，我们也逐渐摸索出一些验证流程和标准，比如用抽查和神秘访客等方法对各店的考核进行复查。对这些考核结果要经过上一级以上管理者的验证通过。同时，我们还有越级投诉机制，当下级发现上级不公平，特别是涉及人品方面的问题时，下级随时可以向上级的上级，直至大区经理和总部投诉。什么叫客观？我看这种用懂行的人的判断，比那些用科学定量化的考核工具得出来的结果更客观，至少在我们火锅行业是如此。"

如何考核一个管理者对人的培养能力？海底捞考核管理者培养人的能力的做法很有意

思，既简单直观，又相当细致、复杂。一个总的指标，是看你能否使80%直接下属的能力在一定时间内得到提升。例如一个小区经理管5个分店，这5个分店今年都是二级店，如果在一定时间里，你能让其中4个分店达到一级店，就说明你80%的直接手下的能力有了提升，因为这4个二级店的店长在你手下变成了一级店店长。只有成为一级店的店长，才有资格培养新店长；只有成为一个能培养店长的店长，才有可能成为小区经理；只有成为小区经理，才有可能成为大区经理……

"能下蛋的母鸡才值钱。"在海底捞，能培养干部的干部晋升得最快。有些店长兢兢业业，每天都早来晚走，可是做了好几年店长，他的店就是评不上一级店，有潜力的人不愿意在他手下干，不是辞职，就是调到别的店。这说明什么？说明这样的店长只能自己干，不会用人和培养人。

海底捞评店时，首先由店长自己上报申请，比如你认为你的店能达到一级店的水平了，你的直接上级和他的上级，还有总部的专业部门就会派人公开和秘密地对你的店进行考察。例如，其中一个标准是一级店的优秀员工至少要占10%的比例，你的上级会对你所上报的优秀员工进行抽查，看他们符合不符合优秀员工的标准。千万不要忘记：你的上级和你上级的上级可都是从服务员干起来的，他们对服务员的考核不是一般人力资源部门的那种素质考核，而是师傅考徒弟式的考核。如果你上报的30名一级员工，经过考核有一定比例不够一级的水平，哪怕你的经营状况再好，你的店仍然不是一级店，因此，你还没有资格培养店长。海底捞的管理人员把这种考评称为"21座大山"，把这种上级不断到现场检查、考察、审核和指导称为巡店。

我问张勇："你们对上级管理人员巡店有没有流程的规定？比如多长时间，哪一级必须巡几个店。"张勇说："有，但是不管用。不是他们达不到流程的规定，而是总超出流程的要求。海底捞的管理人员如果不开会，整天都在店里，因为我们的管理人员都是服务员出身，像我一样不习惯用数字和报告管理企业，更习惯于现场办公。"丰田汽车管理方法的发明者大野耐一说，丰田管理方法的精髓是现场发现问题、现场解决问题，海底捞的劣势歪打正着变成了优势。

总结一下海底捞的考核：①企业应该时时关注各层面的关键点；②针对这些关键点进行考核；③考核的人要对各个关键点懂行，至于是定性评价还是定量评价反而不是很重要，因为这只是一种手段；④要对考核结果进行验证，有标准的验证流程和标准，验证的人要精通公司的业务；⑤搭建畅通的投诉和信息反馈渠道；⑥要及时奖励与惩罚。

资料来源：黄铁鹰. 海底捞你学不会[M]. 北京：中信出版社，2015.

对于任何一个想要发展壮大的企业来说，只有在明确自己的发展目标的基础上，将指标层层分解、落实，才能将企业的目标与个人、团队的目标协调起来，最终实现组织的目标。从上述案例中可以看出，指标体系的分解是一项复杂的管理技术，需要考虑组织结构、部门职能、岗位职责、工作流程、组织战略、工作计划等一系列复杂因素。指标体系的建立是绩效管理中的重点与难点，只有在充分理解企业战略目标、行动计划、部门职能、工作流程、岗位职责的前提与基础上，才能取得良好的效果。

第一节 关键绩效指标（KPI）[①]概述

一、KPI 的起源

1897 年，意大利经济学家帕累托在研究中发现了一件奇怪的事情：19 世纪，英国人的财富分配呈现一种不平衡的模式，大部分的社会财富都流向了少数人的手里。后人对他的这一发现有不同的命名，"二八法则"是其中一个，还有"帕累托法则""帕累托定律""最省力法则"等。尽管帕累托首先发现了"二八法则"，但是直到第二次世界大战后，罗马尼亚裔美国工程师朱伦才开始引介它。朱伦将"二八法则"应用于日本企业实践，受到日本企业的普遍欢迎，它对第二次世界大战后日本工业崛起的推动作用很大。美国经济受到威胁后，"二八法则"才受到西方的的关注。

劳伦斯·彼得在研究美国、日本知名企业成功运用"二八法则"的经营实践后，得到两点收益：其一，明确自己企业中 20% 的经营要务是哪些；其二，明确应该采取什么样的措施，以确保 20% 的重点经营要务取得重大突破。那么，"二八法则"对管理者而言意味着什么呢？这要求管理者在平常的经营管理上不应事无巨细，要抓住管理的重点，包括关键的人、关键的环节、关键的岗位、关键的项目等。

KPI 的理论基础是"二八法则"。"二八法则"运用到绩效管理中，具体体现在 KPI 上，即一个企业在价值创造过程中，每个部门和每个员工 80% 的工作任务是由 20% 的关键行为完成的，抓住 20% 的关键，就抓住了主体。

一般来说，对管理比较重视的企业或者接受过绩效管理咨询的企业的大部分员工都知道 KPI。"KPI 是战略导向的绩效管理系统"，它不同于其他绩效管理方法的地方在于，能够很好地分解组织的战略目标。以往的绩效考核是"有什么考什么"，一般考核员工的品德怎么样、工作能力如何、工作态度是否良好、工作量多少，即所谓"德能勤绩"考核法，这样往往容易脱离企业、团队的目标，缺乏系统性。

而 KPI 坚持的是"要什么考什么"，具有计划性、系统性。首先，明确企业的战略目标，并在企业会议上利用头脑风暴法和鱼骨图分析法找出企业的业务重点，也就是企业价值评估的重点。然后，用头脑风暴法和鱼骨图分析法找出这些关键业务领域的 KPI，即企业级 KPI。KPI 是从战略目标，或者说是从总目标分解而来的，各部门的主管需要依据企业级 KPI 建立部门级 KPI，并对相应部门的 KPI 进行分解，确定相关的要素目标，分析绩效驱动因素（技术、组织、人），确定实现目标的工作流程，分解出各部门级 KPI，以便确定考核指标体系。最后，各部门的主管对 KPI 进行进一步细分，分解为更细的 KPI，即各职位的业绩衡量指标。这些业绩衡量指标就是员工考核的要素和依据。这种对 KPI 体系的建立和测评过程本身就是统一全体员工朝着企业战略目标努力的过程，这也必将对各部门管理者的绩效管理工作起到很大的促进作用。因此，KPI 是一种先进的绩效管理方法。

[①] key performance indicator，KPI。

二、KPI 的核心思想

（一）KPI 的内涵

KPI 是通过对组织内部某一流程的输入端、输出端的关键参数进行设置、取样、计算、分析，衡量流程绩效的一种目标式量化管理指标。它是一种把企业的战略目标分解为可运作的远景目标的工具，是企业绩效管理的基础。KPI 考核可以使各级主管明确各部门的主要责任，并以此为基础，确定各部门人员的业绩衡量指标。

KPI 是基于企业经营管理绩效的系统考核体系。我们可以从以下三个方面来理解关键绩效指标的深刻含义。

（1）关键绩效指标是用于考核和管理被评估者绩效的可量化的或可行为化的标准体系。也就是说，关键绩效指标是一个标准化体系，它必须是可量化的，如果难以量化，那么必须是可以行为化的。如果不具备可量化和可行为化这两个特征，那么就不是符合要求的关键绩效指标。

（2）关键绩效指标体现为对组织战略目标有增值作用的绩效指标。这就是说，关键绩效指标是连接个体绩效与组织战略目标的一个桥梁。既然关键绩效指标是针对对组织战略目标有增值作用的工作产出而设定的指标，那么基于关键绩效指标对绩效进行管理，就可以保证真正对组织有贡献的行为受到鼓励。

（3）通过在关键绩效指标上达成的承诺，员工与管理人员就可以进行工作期望、工作表现和未来发展等方面的沟通。关键绩效指标是绩效沟通的基石，是组织中关于绩效沟通的共同辞典。有了这样一本辞典，管理人员和员工在沟通时就可以有共同的语言。

☞【专题拓展 6-1】　　　　　　到底什么是 KPI？

（二）KPI 指标应具备的主要特征

韦恩·埃里克森（Wayne Erickson）在 *Ten Characteristics of a Good KPI*（《良好 KPI 的十个特征》）一文中指出，一个 KPI 一定是一个指标，但是一个指标并不一定就是一个 KPI。它们之间的主要区别在于，KPI 反映的是组织战略驱动因素，而普通的指标可能仅仅是某一项商业活动的衡量指标。

良好的 KPI 同时具备以下十个特征，而一个普通的指标可能只具备其中的几个特征。

1. 反映战略价值的驱动因素

KPI 反映和衡量的是公司战略价值的主要驱动因素。有效的驱动因素意味着这样的行动：如果它们被正确地执行下去，就能够确保公司在未来取得成功。有效的驱动因素能够使公司朝着正确的方向前进，以实现规定的财务目标和组织目标。例如，有效的驱动因素可能是"较高的顾客满意度""较好的产品质量"等。

但是在很多情况下，KPI 并不是一些财务指标。确切地说，KPI 反映了那些公司财务状况影响最大的几个领域的运行状况。KPI 往往是关于公司财务绩效方面的一些"领先"的而非"落后"的指标。相反，大部分财务指标（尤其是那些现在公司的月度财务报告或者年度财务报告中的）是"落后"指标。

2. KPI 是由高层管理者确定的

在公司召开的计划会议上，高层管理者往往会决定公司的短期和长期的战略方向，并以此为依据确定衡量组织绩效的关键绩效指标。

3. KPI 在组织上下形成一个层级结构（公司级、部门级、个人）

组织的每个层级中的每个小组都要由一些管理者来管理，他们要召开战略计划会议来确定小组中关键的驱动因素、目标和计划。在一些相对较低的层次上，这些驱动因素、目标和计划往往是对更高层次的驱动因素、目标和计划的传递与分解。

4. KPI 是基于公司标准的

所谓公司标准，包含两层意思：一是公司制定 KPI 的目的或目标，这与企业理念、战略管理或绩效考核、绩效管理的目的、目标相关联；另一层是公司现有的绩效管理标准和体系，如某种绩效导向或指标结构要求等。

5. KPI 是基于有效数据的

很多高层管理人员发现为关键的价值驱动因素设计 KPI 非常容易。事实上，许多组织都已经建立起一套衡量组织未来成功的指标体系。遗憾的是，知道衡量什么与实际所衡量的往往是两码事。在高层管理人员最终把 KPI 确定下来之前，他们需要向技术分析人员询问能否利用当前已经获得的数据计算出指标值，以及这些数据是否已经准确到可以传递有效的结果。但技术分析人员给出的答案往往是否定的。在这种情况下，高层管理人员就需要投入资金收集新的数据或者删掉那些现存的无用数据，甚至需要重新设计 KPI。

6. KPI 必须易于理解

目前大部分 KPI 存在的问题是指标太多了，这削弱了 KPI 引起员工注意和改正员工行为的作用。根据 TDWI 调查研究表明，KPI 最合适的数量应该是 7 个。如果多于 7 个，则可能使员工很难细读这些关键绩效指标并采取必要的行动。除此之外，KPI 必须是易于理解的。员工必须知道哪些是将要被衡量的，以及它们是怎么被计算出来的，更重要的是，员工必须知道自己能做什么（或不能做什么），以积极影响 KPI。这就意味着仅仅公布一个评分表是不够的，管理人员必须让员工明白哪些绩效将被跟踪，并且要让员工经常得到反馈，以保证他们能够理解并采取相应的行动。

7. KPI 经常是恰当的

为确保 KPI 能够持续提高绩效，必须周期性地审核 KPI，以判断其是否有用和恰当。因为在多数情况下，KPI 是有生命周期的。在最初被引进时，它使员工工作时充满旺盛的斗志，并且提高了绩效。但是过了一段时间之后，KPI 失去了它的效用，这时可能需要重新设计 KPI。目前很多公司都是每季度审视一下 KPI 并加以修订。

8. KPI 能够提供未来绩效的情境

普通的指标（不包括 KPI）往往只提供一些反映绩效的数字，KPI 却把绩效放在一定的情境当中。它根据预期设定的目标来评价绩效的好坏。可以通过以下几种形式来表达未来的绩效情境。

(1) 门槛（如可接受的绩效的上下限）。
(2) 目标（如预先设定的目标，如每个季度增加10%的新客户）。
(3) 基准。此外，大多数KPI也指明了绩效的方向，或者是"上升""下降"，或者是"不变"。

9. KPI能够让使用者充满动力

为使KPI有效，KPI必须与奖金联系起来。目前，将近40%的公司在实施KPI时重新设计了奖金体系。此外，在KPI没有完全被审核完之前，千万不要把奖金和KPI挂钩。在KPI取得预期效果之前，必须对它们做适当修改或重新设计。

10. KPI能够产生积极的结果

KPI应该产生预期的结果——提高绩效。遗憾的是，许多组织让小组独立地设计KPI，这使得各个小组之间的KPI可能发生冲突并对组织产生破坏性影响。

韦恩·埃里克森（Wayne Erickson）最后指出：一个组织可能有成百上千个指标，但是只有少数几个KPI能够使员工把注意力集中在那些为组织创造最大价值的关键活动上。同时，KPI实际上是一种沟通工具。它们能够使高层管理者向员工传递组织使命和组织所关注的方面，并且能够引起员工的注意。当KPI贯穿整个组织的各个层级时，就能确保层级上的每个人步调一致地沿着正确的方向前进并实现组织价值的最大化。

（三）KPI指标体系的特点

(1) KPI来自对组织战略目标的分解，是对重点经营活动的衡量，是对组织价值、利润影响程度很大的关键指标。

(2) KPI是对绩效构成中可控部分的衡量。KPI的选择必须有明确的定义和计算方法，易于取得可靠和公正的初始数据，同时能有效地对指标进行量化和比较。

(3) KPI在实际绩效考核中具有敏感性，即指标能正确区分出绩效的优劣。

(4) KPI考核是一个完整的系统，要让组织、管理者和员工参与到这个系统中，管理者和员工通过沟通的方式，将企业的战略、管理者的职责、管理的手段以及员工的绩效目标等管理的基本内容确定下来，在持续不断沟通的前提下，管理者帮助员工清除工作过程中的障碍，提供必要的支持、指导和帮助，与员工一起完成绩效目标，从而实现组织的远景规划和战略目标。

战略导向的KPI指标体系与一般绩效考核体系的区别如表6-1所示。

表6-1 战略导向的KPI指标体系与一般绩效考核体系的区别

指标类型	战略导向的KPI指标体系	一般绩效考核体系
假设前提	假定人们会采取必要的行动努力达到事先确定的目标	假定人们不会主动（也不知道）采取行动以实现目标，制定和实施战略与一般员工无关
考核目的	以战略为中心，指标体系的设计和运用都是为战略服务的	以控制为中心，为了更有效地控制个人的行为
指标来源	源于组织的战略目标与外部竞争的需要	源于对过去行为和绩效的修正

续表

指标类型	战略导向的 KPI 指标体系	一般绩效考核体系
指标产生	在组织内部自上而下地对战略目标进行层层分解而产生指标	通常是自下而上地根据个人以往的绩效与目标而产生指标
指标的构成和作用	财务指标与非财务指标相结合；关注长期发展，兼顾短期效益；指标传达结果，也传达产生结果的过程	注重财务指标，忽视非财务指标；注重对过去绩效的评价；绩效改进与战略需要脱节
价值分配体系与战略的关系	与 KPI 指标的值和权重相搭配，有助于推动组织战略的实施	与个人绩效密切相关，与组织战略关系不大

☞【专题拓展 6-2】 发工资的依据是 KPI，KPI 的依据是什么？

（四）KPI 导入的必要条件

1. 收集并分享背景资料

高质量且充分的信息对 KPI 体系的成功构建是非常重要的。通常需要收集的信息主要包括以下内容。

- ☑ 企业的使命、愿景和战略。
- ☑ 企业的经营环境、经营模式及组织管理模式。
- ☑ 企业的运营情况及人员状况。
- ☑ 行业资料及竞争对手的资料等。

对这些资料的广泛收集、精心整理和深度分析将为后续开发 KPI 的工作提供很好的基础。例如，对企业战略的准确理解有助于保证 KPI 与企业长远而持续的发展相一致；了解内部经营管理状况将保证 KPI 的切实可行；对竞争对手做一些基本研究，不仅能为 KPI 的设立带来灵感，也能为制定 KPI 的目标值提供有力依据。

值得注意的是，准备阶段应收集、整理一些有关 KPI 的资料（最好既有理论知识，又有其他企业的成功案例），并应用这些材料在本企业中进行宣传和分享，使从基层员工到中、高层管理者都能对 KPI 有较为正确的初步认识，从而为本企业制定和推行 KPI 打好基础。

2. 确认使命、愿景和战略

首先应该明确什么是使命、愿景和战略，不同的人对此有不同的理解和定义，从而造成了一些混乱。本书试图综合一些看法对这三个概念进行简单的描述：使命界定了一个企业的核心目标，说明了企业为什么而存在；愿景描绘了一份未来的蓝图，指出了企业在未来五年或十年想要成为什么样子；战略则是为了达到预期的结果而采取的与众不同的措施和行动。

3. KPI 考核的支持环境

有了 KPI 体系，也不能保证这些指标就能运用于绩效考核，达到预期的效果。要想真正达到预期的效果，还要看企业是否有 KPI 考核的支持环境。如果没有支持其实施的环境，KPI 也只是空中楼阁，无法达到预期的效果。所以，建设这种支持环境同样是 KPI 设计时必须考虑的。

（1）拥有以绩效为导向的企业文化的支持。建立绩效导向的组织氛围，通过企业文化化解绩效考核过程中的矛盾与冲突，形成以追求优异绩效为核心价值观的企业文化。

（2）拥有良好的人力资源管理平台的基础建设。清晰地界定职位边界，实现权责对等，不同责任主体对目标实现的贡献相对明确，这些都能够支持关键绩效指标的分解。

（3）绩效管理不仅仅是人力资源部门的事情，各级主管人员都肩负着绩效管理任务。分解与制定关键绩效指标也是各级主管必须承担的责任，而专业人员起着技术支撑作用。

（4）重视绩效沟通制度的建设。在关键绩效指标的分解与制定过程中，关键绩效指标的建立与落实是一个自上而下、自下而上的制度化过程。没有良好的沟通制度予以保障，关键绩效指标考核就不具有实效性和挑战性。

（5）绩效考核结果与价值分配挂钩。实践表明，二者挂钩的程度越紧密，以关键绩效指标为核心的绩效考核系统越能真正发挥作用，对企业有价值的行为越会受到鼓励。

【专题拓展 6-3】　英伟达 CEO 黄仁勋：我也搞不懂什么是 KPI

第二节　关键绩效指标体系的构建

无论是应用于组织、部门、团队或是个人的绩效考核，都期望得到以下这样一套绩效评估的指标体系。

☑ 能清晰地描述绩效考核对象的增值工作产出。

☑ 针对每一项工作产出提取了绩效指标和标准。

☑ 划分了各项增值产出的相对重要性等级。

☑ 能追踪绩效考核对象的实际绩效水平，以便将考核对象的实际表现与要求的绩效标准做对照。

按照这样的指标体系标准，我们可以根据以下步骤设计基于关键绩效指标体系的绩效考核体系，如图 6-1 所示。

一、确定工作产出

所谓确定工作产出，主要是界定某个个体或团队的工作结果是什么。工作产出是设定关键绩效指标的基础，它可以是一种有形的产品，也可以是某种作为结果的状态。例如，作为一个总经理秘书，工作产出可能是"打印、录入文件""起草报告、信函的草稿""差旅安排、会议服务的情况"等；对于一个客户服务经理来说，其工作产出可能是"获得了满意的客户""客户服务有关的数据和报告""下属的生产力和工作满意度"等。

在确定工作产出时，需要回答以下几个问题。

（1）被考核者面对的组织内外客户分别有哪些？

（2）被考核者分别要向这些客户提供什么？

（3）组织内外客户所需得到的产品或服务是什么样的？

（4）这些工作产出在被考核者的工作中分别占多大比例？

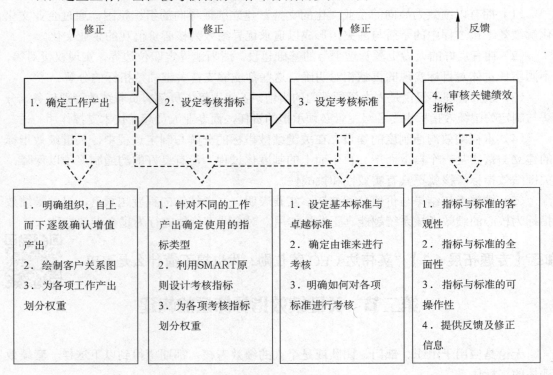

图 6-1　设计绩效考核体系

（一）确定工作产出的基本原则

为使工作产出的确定更加符合组织的战略目标，促进组织工作绩效的改进，在确定工作产出时，应该遵循以下基本原则。

1. 增值产出的原则

增值产出的原则是指工作产出必须与组织目标一致，即在组织的价值链上能够产生直接或间接增值的工作产出。

2. 客户导向的原则

凡是被考核者的工作产出输出的对象，无论是组织外部的还是组织内部的，都构成客户。定义工作产出需要从客户的需求出发，这里尤其强调的是组织内部客户的概念，这是把组织内部不同部门或个人之间工作产出的相互输入、输出也当作客户关系。例如，人力资源部门为其他部门招聘、选拔人员，那么其他部门就是人力资源部门的客户，人力资源部门的关键绩效指标就是客户满意的程度。

3. 结果优先的原则

工作产出应尽量表现为某项活动的结果，实在难以界定，则考虑过程中的关键行为。一般来说，确定工作产出首先要考虑最终的工作结果，对于有些工作，如果最终结果难以确定，那么就采用过程中的关键行为。例如，有的企业在对研发人员的绩效进行考核时发现很难用最终的结果衡量，因为研发结果的价值在于留下有价值的技术资料，做到这一点，就是为企业带来增值的行为。

4. 设定权重的原则

各项工作产出应该有权重。设定权重时要根据各项工作产出在工作目标中的"重要性"而不仅仅是花费时间的多少来设定权重。例如，对于总经理秘书来说，为总经理起草报告文件可能并不是花费时间最多的工作，日常的收发传真、接听电话、接待来客等花费的时间更多。但从重要性来说，为总经理起草报告文件的重要性程度更高，因此，对这项工作产出应设定较高的权重。

（二）绘制客户关系图，明确工作产出

我们通常将某个个体或团队的工作产出的提供对象当作这个个体或团队的客户，这样的客户通常包括内部客户和外部客户。客户关系图就是通过图示的方式表现一个个体或团队对组织内外客户的工作产出。在这个客户关系图中，我们可以看到一个个体或团队为哪些内外客户提供工作产出，以及向每个客户提供的工作产出分别是什么。那么在进行绩效考核时，就可以考虑内外客户对这些工作产出的满意程度，以此衡量个体或团队的绩效。

例如，某公司销售部秘书的客户关系如图6-2所示。这个销售部秘书的主要工作职责如下。

☑ 协助销售部经理处理日常事务，包括起草日常的信件、通知等，录入、打印文件，收发传真、信件，接待来客。

☑ 协助销售部的业务人员处理日常事务，包括会议后勤、差旅安排和其他日常服务。

☑ 汇总部门的财务票据和数据，并提供给财务部。

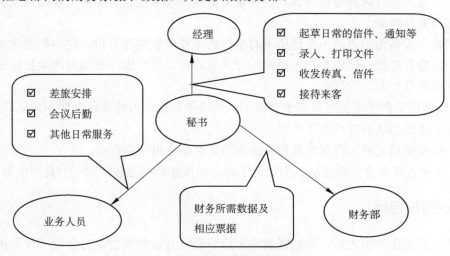

图6-2　某销售部秘书的客户关系

因此，从客户关系图中我们可以看出，这个销售部秘书所面对的客户主要有三类：一是部门经理；二是部门内的业务人员；三是财务部门的相关人员。

秘书向部门经理提供的主要工作产出如下。

- ☑ 起草日常的信件、通知等。
- ☑ 录入、打印文件。
- ☑ 收发传真、信件。
- ☑ 接待来客。

在这里，经理是秘书的上司，在客户关系图中，我们也将其作为秘书的一个客户。我们衡量秘书对部门经理的工作完成得怎么样时，就可以考虑经理在上面这四项工作产出上的满意度。秘书的绩效标准也就是这几项工作产出的质量、数量、时效性等。例如，文件的录入、打印准确性如何，起草的文件是否能达到经理对质量的要求等。

秘书向部门内业务人员提供的工作产出如下。

- ☑ 差旅安排。
- ☑ 会议后勤。
- ☑ 其他日常服务。

秘书向业务人员提供的工作产出主要是为业务人员的业务工作提供一些辅助性支持。秘书为业务人员的差旅安排提供的服务主要有预订机票、酒店、安排车辆等。在这方面判断一个秘书的工作做得怎么样时，主要会考虑其服务是否给业务人员的工作带来了方便，这主要通过业务人员的满意度来体现。秘书为业务人员提供会议后勤服务主要包括预订会议室、安排会议设备、会议过程中为参会者提供会场服务等，在这方面衡量秘书的工作做得怎么样时，主要可以通过会议是否顺利进行及参会人员的满意度来体现。另外，作为部门秘书，还要为业务人员提供其他一些日常服务，如与行政部门协调借用设备等有关事宜。

另外，由于该公司财务部门规定各项财务报销和费用支出都统一由部门秘书经手，因此部门秘书要向财务部门提供相关的数据和票据。因为财务部门是秘书所面对的客户，所以在提供工作产出时就需要按照客户的要求来提供。秘书在这方面的工作做得怎么样，需要财务部门进行判断。

绘制客户关系图的方法不仅适用于对个体的工作产出进行分析，也同样适用于对团队的工作产出进行分析。使用客户关系图的方式来界定工作产出，进而对绩效指标进行评估的做法有以下几个方面的好处。

（1）能够用工作产出的方式将个体或团队的绩效与组织内外其他个体和团队联系起来，增强每个个体或团队的客户服务意识。

（2）能够使员工更加清晰地看到个体或团队对整个组织的贡献。

（3）这种直观的方式能使员工全面地了解个体或团队的工作产出，不易产生重大遗漏。

二、设定考核指标

在确定了工作产出之后，我们需要确定应分别从什么角度去衡量各项工作产出、从哪些方面评估各项工作产出。许多经理人认为对绩效进行评估时，量化指标最好。然而，并不是所有的工作产出都可以被量化，此时就需要寻找其他一些可以验证和观察得到的指标。

（一）关键绩效指标的类型

通常来说，关键绩效指标主要有四种类型：数量、质量、成本和时限。

在设立绩效指标时,可以试图回答以下问题,如果这些问题得到回答,那么关键绩效指标也就得出来了。

- ☑ 通常在评估工作产出时,我们关心什么(数量、质量、成本和时限)?
- ☑ 我们怎么衡量这些工作产出的数量、质量、成本和时限?
- ☑ 是否存在我们可以追踪的数据或百分比?如果存在这样的数量化指标,就把它们列出来。
- ☑ 如果没有数量化指标来评估工作产出,那么谁可以评估工作结果完成得好不好呢?能否描述一下工作成果完成得好是什么样的状态?有哪些关键的衡量因素?

表 6-2 列出了常用的关键绩效指标的类型及其典型例子,以及验证这些指标的证据来源。

表 6-2 关键绩效指标的示例

指标类型	举例	证据来源
数量	产量; 销售额; 利润	业绩记录; 财务数据
质量	破损率; 独特性; 准确性	生产记录; 上级评估; 客户评估
成本	单位产品的成本; 投资回报率	财务数据
时限	及时性; 到市场时间; 供货周期	上级评估; 客户评估

(二)确定关键绩效指标的原则

在确定关键绩效指标时有一个重要的原则,即 SMART 原则:S 代表的是 specific,意思是"具体的";M 代表的是 measurable,意思是"可度量的";A 代表的是 attainable,意思是"可实现的";R 代表的是 realistic,意思是"现实的";T 代表的是 time-bound,意思是"有时限的"。

表 6-3 列出了在确定绩效指标时应如何运用 SMART 原则,怎样做是正确的,怎样做是错误的。

表 6-3 确定绩效指标的 SMART 原则

原则	正确做法	错误做法
具体的(S)	切中目标; 适度细化; 随情境变化	抽象的; 未经细化; 复制其他情境中的指标可度量的
可度量的(M)	数量化的; 行为化的; 数据或信息具有可得性	主观判断; 非行为化描述; 数据或信息无从获得

续表

原　则	正确做法	错误做法
可实现的（A）	在付出努力的情况下可以实现； 在适度的时间内实现	过高或过低的目标； 时间过长
现实的（R）	可证明的； 可观察的	假设的； 不可观察或证明的
有时限的（T）	使用时间单位； 关注效率	不考虑时效性； 模糊的时间概念

☞【专题拓展 6-4】　　　　　衡量 KPI 的 30 个关键指标

在设定关键绩效指标时，我们需要遵循上面提到的这些原则。例如，在产品设计方面，通常有"产品的创新性"这样的指标，这个指标就属于抽象的、没有经过细化的。如果经过细化，则至少包括这样的指标——在性能上提供竞争对手没有的三种以上的功能、至少设计出三种在外观上不同的款式。对于有些工作产出，没有办法给出数量化指标，那就需要给出一些行为化指标。也就是说，关键绩效指标或者是数量化的，或者是行为化的。例如，为会议提供服务这样的活动就难以给出数量化指标。可以用一些行为化指标进行界定，如在会议开始之前准备好会议所需的一切设施、在会议的过程中不会为寻找或修理必要的设施而导致会议中断等。行为化指标还体现在这些指标是可以观察到的，一些关于心理状态的指标就不是外显的、可以观察到的，这样的指标就不能用作关键绩效指标。例如，听课时的注意力集中程度，这样的指标是内部的心理活动，不易衡量和验证，因此不宜用作关键绩效指标。在时限性指标上，应该尽量避免使用"尽快""较快"等模糊的时间概念，应该给出清晰的时间限制。

三、设定考核标准

（一）指标与标准

设定考核标准往往与设定考核指标一起完成，我们之所以将其分成两个步骤进行介绍，主要是为了让人们分清楚两个不同的概念：指标与标准。

一般来说，指标指的是从哪些方面对工作产出进行衡量或评估，而标准指的是在各个指标上分别应该达到什么样的水平。指标解决的是我们需要评估"什么"的问题，标准解决的是要求被评估者做得"怎样"或完成"多少"的问题。

当我们界定了绩效指标之后，设定绩效的评估标准就成了一件比较容易的事情。对于数量化绩效指标，设定的评估标准通常是一个范围。如果被评估者的绩效表现超出标准的上限，则说明被评估者具有超出期望水平的卓越绩效表现；如果被评估者的绩效表现低于标准的下限，则表明被评估者存在绩效不足的问题，需要进行改进。对于非数量化绩效指标，在设定绩效标准时往往需要从客户的角度出发，回答这样的问题："客户期望被评估者做到什么程度？"表 6-4 列举了一些指标和标准的区别示例。

表 6-4 指标和标准的区别示例

工作产出	指标类型	具体指标	绩效标准
销售利润	数量	年销售额； 税前利润百分比	年销售额在 20 万元～25 万元； 税前利润率 18%～22%
新产品设计	上级评估	上级评估： 创新性； 体现公司形象	上级评估： 至少有三种产品与竞争对手不同； 使用高质量的材料、恰当的颜色和样式，代表和提升公司的形象
新产品设计	质量	客户评估： 性价比； 相对竞争对手产品的偏好程度； 独特性； 耐用性； 提出的新观点的数量	客户评估： 产品的价值超过了它的价格； 在不告知品牌的情况下对客户进行测试，发现选择本公司产品比选择竞争对手产品的概率高； 客户反映本企业产品与他们见到过的同类产品不同； 产品使用的时间足够长； 提出 30～40 个新的观点
零售店销售额	数量	销售额比上一年同期有所增长	销售额比上一年同期增长 5%～8%
竞争对手总结	质量	上级评估： 全面性； 数据的价值	上级评估： 覆盖了所有已知竞争对手的所有产品； 提供的数据包括对产品的详细描述，如产品的成本、广告费用、回头客的比例等
竞争对手总结	时限	预定的时间表	能在指定的期限之前提供关于竞争对手的总结数据
销售费用	成本	实际费用与预算的变化	实际费用与预算相差 5% 以内

（二）基本标准与卓越标准

在设定绩效指标时，通常需要考虑两类标准：基本标准与卓越标准。

1. 基本标准的含义

基本标准是指对某个被评估者而言期望达到的水平。这种标准是每个被评估者经过努力都能够达到的水平。对一定的职位来说，基本标准可以被有限度地描述出来。

设定基本标准的作用主要是判断被评估者的绩效是否能够满足基本的要求。评估的结果主要用于决定一些非激励性人事待遇，如基本的绩效工资等。

2. 卓越标准的含义

卓越标准是指对被评估者未做要求和期望，但是可以达到的绩效水平。卓越标准的水平并非每个被评估者都能够达到的，只有一小部分被评估者可以达到。卓越标准不像基本标准那样，可以被有限度地描述出来，它通常是没有上限的。

由于卓越标准不是人人都能达到的，因此卓越标准主要是为了识别角色榜样。卓越标准评估的结果可以决定一些激励性人事待遇，如额外的奖金、分红、职位的晋升等。

表 6-5 列出了一些职位的基本标准和卓越标准示例。

表 6-5　基本标准和卓越标准示例

举例职位	基 本 标 准	卓 越 标 准
司机	按时、准确、安全地将乘客载至目的地； 遵守交通规则； 随时保持车辆良好的性能与卫生状况； 不装载与目的地无关的乘客或货物	在几种可选择的行车路线中选择最有效率的路线； 在紧急情况下能采取有效措施； 在旅途中播放乘客喜欢的音乐或在车内放置乘客喜欢的报刊，以消除旅途的寂寞； 高乘客选择率
销售代表	正确介绍产品或服务； 达到承诺的销售目标； 回款及时； 不收取礼品或礼金	对每位客户的偏好和个性等做详细记录，并加以主观分析与判断； 为市场部门提供有效的客户需求信息； 维持长期稳定的客户群
打字员	速度不低于 100 字/min； 版式、字体等符合要求； 无文字及标点符号的错误	提供美观、节省纸张的版面设置； 主动纠正原文中的错别字

可以看到，即便是一个非常普通的职位，如司机、销售代表、打字员，也会有很多卓越表现的标准。通过设定卓越标准，可以让任职者树立更高的努力目标。这些卓越标准本身就代表着组织所鼓励的行为，组织对做出这些所鼓励的行为的人会给予相应的奖励。

四、审核关键绩效指标

在确定了工作产出并且设定了关键绩效指标和标准之后，还需要进一步对这些绩效指标进行审核。对关键绩效指标进行审核主要是为了确认这些关键绩效指标是否能够全面、客观地反映被评估者的工作绩效，以及是否适用于评估操作，从而为适时调整工作产出、绩效评估指标和具体标准提供所需信息。审核关键绩效指标主要可以从以下几个方面进行。

（1）工作产出是否为最终产品？由于通过关键绩效指标进行评估主要是对工作结果的评估，因此在设定关键绩效指标时，主要关注的也是与工作目标相关的最终结果。在最终结果可以被界定和衡量的情况下，尽量不去追究过程中较多的细节。

（2）关键绩效指标是否可以被证明和观察？在设定了关键绩效指标之后，就要依据这些关键绩效指标对被评估者的工作表现进行跟踪和评估，所以这些关键绩效指标必须是可以被观察和证明的。

（3）多个评估者对同一个绩效指标进行评估，结果能否取得一致？如果设定的关键绩效指标是真正符合 SMART 原则的，那么它就应该具有清晰明确的行为性评估标准。在这样的基准上，不同的评估者对同一个绩效指标进行评估就有了一致的评估标准，能够取得一致的评估结果。

（4）这些指标的总和是否可以解释被评估者 80% 以上的工作目标？关键绩效指标是否能够全面覆盖被评估者工作目标的主要方面，也就是我们所抽取的关键行为的代表性问题，也是我们非常关注的一个问题。因此，在审核关键绩效指标时，我们需要重新审视一下被评估者主要的工作目标，看看我们所选的关键绩效指标是否可以解释被评估者主要的工作目标。

（5）是否从客户的角度来界定关键绩效指标？在界定关键绩效指标时，要充分体现出组织内外客户的意识。因此，很多关键绩效指标都是从客户的角度出发来考虑的，要把客户满意的标准当作被评估者工作的目标。所以，我们需要审视一下，在设定的关键绩效指标中是否能够体现出服务客户的意识。

（6）跟踪和监控这些关键绩效指标是否可以操作？我们不仅要设定关键绩效指标，还要考虑如何依据这些关键绩效指标对被评估者的工作行为进行衡量和评估，因此，必须有一系列可以实施的跟踪和监控关键绩效指标的操作性方法。如果无法得到与关键绩效指标有关的被评估者的行为表现，那么关键绩效指标就失去了意义。

（7）是否留有超越标准的空间？需要注意的是，关键绩效指标规定的是要求被评估者达到工作目标的基本标准，也就是说，是一种工作合格的标准。因此，绩效标准应该设置在大多数被评估者通过努力可以达到的范围之内，对于超越这个范围的绩效表现，可以将其认定为卓越绩效的表现。

经过上述步骤，我们就可以得到能够衡量和验证的关键绩效指标。这样，我们采取措施对绩效表现进行跟踪和记录，就可以得到被评估者在这些绩效指标上的表现。

☞【专题拓展 6-5】　　　　KPI 怎么定才合理？

第三节　关键绩效指标体系实施过程中的问题

一、关于 KPI 体系设计原则的误区

当设计 KPI 体系时，设计者被要求遵循 SMART 原则。一般来讲，KPI 的设计者对于 SMART 原则是很熟悉的，但是，在实际设计应用时，却往往陷入以下误区。

（一）对具体原则理解偏差带来的指标过分细化问题

具体原则的本意是绩效考核要切中特定的工作指标，不能笼统。但是，有不少设计者将指标不能笼统理解成应尽量细化。然而，过分细化可能导致指标不能成为影响企业价值创造的关键驱动因素。例如，天津某化工原料制造企业在其原来的 KPI 考核体系中给办公室平日负责办公用品发放的文员也设定了一个考核指标："办公用品发放态度"，相关人员对这一指标的解释是"为了取得员工的理解以便操作，对每个员工的工作都设定了指标，并对每个指标进行了细化，力求达到具体可行"。而实际上，这个"办公用品发放态度"指标尽管可以用来衡量文员的工作效果，但它对企业的价值创造并不"关键"。因此，将该指标纳入 KPI 体系是不合适的。

（二）对可度量原则理解偏差带来的关键指标遗漏问题

可度量原则是指绩效指标是数量化或者行为化的，验证这些绩效指标的数据或信息是可以获得的。可度量原则是所有 KPI 体系设计者应注重的一个根本性原则，因为考核的可行性往往与可度量原则有直接关系。然而，可度量并不是单纯指可量化，可度量原则并不要求所有的 KPI 指标都必须是数量化指标。但是，在 KPI 体系的实际设计中，一些设计者过分追求数量化，尽力使所有的指标都可以数量化。诚然，数量化指标更便于考核和对比，但过分追求指标的数量化程度往往会使一些不可数量化的关键指标被遗漏在 KPI 体系之外。例如，销售部门的绝大多数指标是可以数量化的，因此应尽量采用数量化指标，而人力资源部门的某些工作是很难数量化的。这时，如果仍旧强调指标的可量化性，则会导致一些部门的 KPI 指标数量不足，不能反映其工作中的关键业绩。

（三）对可实现原则理解偏差带来的指标"中庸"问题

可实现原则是指绩效指标在付出努力的情况下是可以实现的，要避免设置过高或过低的指标，过高的指标可能导致员工和企业无论怎样努力都无法完成，这样的指标形同虚设，没有任何意义；而设置过低的指标又起不到激励作用，因此 KPI 体系的设计者为避免指标设置的两极化，往往都趋于"中庸"，通常选择均值作为指标。但是，并非所有"中庸"的指标都是合适的，指标的选择需要与行业的成长性、企业的成长性及产品的生命周期结合起来考虑。对于可实现这一原则的理解，指标不仅要可以实现，还必须是经过巨大的努力才可以实现的，这样的考核才可以起到激励作用。

（四）对现实性原则回避而带来的考核偏离指标的问题

现实性原则指的是绩效指标实实在在，可以被证明和观察。由于考核需要费用，而企业本身是利益驱动的，所以很多企业内部 KPI 体系设计者为了迎合企业希望尽量降低成本的想法，对于企业内部一些需要支付一定费用的关键业绩指标采取了舍弃的做法，以便降低考核难度和考核成本，而他们的理由（或者说借口）往往是依据现实性这一原则，提出指标"不可观察和证明"。实际上，在很多情况下，因这个借口被舍弃的指标对企业战略的达成是具有关键作用的，甚至可能因这类指标被舍弃得过多导致 KPI 与企业战略目标脱离，它所衡量的职位的努力方向也将与企业战略目标的实现产生分歧。因此，如果由于企业内部的知识资源和技术水平有限，暂时无法考核这类指标，而这类指标又正是影响企业价值创造的关键驱动因素，那么可以寻求外部帮助，如聘请外部的专家或咨询公司进行 KPI 体系设计，不能因为费用问题阻碍 KPI 指标的正确选择。

（五）对时限原则理解偏差带来的考核周期过短问题

时限原则是指注重完成绩效指标的特定期限，指标的完成不能遥遥无期。企业内部设计 KPI 体系时，有时会出现这种周期过短问题，有些 KPI 设计者虽然是企业内的中高层管理人员，但是他们中有一些人并没有接受过系统的绩效考核培训，对考核的规律性把握不足，对考核的认识不够深入。他们往往认为，为了及时了解员工状况及工作动态，考核的周期越短越好，这种认识失之偏颇。在实践中，不同的指标应该有不同的考核周期，有些指标是可以在短期内看到成效的,可以每季度考核一次,而有些指标是需要长时间才可以看出效果的,可能需要每年考核一次。但是,在一般情况下,KPI 指标不推荐每月考核,因为这样会浪费大量的人力和物力,打乱正常的工作计划,使考核成为企业的负担,长此以往,考核制度势必流于形式。

二、KPI 的应用缺陷及操作要点

即使在指标设置合理的情况下,KPI 考核有时也难以完全发挥效用,主要是由于应用中存在以下两个缺陷。

(一)KPI 指标设定固化

通常,KPI 指标设定之后,应该具有一定的稳定性,不应轻易更改,否则整个 KPI 体系的操作将失去连续性和可比性。在正常情况下,设定一套合理的 KPI 指标之后,应适用于整个经营周期。但是,这并不是说,KPI 指标设定之后就具有了刚性,不能改变。实际上,由于企业的阶段性目标或工作中的重点不同,相应地,各个部门的目标也随之发生了变化,在阶段性业绩的衡量上重点也不同,因此,KPI 存在阶段性、可变性或权重的可变性。如果 KPI 与企业战略目标脱离,则它所衡量的职位的努力方向也将与企业战略目标的实现产生分歧,KPI 指标与实际工作不对应是绩效考核流于形式的一个重要因素。

(二)KPI 体系考核的实施缺乏必要的沟通过程

在企业里,基层员工对绩效考核有莫名的惧怕和抵触情绪,觉得绩效考核就是"管制""束缚""惩罚"的代名词,而某些中高层管理者却简单地把绩效考核与"工资待遇"等同起来,或者考核流于形式,单纯为考核而考核,这种情况的出现与 KPI 设置的初衷相悖。绩效考核是激励的手段,是为了发现工作中的不足并弥补不足,以促进绩效的改进和提高。要扭转这种状况,就要做到沟通在先,高层管理者要做的是,在工作过程中与员工不断沟通,不断辅导与帮助员工,记录员工的工作数据或事实依据,保证目标达成的一致性,这比考核本身更重要。简而言之,就是要在考核之后,让被考核者清楚地知道,在上一个考核周期内,他的工作在哪些方面存在不足,以及在下一个阶段应该如何改进。另外,考核结果不能束之高阁,更不能成为恫吓员工、刺激中层的工具。

许多有关绩效考核的书籍也或多或少地提出了一些与 KPI 相关的问题,但是,在实践中这些问题仍在反复出现,这说明对 KPI 本质与特点的理解、把握需要一个过程,正确而有效地开展 KPI 实务需要对经验教训进行认真总结与思考。

针对以上缺陷,可以将 KPI 的操作要点概括为三个,如图 6-3 所示。

(1)确定每个岗位的关键指标。
(2)定期计算指标并制作报表。
(3)以指标为中心进行工作管理。

【专题拓展 6-6】　　我开始相信没有 KPI、没有考核,
　　　　　　　　　　　　也能管好公司

```
┌─────────────┐   ┌─────────────┐   ┌─────────────┐
│ 确定每个岗位的 │ ▶ │ 定期计算指标并制 │ ▶ │ 以指标为中心进行 │
│   关键指标    │   │    作报表     │   │    工作管理    │
└─────────────┘   └─────────────┘   └─────────────┘
```

| ☑ 指标选择有三个
依据：
——对公司价值/利润
的影响程度
——指标计算的可操
作程度
——该岗位对指标的
可控程度 | ☑ 每个机构统一由一
个部门（管理信息
室）负责计算结果，
以避免口径不一
☑ 对同级同行进行综
合得分排名
☑ 对趋势进行分析
☑ 将报表分发给各
层级 | ☑ 定期召集管理
会议，针对指
标进行反馈、
计划、追踪
☑ 用标准规范的
表格 |

图 6-3　KPI 的操作要点

本章小结

关键绩效指标是用于考核和管理被评估者绩效的可量化的或可行为化的标准体系。它体现为对组织战略目标有增值作用的绩效指标，通过在关键绩效指标上达成的承诺，员工与管理人员可以进行工作期望、工作表现和未来发展等方面的沟通。

建立关键绩效指标体系，首先要明确企业的战略是什么；然后根据岗位业务标准，确定哪些是导致企业成功的因素，对关键绩效指标进行分解；最后，确定关键绩效指标、绩效标准与实际因素的关系。

关键绩效指标体系构建的具体步骤为：确定工作产出—设定考核指标—设定考核标准—审核关键绩效指标。

针对实施 KPI 可能存在的问题，企业必须制定清晰明确的战略目标，并对战略目标进行有效分解；KPI 的实施必须以优化流程和组织结构及培育 KPI 企业文化为前提；通过绩效考核，建立良好的考核关系；重视 KPI 指标的创新，时刻保持管理优化的理念。

思考题

1. 什么是 KPI？它的含义是什么？你是怎么理解的？
2. 如何构建 KPI 体系？简述其设计思路。
3. KPI 有哪些类型？设计 KPI 体系应遵循什么原则？
4. 企业在设计关键绩效指标体系时有哪些误区？如何避免？
5. 搜寻一些企业案例，讨论其设计和实施 KPI 体系的利弊。

案例 6-2　　　强调责任感，没有 KPI，小米是怎么做到的？

2010 年 4 月，小米公司正式成立。小米的 logo 是 "MI"，是 mobile internet 的缩写，代表小米是一家移动互联网公司；倒过来形似一个 "心" 字少一个点，意味着小米要让用户省一点心；MI 是"米"的汉语拼音，正好对应其名字。小米公司由著名天使投资人雷军带领创建，共有七名创始人，分别为创始人、董事长兼 CEO 雷军，联合创始人兼总裁林斌，联合创始人及副总裁黎万强、周光平、黄江吉、刘德、洪锋，后又吸纳王川和雨果·巴拉（Hugo Barra）。

小米是一家专注于智能手机自主研发的移动互联网公司，定位于中低端市场，其产品理念是"为发烧而生"；小米手机、MIUI、米聊是小米公司旗下三大核心业务。2012 年，小米销售手机 719 万台，实现营业收入 126.5 亿元，纳税 19 亿元，公司成立 3 年以来，销售收入突破百亿元。2013 年 3 月，小米推出了互联网电视机顶盒小米盒子，引发中国机顶盒市场热潮；2013 年 9 月，雷军再度用互联网思维改造电视，颠覆式创新的小米电视正式问世；2013 年 11 月，小米路由器问世。

2010 年，小米迅速抓住了微博大爆发这个机会，变成品牌的主战略，成功创造了一个新的品牌模式：不花钱，甚至很少投放广告，竟然快速打造了一个三线城市都熟知的品牌。小米公司首创了利用互联网开发和改进手机操作系统，60 万发烧友参与了开发改进，开创了一个新的品类——"互联网手机"。雷军见到每个人都说："我们能不能少做点东西？能不能把 70%的事情都放下，专注搞好其中 30%的事情？要么不干，要干就干到世界第一。"

小米特殊的一点是：专注于现有的手机、电视、路由器等产品，把未来的产品都交给合作伙伴做，而小米进行投资，用互联网思维改造传统产业。小米相信在每个细分的领域里可以产生巨大的公司，如最近特别火的移动电源，其实就是小米的合作伙伴——江苏的创业公司紫米做的，用三年时间做到 100 亿元。当时小米为什么不做呢？因为小米想的是跟整个产业链合作共赢，小米希望在未来五年的时间里投资 50 家像小米这样的公司，来改变大家的生活，小米的投资机会非常庞大，只要你有想法，能做最优秀的产品，小米就能帮你实现梦想。

在小米取得一系列成就的同时，人们也不断思考小米公司成功的原因，其中管理创新给小米的高速发展提供了强大的助力。

【小米"去 KPI"背后的故事】

小米是一个不洗脑、不开会、没有 KPI、不需要打卡的公司，今年 365 天只开了一次三个小时的会，甚至做出的决策都不发邮件，这在传统企业看来是很不可思议的。即使是在互联网公司，也没有哪家企业是不做绩效评估的。而小米公司全员 6×12 小时工作，坚持了将近三年。维持这样的工作状态，从来没有实行过打卡制度，也没有实行公司范围内的 KPI 考核制度。这种"去 KPI"的管理方式究竟是不是一种管理创新呢？小米还能维持这种制度多久？接下来我们一起来看看小米在实行"去 KPI"管理背后的故事。

1. 雷军的"小餐馆理论"

雷军的"小餐馆理论"是指做产品要把用户当朋友看，就像创业者与投资者之间的关系应该是朋友一样。

雷军说："想象一下，办一个小餐馆，十多道菜都是我亲自做的，我经常看到客人吃饭。客人和老板都是朋友，我新做的菜你试试，如果有问题我马上换，这就是朋友。怎样把所有的用户当朋友看呢？第一，千万别当上帝看，因为中国没有人信上帝。如果你把用户当上帝看，就是把用户当傻子看。一看上面写的牌子，'客户是上帝'，觉得老板肯定没有把用户当朋友看，肯定是骗人的；第二，就是信任，最重要的就是朋友的信任，如果把用户当朋友的话，你想想你的产品出问题要有多大压力。"

2. 组织结构极度扁平化

企业的组织模式说到底是由所处的生存环境决定的。如果后者发生变化，而组织不做出调整，那么企业是很难生存下来的。在移动互联网时代，企业的组织结构要扁平化，每个部门要小巧且灵活。

调查发现，很多企业的各项数据都挺好，但管理者极其焦虑。在移动互联网时代，他们找不到感觉，找不到落脚点，因为互联网的组织形式和文化也已经不适应移动互联网时代了。在原有的体系内，用原来的人、原来的组织形式做一件不同的事，成功的概率是很小的。绝大多数凤凰涅槃的企业，基本是靠组织创新。小米的组织结构是极度扁平化的，雷军的"小餐馆理论"是支撑这种扁平化的核心理念。在内部，他们统一共识为：少做事，才能把事情做到极致，才能快速。扁平化、上班不打卡之所以奏效，也是基于小米相信优秀的人本身就有很强的驱动力和自我管理能力。小米认为："设定管理的方式是不信任的方式，我们的员工都有想做最好的东西的冲动，公司有这样的产品信仰，管理就变得简单了。"

体现扁平化这种特点的就是小米的组织架构基本分为三级：七八个核心创始人—部门领导—员工。小米的管理层很少，七八个创始人下面分别有个主管，管理着七八个小组，然后就是普通员工，而且除七个创始人有职位，其他人都没有职位，都是工程师，晋升的唯一奖励就是涨薪。不需要员工考虑太多杂事和杂念，没有什么团队利益，一门心思在做事情上。无论你在别的公司是总监还是经理，在小米都是工程师，级别都一样，表现好就加薪，但是没有晋升。也就是说，小米的管理异常扁平化，把职能拆得很细，而且不会让团队太大，稍微大一点就拆分成小团队。从小米的办公布局就能看出这种组织结构：一层产品、一层营销、一层硬件、一层电商，每层由一个创始人坐镇，能一竿子插到底地执行。小米现在的员工除每周一1小时的公司级例会，很少开会，也没有季度总结会、半年总结会，成立3年多，七个创始人只开过三次集体大会。

这种扁平化的组织结构也对创始人的能力提出了很高的要求，因为这意味着他们要管的事情很多。但是同样的，这样的管理制度避免了升降职位在平时的工作中带来的一些负面情绪效果，减少了层级之间互相汇报浪费的时间。其效果体现之一就是2012年"8·15电商大战"，从策划、设计、开发、供应链仅用了不到24小时准备，上线后微博转发量近10万次，销售量近20万台。

3. KPI悖论

在智能手机第一波普及风潮涌来时，百度、腾讯、盛大纷纷试图从软件层面把控移动端，但单就ROM系统而言，增长势头远逊于MIUI。除去与小米手机结合的先发优势，MIUI在用户体验层的克制方面起到了关键性作用。

事实上，对于手机系统及应用开发商来说，面对任何功能开发时可能都在面临选择，即如何平衡盈利和用户体验之间的关系，一个细节甚至将直接左右最后的产品形态和用户感观。这个时候，就需要保持一定的克制。"其实每个智能手机用户每天都挺烦的，手机通知栏上往往会堆满各种各样的通知，很多产品经理说要冲一下日活跃，可能弹一条通知就达到KPI目标，但也折损了相应的用户体验，反而得不偿失。"洪锋将"克制"作为MIUI

运营条例中的头条纪律。在面对同样选择时，小米董事长雷军也多次提到"去KPI化"的概念。到目前为止，小米内部从没有施行公司范围内的KPI考核制度，"因为永远很难有一个完美的KPI，可能你在短时间内达到了KPI目标，但付出了失去用户这个更大的代价"。

雷军说："我们互联网公司天大的优势就是量化管理和数字管理。可是量化管理完了以后出现了什么问题呢？我们只关心日活跃，只关心月活跃，只关心GDP的增长，我们不关心人的感受。我们问这些数字做什么事情呢？应用安装后就自动启动，然后每天自动唤醒，每天在后台偷偷启动，这都是为了干什么呢？这都是整日活跃，这是GDP的开始。核心问题是什么呢？假如用户是你的朋友，你能让他的手机放在桌上半天就没电了，没电了后骂三星、小米、苹果？是谁干的呢？不是创业者干的吗？这时候要想我们的KPI是不是有问题。当我们在办小餐馆的时候，没有设置KPI，而且现在小米也要放弃KPI，有KPI的时候我们也会变成偷偷唤醒、偷偷自启动、偷偷联网。"

小米强调要把别人的事当成第一件事，强调责任感。例如，一个工程师的代码写完了，一定要别的工程师检查一下，别的工程师再忙，也必须在第一时间先检查代码，然后再做自己的事情。其他公司可能有一个晋升制度，大家都会为了晋升做事情，会导致价值的扭曲，为了创新而创新，不一定是为用户创新。其他公司对工程师强调的是把技术做好，但小米不一样，它要求工程师把这个事情做好，工程师必须对用户价值负责。

4. 花80%的时间找人

过去一年，小米招了2000多人。怎样在如此高速的扩张中保证公司的文化不被稀释？主要是因为小米在面试的环节把握得比较好，小米希望寻找到这样的人：不仅仅是有能力，更重要的是有梦想、有热情、有责任心。要是招来的人没有责任心，对小米来说将是一场灾难。因为小米不打卡，工作量又很大，如果没有责任心，这个时候又没有考核，又没有监督，就会带来一场灾难。因此，小米主要在努力寻找有责任心的人。

通过挖掘小米成功的秘诀，可以发现，团队是小米成功的核心原因。小米主张和一群聪明人共事，为了挖到聪明人不惜一切代价。如果一个同事不够优秀，很可能不但不能有效帮助整个团队，反而影响整个团队的工作效率。所以，雷军决定组建超强的团队，前半年花了至少80%的时间找人，幸运的是找到了7个牛人合伙，全都有技术背景，平均年龄42岁，经验极其丰富，3个本地加5个"海归"，来自金山、谷歌、摩托罗拉、微软等，理念一致，大都管过超过几百人的团队，充满创业热情。

在小米成立的前2年，整个团队平均年龄为33岁，雷军每天都要花费一半以上的时间招人，前100个员工，每个员工入职，雷军都会亲自接见并沟通。到小米来的人，都是真正干活的人，他们想做成一件事情，所以非常有热情。来到小米工作的人聪明、技术一流，有战斗力、有热情做一件事情，这样的员工做出来的产品注定是一流的。这是一种"真刀真枪"的行动和执行。

5. 透明的利益分享机制

小米公司有一个理念，就是要和员工一起分享利益，尽可能多地分享利益。小米公司刚成立的时候，就推行了全员持股、全员投资的计划。这种透明的利益共享机制是小米公司人力资源管理中的一大特色。小米最初的56个员工自掏腰包共投资了1100万美元——均摊下来每人投资约20万美元。

小米给了足够的回报,一是工资;二是在期权上有很大的上升空间,而且每年小米公司还有一些内部回购;三是来自用户的良好反馈甚至是追捧。这种透明的利益共享机制带来的是全体员工的工作热情,谁认真工作,谁就能得到相应的回报,这是员工工作动力的源泉。

6. 小米设计管理的"三板斧"

雷军说,小米的管理设计"三板斧"有三个关键词:坚持战略,死磕到底,解放团队。

在定义战略时,一定要有心理准备,坚持战略是一件非常难的事情。雷军认为,坚持战略是所有产品、设计、营销决策的前提,一个好的战略要坚持十年不动摇。小米的产品设计理念就是:为发烧而生,从公司成立第一天就坚定了这个设计定位,小米的第一款产品 MIUI 就遵循了这个设计理念。

在坚持战略的过程中会遇到各种各样的阻力,也有各方面的压力,如在红米的设计方案中,有过其他包装盒方案,有过降低成本的方案,但最终都被否决了,雷军说:"不能因小失大。"有了坚定的战略之后,就看执行过程中如何死磕到底。

雷军说:"好的设计都是死磕出来的。"以小米今年的发布会为例,小米的发布会其实非常简单,整个发布会没有明星、没有模特。发布会上的 PPT 是重点,也是唯一的重点。和同行相比,小米应该是 PPT 做得最认真的,基本上每一页都是海报级别的品质。这是怎么做的呢?就是不停地修改,只要还有时间,就一直修改。然后,再修改!一共 219 页的 PPT,制作的素材超过了 1000 页。雷军本人全程参与了一个多月的修改历程,不断压缩,持续筛选,只保存最精华的部分,中间修改更迭的版本超过了 100 个。就在发布会前一周,雷军和设计师团队的领导还在玩命打磨 PPT。

明确了设计战略目标,坚定了死磕的意志,接下来最关键的就是学会解放团队,激活更大的生产力,提供设计管理的组织保障。其中的核心是让员工对产品产生爱,在这之后,要设立一套更合理的机制,让爱产品的能量有效率地推动设计工作,而且,这种力量是循环互动的,当你很认真地对待用户的时候,用户也会用心对待你。

小米是由一群发烧友做起来的,不必怀疑他们对产品原生的爱,而公司要做的就是保护并进一步激发他们的热情,做到员工对顾客的服务热情是发自内心的。例如海底捞就首先做到了高度关怀自己的员工。那么,如何让这种对产品的爱有效率地推动设计工作呢?设计出一套合理的问题解决机制是解决问题的关键。

当出现"产品经理和设计师协作的效率很低"这样的抱怨时,应该发现很多互联网项目的开发节奏都已经经历了"从年到天"的变化。面对开发的迭代加速,要建立配套的项目组建设,最有效的方法就是全部碎片化,把项目全部拆开。小米通过拆分团队,使得原本 100 人左右的设计师团队被分到若干项目中,每个人直接跟产品经理和设计师组队,发挥灵活的小团队效率。在同一总体设计品牌战略下,不同的产品、不同的设计应用场景,对于设计风格、表达方式和传达渠道的需求自然不同,这就是"元素集中、表达离散"的趋势。同时,设计师和产品经理的身份也开始有更大的融合趋势,小团队模式显然更能适应这些变化。

在组建项目的时候,还有人抱怨设计师的水平很高,但是设计出来的东西总是不对点,华而不实。这个问题的关键是不懂用户。所以,小米要求内部员工全去泡论坛、发微博,不断跟用户交流、倾听用户的声音，让用户参与产品、营销的设计。小米微博客服上有个规定：15分钟快速响应。小米还开发了一个客服平台做专门的处理，无论是用户的建议还是吐槽，很快就有小米的人员进行回复和解答；小米鼓励大家用真正的方式近距离地接触用户，从雷军开始，会每天花一个小时回复微博上的评论，包括所有的工程师。据统计，小米论坛每天新增12万个帖子，经过内容的筛选和分类，有实质内容的帖子大约有8000个，平均每天每个工程师要回复150个帖子。工程师的反馈在每一个帖子后面都会有一个状态，如已收录、正在解决、已解决、已验证，相当于一个简化版的Bug解决系统。用户可以明确地知道自己的建议是哪个ID的工程师在解决，什么时候能解决，有一种被重视的感觉。

这种认真对待用户的态度也换来了用户的真心。小米的员工收到过很多米粉赠送的礼物，最震撼的是一个粉丝用一粒一粒真实的小米粘成的一个小米机模，如此用心，让人感动。小米全员各自有不少米粉朋友，他们会经常和米粉互动沟通，听米粉的建议，帮米粉解决各类问题。雷军说："唯有如此，我们才会一直用深沉的爱去面对用户，像对待我们自己的孩子一样对待我们的产品。"如此，你就能理解，为什么在第一台小米工程机接通第一个电话时，雷军会情不自禁弯下腰、贴到桌上去听第一声铃响。

有玩者之心的团队，才会真正爱自己的产品，爱自己的用户，这才是解放团队真正的核心。

资料来源：强调责任感，没有KPI，小米是怎么做到的？ [EB/OL]．（2018-09-10）[2024-10-11]．http://www.chinahrd.net/blog/407/1149500/406615.html．

思考与讨论
1. 根据本章所学内容，谈谈你对小米"去KPI"的理解。
2. 在使用KPI进行考核时，小米的案例给了我们哪些启示？

 团队互动演练

研究型学习小组以所在学校为基础，完成学校某类岗位人员的《KPI绩效考核方案》。操作指导如下。

教学目的
☑ 熟悉关键绩效指标体系的构建流程。
☑ 理解关键绩效指标的特征和设计原则。
☑ 了解KPI考核的作用和重要性。

教学平台
以学生熟悉的组织为依托，选择某一类岗位，完成KPI绩效考核方案设计。

硬件支持：计算机中心实验室，每个学生配备一台计算机，允许网络连接。标准化教室，供学生讨论和陈述。

教师提供KPI绩效考核方案设计基本思路。

教学步骤

第一阶段：收集和研究组织背景信息。要求：组织概况、发展战略与企业文化、组织结构与职位分类、工作说明书、现有绩效考核制度、××年岗位工作目标。

第二阶段：设计关键绩效考核指标体系。要求：根据组织战略定位制定出公司级KPI、部门级KPI、岗位级KPI，注意结合职责说明、工作流程，绘制客户关系示意图，确定工作产出，建立关键绩效考核指标。

第三阶段：设定某岗位的绩效考核标准。针对不同的岗位KPI，根据该岗位的具体工作职责、工作内容以及任职资格要求等设定出相应的绩效考核标准。要求：设定基本标准与卓越标准、确定考核主体、明确如何对各项标准进行考核，依据标准划分出评价等级与分值。

第四阶段：审核KPI指标，形成和讨论某岗位绩效考核方案。要求：审核指标与标准的客观性、全面性与可操作性，提供反馈及修正信息；形成和讨论某岗位绩效考核方案。

团队成员

研究型学习小组在组长指导下合理分工，各负其责，按规定时间完成任务。

研究成果

☑ 《KPI绩效考核方案》。
☑ 对其他小组的方案进行点评。

第七章　基于平衡计分卡的绩效考核

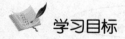

学习目标

☑ 了解平衡计分卡的产生背景及其发展和完善；
☑ 掌握平衡计分卡的结构；
☑ 了解平衡计分卡指标系统的特点和设计思路；
☑ 掌握实施平衡计分卡的操作要点及基本步骤；
☑ 能对平衡计分卡的理论与实践做出比较贴切的评价。

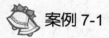

案例 7-1　　　　　　　　A 公司的平衡计分卡分析

A 公司是以服装为主业的集团公司，旗下涵盖男装、女装、职业装、童装及生活家居等多项业务。该公司以男装起家，经过多年的精耕细作，其男装品牌具有了较高的品牌知名度。之后，A 公司开始筹备女装品牌，准备开拓女性市场，并将这个品牌定位为休闲时尚的都市女装，接着正式推出全新的国潮运动鞋服品牌。不久，又创立"生活馆"模式，将其作为生活方式类家居品牌。A 公司陆续扩张业务领域，先后推出多个服装品牌，多元化品牌发展成为集团的重点战略。截至目前，A 公司旗下的门店总数达到了 5000 余家，具有较高的市场占有率。

尽管 A 公司的市场份额一直保持着增长，盈利能力也不错，但服装行业的成熟度很高，线下"生活馆"属于重资产经营模式，所以成本持续增高，再加上电商的不断冲击和疫情的持续影响，导致 A 公司的业务增长不够，盈利能力不断下滑，对公司发展产生了较大的影响。

在细分市场上，男装行业市场已经较为成熟，竞争格局稳定，但品牌方需要在多元化市场中保持竞争优势，则需要对供应链有较强的控制力，不断推出功能品质与潮流时尚兼具的产品，以满足消费者多样化着装需求。女装行业普遍竞争激烈，目前女装仍处在消费升级和行业集中度提升阶段，职业女性增加以及新生代女性对服装需求的多样化推动行业连续较快增长，在产品创新、服务、价格等方面更具优势的中高端女装，有望受益于消费升级获得更高增速。由于健康意识的持续提升以及户外活动增多，运动服装有望成为增速较高的细分赛道。

与此同时，健康家居、品质家居已成为国人生活新常态，消费者对家居用品的科技性、功能性、时尚性等提出了更高要求，家居行业有望继续蓬勃发展。童装市场方面，新生代父母对童装品质需求有了显著提升，更加注重童装的安全性、舒适性和时尚性。品牌童装纷纷加码布局电商渠道，通过数字化改造，探索线上线下全渠道融合模式，通过多维度渠道增加品牌与消费者触点，扩大市场占有率。

基于对外部环境的洞察以及自身优劣势的分析，A 公司制定了未来 3 年的战略目标：

积极推进战略转型,实现服饰领域的多品牌、全品类布局,以集团化运营不断夯实品牌力、产品力、强化渠道力,每年营业收入增长率不低于30%。

根据该公司的战略定位以及战略目标,可以绘制出其战略地图,如图7-1所示。

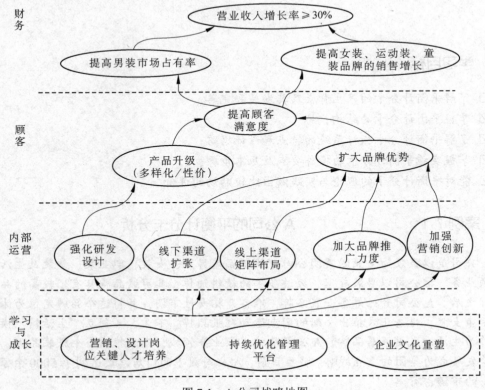

图7-1　A公司战略地图

第一,财务维度。A公司的战略目标是不低于30%的营业收入增长率,由于公司最大的优势是男装品牌,已经具有了较大的影响力和知名度,进一步提高男装品牌的市场占有率是业务增长的重要途径之一。此外,公司近几年一直在进行女装、运动装、童装等多品牌布局,所以,多品牌服装产品的增长同样是达成营业收入提升战略目标的关键手段。所以,A公司是通过多品牌的产品布局来支撑战略目标的实现的。

第二,顾客维度。各细分市场服装品牌要实现财务目标的要求,必须提供有针对性的顾客价值,从而提高顾客满意度。男装要提高市场占有率,关键是要做好产品升级。具体来说,需要在三个方面做升级:首先是服装款式。目前,A公司的男装仍多以灰色、黑色、灰蓝、灰绿色系服装为主,总体风格较为单一,而且服装款式设计偏保守,每年的变化不大;其次,男装的品类比较少,可选择性不大,导致消费者的驻店停留时间过短,转化率不够;最后,消费者集中反馈男装缺乏性价比高的品牌,既要有高品质,价格还不能太高。

除了男装的市场占有率要持续提高,其他细分市场的服装品牌要通过精准的品牌定位以及品牌形象带动销售增长。可以通过形象代言人以及市场活动扩大品牌优势。选择有流量基础、形象健康,并且与A公司男装品牌调性相符的明星代言,可以快速提升品牌知名度。此外,采用综艺节目、体育运动赞助等市场活动,同样可以积累品牌势能。

第三，内部运营维度。客户价值决定企业内部运营的重点领域。在内部运营流程层面，A公司需要在产品研发设计、渠道布局、营销创新等多个领域进行系统升级。

研发设计最忌讳"闭门造车"和自以为是，必须以消费者需求为设计起点，所以要加强对市场敏锐度的洞察；以目前服装品牌的线下渠道发展来看，一、二线城市竞争格局已经基本形成，"渠道下沉"策略是大势所趋，A公司要加速完成对三、四线城市线下门店的布局；对于线上渠道，应该让抖音、快手、淘宝、小红书等多个品牌共同发力，比如携手头部主播提升消费者对品牌的认知和购买力，以线上渠道矩阵满足多样化用户消费习惯，促进品牌增长。

第四，学习与成长维度。要支撑内部运营系统的高效和顺畅，组织层面的学习与能力提升必不可少。从人才角度来说，对于服装行业，产品的研发设计能力以及营销创新能力是关键。若要实现产品升级，产品的持续开发能力与高素质人才的研发设计能力密切相关，而营销创新离不开思维敏捷、经验丰富的市场营销人才，所以，A公司需要对设计与营销人才进行重点招募与培养，并且要做持续性投入。

A公司非常重视信息化的建设，不断完善覆盖产业链全流程的信息系统。在大数据时代信息技术快速变化的大背景下，企业应不断优化现有的数字信息管理系统，构建与业务更新速度同步，整合员工、财务、供应商、客户等资源的综合性数字信息系统。A公司应采取"全渠道、多平台、优势互补"的线上营销策略，在直播运营、产品聚焦、数字赋能、社群运营等领域持续发力，持续优化管理平台的运营效率。

企业文化是存在于企业之中的共同的价值观和以共同价值观为核心形成的行为准则、企业形象的集合体。对于A公司而言，只有恪守"品质铸就美好生活"的使命，以及"美好生活方式第一品牌"的愿景，构建"温馨和谐"的企业文化，才能为客户、员工提供温暖温馨的服务，这种企业文化与A公司旗下各服装品牌的经营理念高度一致。

经过战略地图的研讨与绘制，A公司总结出实现战略目标的路径和打法，构建了"以产品升级和品牌影响促动业务增长"的战略突破口，为战略执行指明了清晰的方向。

资料来源：平衡计分卡案例分析：如何以产品升级促动业务增长？[EB/OL].（2024-05-13）[2024-11-13]. https://mp.weixin.qq.com/s/etWEMmv_VAN3kMH4Asdijg.

在上述案例中，A公司运用平衡计分卡推进了战略愿景的实现，改变了原来传统的以财务为单一衡量指标考核组织和个人绩效的方法，全面反映组织战略愿景在关键环节的行动方案，使高层管理者对于组织的发展与运行状况一目了然，增强了组织长期战略计划的实现能力，将绩效评价与战略管理完美地结合在一起。

第一节　平衡计分卡的产生和发展

一、平衡计分卡的产生

随着经济的发展，传统的考核指标已经出现了重大的缺陷。无论是中国古代的考绩与考课制度，还是近代欧洲的绩效考评与考核（自工业化开始），都侧重于从某个维度去考察某个人的绩效。在平衡计分卡产生之前的20世纪80年代,各国的大企业都发现,采用传统的以财务指标为单一衡量指标考核企业和个人经营绩效的方法已经不能适应现代社会竞争日益激烈的环境的需要。在某些方面,传统的财务指标已经妨碍了企业的进步,具体表现在以下几个方面。

(1) 依靠传统的财务指标已不能向企业高层提供切实可靠的信息。仔细研究不难发现,企业的经营绩效受很多因素的制约,仅仅依靠财务指标的方法实际上对企业管理者产生了很多的误导,使其将所有精力都放在了节约成本上,然后想办法增加利润。然而,事与愿违,企业的利润不是在稳步增长,而是在不断枯竭。

(2) 无形资产的地位日益提升且受到重视,大大削弱了单一财务指标作为衡量企业绩效的代表性。现在来看,企业财务指标已经将无形资产纳入财务指标,但在当时,财务指标更多地侧重于对有形资产的考核和管理。

(3) 企业自身的发展与社会发展相适应,一开始企业的首要任务就是搞好生产,以求低成本、大批量地供应产品,满足巨大的社会需求,因此,那时的企业是以生产为中心的。随着形势的发展,企业不仅需要提供高质量、低成本的产品,还需要注重销售问题,企业的重心也就由一个变为两个。到了20世纪末,企业面对的是全球性竞争,顾客的要求也变得严格、多样化,这就要求企业关注需求分析、产品创新设计、生产制造、市场营销、售后服务等方方面面的问题。为了与企业的职能变化相适应,企业的组织结构也要随之改变,也就是说,企业的职能范围越来越广,企业的组织结构也越来越复杂,构建于简单企业基础之上的管理控制体系越来越力不从心。此外,精益生产、实时生产、制造资源计划、世界级制造、全面质量管理等先进管理技术的发展,也对管理控制体系提出了更高的要求。在这种情况下,客观环境要求企业寻求一个更好的考核方法,思考如何用一种新的、比单一财务指标更有效的方法去考核企业和个人绩效?

1992年,罗伯特·卡普兰(Robert S. Kaplan)和戴维·诺顿(David P. Norton)对绩效测评方面处于领先地位的12家企业进行了为期一年的研究之后,在《哈佛商业评论》和《成本管理》杂志上发表了第一篇关于平衡计分卡的论文——"绩效考核:平衡计分卡方法",正式提出了"平衡计分卡"(balanced score card,BSC)这一概念。平衡计分卡是一种将传统的财务指标分析与非财务指标相结合来评价组织绩效的方法,可以给管理者提供更广泛、丰富的管理及决策信息,实际上是一种战略管理工具。

二、平衡计分卡的发展

平衡计分卡改变了以往绩效考核只是从财务指标入手的片面性,转而从四个维度关注企业的绩效:财务维度、顾客维度、内部流程维度、学习与成长维度。过去的研究主要集中在如何从这四个维度设定具体指标,不同行业可能考核指标、指标权重有所差异。今天的平衡计分卡已经发展到将战略置于中心地位,它根据企业的总体战略目标将之分解为不同的目标,为之设定具体的绩效考核指标,并通过将员工报酬与测评指标联系起来的办法促使员工采取一切必要的行动去达到这些目标。

（一）第一代平衡计分卡

20世纪80年代末，卡普兰和诺顿发现，企业单纯依靠财务指标进行绩效考核存在很多问题，过度关注财务指标会引发企业的短期行为，进而损害企业的长期利益，甚至给企业带来毁灭性打击。因此，他们于1992年发表在《哈佛商业评论》的文章中提出了平衡计分卡的概念，建议从多个角度审视企业的绩效，强调绩效考核既要注重结果，更要注重过程，应设置均衡的衡量指标体系。

在这个阶段，卡普兰和诺顿建立了平衡计分卡的逻辑框架，即从财务指标和非财务指标两个方面综合衡量绩效。该方法从四个维度关注企业绩效：财务（financial）、顾客（customer）、内部流程（internal business process）、学习与成长（learning and growth）。然后，选择那些与具体的战略目标相关联的指标来构成整个衡量体系。因此，整个平衡计分卡体系实际反映了多种平衡关系：短期和长期目标、财务和非财务指标、滞后和领先指标、外部和内部业绩视角。但是他们并没有对什么是平衡计分卡做出十分清楚的定义。这时的平衡计分卡是作为一个对绩效评估的改进工具来使用的，用于弥补传统目标管理在业绩指标体系设计方面的弊端。

早期的平衡计分卡关注战略和愿景，但是没有说明如何有效设计和使用平衡计分卡。因为组织中的指标繁多、复杂，卡普兰和诺顿没有说明在设计平衡计分卡时如何进行指标的过滤（也就是选择一小部分具体的指标来进行测量）和分类（也就是决定如何将测量指标分组成"维度"）。当时他们仅仅建议"设计考核指标要以企业战略和愿景为导向"，并给出了一些提示性问题供企业参考，如"为了让顾客和股东满意，我们要完善和做好哪些业务流程"等，并没有具体提出一套具有可操作性的方法和工具来提炼衡量指标。显然，这种方式缺乏系统性和可操作性，不利于平衡计分卡在企业中的实际应用，这对平衡计分卡的适用性提出了很大的挑战。

（二）第二代平衡计分卡

针对平衡计分卡难以操作的缺陷，卡普兰和诺顿对平衡计分卡进行了第一次重大改进。这次改进的一个关注点是因果联系。由于早期关于平衡计分卡内部的因果联系的阐述是不足的，卡普兰和诺顿在1996年发表了两篇文章，分别阐述了测量指标之间、战略目标之间的因果联系。当时，他们建立了"战略联系模型"（在他们于2004年发表的文章中被称为"战略图"）来展示和阐述战略目标之间的联系，帮助企业识别需要进行考核的行为和结果。要求根据战略目标确定一系列指标体系中的关键指标，这导致平衡计分卡的设计流程发生了重大改变，对如何进行指标过滤和分类的问题提供了指导。同时，由于强调指标之间的因果关联性，不同部门的指标有所不同，但平衡计分卡体系由此成为一个有机整体。经过这次发展，平衡计分卡从"改进的测量系统"发展成为"核心管理系统"（core management system）。

同时，在这次改进中，卡普兰和诺顿为了强调平衡计分卡对组织战略执行管理的支持，提出平衡计分卡是"战略管理系统"的一个核心要素，战略是衡量指标体系的灵魂。他们强调绩效衡量指标应该反映企业特有的战略意图，企业应设置具有战略意义的衡量指标体系。战略图是一个能够帮助企业明晰战略、沟通战略的有效工具。

☞【专题拓展 7-1】　　　卡普兰和诺顿的新理念：数字时代的
第二代平衡计分卡

（三）第三代平衡计分卡

有学者认为，第一代平衡计分卡更关注的是指标选择的过滤问题，而第二代平衡计分卡更关注的是指标选择的分类问题。但是在实践中，很多开发平衡计分卡的组织发现在测量指标的选择和目标设定，以及如何理性地由高层次平衡计分卡推出较低层次的平衡计分卡方面存在严重的实践问题，并且很多企业的管理流程在不同程度上都存在缺乏一致性的问题，各个管理体系分散，没有整合成一体化管理体系，导致战略难以落地。

因此，卡普兰和诺顿再一次对平衡计分卡进行了重大改进。这次改进主要体现在设计方法上的重大变化。详细来说，也就是对模型本身及各种指标进行重新确认和定义，有了这些具体明确的陈述之后，管理者可以根据这些陈述进行选择与发展，不必参考其他内容。在第三代平衡计分卡中，卡普兰和诺顿提出了"目标陈述"（destination statement）的概念，作为选择战略目标、选择测量指标和目标设置的出发点。目标陈述是一种描述，包括对组织在未来应是什么样子的量化细节的描述。通过目标陈述，战略目标的选择、因果假设的阐述都更加容易，并且管理团队能更迅速地达成一致。

通过这次改进，平衡计分卡已经上升为战略性绩效管理体系，成为战略执行的工具。它强调企业应建立基于平衡计分卡的战略管理体系，帮助企业统一管理思想和战略执行方向，调动企业所有的人力、财力和物力等资源，集中起来协调一致地达到企业的战略目标。

综上所述，第一代平衡计分卡主要是提出了平衡计分卡的逻辑框架，主要作为一种绩效评估的改进工具。第二代平衡计分卡主要是用"战略图"建立了战略目标间的因果关系。第三代平衡计分卡提出了"目标陈述"的概念，平衡计分卡成为一种战略执行工具。虽然平衡计分卡在内容上发生了很大的变化，但是卡普兰和诺顿最初提出的平衡的理念始终没有改变。

第二节　平衡计分卡的基本内容

一、平衡计分卡的结构

平衡计分卡是以企业战略为基础，将各种衡量方法整合为一个有机的整体，它既包含财务指标，又包含顾客、内部流程、学习与成长等业务指标，使得组织能够一方面追踪财务结果，另一方面密切关注能使企业提高能力并获得未来增长潜力的无形资产等方面的进展，这样就使企业既具有反映"硬件"的财务指标，又具备能在竞争中取胜的"软件"指标。

平衡计分卡是使企业战略落地的工具，它最突出的特点就是将企业的愿景、使命和发展战略与企业的业绩评价体系相联系，把企业的愿景和战略转变为具体的目标与测评指标，以实现战略和绩效的有机结合。平衡计分卡的基本结构如图 7-2 所示。

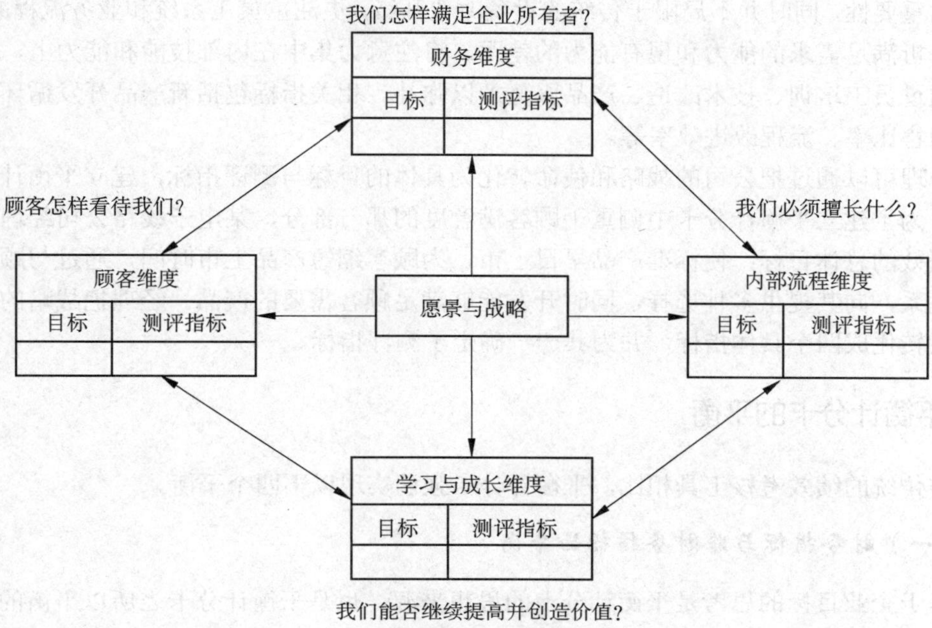

图 7-2　平衡计分卡的基本结构

☞【专题拓展 7-2】　　专访"平衡计分卡"大师罗伯特·卡普兰：
从度量到沟通

（1）财务维度——我们怎样满足企业所有者？作为市场主体，企业必须以盈利作为生存和发展的基础。企业各个方面的改善只是实现目标的手段，而不是目标本身。企业所有的改善最终都应该归于财务目标的达成。平衡计分卡将财务维度作为所有目标评价的焦点。如果说每种评价方法是综合绩效评价制度这条纽带的一部分，那么因果链上的结果还是归于"提高财务绩效"。

（2）顾客维度——顾客怎样看待我们？企业要获得长远的财务业绩，就必须创造出令顾客满意的产品和服务。平衡计分卡给出了两个层次的绩效评估指标：一是企业在顾客服务方面期望达到绩效而必须完成的各项目标，主要包括市场份额、顾客保有率、顾客获得率、顾客满意度等；二是针对第一层次的各项目标进行逐层细分，选定具体的评价指标，形成具体的绩效评估量表。

（3）内部流程维度——我们必须擅长什么？这是平衡计分卡突破传统绩效评价的显著特征之一。传统绩效评价虽然加入了生产提前期、产品质量回报率等评价指标，但是往往停留在单一部门绩效上，仅靠改造这些指标只能帮助组织生存，而不能形成组织独特的竞争优势。平衡计分卡从满足投资者和顾客需要的角度出发，从价值链上针对内部的业务流程进行分析，提出了四种绩效属性：质量导向评价、基于时间的评价、柔性导向评价和成本指标评价。

（4）学习与成长维度——我们能否继续提高并创造价值？这个方面的观点可为其他领

域的绩效突破提供手段。平衡计分卡实施的目的和特点之一就是避免短期行为，强调未来投资的重要性，同时并不局限于传统的设备改造升级，更注重员工系统和业务流程的投资。注重分析满足需求的能力和现有能力的差距，将注意力集中在内部技能和能力上，这些差距将通过员工培训、技术改造、产品服务加以弥补。相关指标包括新产品开发循环期、新产品销售比率、流程改进效率等。

经理可以通过把公司的战略和使命转化为具体的目标与测评指标，建立平衡计分卡。例如，为了建立平衡计分卡中侧重于顾客满意度的那一部分，某电子线路公司经理确立了顾客绩效的总体目标：使标准产品早日上市，为顾客缩短产品上市时间，通过与顾客建立伙伴关系，向其提供多种选择，同时开发能够满足顾客需要的产品。经理把战略的这些组成因素转化成四个具体指标，并为其一一确定了测评指标。

二、平衡计分卡的平衡

与传统的绩效考核工具相比，平衡计分卡强调实现以下四个平衡。

（一）财务指标与非财务指标的平衡

基于企业目标的思考是平衡计分卡的思想来源，也是平衡计分卡之所以平衡的原因。因为在过去的企业目标设置及其完成情况的考察中，都只注重其中一两个维度，特别是只注重财务维度目标的实现，而忽略了顾客、内部流程、学习与成长等维度的建设。在工业生产时期，财务指标足以作为公司的目标而运作得非常好，但是到了如今这个时代，企业要不断地增强自身的各种技能以应对激烈的竞争环境，单纯采用财务指标可能会使企业的技能降低、产品技术落伍和核心人员流失加快等，这时要注重财务指标与非财务指标的平衡，如图 7-3 所示。

图 7-3 平衡计分卡的平衡

（二）长期目标与短期目标的平衡

正如卡普兰和诺顿所说的，"你所得到的就是你所衡量的"，所以寄希望于通过财务目标的实现带动顾客、内部流程、学习与成长等维度的目标的实现是不现实的，财务目标的驱动力往往是短期的，员工一般不会自觉地为了财务目标的增长而做出长远的规划，特别是当那些有利于长期的工作损害到近期工作时，员工为了避免主管的责难或给主管留下业绩不良的印象，只会以短期行为来取悦主管。

员工对于长远的规划或是有利于长远规划的工作往往较为冷淡，于是这些工作便成为主管的专属工作，员工从不参与。这样显然是浪费人力，如果主管在制订长远规划时能获悉工作在一线的员工的看法，在制订长远规划时，员工能很好地理解并积极地配合，那么主管就会省下很多力气。

管理者不能单单把视线集中在财务目标上，也要引导员工不能只是盯着财务目标，而是要平衡各方面的发展，使员工参与到非财务目标及企业长期价值的创造上。

（三）结果与动因的平衡

企业所有者要求的当然是企业财务业绩的最大化，但这只是一个结果，前面也已论述过，单纯设立这个最终目标会导致难以控制，会使最终目标是否能实现变得难以确定。所以要退一步，寻找实现这个目标的动因，从而设立分目标。对动因进行追溯，从而确定分目标，是平衡计分卡最大的特色。平衡计分卡对动因和结果都进行了探讨，平衡了两个方面的关系，考虑到了企业内部各利益主体与价值创造主体的利益，兼顾财务指标与非财务指标，平衡了短期利益与长远利益的关系，明晰了结果与动因之间的逻辑关系，有利于促进企业更加稳健地发展。

（四）前置与滞后的平衡

平衡计分卡提供了一个自上而下的时间思考维度，既关注那些能反映过去绩效的滞后性指标，也关注能反映、预测未来绩效的前置性指标；既要明确目前的财务指标在很大程度上是绩效周期公司行为的结果，又要清楚公司在采用新技术后，财务指标将是下一绩效周期经营效率的目标和经营行为的结果。

（五）内部与外部的平衡

这是指要关注公司内外的相关利益方，有效实现外部（如顾客和股东）与内部（如流程和员工）之间的平衡。一方面，一个好的内部流程对于任何公司都非常重要，它可能与公司外部没有太多联系；另一方面，公司在市场上建立的顾客形象和顾客关系也非常重要，这两个方面都反映在平衡计分卡中。

平衡计分卡的核心思想就是通过财务（financial）、顾客（customer）、内部流程（internal business process）、学习与成长（learning and growth）四个维度指标之间相互驱动的因果关系（cause-and-effect links）展现组织的战略轨迹，实现绩效考核→绩效改进及战略实施→战略修正的目标。平衡计分卡中的每一个指标都是一系列因果关系中的一环，通过它们把相关部门的目标同组织的战略联系在一起；而"驱动关系"一方面是指平衡计分卡的各维度指标必须代表业绩结果与业绩驱动因素的双重含义，另一方面平衡计分卡本身必须是包含业绩结果与业绩驱动因素双重指标的绩效考核系统，如图7-4所示。之所以称此方法为"平衡"（balanced）计分卡，是因为这种方法通过财务与非财务考核手段之间的相互补充"平衡"，不仅使绩效考核的地位上升到组织战略的层面，使之成为组织战略的实施工具，也是在定量评价与定性评价之间、客观评价与主观评价之间、指标的前馈指导与后馈控制之间、组织的短期增长与长期发展之间、组织的各个利益相关者的期望之间寻求"平衡"的基础上完成绩效考核与战略实施过程。

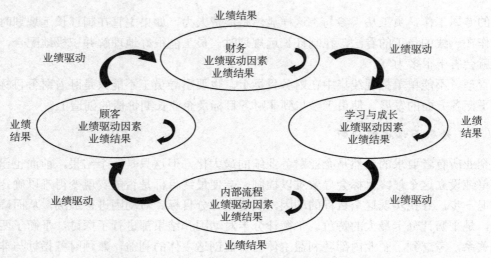

图 7-4 平衡计分卡四个维度之间相互驱动的关系

三、平衡计分卡的特点

平衡计分卡反映了财务与非财务衡量方法之间的平衡、长期目标与短期目标之间的平衡、外部和内部的平衡、结果和动因的平衡、前置与滞后的平衡等多个方面。所以，它能反映组织的综合经营状况，使业绩评价趋于平衡和完善，利于组织长远发展。

平衡计分卡因为突破了财务作为唯一指标的衡量工作，做到了多个方面的平衡。平衡计分卡与传统评价体系相比较，具有如下特点。

（1）平衡计分卡为企业战略管理提供了强有力的支持。随着经济全球化进程的不断发展，市场竞争的不断加剧，战略管理对企业持续发展而言更为重要。平衡计分卡的评价内容与相关指标和企业战略目标紧密相连，企业战略的实施可以通过对平衡计分卡的全面管理来完成。

（2）平衡计分卡可以提高企业整体管理效率。平衡计分卡所涉及的四个维度都是企业未来发展成功的关键要素，通过平衡计分卡所提供的管理报告，将看似不相关的要素有机地结合在一起，可以大大节约企业管理者的时间，提高企业管理的整体效率，为企业未来的成功发展奠定坚实的基础。

（3）注重团队合作，防止企业管理机能失调。团队精神是企业文化的集中表现，平衡计分卡通过对企业各要素的组合，让管理者能同时考虑企业各职能部门在企业整体中的不同作用与功能，使他们认识到某一领域的工作改进可能是以其他领域的退步为代价的，促使企业管理部门考虑决策时从企业整体出发，慎重选择可行方案。

（4）平衡计分卡可扩大企业激励作用，加强员工的参与意识。传统的业绩评价体系强调管理者希望（或要求）下属采取什么行动，然后通过评价来证实下属是否采取了行动及行动的结果如何，整个控制系统强调的是对行为结果的控制与考核。而平衡计分卡则强调目标管理，鼓励下属创造性（而非被动）地完成目标，这一管理系统强调的是激励动力。因为在具体管理问题上，企业高层管理人员并不一定比中下层管理人员更了解情况，所做出的决策也不一定比下属更明智，所以由企业高层管理人员规定下属的行为方式是不恰当的。另外，目前企业业绩评价体系大多数是由财务专业人士设计并监督实施的，但是由于专业领域的差别，财务专业人士并不清楚企业经营管理、技术创新等方面的关键性问题，因而无法对企业的整体经营业绩做出科学合理的计量与评价。

（5）平衡计分卡可以最大限度地减轻企业信息负担。在当今信息时代，企业很少会因为信息过少而苦恼，随着全员管理的引进，当企业员工或顾问向企业提出建议时，新的信息指标总是不断增加，这样会导致企业高层决策者处理信息的负担大大加重。而平衡计分卡可以使企业管理者仅仅关注少数而又非常关键的相关指标，在保证满足企业管理需要的同时，尽量减轻信息负担。

（6）平衡计分卡是一种绩效评价新思路。由图 7-5 可以看出，为实现企业的战略，平衡计分卡从四个方面进行考察，而这四个方面以其内在的因果联系全面、系统地对企业的关键方面进行了目标的设置与其要达到的标准。平衡计分卡与其他绩效考核方法最大的不同是，它提出了财务、顾客、内部流程和学习与成长四个具有内在联系的维度，改变了过去过分重视财务指标而轻视其他指标的弊端，同时为人们衡量非财务指标提供了一种新的思路。

（7）从控制的角度来看，平衡计分卡是一个较为完善的控制系统。为了实现企业的使命和战略，平衡计分卡提供了更易于控制的四个方面的目标，这样使得较为抽象的战略构想较为全面地转化为四个具体的层面，对抽象的东西进行分解，有利于提高控制力。另外，从平衡计分卡四个维度的内部来看，它们之间存在着因果联系，环环相扣，有利于控制。

（8）平衡计分卡是一个战略管理系统。平衡计分卡的实质是将战略规划落实为具体的经营行为，并对战略的实施加以实时控制。所以平衡计分卡实现的远不止绩效的管理，它是一种战略管理的工具，从财务、内部流程、顾客、学习与成长四个维度全面地关注企业，几乎涵盖了企业的各个方面，从这一点来讲，平衡计分卡是一个战略管理系统。通过平衡计分卡的建立，所有员工都能清楚地知道自己的工作对企业战略实现的意义，使企业员工在一套评价指标的引导下努力工作，从而实现组织战略目标。界定清晰的指标体系只是表面的战术制定过程，平衡计分卡更核心的特征在于以评价系统为核心完成一系列重要的管理过程，从而对战略的实施过程进行系统管理。所以，平衡计分卡的发明者卡普兰和诺顿认为："如果没有对公司愿景和优势有全面了解的高层管理者的参与，平衡计分卡是无法顺利实施的。"

☞【专题拓展 7-3】　　致敬经典！平衡计分卡到底有没有用？

四、平衡计分卡的内在逻辑及四个维度绩效指标的设计

（一）平衡计分卡的内在逻辑

平衡计分卡的四个维度不是毫不相关的，而是具有紧密的内在逻辑关系的。这种逻辑关系主要表现为前后相应、因果相照。平衡计分卡提供的是这样一种思想：在追求某种目标时，我们的眼睛不能只是盯着它，而是要退一步从其原因着手。如果原因背后还有其被引起的原因，那么应继续寻找下去。事实上，企业不必拘泥于这四个维度，可以根据自身

的状况进行原因的寻找，得出企业自身的原因体系，这也是平衡计分卡，如图 7-5 所示。

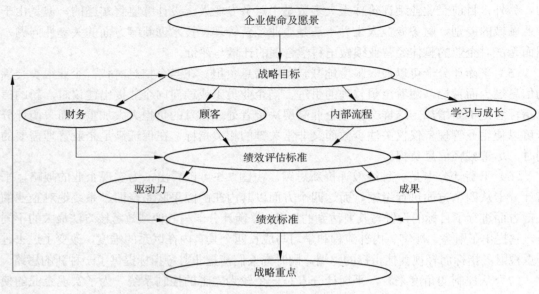

图 7-5　平衡计分卡的战略性质

接下来，我们来看一下平衡计分卡的发明者是怎么想的。要达到既定的财务目标，就要寻找其最直接的原因。什么是财务目标实现的关键？不是产品质量、人员素质，而是顾客。顾客的每一次购买等于对企业生产及盈利的认可。只有顾客满意了，企业的财务目标才能实现。这样，一个滞后性指标（财务指标）就可以转变为一个前置性指标（顾客指标），从而使得企业对目标有更好的把握。所以，财务目标的直接原因是顾客的满意度。

接下来，要使顾客满意，就要将适合顾客的产品及时地送到顾客手里，并提供良好的售后服务，这就是企业的整个内部流程。优质流程的每一个环节，其质量的保证靠的是每一个员工的良好素质，所以系统地提高员工的素质对于支撑优质的流程是至关重要的。

图 7-6 所示为平衡计分卡的内在逻辑。

（二）财务维度

财务目标是股东最关心的内容，是企业各种目标的最终落脚点。企业的管理者在设计这个维度的指标时必须考虑如下问题："如何满足我们的股东？"盈利是企业生存和发展的基础，财务指标主要考察的就是企业的盈利情况与能力。

财务指标作为企业目标的最终落脚点，必然反映企业的战略目标。因为企业战略是在分析了企业内外部的形势和结合企业自身的能力之后制定出来的，所以企业的财务指标只有严格按照战略目标进行设定，才有可能顺利实现。

财务指标一般可以分为四类：①收入与成本类指标；②资本运营效率类指标；③债务偿还类指标；④生产效率类指标。

一个企业要达到既定的财务目标，最直接的指标就是收入与成本类指标，即增加收入和降低成本，还可以从侧面对企业的财务表现进行衡量，资本的运营效率高低、债务的偿还程度与生产效率的高低都会影响企业收入的增加与成本的降低。由此也可以看到，财务指标内部存在"支撑"关系，所以说寻找"支撑"、寻找原因是平衡计分卡中始终贯穿的思想。

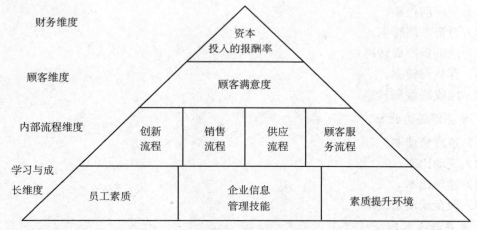

图 7-6　平衡计分卡的内在逻辑

图 7-7 所示为财务指标的内部逻辑关系。

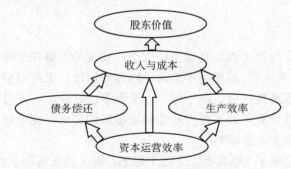

图 7-7　财务指标的内部逻辑关系

常见的主要财务指标列举如下。

1. 收入与成本类指标

（1）净资产收益率（权益收益率）。

（2）总资产收益率。

（3）销售利润率。

（4）销售额增长率。

（5）人均销售额增长率。

（6）人均利润增长率。

（7）成本费用利润率（成本费用包括销售成本、销售费用、管理费用和财务费用）。

（8）费用降低率。

2. 资本运营效率类指标

（1）投资回报率。
（2）资本保值增值率。
（3）资产回报率。
（4）总资产周转率。
（5）流动资产周转率。
（6）存货周转率。
（7）应收账款周转率。

3. 债务偿还类指标

（1）资产负债率。
（2）流动比率。
（3）速动比率。
（4）现金流动负债率。

4. 生产效率类指标

（1）单位时间收入率。
（2）单位时间利润率。

（三）顾客维度

什么是企业利润实现的关键？利润无论大小，实现的关键在于顾客。所以，商业思想中有一条箴言："顾客至上"。谁要是不能满足顾客的需求，谁终将被淘汰，这无论是对于竞争性行业还是对于垄断性行业，都一样。对于竞争性行业，若不符合顾客需求，就会被市场淘汰；对于垄断性行业，若不能较好地满足顾客的需求，也会被市场外的力量（如政府、民间团体等）所淘汰或是限制。

平衡计分卡重新强调了"顾客至上"这个思想，指出其在实现企业利润中的关键地位。随着顾客数量的不断增长和竞争企业的不断增加，企业除在吸引新增顾客上不断加大力度外，越来越关注已有顾客的满意度和忠诚度。企业的工作除不断地吸引新的顾客外，还要积极保留老顾客。因为营销实践发现，开发一个新顾客的成本要比保留一个老顾客的成本高得多。随着我国市场经济日渐成熟，企业定期考察顾客满意度和忠诚度显得尤为必要。

如何提高顾客的满意度与忠诚度？首先要弄清楚顾客满意度与顾客忠诚度的来源，如图7-8所示。企业所提供的要素若是与顾客的期望不同，就不可能做到顾客满意，没有持续的满意，就不会有顾客的忠诚。如何衡量图7-8中3要素的表现？一般从两个方面进行衡量：一是前瞻性指标；二是滞后性指标。这就好比观察一个人的患病情况，前瞻性指标是在平时没病时通过观察其行为，如其饮食状况、休息时间等来推测其患病的可能性及程度。如果其在某段时间内饮食较差、休息得比较少等，就可推断他患病的概率较大且患病时间比较长等；而滞后性指标是指在其患病后对其体温等进行测量，从而直接了解其患病的程度。衡量顾客维度的指标也是一样的。

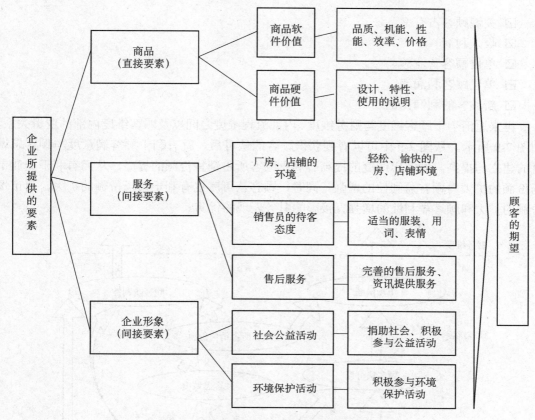

图 7-8 顾客满意度与顾客忠诚度的来源

1. 前瞻性指标

（1）顾客开发。
☑ 新顾客开发环比增长率。
☑ 现实顾客与潜在顾客的比例。
☑ 单位新顾客开发成本。

（2）顾客维持。
☑ 老顾客的人数增减率。

（3）顾客满意度。
☑ 老顾客续约率。
☑ 新顾客成长率。
☑ 顾客称赞率。
☑ 顾客投诉率。
☑ 投诉处理周期。

2. 滞后性指标
☑ 市场占有率。
☑ 市场份额。

☑ 关键顾客占有率。
☑ 收入利润
☑ 单位顾客营业额。
☑ 单位顾客利润率。
☑ 新顾客的利润比例。

再来厘清一下顾客维度与财务维度、内部流程维度之间以及顾客维度内部的逻辑关系，如图7-9所示。从图7-9中可以看到获得顾客的认可后，就有利于顾客满意度与顾客忠诚度的建立与提高。顾客忠诚度的提高有利于顾客所占销售份额的提高，从而有利于企业市场份额的扩大与顾客盈利性的增强。同时，顾客认可度也有利于市场份额的扩大，而市场份额的扩大和顾客盈利性的增强直接影响财务表现的优劣。

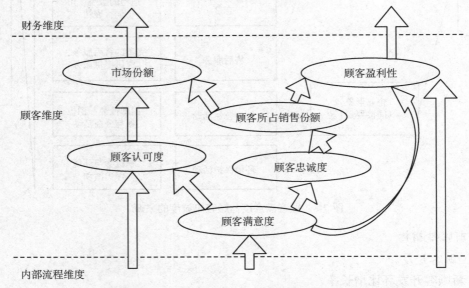

图7-9 顾客、财务、内部流程维度之间及顾客维度内部的逻辑关系

资料来源：KAPLAN R S, NORTON D P. The Strategy Focused Organization[M]. Boston. Massachusetts: Harvard Business School Press, 2001: 88.

另外，在图7-9中还注意到内部流程与顾客的价值诉求对顾客维度有"支撑"的因果关系。

（四）内部流程维度

如何满足顾客需求？或者进一步说，如何使企业向顾客提供的要素能符合顾客的需求？特别是在竞争如此激烈的环境中，顾客对于各类产品往往应接不暇，企业如何在顾客心中抢占一席之地？这就要求比其他企业在某一个方面或某几个方面更优秀。平衡计分卡在这个维度中提出的问题是"我们必须擅长什么"，即企业如何通过自身有效的生产与管理流程，向顾客提供差异化产品和完善的服务，并使之符合顾客的需求与期望，打造企业的核心竞争力。

要建立一个高效的流程并不容易。内部流程最关键也是最难的地方就是降低流程的成本。之所以难度大，不是因为没有降低成本的方法，而是因为无法发现流程存在的问题。很多企业的员工总是抱着这样一种不好的想法："我想无论怎么变，也和现在这个流程差不到哪里去。"所以旧流程依然是旧流程，没有发生大的改变。另外，很多员工只是看到了离他们最近的流程环节的情况，就整个流程并没有提出有效的改进意见。综合以上两点，企业在推行业务流程重组时要非常慎重，流程的改造只能成功，不能失败，失败后再想进行业务流程的改造，员工就很难再相信，而且也不愿意配合了。

【专题拓展 7-4】　　平衡计分卡战略实践：优化运营流程，你需要这样做

那么，如何判断我们的流程需不需要变革？换言之，如何衡量我们的流程？首先要弄清楚高效的内部流程源自哪里。它一般源自两个方面：一是流程中的每个环节；二是企业内各个流程间的效率，而衡量也主要从这两个方面入手。

一般企业里有如下流程环节：产品设计流程、供应流程、生产流程、销售流程和顾客服务流程。

产品设计流程主要包括：识别顾客的真正需求；确定企业的目标细分市场；产品的创新设计；决定是购买还是自己生产材料；制订新产品上市计划。其衡量指标主要包括以下几项。

（1）新产品的开发周期。

（2）新产品开始销售后一年内的销售额。

供应流程主要包括材料需求估计、供应商的确定、财务协助和库存管理。其衡量指标主要包括以下几项。

（1）材料供应速度。

（2）材料合格率。

（3）库存的费用。

（4）库存材料的完好率。

生产流程主要包括：建立生产模型（包括成本、出厂价格和生产日程）；产品的生产；产品的质量检验。其衡量指标主要有以下几项。

（1）单位产品成本。

（2）单位产品的生产时间。

（3）产品合格率。

（4）质检的准确率（客户的质量投诉次数）。

销售流程主要包括：产品价格的确定；确定产品的推广方式；确定产品的销售渠道；分销商的管理。在设计衡量指标时，值得注意的是各个维度的指标与顾客维度的指标层次是不同的。顾客维度的指标在这方面主要是结果性指标，如单位顾客利润率；而在这里的指标是为"支撑"顾客维度指标。所以正确的思考模式是"为了达到顾客维度的指标，我们在流程方面应当如何做"。所以，其主要衡量指标应该包括以下几项。

（1）单位产品的销售费用。
（2）产品的知名度。
（3）销售渠道的广度。
（4）分销商利润率。

顾客服务流程主要包括：顾客资料库建设；服务信息制作与发放；顾客诉求的处理；顾客满意度反馈。其主要的衡量指标包括以下几项。

（1）顾客服务成本。
（2）顾客投诉处理速度。
（3）顾客服务的质量（顾客投诉次数）。

企业内各个流程间的效率是指各个流程间衔接方式的效率。企业的任何一个任务可能都要经历从新产品设计到顾客服务各个流程及流程内部的各个环节，但也可能只是经过几个简单的步骤就完成了。所以业务流程重组是为了使得流程间的效率更高，降低流程成本。如何衡量流程间的效率？既然考察的是完成任务的效率，而且是"支撑"顾客维度的，所以可以考虑如下指标。

☑ 订单完成速度。
☑ 订单完成质量。

（五）学习与成长维度

高效内部流程的创造与实施、优秀的顾客服务质量、良好的财务表现，归根结底，都是企业所有素质的支撑，不仅涉及员工的素质，还包括企业的信息管理技能和良好的素质提升环境。

员工素质的研究起源于20世纪70年代，管理学家致力于寻找企业竞争力的关键来源，现今企业之间乃至国家之间最激烈的莫过于人才的竞争。事实上，企业除了要努力招聘到好员工，在平常的管理中还有很多工作应该做。当把员工招聘进来后，就要根据每个岗位的素质模型进行人员的素质培养与跟踪。在素质模型里有一个非常著名的模型，叫作"冰山模型"。人的素质就像一座浮在海上的冰山一样，露出水面的那一小部分是知识和技能，这部分可以被直接观察到，但对绩效有更重要影响的那部分素质在水面以下，难以被观察到，如图7-10所示。

企业可能在很多时候只注重员工的知识与技能，但事实上即使对员工知识与技能的培训很充足，对企业绩效的提高作用还是不大。作为管理者，更应当将精力投入"冰山下部"的素质提升工作上。但这些素质的特点是越靠近底层，越难以被影响。所以，一方面，管理者

图7-10 素质的"冰山模型"

应当根据企业文化与战略，在招聘时除对员工的知识与技能进行甄别外，还应注意其态度、性格、内驱力及社会动机是否与企业文化相适应；另一方面，在日常的管理沟通中应当加强沟通，了解员工的性情，因人而异地实施引导工作，使其更好地发挥潜能。

人员素质的培养是一个长期的战略举措，也正因为如此，这方面工作见效较慢，即使见效快，也很难看得出效果。所以很多企业在平常运营稳定时不愿多花心思栽培员工，这显然是与素质建设相违背的，必然不利于支撑平衡计分卡的前三个维度，不利于企业绩效的提升。为了衡量企业在人员素质培养方面的情况，可根据素质模型从以下几个指标入手进行考查。

（1）员工培训次数。
（2）员工岗位技能资格相关证书的获取情况。
（3）员工通用素质测试分数。
（4）员工专业技能素质测试分数。
（5）员工满意度。
（6）员工流动性。
（7）新产品开发数量。
（8）新产品推出速度。
（9）新产品销售额占总销售额的比例。

在信息管理方面，有效的信息管理系统对于一个企业是非常重要的。有关竞争对手的信息、市场的信息、企业内部上传下达的信息、员工表现的信息等的收集系统、分配系统、查询系统和知识共享系统，其效率的高低直接影响员工工作效率和素质的提升。所以，信息管理是员工素质发挥与提升的重要基础。这方面的衡量指标有以下几项。

（1）信息覆盖率。
（2）信息系统的反应时间。
（3）信息的有用程度（利用率）。
（4）信息系统的更新速度。

在素质提升环境方面，良好的环境（包括硬件环境和软件环境）对员工素质的提升是不可缺少的。硬件环境包括工作场所环境及配套设施、薪资福利等，这要求企业进行适当的投入。而要使员工满意，更重要的是在软件环境方面付出努力。这里的软件环境主要指的是企业文化。现今，有很多企业都认识到企业文化在企业绩效提升、员工保留中的重要性，但很多企业在这方面的工作不仅使原有的文化变得模糊了，而且新的文化观念也没能在员工心中建立起来。第一，企业文化的建设首先要重视榜样的作用，管理者首先要作出表率，要深刻理解企业的价值观与各种默认原则，要在日常行为中做到言传身教。第二，要让企业文化深入人心，就要做好规划，积极引导。企业文化是一个系统的工程，在进行企业文化建设时，首先要挖掘企业领导人及企业优秀员工的精神内涵，从中提炼企业的价值观；其次，要了解企业文化的建设现状，目前员工当中存在的基本思想是什么；再次，要注重沟通，利用领导谈话、日常指导和各种宣传形式进行企业文化宣传，注意增强企业文化的感染力，使员工感受企业文化的力量；最后，将企业文化体现到企业的奖惩体系上。通过奖惩（当然，形式有很多，不一定只是与薪资有关）更明确地向员工传递公司重视什么样的行为、不重视什么样的行为，从而产生约束和引导作用，并将员工行为变为员工的日常习惯。这方面的指标有以下几项。

（1）员工犯错次数。

（2）员工冲突解决时间。

（3）员工的流失率。

由以上可以看出，各个维度之间及各个维度内部之间都存在因果承接的关系，也正是根据此因果承接关系使得原来松散无序的指标变为逻辑清晰的一个指标系统。

第三节　平衡计分卡的引入程序与应用

一、引入平衡计分卡的基本程序

引入平衡计分卡是一项需要慎重对待的工作，绝不是一朝一夕就可以解决的。根据设计者的实践，他们认为引入平衡计分卡的时间周期应在两年以上，这样才能发挥它的作用。

使用平衡计分卡的企业，不再只将财务指标视为公司绩效的唯一考核指标。如图7-11所示，以平衡计分卡为基础建立企业的绩效考核体系，一般需要遵循以下四个基本步骤，这四个步骤既可相互独立，也可把长期的战略目标与短期的行动联系起来发挥作用。

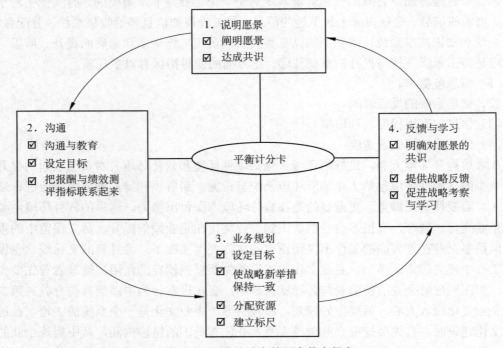

图7-11　平衡计分卡的四个基本程序

（一）说明愿景

它有助于经理就组织的使命和战略达成共识。虽然最高管理层的本意很好，但"成为出类拔萃者""成为头号供货商""成为强大组织"之类的豪言壮语很难转化成有用的行动指南。对负责斟酌愿景和战略表述用语的人来说，应将这些话转化为一套完整的目标和测评指标，得到所有高级经理的认可，并能描述推动成功的长期因素。

有些专家也将平衡计分卡称作房子理论，这是因为一个完整的平衡计分卡就像建造好的房子，在平衡计分卡体系中，处于房子顶部三角部分的分别为使命、愿景和战略。处于房子下部矩形的部分分别为顾客（服务对象）、内部业务流程、学习与成长和财务。平衡计分卡就是在对组织战略达成共识的基础上，将组织的战略转化为平衡计分卡四个层次的绩效目标、绩效指标、目标值以及行动方案，从而达到实现组织战略的目的，它是一种战略管理系统。

（1）使命，就是组织的目的是什么、要立志做什么、实现什么。这是对一个企业或组织为什么存在的描述，反映了员工在组织中工作的动机。通常用简短的使命简单清晰地传达一个组织存在的原因。使命是转换活动的起点，一个精心设计的平衡计分卡有助于保证各项指标与企业最终期望达到的目标保持一致，并指导全体员工全心全意地做出正确决策。

有效的使命通常应具有四个特征：鼓励变革、长期有效、容易理解和沟通、全员达成共识并共同为之奋斗。以一些著名公司为例，它们的使命宣言如下。

- ☑ 沃尔玛：以降低全球生活的价格为目标。
- ☑ 玫琳凯：丰富女性人生。
- ☑ 惠普：为人类的进步和福利做出技术贡献。

（2）愿景，就是未来的蓝图。这是用来定义一个组织目前的状态以及将来的发展方向的，时间跨度一般为5～10年。愿景在组织变革过程中是一个非常重要的组成部分。它可以起到三个方面的重要作用：一是指出一个组织的发展、变革方向；二是激励员工沿着正确的方向采取行动；三是使企业中不同的人行动迅速且有效配合。

以索尼公司20世纪50年代的愿景宣言为例：成为全球最知名的企业；改变日本产品的劣质形象。

（3）战略，是理想与现实之间的桥梁，是联结使命、愿景与实际行动计划的纽带。每个战略都对应着一个或多个目标。

在平衡计分卡中，处于核心地位的是使命、愿景和战略，这项要素对四个层次目标、指标的确定起到决定、导向作用。

（二）沟通

它使各级经理能在组织中就战略要求进行上下沟通，并把它与各部门及个人的目标联系起来。在传统上，部门是根据各自的财务绩效进行测评的，个人激励因素也是与短期财务目标相联系的。平衡计分卡使经理能够确保组织中的各个层次都能理解长期战略，而且使部门及个人目标与之保持一致。

（三）业务规划

它使企业能实现业务计划与财务计划的一体化。今天，几乎所有的企业都在实施各种改革方案，每个方案都有自己的领袖、拥护者及顾问，都在争取高级经理的时间、精力和资源支持。经理发现，很难将这些不同的新举措组织到一起，从而实现战略目标。这种状况常常导致对各个方案实施结果的失望。但是，当经理将利用平衡计分卡所制定的野心勃勃的目标作为分配资源和确定优先顺序的依据时，他们就会只采取那些能推动自己实现长期战略目标的新措施，并注意加以协调。

（四）反馈与学习

它赋予企业一项称为战略性学习的能力。现有的反馈和考察程序都注重企业及其各部门、职员是否达到了预算中的财务目标。而当管理体系以平衡计分卡为核心时，企业就能从另外三个维度（顾客、内部流程以及学习与成长）来监督短期结果，并根据最近的业绩评价战略。因此，平衡计分卡使企业能够修改和调整战略，以随时反映学习所得。

二、平衡计分卡的应用步骤

对应平衡计分卡的基本程序，以平衡计分卡为基础进行绩效考核的企业可以遵循以下步骤进行实际操作。

（1）准备。企业应首先明确界定适合建立平衡计分卡的业务单位。一般来说，有自己的顾客、销售渠道、生产设施和财务绩效考核指标的业务单位，适合建立平衡计分卡。

（2）首轮访谈。业务单位的多个高级经理（通常是6～12个）收到关于平衡计分卡的背景材料，以及描述企业的愿景、使命和战略的内部文件。平衡计分卡的推进者（外部的顾问或者是企业中组织这一行动的经理）对每个高级经理进行访谈，以掌握他们对企业战略目标情况的了解程度。

（3）首轮经理讨论会。高级经理团队与推进者一起设计平衡计分卡。在这一过程中，可以通过小组讨论提出对企业使命和战略的各种意见，最终应达成一致。在确定了关键的成功因素后，由小组制定初步的平衡计分卡，其中应包括对战略目标的绩效考核指标。

（4）第二轮访谈。推进者对经理讨论会得出的结果进行考察、巩固和证明，并就这一暂定的平衡计分卡与每个高级经理举行会谈。

（5）第二轮经理讨论会。高层经理和其直接下属，以及为数众多的中层经理集中到一起，对企业的愿景、战略陈述和暂定的平衡计分卡进行讨论，并开始构思实施计划。

（6）第三轮经理讨论会。高级经理就前两次讨论会所制定的愿景、目标和考核方法达成最终的一致意见，为平衡计分卡中的每个指标确定弹性目标，并制定实现这些目标的初步行动方案。

（7）实施。由一个新组建的团队为平衡计分卡制订实施计划，包括在考评指标与数据库和信息系统之间建立联系、在整个组织内宣传平衡计分卡，以及为分散经营的各单位开发出二级指标。

（8）定期检查。每季或每月应准备一份关于平衡计分卡考评指标的信息蓝皮书，以供最高管理层检查，并与分散经营的各分部和部门进行讨论。在每年的战略规划、目标设定和资源分配程序中，都应包括重新检查平衡计分卡指标。

三、平衡计分卡绩效指标体系的分解

在实际运用平衡计分卡的过程中，如何设计平衡计分卡的绩效评价指标体系，也就是如何根据企业的发展战略具体确定各个方面各个层次的评价指标，这是运用平衡计分卡进行绩效评估的重点和难点。如何将企业战略转化成平衡绩效卡的评价指标？以下是一个基本的绩效目标制定、分解和确定评估指标的程序。

（1）根据企业发展战略，确定企业整体年度（或更长一段时间）的绩效目标。

（2）各部门或管理团队基于企业整体年度目标分解和承担相应的目标。

（3）各单元基于部门或管理团队年度承担的目标进行目标、评估指标的确定。

（4）各级团队、个人所承担的目标分解到季度和月度以及评估指标的确定。

（5）根据各项计划和预算，确定各项评估指标的具体标准。

企业在进行从战略到平衡计分卡的评价指标的过渡分解时，应当遵循以下三个原则。

（1）建立因果关系。企业的一整套战略实际上是把有关企业长期健康发展的各方面因素，用因果链条连成一个运动的评估与管理网络。例如，要扩大市场份额，就必须留住老顾客、争取新顾客；是否能做到留住老顾客、争取新顾客，又要看顾客的满意度，而顾客的满意度又取决于企业提供的产品和服务；企业提供产品和服务的质量高低又在很大程度上取决于员工对工作的满意度。因此，平衡计分卡的评估系统将追本溯源，通过类似的一系列因果关系来展示企业的战略，明确各个方面的因果关系，从而管理这些因果关系。每一种评价指标体系都是一系列因果关系链中的一环，并且把本部门的战略同企业的总体战略连在一起。

（2）确定业绩的驱动因素。在整个企业战略关系中，建立了因果关系后，平衡计分卡便以业绩为核心目标，评价公司战略的实施结果。具体指标有利润率、市场份额、顾客的满意程度、保留顾客以及员工的技能等，不同的业务单位有不同的指数来反映其不同的特点。在评价这些业绩时，也要评价原因，即这些业绩是如何取得的，从而真正考核公司战略是否实现。总之，平衡计分卡要求企业的业绩同推动工作表现的因素相结合，如把产量和工作态度相结合予以考虑。

（3）同财务指标挂钩。企业经营的最终目标是最大限度地获取利润，使股东价值最大化。所以，企业无论实施何种改革，如提高产品和服务质量、让顾客满意、改革机构给雇员授权等，都不要忘记这些改革的最终目标是改善企业经营业绩，增加企业利润，而不是为了改革而改革。平衡计分卡必须强调经营成果，特别应同财务目标联系在一起，如资本回报率和产品增值情况等。因此，每一项改革措施，如总体质量控制、缩短生产周期和提高员工的满意程度等，改善工作表现的计划，都要同改善顾客结构和最终改善公司财务状况相关。

需要注意的是，应用平衡计分卡的过程不是一个单向的过程，而是一个不断循环和提高的过程。通过对操作流程以及各个具体操作步骤的循环往复，企业在优化自身的同时不断超越既定的目标，根据自身成长的实际调整组织的战略与目标，保证组织的可持续发展。

【专题拓展 7-5】 企业如何通过平衡计分卡达成目标？

四、平衡计分卡实施中需要注意的问题

（1）切勿照抄照搬其他企业的模式和经验。不同的企业面临不同的竞争环境，需要采取不同的战略，进而可设定不同的目标。每个企业都要结合自己的实际情况建立平衡计分卡体系，因而不同企业的平衡计分卡中四个维度的目标及其衡量指标皆不同，即使相同的目标也可能采取不同的指标来衡量。另外，不同企业各指标之间的相关性也不同，相同的指标也会因产业不同而导致作用不同。每个企业都应设计具有自身特色的平衡计分卡，如果盲目地模仿或抄袭其他企业的模式，不但无法充分发挥平衡计分卡的长处，反而会影响对组织绩效的正确考核。

（2）高层管理者的充分参与和上下沟通。基本上，平衡计分卡的操作方式是由上至下，即由高层管理者主导战略的制定，然后将战略转换成一套环环相扣的绩效衡量指标体系，以确保全体员工可以努力达到企业的目标。同时，实践也证明，必须由高层管理者主导整个平衡计分卡的引入，平衡计分卡的操作才不至于半途而废。然而，在实际操作中，这种引入方向往往因为高层管理者所制定的经营战略只有其自己最清楚、最热衷，而使员工不能对此有很好的了解。也就是说，没有将战略成功地转化成确保目标达成的各种行动方案，甚至没有发展成衡量员工执行各种行动方案的绩效指标，导致平衡计分卡无法发挥应有的作用。

（3）防止使用目的的单一化。平衡计分卡作为一种绩效考核方法，可以起到激励和考核绩效的作用，但实际上它绝不仅是一种绩效考核方法，更是一个战略管理工具。它的首要价值在于能够保证绩效考核体系支撑战略目标的达成，为企业的发展提供明确的目标导向并合理配置资源。

（4）提高企业信息管理质量。对企业信息的精细度和质量要求相对偏低，会在很大程度上影响平衡计分卡应用的效果。

（5）正确对待平衡计分卡实施时投入的成本与获得的效益之间的关系。平衡计分卡的四个维度是彼此连接的，要提高财务绩效，首先要改善其他三个维度，要改善就要有投入，所以实施平衡计分卡首先出现的是成本而非效益。更为严重的是，效益的产生往往会滞后很长时间，使投入与产出、成本与效益之间有一个时间差，这个时间差可能是6个月，也可能是12个月，或更长的时间，因而往往会出现客户满意度提高了，员工满意度提高了，效率也提高了，财务指标却下降的情况。关键的问题是在实施平衡计分卡时一定要清楚，非财务指标的改善所投入的大量资金，在可以预见的时间内，可以从财务指标中收回，不要因为实施了一段时间没有效果就失去了信心，应该将眼光放得更远些。

（6）平衡计分卡的执行要与奖励制度结合。为充分发挥平衡计分卡的效果，需要在重点业务部门及个人等层次上实施平衡计分卡，使各个层次的注意力集中在各自的工作业绩上。这就需要将平衡计分卡的实施结果与奖励制度挂钩，注意对员工的奖励与惩罚。

（7）要充分重视平衡计分卡工作的连续性与持久性。采用平衡计分卡进行绩效管理，改变了以往为了考核而考核的方式。多数公司认为，应该经常性地自上而下地对战略进行广泛的沟通，使员工都能参与到该战略之中，了解为了使战略成功他们必须完成的关键目

标。

（8）需要专人不断关注与跟进绩效指标的变化。采用平衡计分卡进行绩效管理将是长期、持续不断改进的过程。平衡计分卡客观上将企业发展战略作为整体指标中的核心，在实践运用中，一方面可以根据战略不断修正各部门、个人的绩效目标；另一方面，可以根据客观发展及时修正战略。这些工作需要有专门的人负责，才能够在第一时间内不断改进与长期战略有偏差的地方，保证企业的稳健发展。

【专题拓展7-6】　　　　平衡计分卡的8大思维误区

本章小结

平衡计分卡（balanced score card，BSC）是一种系统绩效考核技术，它一方面克服了传统绩效考核方法单纯利用财务指标进行绩效考核的局限性，另一方面以传统的财务考核指标为基础，兼顾其他三个重要维度的绩效反映，即顾客维度、内部流程维度、学习与成长维度，从这四个维度来反映企业的整体绩效。

虽然平衡计分卡从财务、顾客、内部流程及学习与成长这四个相对独立的维度系统地对企业的经营绩效进行了考核，但是从这四个维度出发设计的各项考核指标彼此间并不是毫无关系的，而是在逻辑上紧密相连，具有一定的因果关系。平衡计分卡不仅是一种测评体系，还是一种有利于企业取得突破性竞争业绩的战略管理工具，并且它可以进一步作为企业新的战略管理体系的基石。

思考题

1．平衡计分卡是如何产生的？
2．平衡计分卡的基本思想是什么？平衡计分卡的指标体系包括哪些方面？
3．简述平衡计分卡的设计思路和基本程序。
4．平衡计分卡与传统考核方法相比具有哪些优势？
5．试比较平衡计分卡和关键绩效指标法这两种系统考核方法的异同。
6．平衡计分卡在我国企业中的应用效果怎样？应用前景如何？请谈谈你的看法。

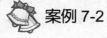案例7-2　　　　　　　　汇丰集团火车租赁公司

汇丰集团火车租赁公司是汇丰集团的一个运营单元，它为英国和其他国家的铁路系统购买、租赁和维护火车。2007年，汇丰集团火车租赁公司向英国的26家客运铁路运营公司和5家货运铁路公司提供服务。图7-12显示了汇丰集团火车租赁公司的战略地图，它包括四个战略主题：资本效率、客户关系管理、运营优异、学习与成长。乍一看，这些主题似乎可以代替平衡计分卡的四个维度，但仔细看图7-12，可以看到客户关系管理和运营优异主题都有财务、客户和内部流程维度的目标，资本效率主题有财务和内部流程维度的目标。

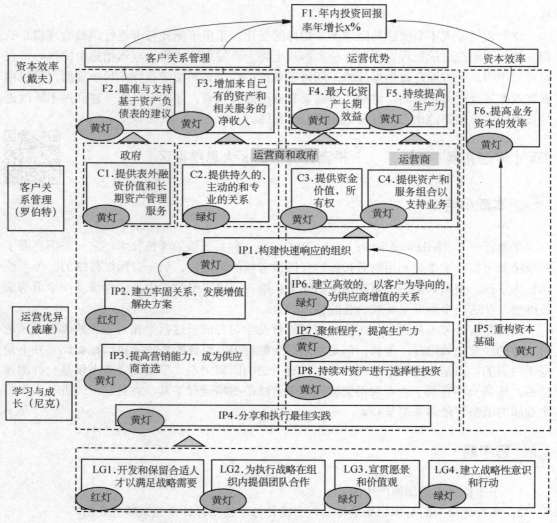

图 7-12 汇丰集团火车租赁公司的战略地图

汇丰集团火车租赁公司战略委员会每个月开两个半小时的会议。委员会成员包括 CEO 彼得、财务总监戴夫、客户关系管理总监罗伯特、运营总监威廉、学习与成长总监尼克和来自财务部门的战略管理官保罗。

战略管理官负责收集和汇报每个战略主题的目标、指标和行动方案的数据。这些数据会体现到月度报告中，对每个战略主题进行阐述。每个主题包含该主题的战略地图、战略目标、目标值和行动方案，并且每一个都有颜色标注。

☑ 绿灯：达标。这不意味着该目标仅仅是"步入正轨"。主题责任人必须有充分的理由来证明该目标为绿色。

☑ 黄灯：尚未达标，但进展良好或在控制之下。这可能说明战略目标进展顺利，但还没有达到目标值，或者是战略目标稍有偏差，但不是关键性的，暂时不需要管理层的关注。

☑ 红灯：未达标且与目标偏离较大，需要管理层重点关注一些与该目标相关的关键事项。战略委员会在回顾会上需要花时间讨论并找出存在的问题，并想出解决方案。

☑ 灰灯：该战略目标还没有被评估。

战略目标：到2010年从资本密集型转变成更有效地利用资本。

每个主题的报告也要包括主题责任人对绩效差距的评估和评价，并提出改进方案。

月度会议的内容包括对业务层面的全面回顾、对每个战略主题状态的总结讨论，以及对其中一个战略主题的深入讨论。每个季度举行三次月度会议，每次会议上战略委员会可以深入讨论两个战略主题，这样可以保证每个季度对每个战略主题都能进行讨论。

表7-1显示了以资本效率战略主题为重点的会议议程。战略管理官首先就上次会议制定的行动方案的进展情况展开介绍，说明哪些行动方案已完成，哪些还没有完成。然后，CEO快速浏览了所有红绿灯标识的战略地图，并给出观点。

表 7-1 战略回顾会议

时间	事项	详细情况	持续时间	责任人
10:10	行动日志	回顾整体情况	5min	保罗
10:15	概要回顾	回顾战略地图，标出关键问题，回顾行动方案，回顾衡量指标	10 min	彼得
10:25	主题评估	资本效率	60 min	戴夫
11:25	休息		10 min	
11:35	主题摘要	学习与成长	5 min	尼克
11:40	主题摘要	客户关系管理	5 min	罗伯特
11:45	主题摘要	运营优异	5 min	威廉
11:50	热点话题	资源挑战	30 min	彼得
12:20	会议回顾	沟通摘要	10 min	彼得
12:30	会议回顾	反馈	5 min	彼得
12:35	行动日志	新事项的回顾	5 min	保罗
12:40	其他事项和会议结束			
	下次会议	主题评估：客户关系管理		

在完成战略地图回顾后，CEO问其他成员："你们是怎么看的？"高层团队成员从他们各自的角度发表了自己的看法，并提出一些关键问题进行后续讨论。然后，CEO把主持权交给CFO（首席财务官）、"资本效率"战略主题的责任人，由他来引导对"资本效率"这一主题的深入讨论。

在讨论"资本效率"主题时，CEO突然插话，提出了一个具有挑战性的问题："这个战略目标非常重要，我们需要跟踪什么，做些什么，来确保最终达到结果？"委员会成员经过讨论提出一些建议和解决方案，由战略管理官记录下来，并负责后续的跟进和实施。CEO继续推动讨论，并给主题内每个战略目标留有充足的时间来陈述问题。当委员会提出为某个战略性行动方案提供更多资源，并提高优先级时，CEO会问："这会不会影响其他重要的行动方案？"

对于有些问题，主题责任人谈到，运营指标进展良好，但是平衡计分卡的相应指标没有进展。然后，委员会成员会讨论为什么有些局部指标的改善没有提高计分卡的绩效，他们建议需要重新看一下局部指标或者对应的计分卡指标，以在两者间建立更紧密的联系。60min的讨论结束后，在休息前，CEO会列出一些他希望在下次会议上财务运营回顾小组要讨论的问题。

休息之后，其他三个主题责任人对他们的主题情况进行了 5min 的概要介绍，说明为什么有些战略目标亮红灯，他们正在做什么来改善，并对亮黄灯的目标进行简短讨论。这三个战略主题一共只用了 15min。

接下来战略委员会转向对"热点话题"的讨论，这个问题之前已经提出来，但是委员会希望在这次会议上进行深入讨论。对于这次会议来说，这个"热点话题"将对公司的市场环境产生较大影响。CEO 在白板上画出了一些他所看到的公司面临的关键问题。委员会成员积极参与讨论，并确定需要做哪些工作以及如何获得必要的财务和人力资源支持来实施这一战略资源重构计划。"热点话题"的讨论为公司的高管团队提供了一次难得的机会，让他们可以就公司在政策法规和竞争环境方面的变化及时作出回应。

会议最后讨论的几个短期事项。委员会讨论了将把会议上产生的哪些内容传达给员工，如会议结果、行动计划、新讨论或决定的行动方案等，以及以什么方式传达给员工。这些可以确保战略的结果和更新信息能持续地传达给员工。

然后，CEO 征求委员会成员对这次会议的反馈。哪些做法比较好？哪些他们不喜欢？如何提高会议的效果？通过这种方式，CEO 除能得到重要的反馈外，他自己也承认，引导这种新的战略回顾对他来说也是一次学习的经历。委员会成员也认为这种会议结构和月度会议的方式比过去有了很大的进步。以前，CEO 是会议的主角，其他高层只需要聆听并表示同意即可。现在每个人在会议上都有和 CEO 一样的时间，甚至比 CEO 更多的时间来发表他们的看法。高层人员评价："很好的会议，能反映出我们目前的位置，以及我们还需要做什么？""以行动为导向，很严谨，并且着眼未来。""我们不再只是为运营的细节而疲于奔命。现在我们也有机会回顾外部环境，并响应新的挑战。"最后，战略管理官总结了新的行动项目，会议准时结束。

在汇丰集团火车租赁公司战略回顾会上，CEO 彼得会询问与会者一些问题，如为什么会产生某些结果、应该做些什么来应对紧急问题、谁来负责实施新提出的行动方案、多久能够实现目标等。

参会人员在开会前已经熟悉了数据，并做好准备要讨论哪些问题，提出哪些行动计划。成员们彼此之间已经树立了信任和信心，他们会认真倾听，积极参与讨论，并提出建设性的建议。CEO 不断提问，使讨论更深入，并让会议始终聚焦在关键问题上。他鼓励对话和争论，同时确保会议按照计划进行，以便所有的问题都有时间讨论，而不用延长会议时间。战略管理官会记录下所有讨论出来的行动事项，以便会后跟踪相关责任人，确保每个行动都得到执行。

对每个战略主题的深入回顾，每个季度都要进行，确保每个季度都能对战略有一次全面的认识和回顾，同时通过月度会议进一步增强公司新的战略执行文化。总的来说，汇丰集团火车租赁公司的战略回顾会非常聚焦、高效，并且以行动为导向。它有效地促进了学习，同时帮助公司及时解决出现的问题，而且会议能够准时开始，准时结束。

资料来源：卡普兰，诺顿. 平衡计分卡战略实践[M]. 北京：中国人民大学出版社，2009.

思考与讨论：
1. 汇丰集团火车租赁公司的战略回顾会有什么特点？

2. 你认为该公司的战略回顾会重要吗？在该公司实施平衡计分卡的过程中起到了什么作用？

 团队互动演练

研究型学习小组以李总的小微企业为基础，完成李总公司的《BSC 绩效考核方案》。操作指导如下。

教学目的
- ☑ 熟悉 BSC 考核体系的构建流程。
- ☑ 理解 BSC 的四个维度和设计原则。
- ☑ 了解 BSC 考核的作用和重要性。

教学平台
以案例 7-3 中李总的小微企业为依托，完成 BSC 绩效考核方案设计。
硬件支持：计算机中心实验室，每个学生配备一台计算机，允许网络连接。标准化教室，供学生讨论和陈述。
教师提供 BSC 绩效考核方案设计基本思路。

教学步骤
第一阶段：阅读二维码中的案例《李总的苦恼》，分析李总公司存在的问题和解决之道。
第二阶段：定义企业战略。BSC 应能够反映企业的战略，因此有一个清楚明确的能真正反映企业愿景的战略是至关重要的。由于 BSC 的四个方面与企业战略密切相关，因此这一步骤是设计一个好的 BSC 的基础。
第三阶段：就战略目标取得一致意见。由于各种原因，小组成员可能会对目标有不同的意见，但无论如何必须在企业的长远目标上达成一致。另外，应将 BSC 的每一个方面的目标数量控制在合理的范围内，仅对那些影响企业成功的关键因素进行测评。
第四阶段：选择和设计测评指标。一旦目标确定，下一个任务就是选择和设计，判断这些目标是否达到指标。指标必须能准确反映每一个特定的目标，以使通过 BSC 所收集到的反馈信息具有可靠性。换言之，就是 BSC 中的每一个指标都是表达企业战略的因果关系链中的一部分。在设计指标时，不应采用过多的指标，也不应对那些企业职工无法控制的指标进行测评。一般在 BSC 的每一个方面使用 3~4 个指标就足够了。超出四个指标将使 BSC 过于零散甚至会变得不起作用。其设计的指导思想是简单并注重关键指标。
第五阶段：制订实施计划和行动方案。分别针对李总和销售人员进行考核。

团队成员
研究型学习小组在组长指导下合理分工，各负其责，按规定时间完成任务。

研究成果
- ☑ 李总公司的《BSC 绩效考核方案》。
- ☑ 对其他小组的方案进行点评。

第八章 目标管理（MBO）及其变革

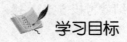

学习目标

- ☑ 了解目标管理和 OKR 的产生和变革；
- ☑ 掌握目标管理和 OKR 的基本内容；
- ☑ 理解运用目标管理和 OKR 的基本思想和实施步骤；
- ☑ 了解目标管理和 OKR 的实施偏差与解决办法。

案例 8-1　　　　　　　京瓷是如何让目标管理落地的？

为了让目标管理落地，京瓷的阿米巴经营会发挥威力，各"阿米巴长"要以企业经营者描绘的梦想和愿景为基础，制订自己部门的经营计划。经营计划被分成称为"master plan"的年度计划和为了实现年度计划而制定的"月度预定"。

在阿米巴经营中，"为了达成年度计划，每月累积确凿的实绩数字必不可缺"。从这一观点出发，以 1 个月为单位的详细计划的制订和实施是最重要的一环，为此要制定"月度预定"并加以实行。"月度预定"的制定和实行，以阿米巴的领导人为中心，在听取阿米巴成员意见的基础上进行。在计划阶段和实施阶段，要让阿米巴成员都参与进来。

1. 注入 100%达成目标的意志

表示业绩走向的词语有"预想""预测"等。当人们在公司内部会议上用到这些词语时，表达了怎样的意志和愿望呢？阿米巴经营的"月度预定"是必须达到的承诺数字。这一点源于"会计七原则"之一的"完美主义原则"。例如，即使达成率为 99%，也不能认为"干到这样已经不错了"，而要反思"为什么最后 1%没做到呢"。正因为具有这种追求完美的心态，全员才能在情况每天变化，甚至在发生突发性问题的现场也不气馁，具备坚决实现目标的不屈不挠的精神。

"月度预定"的制定，不仅是将数字填入单位时间核算表，还要在阿米巴领导者 100%达成目标的强烈意志之下，确定阿米巴所有成员的责任。在此基础上，"阿米巴长"要预想到可能发生的问题和困难，以及应对措施等，反复进行缜密的推演，确立最终方案。

2. 落实到每一个人的行动上

拟定了"月度预定"以后，为了完成这个预定，"阿米巴长"要把预定内容告知阿米巴成员，并让他们充分理解阿米巴的目标。充分理解，就是要把达成目标真正当作自己的责任。无论询问哪一个成员订单、产值、销售额、单位时间附加值等有关这个月的预定数字，都能脱口而出。在熟知的基础上，为了达成预定目标，要把具体的行动计划分解落实到每一个成员的行动上，让他们切实感受到，只有每一个人都达成了自己的目标，部门预定的目标才能达成，这一点非常重要。这样，阿米巴全体成员就会朝着共同的目标努力奋斗。如果目标实现了，大家就能一起分享成功的喜悦。

3. 每天核算

每天的订单、产值、经费、时间等主要的实绩数字，第二天就会以日报的形式分发到各个阿米巴（现在可以通过公司内部网络在计算机上查看）。根据这些数据，"阿米巴长"就能针对预定，确认实际的进度，在每天的晨会上向成员传达。另外，在事业部的晨会上，宣读每个部门最新的各项实绩数字，让全体员工都了解订单状况和生产实绩。通过确认每天的实绩数字，每一个员工就能切身感觉到自己现在正在做的工作与部门的实绩数字密切相关。如果实绩落后于预定，全体成员就会商讨补救的方法，迅速采取相应的对策。这么做，阿米巴成员的力量就能汇集到同一个目标上，促使集团整体目标的达成。

同时，创始人稻盛和夫还着重强调了支撑京瓷实施目标管理的6条经营哲学，具体如下。

1. 树立高目标

创业之初，京瓷的厂房是租来的，员工不足百人。但从那时起，稻盛和夫就提出"京瓷要放眼全球，向着全世界的京瓷前进"。公司虽小，却把目光投向世界，这就是树立高目标、树立远大的目标。只有设定高目标的人，才能取得伟大的成功。只追求低目标的人，只能得到渺小的结果。如果自己设定了远大的目标，只要朝着这个目标全神贯注、全力以赴，就能走向成功。只有胸怀大志、乐观开朗、描绘宏伟的蓝图、树立远大的目标，才能成就难以想象的伟大事业。

2. 高目标加上一步一个脚印的努力　必将开创未来

"一步一个脚印"与"树立高目标"看似相互矛盾，其实水乳交融、缺一不可。只有在树立高目标的同时，坚持一步一个脚印，才能最终迈向成功，实现梦想。不能好高骛远，如果过于关注目标而忽视积累，则会产生无力感，从而挫伤积极性。要把高目标放在自己的潜意识中，每天努力前进。如此坚持不懈，在不知不觉中，就能取得惊人的成绩。

3. 怀有强烈而持久的愿望

要实现高目标，首先，必须怀抱"非实现不可"的强烈而持久的愿望。不管什么目标，都要坚持"无论如何都要完满实现"这个念头。愿望纯粹而强烈，日思夜想，苦思冥想，反反复复，念念不忘，那么这种愿望就会渗透到潜意识中。一旦进入这种状态，就会很自然地让自己朝着愿望实现的方向前进。实现新的目标，关键在于不屈不挠、一心一意。因此，必须聚精会神，抱着崇高的思想和强烈的愿望，坚韧不拔干到底。也就是说新的计划能实现，关键在于无论碰到什么困难都要有一颗绝不退缩的心（不屈不挠之心）。这句话告诉我们，拂去"这目标或许达不成"的疑虑，把"非实现不可"的愿望，以"崇高的思想和强烈的愿望，坚韧不拔干到底"的精神坚持下去，那么无论多高的目标，都能实现。

即使确定了高目标，但只要心中稍微有一点消极的念头，例如"虽然那么想了，但实现很难"，那么事业就不可能成功。因为自己不相信的事情，不会真正努力去干。

"首先，你要想"，这是一切的开始。

4. 经营取决于坚强的意志

经营就是经营者意志的表达。一旦确定目标，无论发生什么情况，目标非实现不可，这种坚强的意志在经营中必不可少，越是艰苦，越是萧条，经营就越需要坚强的意志。经营者如果缺乏无论如何也要达成目标、履行承诺的坚强意志，经营将难以为继。还有一个要点，虽说目标体现了经营者的意志，但是必须获得员工的共鸣。起初是经营者个人的意志，但随后要让全体员工发出"让我们一起干吧"的呼声才好。换言之，体现经营者意志的经营目标必须成为全体员工的共同目标。尽最大努力，使经营目标与员工共有。鼓舞员工的热情，朝着体现经营者意志的经营目标奋进，企业的成长发展将不可阻挡。

5. 能力要用将来进行时

在确定新目标时，要敢于将这个目标设定在自己的能力之上。现在被认为无法实现的高目标，在将来的某一时点一定能实现，要据此设定目标。同时，为了在设定的时点达成目标，必须考虑如何提升自己的能力，使之适应实现高目标的要求。仅凭现有的能力，谁都能断言能做或不能做。但是，不提升现有的能力，就不可能完成新的工作、实现更高的目标。虽然现在做不到，但到时无论如何也要做到，只有秉持这种态度才能达成高目标。

6. 全员经营

京瓷把阿米巴式组织作为经营的单位，每个阿米巴都独立自主地经营。同时，无论是谁，都可以发表自己的意见，为经营出谋划策，并参与制订经营计划。这里的关键在于，不是少数人，而是全体员工共同参与经营。当每个人都通过参与经营得以实现自我，全体员工齐心协力朝着同一个目标努力时，团队的目标就能实现。

资料来源：稻盛和夫. 京瓷是如何让目标管理落地的？[EB/OL]. （2024-02-24）[2024-10-11]. https://mp.weixin.qq.com/s/duGvLOgKZ7TR06QudDfUyg.

目标管理是管理中的管理，是将知转为行的关键，没有目标的行为没有价值，没有目标的知识也转化不成行为。京瓷的目标管理核心，是实现目标的措施具体化，是反映领导者和员工强烈愿望的目标管理。

第一节 目标管理概述

一、目标管理的产生

目标是在一定时期内对组织、部门及个体活动成果的期望，是组织使命在一定时期内的具体化，是衡量组织、部门及个体活动有效性的标准。由于组织活动是各个部门及个体活动的有机叠加，因此，只有当各个部门及员工的工作对组织活动做出符合期望的贡献时，组织目标才有可能实现。所以，如何使各个部门、全体员工积极主动、想方设法地为组织的总目标努力工作，就成了决定管理活动有效性的关键。目标管理正是解决这一问题的具体方法。

"目标管理"的概念是美国管理学家德鲁克于1954年在其著作《管理的实践》中最先提出的，其后他又提出"目标管理和自我控制"的主张。德鲁克认为，并不是有了工作才有目标，而是相反，有了目标才能确定每个人的工作。所以，"企业的使命和任务必须转化为目标"，如果一个领域没有目标，这个领域的工作必然被忽视。因此，管理者应该通过目标对下级进行管理。当组织最高层管理者确定了组织目标后，必须对其进行有效分解，将其转变成各个部门以及各个人的分目标，管理者根据分目标的完成情况对下级进行考核、评价和奖惩。目标管理提出以后，便在美国迅速流传。时值第二次世界大战后西方经济由恢复转向迅速发展的时期，企业急需采用新的方法调动员工的积极性，以提高竞争能力，目标管理可谓应运而生，遂被广泛应用，并很快为日本、西欧国家的企业所仿效，在世界管理界备受推崇。目标管理的具体形式多种多样，但其基本内容是一样的。目标管理是一种程序或过程，它使组织中的上级和下级一起协商，根据组织的使命确定一定时期内组织的总目标，由此决定上下级的责任和分目标，并把这些目标作为组织绩效评估和评价每个部门与个人绩效产出对组织贡献的标准。

一方面，德鲁克强调管理的目标导向，他认为，"每个职务都要向着整个企业的目标，才能有所成就。特别是每个管理人员，必须以整个企业的成功为工作中心。管理人员预期取得的成就必须与企业成就的目标相一致。他们的成果由他们对企业成就所做的贡献来衡量"。另一方面，德鲁克强调目标管理的内部控制，即管理中的员工自我控制。他指出："（目标管理）能让追求共同福祉成为每个管理者的目标，以更加严格、精确和有效的内部控制取代外部控制。"

理论界对目标管理理念给予了高度评价。美国旧金山大学商学院教授理查德·D.巴布柯克（Babcock，1981）指出，"目标管理"这一概念具有波兰天文学家哥白尼（Nicolaus Copernicus）"日心说"（heliocentricism）般的突破性效应："德鲁克注重管理行为的结果而不是对行为的监控，这是一个重大贡献。因为它把整个管理的重点从工作努力（输入）转移到生产率（输出）上。"美国南卫理公会大学商学院教授理查德·H.巴斯科克（Buskirk，1976）认为，目标管理是划时代的思想革命，"德鲁克重视管理行为的结果，而非监督活动本身，对日后经理人把管理中心从努力工作转移到生产力（产出）方面做出了极大的贡献"。美国管理学家斯蒂芬·罗宾斯（Stephen P. Robbins）认为："（目标管理）实际上，首先是由彼得·F.德鲁克在40多年前作为一种运用目标激励而不是控制人的方法提出的。"英国《经济学家》杂志评论道："在提出新观念时，德鲁克遭遇的障碍也许就是他最大的成功，因为如今人们已经普遍认同他的观念。"本书认为，目标管理是德鲁克提出的一种为了使管理真正达到预期效果并实现企业目标，而在企业管理过程中采用的以自我控制为主导思想、以结果为导向的过程激励管理方法。

在德鲁克之后，乔治·S.奥迪奥恩（George S.Odiorne）、道格拉斯·M.麦克雷戈、维克多·H.弗鲁姆、爱德华·C.施莱和威廉·J.雷丁等许多管理学家为对目标管理理论的完善和发展做出了贡献。美国管理学家乔治·S.奥迪奥恩发展和完善了德鲁克目标管理的思想。他（1965）指出，目标管理是"这样一个过程：通过这个过程，组织的上级管理人员和下级管理人员共同确定组织的目标，根据对每一个人所预期的结果来规定他们的主要责任范围，并且利用这些指标来指导他们所管理部门的活动和评价每个成员做出的贡献"。

☞【专题拓展 8-1】　　　德鲁克：成功者如何进行目标管理？

二、目标管理的特点

目标管理的一个鲜明特点就是运用了行为科学理论。目标管理具体运用的行为科学理论主要有两个方面：自我控制（self-control）和参与式管理（participative management）。在目标管理体系中，每个人都可以通过比较实际结果和目标来评估自己的绩效，以便进一步改进自己的工作，这就是自我控制的原则。这种自我控制可成为更强烈的动力，推动人们尽自己最大的努力把工作做好。上下级间的沟通因此会得到改善，双方的困难和期待也会变得更加清晰。奥迪奥恩（1984）认为，目标管理的优点在于实行"参与式管理"，通过上下结合的方式进行反复协商和综合平衡，从而使所确定的目标更加具有动员性和激励性，更加便于目标的实现。美国著名心理学家、行为科学家道格拉斯·M.麦克雷戈（1957）认为，目标管理试图将管理的重点从寻找弱点转移到绩效分析上，以区分人的能力和潜力。他相信，要实现这种转移，首先要使下属在重要任务目标上与上司的认识一致；然后，为了实现这些目标，个体必须确定短期绩效目标和行动方案，从而自我衡量绩效。

目标管理的中心思想是引导管理者从重视流程、管理制度等细节问题转为重视组织的目标。目标管理达到目的的手段是过程激励。德鲁克注重管理行为的结果，而不是对行为的监控，这是一个重大贡献，因为它把管理的整个重点从工作努力（输入）转移到生产率（输出）上。首先，每一个经理人都必须明确其目标，这些目标应该始终以企业的总目标为依据。制定自己的目标，是每一个经理人的责任，并且是他们的首要责任。其次，目标管理的主要贡献之一就是它使得人们能用自我控制的管理来代替由别人统治的管理。最后，目标管理把客观的需要转化成个人的目标，通过自我控制来取得成就。德鲁克认为："只有这样的目标考核才能激发管理人员的积极性，不是因为有人叫他们做某些事，或是说服他们做某些事，而是因为他们的任务目标要求他们做某些事（岗位职责）；他们付诸行动，不是因为有人要他们这样做，而是因为他们自己认为必须这样做——他们像一个自由人那样行事。"

目标管理强调高层、中层、基层管理者职责的不同。德鲁克（1954）指出："每个管理者必须自行发展和设定本单位的目标。当然，高层管理者仍然需要保留最终的目标批准权，但提出这些目标则是管理者的职责所在。""企业的宗旨和任务必须转化为目标，管理者必须通过这些目标来领导下属并以此来保证企业总目标的实现。"在高层管理者控制目标的前提下，操作层面的管理者可以"发展目标"，但不能逾越高层对管理的终极控制。

☞【专题拓展 8-2】　　　德鲁克的目标管理观：除了管理者本人，没人知道如何取得成果

三、目标管理的优点

目标管理的优点有以下五个。

1. 形成激励

当目标成为组织中每个层次、每个部门和每个成员在未来时期内欲达到的一种目标且实现的可能性相当大时,目标就成为组织成员的内在激励。特别是当这种目标实现后,组织还有相应的报酬奖励时,目标的激励作用会更大。

2. 有效管理

目标管理方式的实施可以切切实实地提高组织管理的效率。目标管理方式在推进组织工作进展、保证组织最终目标完成方面比计划管理方式更胜一筹。因为目标管理是一种结果式管理,不仅仅是一种计划的活动式工作。这种管理迫使组织的每个层次、每个部门及每个成员首先考虑目标的实现,尽力完成目标,因为这些目标是组织总目标的分解,因此当组织的每个层次、每个部门及每个成员的目标都得以完成时,组织目标也就得以实现。

3. 明确任务

目标管理可以使组织各级主管及成员都明确组织的总目标、组织的结构体系、组织的分工与合作及各自的任务。明确这些方面的职责,主管人员也就知道为了完成目标必须给予下级相应的权利,而不是大权独揽,小权也不分散。许多着手实施目标管理的企业或其他组织,会在目标管理实施的过程中发现组织体系存在的缺陷,从而帮助组织对自己的体系进行改造。

4. 自我管理

目标管理实际上也是一种自我管理方式,或者说是一种引导组织成员自我管理的方式。在实施目标管理的过程中,组织成员不再只是做工作,执行指示,等待指导和决策,而是有明确规定目标的个人。一方面,组织成员已参与了目标的制定,并取得了组织的认可;另一方面,组织成员在努力工作实现自身目标的过程中,除目标已定外,如何实现目标则是由他们自己决定的事情。

5. 控制有效

目标管理方式本身也是一种控制的方式,即通过目标分解后的实现最终保证组织总目标实现的过程就是一种结果控制的方式。目标管理并不是将目标分解下去就结束了,事实上,组织高层在目标管理过程中要经常检查、对比目标,进行评比,看谁做得好,如果有偏差,就及时纠正。另外,一个组织如果有一套明确的可考核的目标体系,那么其本身就是监督控制最好的依据。

四、对目标管理的评价

目标管理具有许多管理上的优势,其评价总结如下。

(1) 目标管理在全世界被广泛应用,作为一种绩效评估工具,目标管理的有效性得到了广泛的认可。目标管理使各级部门及员工知道自己需要完成的目标是什么,从而可以把时间和精力投入能最大限度实现这些目标的行为中。

(2) 目标管理会对组织内易于度量和分解的目标产生良好的绩效促进作用。对于那些在技术上具有可分性的工作,由于责任、任务明确,目标管理常常会起到立竿见影的效果。

（3）目标管理有助于改进组织结构的职责分工。由于组织目标的成果和责任力图划归一个职位或部门，容易发现授权不足与职责不清等缺陷。

（4）目标管理启发了自觉性，调动了职工的主动性、积极性和创造性。目标管理由于强调自我控制、自我调节，将个人利益和组织利益紧密联系起来，因而提高了士气。

（5）从公平的角度来看，目标管理较为公平。因为绩效标准是按相对客观的条件设定的，因而对它们进行评估就会减少偏见的产生。

（6）目标管理相当实用且费用不高。目标的开发不需要像开发行为锚定等级评定量表或行为观察量表那样花费大力气，必要的信息通常由员工填写，由主管批准或进行修订就可以了。

（7）目标管理促进了员工及主管之间的意见交流和相互了解，改善了组织内部的人际关系。

当然，世界上并没有一个十全十美的考核方法，目标管理本身也存在一定的缺陷和不足，总结如下。

（1）目标难以制定。组织内的许多目标难以定量化、具体化；许多团队工作在技术上不可分解；组织环境的可变因素越来越多，变化越来越快，组织的内部活动日益复杂，使组织活动的不确定性越来越大，这些都使得为组织的许多活动制定数量化目标是很困难的。

（2）目标商定可能会带来管理成本的增加。目标商定需要上下沟通、统一思想，这是很费时间的，而且在具体目标确定时，每个单位、每个人都关注自身目标的完成，很可能忽略了相互协作和组织目标的实现，容易滋长本位主义、临时观点和急功近利倾向。

（3）目标管理倾向于"Y 理论"，对于员工的动机做了过分乐观的假设。而在实际中往往是"机会主义本性"，尤其是在监督不力的情况下，这种矛盾更为突出。因此，在许多情况下，目标管理所要求的承诺、自觉、自治气氛难以形成。

（4）目标管理缺乏必要的"行为指导"。尽管目标管理使员工的注意力集中在目标上，但它没有具体指出达到目标所要求的行为。这对一些员工，尤其是需要更多指导的新员工来说是一个问题，需要给他们提供"行为指导"，具体指出他们需要做什么才能成功达成目标。

（5）目标管理也倾向于聚焦短期目标，即能在每年年底加以测量的目标。结果，员工可能会因过分追求短期目标而牺牲长期目标。例如，一个职业球队的经理，由于要达到在今年赢得奖牌的目标，可能用现在就能赢的老球员换下该队中有前途的年轻球员，这种行动可能损害球队未来的胜利（长期目标的完成）。

（6）目标管理经常不能被使用者接纳。各级经理可能不喜欢目标管理所要求的大量书面工作，也可能担心与员工共同讨论目标的设定会削弱他们的职权，因而有可能不会很好地遵循目标管理程序。而且，员工会因为设立具体目标所带来的绩效压力和由此产生的紧张感而产生抵触情绪。

第二节　目标管理的实施步骤

目标管理是众多国内外企业绩效考核中的最常用的方法之一。该方法之所以能得以推广，原因之一在于它与人们的价值观和处事方法一致。例如，人们都认为"依每个人所做的贡献而给予一定的回报、奖励"是毫无疑义的。目标管理法得以推广的另外一个原因是它能更好地把个人目标和组织目标有机结合起来，并使二者达成一致，而减小下述问题产生的可能性，即员工每天忙忙碌碌，所做的事情却与组织目标毫不相干。目标管理的具体实施可分为四个步骤，如图 8-1 所示。

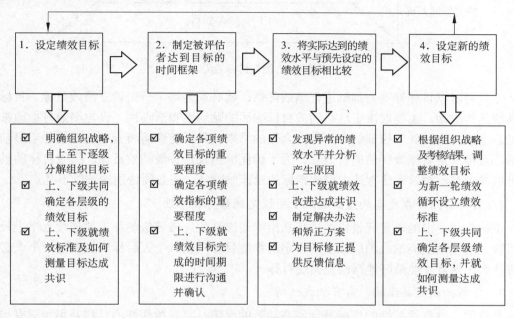

图 8-1　目标管理的实施步骤

【专题拓展 8-3】 管理学之父德鲁克：目标管理的八要素和七步骤

一、设定绩效目标

设定绩效目标是实施目标管理的第一步，实际上是上下级共同确定各个层级所要达到的绩效目标。在实施目标管理的组织中，通常是评估者与被评估者共同制定目标。目标主要指所期望取得的结果，以及为取得这一结果所应采取的方式、方法。

根据德鲁克的观点，管理组织应遵循的一个原则是："每一项工作必须为达到总目标而展开。"因此，衡量一个员工是否称职，就要看他对总目标的贡献如何。反过来说，称职的员工也应该明确地知道自己期望达到的目标是什么，否则就会走错方向、浪费资源，使组织遭受损失。在目标管理中，绩效目标的设定开始于组织的最高层，他们提出组织愿景、使命和战略目标，然后通过部门层次往下传递至具体的各个员工，如图 8-2 所示。个人的绩效目标如果完成，那么它就应代表最有助于该组织战略目标实现的绩效产出。在大多数情况下，员工个人绩效目标是由员工及其上级主管在协商一致的情况下制定的，而且在目标设定的同时，他们也需要就特定的绩效标准以及如何测量目标的完成达成共识。

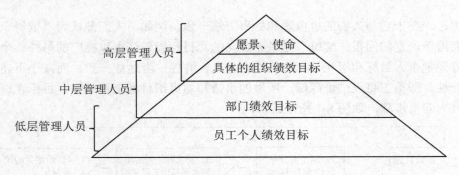

图 8-2　绩效目标结构

一旦确定以目标管理为基础进行绩效评估,就必须为每个员工设立绩效目标。目标管理系统是否成功,主要取决于这些绩效目标陈述的贴切性和清晰性。设定绩效目标通常是员工、上级部门及其上级部门之间努力合作的结果。是否能够清晰合理地设置各层级绩效目标,直接决定着绩效评估的有效性。为了确保恰当设定各级绩效目标,绩效目标的设定除可以参考其他绩效评估方法中绩效指标的设计原则外,还必须特别注意以下几点。

1. 目标必须与在更高的组织层级上所设定的目标相一致

正如先前提出的,目标设定的进程从组织层级开始。按等级制往下的连续水平上设定的目标,应当同更高的组织层级上所设定的那些目标一致。个人目标应当指出一个人必须完成什么,这样才能最好地帮助他实现目标。

2. 目标必须是具体的、富有挑战性的

具体的、富有挑战性的目标是创造高绩效的保障。富有挑战性的目标是那种只有当员工付出他们最大的努力才能实现的目标。经理所犯的一个常见的错误是允许设定太容易实现的目标。

3. 目标必须是现实的和可实现的

目标应该是富有挑战性的,但也必须是现实的和可实现的。一个目标的实现应当在员工的控制之内。企业必须保证员工具有为完成目标所必需的资源和职权。如果一个目标随后被证明是不可达到的或是不贴切的,那么它就应该被抛弃。

4. 目标必须是可以测量的

目标陈述应该具体规定绩效标准和所建议的对这些标准的测量。绩效标准应从结果的质量和数量方面具体规定对绩效的期望水平,还应该指出所期望的结果产生的时间框架。

二、制定被评估者达到目标的时间框架

这是实施目标管理的第二步,即当员工为了目标努力时,可以合理安排时间,了解自己目前在做什么、已经做了什么和下一步要做什么。目标管理强调"自我控制""自我突破",但绝不是放弃管理控制,只不过是用双向沟通代替了专制管理。通过对绩效目标达成时间的有效约束,可以更有效地保证组织目标的实现。

在第一步和第二步中,有些员工难免会认为目标管理就是绩效考核中的一个监督工具。

这样一来，他们在填写目标时，就会把容易完成的工作定为主要目标，并在确定达到绩效目标的时间框架上将自身利益凌驾于组织利益之上。更为有害的是，员工或部门可能为了体现业绩，用短期见效的目标取代意义重大但长期见效的目标。因此，作为管理者在推进以目标管理为基础的绩效评估时，在设计绩效评估指标时一定要把好绩效目标的"权重关"，把工作按照重要性和迫切性划分为既重要又迫切、重要但不迫切、迫切但不重要、既不重要又不迫切四类绩效指标，通过各方面的相互协调，减少资源浪费，尤其是时间资源。

三、将实际达到的绩效水平与预先设定的绩效目标做比较

这是实施目标管理的第三步，有助于评估者找出未能达到既定绩效目标的原因，或为何实际达到的绩效水平远远超出了预先设定的绩效目标。这一步不仅有助于确定培训的需求，还有助于确定下一绩效评估周期的各级绩效指标，同时能提醒上级评估者注意组织环境对下属工作表现可能产生的影响，而这些客观环境是被评估者本人无法控制的。目标管理的评估不是评估行为或其他，而是评估绩效。如果目标确立是具体的、可验证的，那么评估过程就相当简单。管理者与员工讨论他们是否完成了目标，并研究为什么能完成或不能完成，组织将这些检查评估工作情况记录下来并成为正式的绩效评估。

四、设定新的绩效目标

这是实施目标管理的第四步。凡是已成功实现其绩效目标的被评估者，都被允许参与下一考核周期新的绩效目标的设定过程。而对那些没有达到既定绩效目标的被评估者，要在与其直接上级进行沟通，辨明困难的出现是否属于偶然现象，找出妨碍目标达成的原因，并制定相应的解决办法和行动矫正方案后，才可以参与新一轮考核周期绩效目标的设定。

尽管在对员工进行绩效评估的过程中，目标的使用对于激发他们的工作积极性、工作热情等是很有效的，但有时很难确定有关产出方面的工作衡量标准。例如，工作的过程、工作行为可能与工作结果同样重要。如果一个员工通过一种不道德的或非法的手段达成了他的目标，这对组织来说是非常有害的。仅仅以目标管理所确定的目标作为绩效评估的依据，在一定程度上会忽视员工的技术、知识和态度等其他方面，而员工的绩效水平是这些方面的综合结果。下面这个例子在一定程度上验证了这一点。

在一个利用目标管理的案例中，一家大型快餐连锁店的总部决定以目标管理为基础对每个分店进行绩效评估，于是给各分店经理都制定了一个目标，当年销售额要比上一年销售额增加某个固定的值。尽管每个分店经理都同意了这个目标，可是到了年底，依据这一方案进行绩效评估却引起了许多分店经理的强烈不满，并导致了工作积极性的下降。其原因在于这些经理抱怨单一的衡量指标（增加销售额）并不是他们单纯凭努力就能达到的，有很多外在的客观因素影响目标的达成，如附近其他餐馆的状况、肉的价格、市场情况及总部的广告水平等。这就导致了这样一种后果：有一些经理费了很大力气，却未达到目标；相反，有些人未付出很大努力，却轻易地实现了目标。为了解决这一问题，一位管理顾问建议应把销售额同其他与个人技术、知识、能力相关的指标结合起来作为评估标准（其他的指标，如人事管理方面、快餐店的卫生环境、员工满意度等）。

这一案例说明了目标管理尽管在理论上听起来合情合理，但在实施过程中会面临很多具体的操作问题。

为了避免在使用目标管理法建立绩效目标并以此为评估依据时可能会遇到的难题，一些组织已经实施了多元评估的策略。例如，如今一些组织在对雇员进行评估时，目标的实施情况只占绩效评估的 50%，而另外 50% 是考查这个人基本责任的完成状况，换言之，就是考察员工的整体工作表现。

【专题拓展 8-4】　　　　华为的目标管理法

第三节　目标管理的变革：OKR

一、OKR 的产生与发展

（一）OKR 的产生

德鲁克关于目标管理的理论，不仅明确指出了企业经营管理中各项工作的着力点应当是目标，更重要的是，他识别出对目标实现具有决定性影响的关键要素——人，具有责任感、具备自我控制能力和协作能力的人。遗憾的是，目标管理理论在发展中走了弯路，在实践和应用中偏离了德鲁克的初衷：高层少数人制定目标后，自上而下强推；目标管理是一个静态过程，年初制定好目标后就束之高阁，没有过程管理；目标管理的结果应用到考核后，与上级的讨价还价成为常态。

目标管理的思想后来能够在英特尔得到应用，最终在谷歌"发扬光大"，被定义为目标与关键结果法（objectives key results，OKR），这和时代的发展息息相关。进入 20 世纪八九十年代，特别是进入 21 世纪以后，整个环境发生了巨变。从商业来看，环境变得多变、不确定、复杂和模糊，不能再用一成不变的战略和目标实施管理；从组织来看，日益去中心化、无边界、开放扁平化，对管理者的要求也随之发生变化；从员工层面看，整体的素质更高，获取信息更加便捷，过去管理者的信息不对称优势荡然无存，员工更加关注人性管理和自我实现（社会人）。这三个方面的变化给管理带来了极大的冲击，需要一种与之匹配的管理思想予以支持。而英特尔的安迪·格鲁夫找到了自己的答案，即德鲁克的目标管理。

格鲁夫是硅谷的一个传奇人物，1987—1998 年任英特尔公司 CEO。他意识到 MBO 本身所蕴藏的巨大价值，所以将它引入了英特尔。但是，他对目标管理的模型做了一些修改，命名为 iMBOs。这些变化一一解决了上文提到的目标管理落地遇到的障碍。在格鲁夫看来，一个成功的 MBO 系统需要回答两个基本问题：①我想去哪里（objective）？②我如何调整节奏以确保我正在往那里去？第二个问题看似简单，却掀起了一场变革，让 OKR 成功登上了历史舞台。"关键结果"（key results）被附加到"目标"（objective）中，成为整个 OKR 框架必不可少的一部分。

格鲁夫应用 OKR 的宗旨是促进"聚焦"。他说："和其他公司一样，我们因不会拒绝而成为自己的牺牲品——我们的目标太多了。可是，我们必须认识到，如果我们什么都想做，就会什么也做不好。少量的经过仔细甄选的目标会清晰地传达出我们希望做什么、不希望做什么。要让 MBO 系统运转起来，我们就必须这么做。"

格鲁夫不仅限制了目标的个数，还建议以更频繁的节奏设定 OKR，推荐季度甚至是月度。这既是为了快速响应外部变化，也是为了把快速反馈的文化带到组织内部。格鲁夫坚持认为，员工提出的 OKR，不应被用作白纸黑字的"正式文件"去限制员工的发挥，不能单一以此评判员工的绩效。他认为 OKR 仅仅是员工绩效的一种输入。另外，正如早前提到的那样，德鲁克在他的模型中描述了自上而下和自下而上两种机制，只是很多组织由于固有的官僚层级思维，抛弃了这一点，但格鲁夫没有抛弃，他认为员工主动参与可以培育出良好的自我管理能力并提升动机水平。

此外，格鲁夫也强调了在 OKR 中保证目标挑战性的重要性："当挑战并非自发产生时，管理者需要创造一个这样的环境去孵化它。举例来说，在 MBO 系统中，目标应当被设定得非常有挑战性，这样即使员工（或组织）竭尽全力，也只能有一半的成功机会。当每个人都努力地去超越自己的现有水平时，结果一定会不同凡响，哪怕这意味着有一半概率会失败。如果你想要你和你的下属达到巅峰绩效，这种目标设定机制尤其重要。"

（二）OKR 在谷歌"发扬光大"

格鲁夫提出了 OKR，但真正将它"发扬光大"的是谷歌。约翰·杜尔是当今极具价值的硅谷风险投资公司凯鹏华盈的合作伙伴。他最早供职于英特尔，是英特尔高速发展的见证人和 iMBOs 的受益者。为了避免混淆，他将格鲁夫的目标管理方法称作 OKR。为了说明 OKR 的进步，他将英特尔的 OKR 与 MBO 进行了对比，如表 8-1 所示。

表 8-1　OKR 的进步

MBO	英特尔的 OKR
目标是什么	目标是什么+如何实现
年度目标	季度和月度目标
目标不公开、不透明	目标公开、透明
自上而下	自下而上或团队协商
与薪酬福利挂钩	大部分与薪酬福利无关
规避风险	积极进取

资料来源：李靖. OKR 完全实践[M]. 北京：机械工业出版社，2020.

约翰·杜尔认为这个模型非常有价值和潜力，所以他持续不断地向其他企业推荐它。拉里·佩奇和谢尔盖·布林就是他早期的两位推荐对象，这两个人就是后来广为人知的谷歌公司的创始人。下面是约翰·杜尔对他把 OKR 介绍到谷歌的情境的回忆："投资谷歌后不久，我们通常会围坐在大学路一家冷饮店楼上的乒乓球桌旁开董事会。在我向佩奇介绍了 OKR 之后，他召集了一个全员大会……我在会上演示了一份幻灯片，这份幻灯片至今我还保留着……佩奇和布林都非常聪明，他们锐意进取、雄心勃勃，他们的兴趣点不只是做事，而是要创造惊世伟业。当公司只有 30 人左右的时候，他们就积极拥抱了 OKR 这套系统。现在 OKR 已成为谷歌文化的一部分，是其'DNA'之一。在谷歌，它就是大家所使用的真实语言的一部分，佩奇以及全公司都非常认同OKR，并把它作为一个授权工具。大家认为OKR体现的是一种责任，这是OKR衍生出来的一种作用。在组织里，这是帮助构建社会契约的一种很好的方式，意味着大家都愿意积极踊跃地去做一些与众不同的事情。"

自那次会议开始，OKR就成为谷歌目标管理方面的首选工具。约翰·杜尔不但为谷歌送上了这份大礼，还持续不断地向众多的企业推荐OKR。目睹了谷歌极具创新力的飞速发展，众多企业纷纷学习和效仿其先进的管理方式，今天我们所熟知的微软、领英、推特、甲骨文、亚马逊等知名企业都在积极应用这套方法。

2014年，谷歌传到互联网上的内部培训OKR的视频极大地激发了我国企业的学习热情。一向嗅觉敏锐、勇于创新的互联网企业，如知乎、豌豆荚等率先"拥抱"了OKR。2015年，华为启动OKR试点。2016年，效果初步显现。2017年，华为的绩效管理满意度调查显示，采用OKR的团队在绩效管理各维度的满意度都高于采用传统绩效管理方法的团队。其中在团队合作、工作自由度、发挥个人特长、组织开放度等方面，OKR所发挥的促进作用最为明显。至2018年年底，华为的OKR已经覆盖了8万人左右的团队，约占华为总人数的43%。榜样的力量是无穷的，短短5年，OKR在中国遍地开花，阿里巴巴、百度、腾讯、小米、字节跳动等都在使用OKR，无论是在国外还是在国内，无论是跨国企业还是中小微企业，无论是互联网高科技企业还是传统制造业、服务业企业，无论是创业公司还是面临转型突破的成熟企业、成熟组织，OKR都对其发展起到了积极的推动作用。

【专题拓展8-5】　How Google sets goals: OKRs

二、OKR的定义和基本思想

（一）OKR的定义

OKR即目标（objectives）和关键结果（key results），O说明了我们想实现什么，KR说明的是我们为了实现目标应当做什么。O表明我们要往哪里去，KR表明我们如何才能到达。O呈现出我们的目的地，KR指明了我们前行的路径。如果说O是我们要获得的成果，那么KR就是一杆秤，它可以衡量我们的成果是否已经实现。O与KR的关系如表8-2所示。

表8-2　O与KR的关系

目标（O）	关键结果（KR）	目标（O）	关键结果（KR）
使命	想要的	需要做的	战略	目的地	路径
愿景	去哪里	怎么去	目标	成果	衡量方法

资料来源：李靖. OKR完全实践[M]. 北京：机械工业出版社，2020.

保罗·R.尼文和本·拉莫尔特是OKRs Training.com的合作伙伴和国际知名的OKR教练，在他们合著的《OKR：源于英特尔和谷歌的目标管理利器》一书中，他们对OKR是这样定义的：OKR是一套严密的思考框架和持续的纪律要求，旨在确保员工紧密协作，把精力聚焦在能促进组织成长的、可衡量的贡献上。我们可以从以下几个方面进行理解。

1. 严密的思考框架

OKR 就是目标与关键结果。它要求在设定目标之后，进一步思考可以保证实现目标的关键结果。我们也可以换个角度理解，就是要在思考关键结果这个具体的衡量标准之前，先想清楚为什么要做这件事，它的价值和意义何在，这也是 OKR 和 MBO 的一个显著区别。

2. 持续的纪律要求

任何业务的运行总有其规律可循，企业的运营自然也有与其业务规律相匹配的节奏。OKR 要求企业在大大小小的运营周期内，保持对 OKR 的注意力。进一步讲，这也是在要求企业持续践行，不要浅尝辄止、半途而废。

3. 确保员工紧密协作

首先，OKR 要求在制定目标时，将自上而下与自下而上的方式结合起来。广泛参与的员工会更加认同目标的价值，也会更深入地理解关键结果的内涵，这是紧密协作的基础。其次，OKR 要求纵向对齐、横向对齐，并通过运行过程中的公开和透明，让各部门、各岗位充分了解相关方工作的意义，认识到彼此之间相互依赖的关系，从而实现员工的紧密协作。

4. 聚焦

无论是目标（O）还是关键结果（KR），都强调聚焦。聚焦目标，是要求组织集中资源和精力，做出战略性选择。聚焦 KR，促使员工审慎地思考 O 与 KR 的逻辑关系，避免将 OKR 变成日常工作的待办清单。

5. 做出可衡量的贡献

无论是管理者还是员工，经常会使用定性词语描述自己希望做出的贡献。而这样做的结果往往是徒劳的，因为定性的描述很多时候反映了管理者和员工对业务理解的肤浅。定量的描述，实际上才能迫使人们展开理性和深入的思考，因为贡献必须是可以衡量的。

6. 促进组织成长

一方面，这是指 OKR 所追求的贡献必须符合组织发展方向，与组织发展战略相匹配；另一方面，也是指 OKR 要对组织核心竞争力的构建产生促进作用。

（二）OKR 的基本思想

OKR 的基本思想是 OKR 的灵魂与脉络，是正确应用 OKR 的根本。具体来说，OKR 的基本思想可以归纳为以下几点。

1. OKR 是聚焦目标的思维

很多人经营企业无法成功，往往与目标思维不够聚焦有关。聚焦思维，考验的是管理者对目标的选择与取舍。很多企业想要核心目标与外围目标共同发展，但是在资源、精力有限的情况下，很难达成这样宏大的目标。OKR 工作法正是针对这一点提出重塑管理者思维，以聚焦思维来看待问题的。

以现在发展得比较好的苹果、麦当劳和可口可乐公司为例，苹果的产品在全球的销售量很好，甚至可以说是一度辉煌，这与它聚焦技术研究，砍掉生产制造这些外围产业密切相关。只有集中精力掌握核心技术，才不怕被竞争者超越。麦当劳也是如此，我们都知道麦当劳开遍全球，但是很少有人知道麦当劳的总部只有不到100个员工，其采取劳务合作方式发展的同时，却又不会为人员冗余所累。喝过可口可乐的人很多，但鲜少有人知道可口可乐公司这么多年来只提供配方，所有的生产都是外包的，但是这并不妨碍它的产品卖遍全球。几乎所有的事物都有核心与外围之分，要懂得用聚焦思维掌握核心。

OKR工作法采用聚焦思维，体现在它的O是最优目标，而KR是关键结果。最优目标很容易理解，在企业制定的一系列目标中，肯定有一个目标是最为优先的，那么，我们先找出这个最优目标，把企业的资源、精力都集中在最优目标上，优先把它完成，接下来制定下一个最优目标。这样聚焦一个目标并且集中所有资源去完成它，比把资源分散开同时完成几个目标更容易，也更快速。

关键结果自然也很容易理解，即我们应找到对于要完成的目标所采用的哪些策略或者措施是最关键的。例如现下非常火爆的网络销售，引流、提升转化率是增加盈利的关键结果，虽然其他策略或者措施也可以达到这个目的，但是对于网络销售而言，有大量的流量和较高的转化率才是最关键的。

最优目标与关键结果的制定都依赖管理者的眼界、经营思维和专业判断，所以建议管理者多充实自己，这样方能熟用OKR工作法，让自己拥有敏锐的眼光与思维，带领企业走到更大的舞台上。

2. OKR是一种企业、团队与个人的协同思维

为了提高管理效率与绩效，过去大多数企业都采用分工、分权、分利的管理与工作方法。但是随着互联网与经济全球化的发展，曾经各自为战的方式早已不再适用，越来越多的管理者认识到既要分工细致、又要协同合作的重要性。OKR工作法运用的正是企业、团队与个人的协同思维，即把企业看作一个整体，所有人共同努力。

OKR工作法更为缜密，从上至下、从下至上、横向之间，无论哪个层级的OKR设置，都以企业的OKR为准，讲究360度协同。更具体一点来说，下级的关键结果是根据上级的目标制定的；上级的目标会考虑下级的能力，起码是通过激励下级可以达到的目标，而不是完全不考虑下级而制定出来的不切实际的目标；各个层级之间根据自己的具体情况制定OKR，并使自己的OKR随时与企业的OKR保持一致。与此同时，各个层级之间又可以协同合作，使OKR出现"1+1>2"的效果。

但是想要实现OKR工作法的协同思维，管理者需要充分尊重一线员工，并且做到一诺千金。充分尊重一线员工很容易理解，却容易被很多管理者忽视。要知道一线员工与最基础的业务和客户都有接触，他们了解业务中经常出现什么问题、客户为什么会流失、现在的瓶颈是什么，所以千万不要小看他们的能量。

一诺千金是OKR工作法中比较强调的一点，在实行OKR工作法时，发自内心的承诺可以引起共鸣，让企业上下万众一心，只有如此，才能实现真正的协同。而为了保持这种协同，管理者一定要兑现当初的承诺，否则失了民心，再推行OKR就不会有那么好的效果了。

3. OKR是一种成长型思维

斯坦福大学教授卡罗尔·德韦克提出人有两种思维：一种是成长型思维；另一种是固

定型思维。为此,她做了四十多年的研究,最终得出思维决定命运的结论。那么,这一结论是如何得出的呢?

卡罗尔·德韦克找来一群孩子,给他们展示了一系列难度递增的智力拼图,然后发现这群孩子分为两种:一种是后来被认定为固定型思维的孩子,他们在拼智力拼图时出现惧怕挑战、畏惧变化、关注限制、害怕失败的特点,遇到问题往往归结于运气不好或者能力不足,不会想办法解决问题,任由自己走上平庸之路。另一种则是后来被认定为成长型思维的孩子,他们在玩智力拼图时喜欢挑战、"拥抱"变化、寻找可能、从失败中学习,遇到困难时有足够的自信去解决困难,越战越勇,最终走向成功。OKR工作法所推行的就是这种不断挑战、不断变强的成长型思维。

OKR工作法有严密的思考和实施框架,意在提升绩效,它的目标与关键结果制定都与绩效挂钩,其成功与否要用成果来证明,所以它的制定不是漫无目的的,而是始终以促进企业成长、实现利益的最大化为准则的。与此同时,想要发展,就要走出舒适区,OKR工作法鼓励管理者大胆设定目标,并为目标实现提供切实可行的方法与评判标准,有理有据地帮助个人、团队与企业提升能力,带来成长。

4. OKR是一种敏捷型思维

敏捷可以说是身处这个信息爆炸时代的我们所必需的特质。例如上网,我们希望网速流畅不卡顿;又如转账,我们希望一秒钟就到账。这种敏捷是我们希望别人所能做到的敏捷。对于企业来说,敏捷是灵敏地感知环境变化,并快速应对,以适应这个加速变化时代的有效方法。

为什么说OKR工作法是一种敏捷型思维呢?是因为OKR的制定有一定的逻辑,而且这个逻辑是经过数据验证的。既然要进行数据验证,对于数据的持续跟踪、分析、检验和刷新就必不可少,要让数据更准确,自然要提升敏捷度。加之在现在这个快速变化的时代,固定不变或者特别长期的战略规划已越来越不适用于企业的发展,讲究最优目标与关键结果、在较短周期内不断迭代更新的OKR工作法所体现的敏捷型思维更利于发展。

5. OKR是一种结构型思维

我们都知道,无论一种管理或者工作方法多么厉害,都不能代替管理者做出正确的判断。因为每个企业的情况不一样,只有管理者自己才更了解自己的企业,只有根据企业的具体情况,结合自己的思维模式、经验及专业,才能找到正确的前进方向。

OKR工作法体现的是一种结构型思维,它可以把你的想法、思考和判断整理并归入目标与关键结果,形成一个系统的结构框架,让你的想法有切实可行的依据。例如约翰·杜尔曾经说过,他要与摩托罗拉6800相对照,制订一个展示英特尔8080处理器卓越性能的计划,于是他利用OKR将他设定的目标准确地描述了出来,最终帮助他顺利地完成了这一项目。这个OKR是这样的。

(1) O:展示英特尔8080处理器的卓越性能(与摩托罗拉6800相对照)。

(2) KR1:编写五个基准程序;KR2:开发一个样本;KR3:为现场人员编制销售培训材料;KR4:与三位客户联系,证明材料可以使用。

正是这种"O(一个最优目标)+KRs(几个关键结果)"的结构型思维让目标变得有据

可循，更加切实可行。

【专题拓展 8-6】　　　　OKR 目标关键词拆解法

三、OKR 的导入策略与实施步骤

（一）OKR 的导入策略

客观上，导入 OKR 是组织的一项管理变革。尽管这种变革与组织结构的调整、薪酬制度的修订、绩效考核方案的更新不同，不会直接影响员工的切身利益，但它会对员工的思维方式和工作习惯、组织的运行方式产生巨大的甚至颠覆性的影响。因此，快速全面地铺开 OKR，难免令人忧虑。事实证明，激进式地导入 OKR 系统，常常会因突如其来的干扰，使推动的进程停滞，甚至发生倒退，令企业陷入被动的局面。

一般来说，激进式变革是企业在面临困境时才会采取的策略。当企业面对产业结构调整、国家政策变化、跨界竞争者进入、新技术的颠覆、市场需求锐减、资源快速流失、盈利能力崩溃等不利因素，陷入危机时，自身的资源往往难以匹配，企业不得不进行根本性变革。激进式变革速度快、范围广，而且更加深入，能够打破制约变革的固有格局，杜绝人们的观望甚至投机心理，能够更迅速、更有力地整合资源。但是，激进式变革也容易因为目标判断失误、资源不能及时匹配、缺乏预见性和应对预案、团队的学习能力和适应能力跟不上、对现有业务和日常工作造成的负面影响，以及文化的适应性差等原因，对企业造成巨大的冲击，导致企业的动荡，甚至"休克"。

激进式变革是"先破后立"，渐进式变革则是"摸着石头过河"。渐进式变革要求兼顾稳定和发展，在保证现有运行秩序和经营能力的前提下，充分利用现有资源，实现增量革新；稳扎稳打，持续赢得人们的信任、支持和广泛参与。渐进式革新虽然不求全、求快，但并不等于缓慢，更不是随波逐流或随遇而安。渐进式策略要求决策者更加理性地思考，做出成熟的判断，制定好 OKR 导入线路图，明确里程碑，并充分评估组织资源，预判可能出现的阻碍，做好应对预案，有条不紊地稳步推进。本书认为，渐进式地导入 OKR 更值得企业采用，这种方法也是大多数 OKR 受益者的理性选择。

根据组织的实际情况，将按战略目标导入、按层级导入、按部门导入和按项目导入结合起来，循序渐进，是最稳健、最高效的方法。

1. 按战略目标导入

OKR 是一个战略实施工具，它要求将团队的时间、精力和热情聚焦在少数几项对组织战略目标有重大促进作用的工作上，而不是面面俱到地兼顾所有的日常工作。因此，选择一个或几个最重要的战略目标进行导入，是聚焦的最佳实践。

选择按战略目标导入的方式，能够向团队清晰地传递信号，表明企业对 OKR 的重视和信心。在实际工作中，由于更多的资源投向企业中更重要的、最重要的战略目标，也自然会使 OKR 的进展更加顺畅，同时会赋予运用 OKR 的团队更大的价值感和使命感，增强对企业的向心力。

这种方式的不足在于，对于那些业务多元化或具有一定规模的企业来说，其业务比较复杂，相应的组织结构也更加健全，团队分工也更细，少数的战略目标涉及的部门可能有限，对整体的拉动作用不明显。在实施 OKR 与未实施 OKR 的团队间，容易造成沟通障碍。同时，由于战略目标一般需要较长的执行周期，对 OKR 整体推广的节奏也会带来影响。本书的建议是，聚焦少数战略目标导入 OKR。目标数量不宜超过三个，如果企业业务单一、组织规模有限，建议只选择一个最重要的目标。

2. 按层级导入

OKR 注重逻辑，管理者的业务能力和专业水平一般要高于基层员工，他们对于业务逻辑和管理逻辑的理解更深入，掌握能力更强。管理层率先导入 OKR，更有助于厘清组织的业务逻辑，可以避免同步导入给员工造成的困扰。同时，管理层的实践有助于企业总结 OKR 运用的经验和方法，给团队留出一定的学习和适应时间。此外，管理层率先垂范，清晰地表达组织的意图，体现了管理层的决心、责任和承诺，对员工也是一种无声的激励和鞭策。

按层级导入是比较普遍的导入方式，其不足之处是，对于自下而上的促进作用不明显。尤其是在互联网企业和高科技企业，管理者履行更多的是组织和协调的职能，他们在专业技术和对市场的理解方面，不见得比基层员工强。如果按层级导入，不仅无法提升组织的快速响应能力和创新能力，无法推动组织目标达成，还会打击知识型员工的积极性，让他们觉得企业保守和封闭。

对于基层员工的参与，企业的选择不尽相同。有的是在企业管理层实践了一个或若干个周期后导入，有的是与管理层同步导入，有的企业在运行两年后依然没有导入员工层面，有的企业要求相关部门的员工导入，有的企业鼓励而非强制员工导入。本书的建议是，根据企业所处行业的特性、业务的特点、组织的管理能力和团队的综合素质理性选择。要从员工成长的角度出发进行选择，而不是单纯从企业的目标出发。

赞同鼓励而非强制员工参与的方式，将 OKR 作为给员工赋能的工具。让大家见证，运用 OKR 的员工将获得更多的关注和支持，享受更多的辅导和培训，个人的绩效也将因此获得明显提升。这种方式所形成的心理落差，将吸引更多人积极"拥抱"OKR。

3. 按部门导入

按部门导入也是企业在导入 OKR 时普遍选择的方式。在部分业务不确定、从事探索型工作及自我实现意愿强烈的知识型员工占多数的部门中率先导入 OKR，不但能更好地体现出 OKR 的独特魅力，而且能充分利用 OKR 与这些部门业务的适配性。

这种方式的劣势比较明显，最突出的就是会给 OKR 的对齐协同造成一定的阻碍。OKR 是团队的共同语言，如果一个部门说的是 OKR 的语言，而与它协作的部门却没有 OKR 的逻辑，他们之间的协同效果必然不佳。最严重的是，如果引导不当，很有可能会加厚部门之"墙"，引发新的摩擦。

建议在选取导入的部门时，先与层级导入结合起来，充分考虑工作的协同关系和协同频率。例如先在全公司的高层、总监级和经理级导入，然后考虑纵向导入哪些部门。纵向导入的判断依据是，要对组织的战略目标有重要支撑作用，要对组织生态有重大影响。

4. 按项目导入

按项目导入的方式，类似试点，拿出一个项目导入 OKR，其优点在于，项目本身范围明确，而且具有重视品质、成本和进度的特点。因此，在项目内部运行，能够全面体现 OKR 聚焦战略、注重逻辑、对齐协同、自下而上、公开透明、积极反馈的特征，是检验 OKR 与组织匹配性的好机会。通过项目 OKR 的运行，也可以基本上判断出 OKR 全面推广的效果。另外，按项目导入 OKR 还可以培养 OKR 人才，让他们成为未来全面推广 OKR 的火种。由于项目的局限性和相对的封闭性，对组织其他部门的依赖和干扰都较小，有利于发现推动过程中的问题，有利于积累经验，尤其是评估对团队的影响程度，使得接下来在组织中全面推广时，可以更有策略和方法地减少阻力，赢得支持。

按项目导入的方式，其局限性在于只对工程、设计、文化、体育等以项目制运作为主的企业较为适用。对于非项目制的组织来说，不建议采用按项目导入方式。因为项目制实际上是打破了固有的组织结构，人员的隶属关系发生了变化；到项目结束后，项目组成员回到原有的组织框架中，他们仍然要遵循既定的工作流程和方法才能开展工作，他们在项目实践中所积累的 OKR 经验很难得到应用；同时，作为少数个体，他们也没有力量带动部门的其他成员。此外，组织结构中各部门的对齐项目要比项目组中的协同复杂得多，项目组成员所积累的经验的指导性也有限。

5. 导入建议

"慢"就是"快"，OKR 的导入一定要采取渐进方式。管理变革要处理好时间和空间的关系，导入得太快，难免因疏漏引起不稳定甚至冲突，导致停滞和倒退；但如果一味求稳，一定要取得某种阶段性成果，否则会因进展缓慢而丧失持续推进的动力。如果全面铺开，对组织是一种巨大的考验；但若只在局部试点，则不可能有带动性。这些矛盾是企业决策者应该审慎思考的。解决的思路在于，不要单纯地把注意力放在 OKR 上，而要更多地关注新的管理模式对人的影响，当我们能够积极地影响他们、塑造他们时，OKR 将彰显出巨大的价值。

根据组织的实际情况，将按战略目标导入、按层级导入、按部门导入和按项目导入的方法结合起来，循序渐进地导入 OKR，是最稳健、最高效的方法。建议至少分三步走：第一步，只选择一个最重要的、最有价值的战略目标，选择全体中高级管理层，选择核心业务部门和支持部门。第二步，选择三个最重要的战略目标，推广到全体管理人员，扩大对齐的部门。第三步，可以丰富企业的目标，但仍然必须是最重要的目标，在探索型工作岗位中普及基层员工；在这个阶段，部分企业可以全员推广。切记，不要一开始就全员推广，除非企业规模很小。

【专题拓展 8-7】　　OKR 的原则、挑战与策略

（二）OKR 的实施步骤

任何管理变革都不可能一帆风顺，阵痛是必然的，即使度过了阵痛期、跨越了障碍，也不能保证百分之百成功。变革中的风险因素很多且都不容易被事先预测到。一旦失败，

企业付出的将不仅是经济成本，还有机会成本，而更重要的莫过于对团队信心和组织信任的损害。因此，如何顺利导入新管理系统的问题备受管理者关注。

约翰·科特在他的畅销书《领导变革》中总结了成功变革的八个步骤，也称"变革八法"，极具指导意义，为我们成功导入 OKR 提供了思考框架和落地指南。约翰·科特的"变革八法"包括：①向人们澄清问题，营造紧迫感；②创建一个强大的指导联盟；③制定愿景和战略；④传达愿景；⑤充分赋能；⑥力求快速见效；⑦巩固成果，完善系统；⑧将新方法融入文化。本书借鉴约翰·科特理论的思想内涵和基本逻辑，结合企业实践 OKR 的经验，制定以下 OKR 实施步骤：①制定决策；②建立组织；③系统设计；④充分沟通；⑤充分赋能；⑥单周期运行；⑦复盘和完善；⑧优化和固化。

1. 制定决策

第一步最重要，却常常被忽略。很多企业的领导通过参加一次公开课程或研讨活动，就决定大刀阔斧地导入 OKR，这种做法风险极大。任何管理变革的发起人都应当是企业的决策者，而不应该是咨询顾问或内部的工作管理人员。如果决策者不能深入系统地学习和掌握 OKR 的理论，不能正确理解 OKR 的理念，不能深刻把握 OKR 的内涵，就不能指望团队的其他成员有正确和统一的认识。如果团队缺乏正确和统一的认识，OKR 一定不会成功。

企业的核心决策层一定要深入、系统地学习，不能把学习当成下级的工作，要当成组织者和推动者的任务。决策层的学习是为了支持正确决策。在这个阶段，核心决策层和核心高管都应当全程参与，包括但不限于 CEO、副总裁、主管业务的分管领导、各事业部负责人，以及战略研究部门、组织部门、人力资源部门的一把手等，暂时不必要求中层管理者参与。常见的现象是，在企业里，一谈到管理，大家就认为这是人力资源部等职能部门的事情，业务部门的领导对此毫无热情。大家认为只要人力资源部门学会了制定相关制度，其他部门照办即可。但是 OKR 根本不是行政性质的工作，而是战略系统和文化系统。因此，上述核心决策层与核心高管都必须参与学习。

通过系统的学习，决策层应该已经基本掌握了 OKR 的内涵。这时，要思考为什么要用 OKR、为什么现在要用 OKR。要对导入 OKR 的必要性和紧迫性做出清晰的阐述。这是决定 OKR 导入成功的关键因素。紧迫感是吸引员工注意力的关键，能够让员工意识到改变的重要性，从而愿意投入时间、精力和热情。紧迫感也可以让员工意识到自己与企业之间的紧密联系，从而克制自己的懈怠和侥幸心理。紧迫感还可以让员工处于一种"时刻准备着"的心理状态，激发员工的斗志和创造力。

值得注意的是：第一，紧迫感必须来自对竞争环境的理性、真实的分析，而不能子虚乌有、危言耸听；第二，紧迫感必须让员工感受到利益的关联性，明白自己与企业的命运是融为一体的；第三，紧迫感不仅要诉诸理性，运用数据呈现竞争态势，还要通过企业案例、市场反馈等真实素材，刻画出改变后焕然一新的面貌和被动守旧可能导致的恶果，从而引起团队的情感共鸣。

2. 建立组织

决策一旦制定，首要的任务就是建立团队。没有团队，纵使 CEO 有三头六臂，也不可能成功推动。OKR的核心组织要负责制定方案和实施计划,并在OKR的实施过程中提供指导和协调。OKR组织的成员应当从整个企业中优选,而不能来自某一个部门,否则难免被认为是(或沦为)某个职能部门的管理工具。

OKR组织的成员应当包含三类人:一是核心业务部门的负责人。他们业务逻辑清晰,有巨大的业务驱动力,能更好地提出需求,反馈一线面临的真实问题。二是OKR的专家。他们管理理论扎实,实践经验丰富,对OKR的理解深入且具备实操经验,知道在哪些环节会产生困扰,他们有预见性,并有解决问题的方法和思维。这些OKR专家将承担OKR系统的设计和优化工作,同时是在实践中提供辅导的中坚力量。三是对企业的历程、业务状况、团队文化等非常熟悉且有影响力的人。他们在团队中有良好的声望和口碑,受人尊重,有责任感,对企业和员工充满感情。这些人将是收集真实反馈意见、协调处理摩擦的专家。

一个组织之所以能够真正发挥作用,并不是因为其成员的工作职位或隶属关系的变化,而是因为他们拥有共同的价值观和思维方式,拥有共同的使命和愿景。因此,在进入下一步之前,OKR组织成员的集体学习和研究尤为重要。

3. 系统设计

OKR组织建立后的第一项工作就是根据企业的实际情况开展OKR的系统设计。首先,对企业进行诊断和评估,重点识别制约企业发展的瓶颈和构建企业核心竞争力的方向,以使OKR有的放矢。OKR系统基于对组织深入和系统的诊断,如果缺乏对现状的客观认识,自然不可能有正确的方向。

其次,OKR组织要树立企业的使命、愿景和战略,并在此基础上为OKR变革描绘出合理、清晰且鼓舞人心的愿景,描绘出OKR成功践行后的蓝图。

最后,要由OKR专业人士集合组织成员的意见,完成下列设计工作:OKR的导入范围、导入主体、导入内容、导入周期、运行流程、操作指南、应用工具、共享平台、跟踪机制、辅导机制、激励机制、复盘机制、推进计划等。

4. 充分沟通

首先,OKR组织要将愿景清晰地传达给各级管理人员。其中,一是领导团队、为团队赋能、对团队目标负责的人;二是职能部门中承担管理工作的人。传达愿景不仅要陈述结论,而且要通过分享企业诊断和战略规划的工作过程,告诉员工愿景是如何生成的,愿景对大家的意义,以及它将如何发挥作用。可以肯定的是,让员工理解决策与做出决策同等重要。对工作意义的感知将影响员工的心理状态,激发内在动机和必胜的信念,让员工发自内心地支持组织变革的决策。

其次,在决策制定后,干部队伍就是执行的关键。在就愿景进行充分沟通之后,还要就OKR专家制定的实施方案与推进计划进行细致的讲解,听取员工的意见和建议,进行必要的调整和完善。特别需要注意的是,一定要强调OKR不是要员工配合推动的某个管理部门的一个行政流程,而是能够为每个人赋能、推动目标达成的一套管理系统;一定要强调,实施OKR的目标并不单是达成企业经营的各项财务指标,还是为了促进员工成长、提升组织文化,让员工更愉快和高效地工作;一定要强调OKR是促进绩效改善的工具,但其与考核没有关联;一定要强调OKR是一个系统工程,是为员工提供高效的工作方法和良好的工作习惯，而习惯的养成是需要时间的，OKR 的推行是一项需要集众人之智的长期工作，组织有决心将其推行到底。

OKR 是组织的共同语言，共同语言的建立过程从实施之前的沟通就开始了，沟通得越充分，共同语言的建立过程就越顺畅。有效的沟通不是单向的，而是双向的。要能激发团队讨论的热情，听取他们的意见和建议。团队讨论意味着他们的理解程度加深，而团队提出意见和建议则意味着他们开始重视这项工作，开始把自己的发展和组织的未来联系在一起。

5. 充分赋能

当人们理解了愿景、明确了目标之后，最需要的就是获得信任、掌握正确的方法和实践工具。OKR 组织应当在采纳管理层的意见后，将已经调整、完善的全套方案展现在全体员工面前。必须指出的是，也许导入计划暂时没有包括某些岗位，但他们仍需要参与全员学习。这是避免孤岛、建立企业共识体系的关键。

培训时，从导入 OKR 的背景和意义、组织的愿景，到 OKR 的核心理念和操作方法，都需要进行深入细致的讲解，所以要安排足够的时间。培训的内容不能仅局限于理论，一定要有相关的案例，让员工感到切合实际，并能为他们提供实质性帮助。培训应由两个部分组成，除了老师的讲解，还需要员工进行复述和分享。有条件的企业，可以结合一部分部门和岗位的实际工作进行沙盘演练，也可以组织员工结合自身工作，以实操工作坊的形式开展。双向的培训同样是沟通，能够检验团队的理解和接受程度，减少实操过程中的困扰。

OKR 的系统设计是一个不断精进的过程。在导入初期，大多数企业没有条件考量得很全面、设计得很细致。事实上，也完全没有必要。每个企业的基因不同、条件不同、环境不同，过细的设计往往会限制员工的创造性，对员工的主动性也造成负面影响。本书建议，在培训后，用 OKR 条例或大纲的方式将 OKR 的原则和规则阐述清楚，通过案例告诉员工操作的方法和流程。要鼓励员工，在实施过程中，凡是条例没有限制的，任何人都有权利自由发挥，都可以创造性地开展自己的工作。

6. 单周期运行

在培训之后，根据导入计划，由相关部门和岗位实施 OKR。这个阶段的目标非常明确，就是要确保 OKR 在第一个周期就能显现成效。在管理变革的实施过程中，或多或少都会遭到某些员工的抵制。之所以抵制，可能是因为变革对他们的利益或权利造成了不利影响，也可能是因为增加了工作量或使工作变得复杂了。更普遍的不是明显的抵制行为，而是或隐性或显性的抵触心理。员工之所以有抵触心理，可能是因为变革迫使他们走出舒适区，他们觉得不习惯；当然，也可能是他们对变革的信心不足。

确保第一个周期成功，不但能有效消除抵触心理，争取到更多人的支持，而且能用事实打击那些抵制行为，消除其负面影响。同时，展现 OKR 的运行成果，也将激励人们继续前进。

确保这一步成功的关键，首先在于合理地设定目标。一是要聚焦少数目标。建议只选择一个最具影响力、最受团队拥护的目标，就此目标而言，应该极少有抵触的声音，此目标本身就应具有号召力，能凝聚人心。二是要对该目标的资源匹配进行慎重评估。OKR 的目标一定要有挑战性，但挑战性不是指高得够不着。过高的目标会导致员工丧失信心，产生消极心态。

其次，要为承担这项 OKR 任务的团队赋能，在组织结构允许的情况下，尽可能为员工授权，让员工更容易、更有效率地清除前进道路上的障碍。授权也能够让员工感受到组织的认可和信任，激发拼搏的动力。第一个周期的运行一定要为员工呈现出看得见的结果，同时要让员工感受到氛围的变化。聚焦让有形结果获取了更多资源的保障，而自下而上、公开透明、对齐协同会对员工产生更大的吸引力。

总之，第一步的成效非常关键。这些成效就是组织决策的有力证明，能够消除负面情绪，引起更多的共鸣，为组织变革提供更强大的动力。

7. 复盘和完善

这一步的目标是巩固已经取得的成果，为进一步扩大战果做准备。首先，要进行复盘。要列出已经取得的成果，并用具体事实回答为什么会取得成功；如果没有达到预期的结果，也要分析留下了哪些遗憾，是什么因素导致的。通过复盘，找到进一步完善系统的方向，在系统中强化推动 OKR 的积极因素，消除消极因素。

其次，通过 OKR 的跟踪记录和评分环节，识别出那些对 OKR 的推动有积极影响力的人，对他们给予肯定。这些人不一定对结果作出了巨大的贡献，但他们在自下而上、公开透明、对齐协同等方面的行动，足以对他人产生示范和带动作用。此外，对于观望、消极执行，甚至有抵触行为的人，要真诚地沟通，发现他们内心真正的顾虑。对于这部分人中的管理者，应当给予教育、警示或调整。

最后，要制定下一个周期的 OKR，保持团队的热情和动力。同时，要充分利用初步取得成效后员工高涨的信心，按照既定计划将更多的部门和岗位纳入 OKR 的运行范围。需要注意的是，复盘和完善是持续的，并不仅限于第一个周期。部分企业在取得初步成效后，过于关注所取得的成绩，而忽略了问题；有的管理者甚至认为 OKR 很简单，不必小题大做，放松了对干扰因素的警惕；还有的管理者认为既然取得了成绩，员工就一定会保持主动，因而减少了关注，弱化了推动变革不可或缺的领导力，这些心态都为日后 OKR 的停滞和倒退埋下了隐患。

8. 优化和固化

管理变革的真正成功并不只是在初期克服阻力、突破障碍、取得一些成效，更是经过长期实践，最终将变革融入组织的血液。管理变革的真正成功也不仅是满足领导和协调的需要、提高市场竞争力和财务贡献，更是人才结构的优化。人才结构当然不是指性别或年龄占比，也不是单纯以学历、能力和专业水平来衡量，而是指企业有一些什么样素质的人，他们拥有怎样的价值观和心态，他们在以什么样的思维方式和工作方式合作。当企业凝聚了更多有志、有识、有情、有义的人，大家彼此关怀和支持，并开展创造性工作时，就意味着管理变革取得了成功。

这样的成功不是一蹴而就的，需要对系统进行完善，对组织进行优化，对文化进行改良，进而构建一个良性的组织生态。这个组织生态由发展战略、组织结构、激励机制和企业文化组成，是一个能够自我净化、良性循环的系统。

制定决策、建立组织、系统设计、充分沟通、充分赋能、单周期运行、复盘和完善、优化和固化，这八个步骤并不一定需要严格遵循，企业可以选择适合自己的导入方法和节奏。必须注意的是，无论设计怎样的流程，始终应该高度关注的是人的心理状态，而不是OKR本身。人的意愿是一切革新的关键。

☞【专题拓展 8-8】　　OKR 的八大激励措施，激发员工内驱力

四、OKR 实施偏差分析及其与 KPI 的比较

（一）OKR 实施偏差分析

OKR 是一项全面推动战略实施、促进组织变革、优化激励机制、提升企业文化的系统工程，涉及的因素众多，任何一方面的缺失都会影响 OKR 的顺利导入和实施。归纳起来，OKR 实施偏差主要有四个：存在认知偏差、缺乏严谨的设计、缺乏有力的组织、忽视人的感受。

1. 存在认知偏差

（1）认为 OKR 只是一个工具。企业领导者的工作繁忙且千头万绪，他们迫切希望得到一个法宝，让组织自行运转，将自己从繁重和复杂的工作中解放出来。OKR 给他们带来了希望，但是他们不愿意因实施 OKR 增加工作负荷。他们更加希望将 OKR 导入企业，然后放手交给团队实施。但问题是，OKR 既不是一套软件，也不是一个标准或制度，而是企业的战略系统、文化系统；如果没有最高层的深度参与，缺乏领导的示范作用，一定会因失去动力而停滞。

（2）认为 OKR 是绩效考核的替代品。OKR 是目标管理的方法，与传统的绩效管理有许多相似之处，但 OKR 之所以备受欢迎，是由于它和传统绩效管理模式的差异，也就是 OKR 的进步性。OKR 不仅重视绩效，还重视推动绩效的核心要素——人。OKR 重视人的内在动机，杜绝与考核关联。如果将 OKR 视为考核的替代品，企业要么会因为失去考核而导致不公，要么会使 OKR 面目全非。

（3）认为 OKR 只适用于互联网和高科技企业，只适用于大企业。人们对 OKR 的了解常常是从谷歌和华为等企业开始的，因此让人们产生了 OKR 只适用于高科技企业和大企业的误解。我们通过对 OKR 特征的解读，不难发现这些特征是每个企业都需要的。事实上，OKR 和 KPI 一样，适用于任何类型的企业，已经有许多中小企业因此受益。关于这一点，约翰·杜尔已经给出了结论：OKR 就像瑞士军刀，适合于任何环境。

（4）认为 OKR 只适用于创新型业务，狭隘地定义"知识型员工"。有些学者认为 OKR 只适用于创新型业务和知识型员工。诚然，相对于 KPI 等传统绩效管理方法来说，OKR 对于创新型业务的帮助更大，但并不能因此否定 OKR 对其他业务领域的促进作用。任何业务都需要聚焦、逻辑。OKR 的确不适用于在流水线上进行简单操作的员工，但其局限性也仅限于此。很多人认为知识型员工仅仅是具备高学历、高技术水平的人才，这种认识无疑是

片面的。本书认为，凡是需要运用知识和经验，依靠自己的判断力创造性地开展工作的人，都是知识型员工。不少人认为销售人员不属于知识型员工，这个结论是完全站不住脚的。在市场经济背景下，要想在众多竞争者中脱颖而出，赢得客户的认可，没有创造力怎么能行？此外，自下而上、对齐协同、公开透明、积极反馈对任何团队都具有巨大的价值。显然，管理者认知的片面性也将给 OKR 的导入和实施造成阻碍。

（5）认为可以试一试。现实中有部分企业热衷于五花八门的管理模式，领导存在投机心理，希望尝试一下 OKR，抱着这样的心态，必然导致失败。导入 OKR，与其说是推行一种方法，不如说是进行一场变革。有人发出这样的感慨："不要说变革，变化都难！"这是事实。任何管理改进都会遇到阻力，都会面临困难，如果领导缺乏坚定的信念，必将导致员工士气涣散，使 OKR 的成果灰飞烟灭。需要澄清的是，"试运行"与"尝试"不同。"尝试"是为了测试匹配性，而"试运行"是为了识别并排除障碍、完善系统，是为了取得短期成效，树立更大的信心，从而更有力地推动实施。

2. 缺乏严谨的设计

（1）教条化地盲从。系统的理论和成功的经验值得借鉴，但囫囵吞枣、生搬硬套只会适得其反。不同的企业在行业特性、发展阶段、规模、团队的综合素质、企业文化等方面都存在差异，忽视这些差异，一味地照搬照抄不是可取之道。只看到他人收获的果实，却不考虑自己的土壤条件，必然颗粒无收。要知道，所有受益于 OKR 的企业都是在针对自身状况进行深入剖析，并经过广泛调研后，结合企业的实际情况审慎设计实施方案的。

（2）忽视客观规律。企业在制订导入和推进计划时，必须有策略、有步骤、有重点。大刀阔斧地全面推进常常引发矛盾，打击团队的信心，有时还会演变成一场轰轰烈烈的群众革命，浮于表面，流于形式。相反，有些企业过于追求稳定，只在极小的范围内做试点，无法形成应有的影响，反而造成文化上的不平衡，又进一步影响了 OKR 的持续推进。还有一种危害更大的做法，管理者急功近利，一遇到问题就以创新为名，频繁调整实施方案，不但打击了团队的信心，而且削弱了组织的威信。

（3）缺乏系统性。OKR 系统的设计应当依照其特征，从企业运营流程和员工实际操作出发，根据组织变革的规律，进行系统和全面的思考。首先，由于 OKR 这个概念所直接表达的意思是"目标与关键结果"，常常导致人们在重视聚焦和逻辑的同时，无意识地忽略了自下而上、对齐协同、公开透明和积极反馈等特征。其次，OKR 的规划和设计不是孤立的，必须相应地优化企业现有的绩效考核、目标管理、项目管理、薪酬制度等管理体系，以免产生冲突，让团队无所适从。最后，我们在规划时不能仅仅考虑导入阶段，还应当思考如何巩固所取得的成果，持续优化和完善 OKR 系统。

3. 缺乏有力的组织

（1）缺乏最高层领导的深入参与。多数企业都有建立 OKR 组织的意识，决策层清楚必须将管理变革作为"一把手工程"来推动，至少应当由负责日常执行工作的高管担纲。但是，在大多数企业中，需要由一把手推动的事情实在太多了，一旦"一把手工程"太多，也就失去了"一把手工程"的意义。一把手只是挂名，偶尔在大会上讲话、做动员，对 OKR 推动计划和实施方案的设计缺乏深入的研判，在运行中也仅仅扮演幕后支持者的角色。本书的建议是，一把手只要担任了OKR首席指挥官的职务，就必须深入实际、承担具体的工作，包括实地调研、听取汇报、审核方案、审定计划、调配干部、沟通协调中高层管理人员OKR的制定、部门OKR的对齐、追踪反馈等。许多企业的一把手常常有大量的时间外出，如果不能保证及时、通畅的沟通，是不适合担负这项责任的。一把手通常很忙，既要关注内部，又要面对外部；既要保证当下的稳定，又要思考未来的长远发展。最理想的情况是，任命一位专职的OKR首席指挥官，在职务级别上应当仅低于一把手，首席指挥官应当是OKR的项目经理，是辅导教师，是宣传大使，应具备管理基础，深度了解企业，对OKR充满热情和信心，对组织充满感情。必须注意的是，首席指挥官应尽量专职，如果企业规模比较小，当然可以兼任，但应将该指挥官原有的工作量削减，以保证对OKR有足够的投入精力。

（2）组织没有针对性。有的企业OKR组织的成员全部由各部门负责人担任，希望通过这样的安排使OKR在各部门中得到足够的重视，顺利推动OKR的实施。这个想法可以理解，但不可取。一方面，部门负责人参与并不必然意味着重视，依然存在大家"捧场"的可能，对于任何日常的管理工作并无二致。真正的重视一定是来自最高层的身体力行和持续关注。另一方面，正是因为要顺利推动OKR，就应该选择能够切实对OKR的设计、导入、推动发挥作用的人，而不是随意拼凑。OKR组织中一定要有德才兼备的管理专家和业务专家，一定要有德高望重且众望所归的员工代表。

（3）职能部门牵头。把OKR的组织推动工作交给人力资源部门负责也是一个常见问题。决策者认为OKR既然是目标管理，就可以像KPI一样交给人力资源部门负责。这样一来，OKR往往会不自觉地走向考核之路，至少会让员工产生这样的顾虑，导致他们不愿意挑战、不愿意开放。因为企业导入OKR后，依然存在考核与评价，这些工作都由人力资源部门负责，那么员工难免会担心自己的OKR评分被人力资源部门当作考核依据。此外，OKR强调业务逻辑，这一点恰恰是当今大多数企业人力资源部门的短板。缺乏业务逻辑的设计和推动将是OKR的噩梦。有些企业将OKR的组织权赋予战略发展部门，理由是OKR要聚焦战略，追求挑战性目标，为企业的战略服务。遗憾的是，战略研究部门虽然对宏观因素研究得很深入，但对业务经营的逻辑常常缺乏深刻的认识；虽然了解企业的各项经营数据，但对团队和人的动机认识不足。

4. 忽视人的感受

（1）缺乏紧迫性。通常，尽管人们并不满意现在的管理模式，但当管理变革发生时，人们又会努力维护现存的制度，有意或无意地在心理上、行动上有所抵触。其原因在于，人们担心现在的收益会被稀释，同时不肯轻易相信新的变革能带来好处，或者将对他们未来的收益产生影响。相对于描绘未来的蓝图，更具有现实意义的理性分析、正在面临的风险或即将到来的挑战、所剖析的危机，应是人们在日常工作中切身感受到的，由此引发的紧迫感会聚合人们的注意力，促使人们走出舒适区，并使大家迅速团结起来，产生"同仇敌忾"的革新意愿。

（2）缺乏愿景。我们不能让人们陷入恐慌的状态，这种心理不可能持续。无论是顺流还是逆流，人们追求的永远都是航行的意义和价值。没有愿景，就不会有精神的共鸣和情感的纽带。缺乏愿景，人们会模糊方向，出现问题后，会认知混乱，破坏行动的统一性，使OKR走向歧途。

（3）忽视内在动机。OKR导入的八个关键步骤中没有提到对OKR推动的激励工作，这并不意味着激励不重要，恰恰相反，没有有效的激励机制，很难帮助人们保持信心、克服困难，更难以推动团队勇往直前。激励是必需的，但我们必须不断重申：OKR决不能与考核关联，OKR的推动决不能运用经济杠杆来激励。要时刻牢记：关注"人"比关注"事"重要；关心人的感受比给予物质回报重要；良好的感受来自内在动机的满足，外在的刺激只会让感受恶化。这些原则不仅要体现在OKR的系统之中，也要根据这些原则逐步优化现有的绩效管理、项目管理以及其他日常管理体系。

（4）缺乏沟通。对任何失败的组织变革而言，缺乏沟通是通病，归根结底还是对"人"的忽视，着眼点还是在"事"上。所有人都会把时间投入对自己重要的事情，如果沟通少了，团队一定会感到不被关注和重视。只有沟通才能让管理者了解员工的感受。沟通得越多，了解得越深入，也越容易管理。沟通必须是双向的，管理者要善于倾听，多用耳朵，少用嘴巴。沟通并不单指上下级之间的谈话，企业间的宣传也是沟通。越是大张旗鼓地宣传，员工就越能感受到企业的重视；越是频繁地宣传，员工就越明白工作的迫切；越能表达员工的心声，他们就越能感到被尊重。

认知偏差反映出决策层对OKR的核心理念和底层逻辑的理解不足；缺乏严谨的设计，往往是因为管理层存在急功近利的心态；缺乏有力的组织说明了管理层组织意识的薄弱和组织能力的缺失；忽视人的感受体现的是企业墨守成规的文化。归根结底，谋事在人，成事也在人。人是决定OKR成败最主要的因素，而对人影响最大的因素并非客观环境和条件，而是人的思想。只有转变观念，才能产生正确的行动，使OKR落地生根，产生实效。

☞【专题拓展 8-9】　　　　OKR推行过程中的"八大坑"

（二）OKR与KPI的比较

OKR致力于如何更有效率地完成一个有野心的项目。KPI强调的是如何保质保量地完成预定目标。简单来说，OKR是监督我要做的事情，KPI强调的是要我做的事情。很多企业之所以在应用OKR时无法达到预期效果，是因为混淆了OKR与KPI，甚至把OKR当作绩效考核的依据使用。只有了解OKR与KPI之间的关系，才能更好地使用OKR为企业服务。OKR与KPI的区别如表8-3所示。

表8-3　OKR与KPI的区别

区别	OKR	KPI
本质的区别	目标管理和绩效激励工具	绩效考核管理工具
	目标是描述性的，关键绩效指标是量化的	考核指标是量化的
	指标在目标期内可以机动调整	指标在绩效考核期内是相对固定的
关注点的区别	侧重于制定目标，并努力超越目标	侧重于量化目标，而非超越目标
	指标要求达到60%~70%就算取得突破性效果	指标要求达到100%才算取得效果
	集中于对挑战性目标的高绩效行为的引导	集中于有能力、可以达成的目标

续表

区别	OKR	KPI
驱动机制的区别	致力于员工通过自我激励实现绩效提升 注重员工参与感与自我价值实现 注重高绩效潜力员工的价值提升与动力激发	侧重以物质激励提升员工绩效 根据员工绩效结果给予物质奖励 注重激励与绩效之间的持续平衡
运行环境的区别	企业战略目标会根据外界环境而变化 一般适用于初创业、高科技、创新型企业	要求企业战略目标清晰、稳定 一般适用于岗位职责明确、人员配置精准的传统企业,以及产业成熟、竞争环境相对稳定的产品制造型企业
沟通方式的区别	360度多维互动式沟通 工具是目标管理和高绩效产出管理,注重管理行为的绩效产出	自上而下委派式沟通 工具是关键事件法和平衡计分卡,注重关键成功因素指标
特点的区别	操作简单,设置好目标与关键成果即可 对接直接,每个KR都必须能够直接完成相对应的目标 OKR的目标、关键成果、进度、评分等对企业内部人员公开透明	更为细化,每个指标的量化程度较高 对接流程化,需要良好的制度环境、平台帮助运行 KPI往往不会公开,或者不会全部公开

资料来源:江乐兴.OKR工作法[M].石家庄:河北教育出版社,2020.

虽然OKR与KPI之间存在以上区别,但在很多大的层面上,OKR与KPI也有一定的共同点,具体如下。

1. OKR和KPI都是沟通工具

前者会让企业内部人员了解一定期限内企业、团队、个人的OKR是什么;后者会让企业内部人员了解企业发布的企业、部门、岗位各级的KPI。

2. OKR和KPI制定的都是企业努力的方向和目标

前者代表你要去哪里以及如何到达那里;后者虽然没有告诉你怎么去那里,但是也指出了方向和目标。

3. OKR和KPI都是可量化的

前者大多数对时间和数量进行量化;后者可以对企业的很多事情进行量化,但是要注意的是,不要量化无关紧要的事情,以免降低效率,打击员工的积极性。

4. OKR和KPI都要求目标一致

前者是在企业、团队与个人的OKR协调一致的情况下独立完成,并随时机动协调;后者是在企业目标一致的情况下从上而下逐层分解落地。

5. OKR和KPI都要实时跟进

前者可以通过月度会议及时跟进OKR,并根据整个行业的大环境或者企业的变化进行调整,每个季度可以调整一次关键成果,但不要调整目标;或者可以通过数据采集与统计,也可以通过月度会议来分析、改进绩效,如果要调整,建议按照季度进行,不要太过频繁。

总的来说,OKR相对于KPI而言,它不是一个考核工具,而是一个指导性工具,它存在的目的不是要对企业内的某个员工进行考核,而是时刻提醒企业内的每个人当前的任务是什么。因此，OKR 和 KPI 可以同时应用于企业，谁都不能真正替代对方。KPI 可以做好绩效考核，适用于大多数企业，而 OKR 可以弥补 KPI 的很多缺陷，适用于很多高科技企业、创新型企业。所以，作为企业管理者，明确是采用 OKR，还是采用 KPI，找到适合的绩效评估方法以促进公司发展，这才是关键。

本章小结

目标管理（MBO）不仅是指关注组织中员工个人绩效的管理过程，还是一个目标设定的过程，通过这个过程为组织、部门、部门经理及员工设立目标。MBO 不是一个员工行为的衡量工具，它只是试图衡量员工的有效性，或对组织成功和目标实现的贡献。目标管理使组织各级主管及成员都明确了组织的总目标、组织的结构体系、组织的分工与合作及各自的任务。

目标管理的推行步骤是：设定绩效目标；制定被评估者达到目标的时间框架；将实际达到的绩效水平与预先设定的绩效目标相比较；设定新的绩效目标。

英特尔总裁安迪·格鲁夫在目标管理基础上发展了 OKR 工作法，被约翰·杜尔在谷歌公司发扬光大。OKR 是一套严密的思考框架和持续的纪律要求，旨在确保员工紧密协作，把精力聚焦在能促进组织成长的、可衡量的贡献上。OKR 体现了聚焦目标、协同思维、成长型思维、敏捷型思维和结构型思维。企业实施 OKR 的步骤是：①制定决策；②建立组织；③系统设计；④充分沟通；⑤充分赋能；⑥单周期运行；⑦复盘和完善；⑧优化和固化。企业实施 OKR 出现偏差的原因主要是：存在认知偏差、缺乏严谨的设计、缺乏有力的组织和忽视人的感受。

思考题

1. 什么是目标管理？它与目标设置理论有哪些联系？
2. 目标管理有哪些特点？其优点和缺点是什么？
3. 你认为在实践中，应该如何克服目标管理的缺点而发挥其优点？
4. 你能描述出目标管理的操作流程吗？
5. 试为某民营企业导入目标管理提供一个框架指导。
6. 目标是什么？它有哪些特点？在具体实施目标管理的过程中需要注意哪些问题？
7. 什么是 OKR？简述 OKR 的定义和基本思想。
8. 如何在企业里推行 OKR？有哪些注意事项？
9. OKR 与 KPI 的区别是什么？

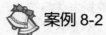

案例 8-2　　世界上七大教堂之一：加州水晶教堂

1968 年的春天，罗伯特·舒勒博士决心在美国加州建造一座水晶大教堂。他向有"建筑教父"之称的著名设计师菲利普·约翰逊表达了自己的构想："我要的不是一座普通的教堂，我要在人间建造一座'伊甸园'。"

约翰逊问他："预算需用多少钱？"

舒勒博士坦率而明确地回答："我现在一分钱也没有，对我来说，是100万美元还是400万美元的预算没有本质上的区别。重要的是，这座水晶大教堂本身一定要具有足够的魅力来吸引捐款。"

水晶大教堂的预算初步定为700万美元，这对于当时的舒勒博士来说，是一个超出他能力范围的数字，也是一个超出了众人理解范围的数字。

一天夜里，舒勒博士拿出一张白纸，在最上面写下"700万美元"，接着又写了10行字：

寻找1笔700万美元的捐款。

寻找7笔100万美元的捐款。

寻找14笔50万美元的捐款。

寻找28笔25万美元的捐款。

寻找70笔10万美元的捐款。

寻找100笔7万美元的捐款。

寻找140笔5万美元的捐款。

寻找280笔2.5万美元的捐款。

寻找700笔1万美元的捐款。

卖掉1万扇窗户，每扇700美元。

从此，舒勒博士开始了漫长的募捐生涯。

到第60天的时候，富商约翰·克林被水晶大教堂奇特而美妙的模型所打动，舒勒博士得到了100万美元的第一笔捐款。

到第65天的时候，一对听了舒勒博士演讲的农民夫妇捐出了1000美元。

到第90天的时候，一个被舒勒博士孜孜以求的精神所感动的陌生人开出了一张100万美元的银行支票。

到第8个月的时候，一个捐款者对舒勒博士说："如果你能筹到600万美元，那剩下的100万美元就由我来支付。"

到第二年的时候，舒勒博士以每扇500美元的价格请求美国人认购水晶大教堂的窗户，付款的方法为每月付50美元，10个月分期付清。实际情况要比预想的好得多，还不足6个月，一万多扇窗户就全部认购完毕。

建造水晶大教堂一共用掉了2000万美元，比最初的预算多得多，全部是由舒勒博士一笔一笔筹集来的。

1980年9月，历时12年，由设计师约翰逊和他的助手约翰·伯吉设计的水晶大教堂全部竣工，成为世界建筑史上的一个奇迹，也成为名副其实的人间"伊甸园"。教堂一楼的墙上刻着："如果你知道自己不会失败，你的梦想是什么？"二楼的墙上刻着："有能力做梦，就有能力实现！"舒勒博士用这样的文字诠释了生命的含义。

后来，舒勒博士经常这样讲："不是每个人都应该像我这样去建造一座水晶大教堂，但是每个人都应该拥有自己的梦想，设计自己的梦想，追求自己的梦想，实现自己的梦想。"梦想是生命的灵魂，是心灵的灯塔，是引导人走向成功的信仰。有了崇高的梦想，只要矢志不渝地追求，梦想就会成为现实，奋斗就会变成壮举，生命就会创造奇迹。

资料来源：朱永新. 管理心理学[M]. 北京：高等教育出版社，2014.

思考与讨论：

1. 请结合案例和自身成长经历，讨论目标对一个人、一个组织发展的重要性。
2. 请思考你在未来10年的人生目标是什么。参考案例中舒勒博士的经历，你会如何分解你的目标呢？你实现目标的资源可能在哪里呢？

 团队互动演练

研究型学习小组以所在团队为基础，完成每个团队成员个人和团队的《目标管理绩效考核方案》。操作指导如下。

教学目的

☑ 熟悉目标管理的构建流程。
☑ 理解目标管理的特点和设计原则。
☑ 了解目标管理的作用和重要性。

教学平台

以学生和所在学习团队为依托，完成团队成员和团队的目标管理方案设计。

硬件支持：计算机中心实验室，每个学生配备一台计算机，允许网络连接。标准化教室，供学生讨论和陈述。

教师提供目标管理绩效考核方案设计的基本思路。

教学步骤

第一阶段：绩效目标的设定。由团队成员结合自身情况，从学习、生活、人际交往、能力提升、金钱管理等方面提出个人所希望达到的绩效目标，对于学习团队建设的思考和希望，学习团队成员一起来共同制定目标。目标主要指所期望达到的结果，以及为达到这一结果所应采取的方式、方法。

第二阶段：制定达到目标的时间框架。即当团队成员自身和团队为这一目标努力时，可以合理安排时间，了解自己目前在做什么、已经做了什么和下一步将要做什么。

第三阶段：将实际达到的绩效水平与预先设定的绩效目标相比较。团队成员和团队致力于找出未能达到既定绩效目标的原因，或为何实际达到的绩效水平远远超出了预先设定的绩效目标。

第四阶段：制定新的绩效目标，以及为达到新的绩效目标而可能采取的新的计划。凡是已成功实现其绩效目标的团队成员和团队，可以被允许参与下一考核周期新的绩效目标的设置过程。而对那些没有达到既定的绩效目标的团队成员和团队，要深入探讨沟通，判明困难的出现是否属偶然现象，找出妨碍目标达成的原因，并制定相应的解决办法和行动矫正方案后，才可以参与新一轮考核周期绩效目标的设置。

团队成员

研究型学习小组在组长指导下合理分工,各负其责,按规定时间完成任务。

研究成果

☑ 团队个人和团队的《目标管理绩效考核方案》。
☑ 对其他小组的方案进行点评。

第九章　基于标杆管理的考核体系

学习目标

- ☑ 掌握标杆管理的定义与分类；
- ☑ 了解运用标杆管理设计绩效考核体系的优势；
- ☑ 能够设计基于标杆管理的绩效考核体系。

案例 9-1　　　　西门子如何进行对标管理？

西门子拥有非常庞大的行政体系和销售架构，其管理体系在中国已经得到了广泛的认可。作为一家全球领先的技术型企业，西门子的核心竞争力体现在两个方面：一是持续的产品创新能力——西门子60%以上的销售额来自刚刚面市不到5年的新产品；当然，也包括对生产和工艺流程本身的创新，以及创新能力在生产和制造领域的转化。管理能力是西门子核心竞争力的另一个来源。西门子庞大的管理团队所起的作用虽然不可小觑，但就标杆对比而言，西门子的核心竞争能力还是在创新和制造领域。在日常的运营管理活动中，西门子会对产品成本进行定量管控。对产品成本进行管控和标杆对比，需要考虑很多因素。作为外行，大家可以简单地比较西门子某台医疗设备的售价是多少，竞争对手相似产品的售价是多少，通过这种对比来判断西门子的产品究竟是贵还是便宜。但是从企业运营管理的角度来讲，不能靠这种简单的对比发现或营造竞争优势，必须开发更为严谨、科学的标杆对比体系。在西门子的具体业务管理活动中，既使用定量的标杆对比（计算成本差距），也使用定性的标杆对比（SWOT、产品组合等）①。

关于定量的标杆对比，西门子有一套完整的方法，被称为"12空格"系统。如图9-1所示，"12空格"系统由两个维度构成，一个维度包含人工、材料和资本三个因素，如每小时工资、原材料价格、贷款利率等；另一个维度包含设计、效率、产量、要素成本四个因素。所有业务领域的产品结构都可以按照这个系统进行分解，从而不断地进行成本优化。也就是说，西门子与竞争者比较的不是整个产品的成本和价格，而是把产品的成本按照这套"12空格"系统进行分解，分别考虑产品设计对人工、材料和资本的占用情况；生产、制造、管理效率等对人工、材料和资本的影响；产量对人工、材料和资本的影响等。然后基于"12空格"的具体内容，分析竞争者的相应成本，由此得出一个可比竞争者成本，这个成本可能连竞争者自己都不知道。

---

① 其中，定性的标杆对比涉及的内容比较复杂，所占的篇幅比较大，所以在图9-1的"12空格"系统中没有详细介绍。关于定性的标杆对比，主要从SWOT分析和产品组合的角度，考察与竞争对手相比，西门子在行业中处于什么样的地位。一般情况下，越是做得好的领域，越注重产品的组合和优化。

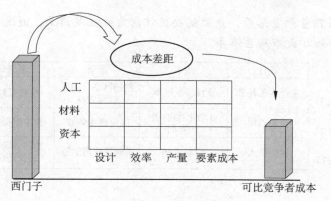

图 9-1 "12 空格"系统

于是，西门子就得出，相对于竞争者而言的成本改进空间有多大。前面提到西门子主要有两个核心竞争力：一是创新能力，主要反映在工艺流程的创新能力方面，流程创新是最需要动态优化的；另一个核心竞争力是工厂管理、生产制造环节的管理能力。所有西门子的工厂都运行着一套良好的管理系统，所以动态来讲，实际上西门子每天每时每刻都在用这个标杆对比，用"12 空格"在管理，当然，也需要借助于其他一些定性的标杆。如果某个业务活动的经营利润和投资回报都明显落后于竞争对手，那就需要进行标杆对比了。当西门子觉得战略、产品结构和生产流程存在问题，或者对竞争者的运营情况不清楚时，也需要做标杆对比。在移动设备业务方面，西门子曾经做过一个标杆对比。当时，西门子给自己设定的目标是把市场占有率和息税前利润提高到第二，同时击退成本低的竞争者。虽然西门子觉得自己能做到，但并不清楚怎么做，也就是说，战略杠杆并不明确，于是西门子就着手进行标杆对比。标杆对比有可能让西门子从定性和定量的角度，细致、准确地把握自己与竞争者的差距，找出赶超竞争者的战略杠杆。通过标杆对比，西门子发现销售效率和效果严重落后于竞争对手，所以启动了改进销售的活动；通过标杆对比，西门子还发现在移动网络的规划和配置方面和竞争者的差距非常明显，尤其是在项目建议书的制作方面，于是开始优化网络的综合处理。用西门子的这套模式进行标杆对比，很容易导出改进战略的杠杆和途径。

图 9-2 给出了一个通过成本要素标杆对比导出成本改进战略杠杆的例子。例如，通过与竞争者比较用于产品设计的生产人工耗费、设备占用和材料投入，很容易找到改进产品成本的战略杠杆。例如，可以重新设计目标成本，通过外购设备解决设备占用方面的不合理现象，通过模块化生产提高产品整体生产和设计的有效性。同样地，从效率的角度进行分析，企业可以通过标杆对比，了解自己在流程和生产效率方面与竞争者的差距、在自动化程度和对生产周期的管控方面与竞争者的差距、在生产工艺过程中材料的损耗方面与竞争者的差距，由此可以导出改善流程成本的杠杆和途径。也许企业需要重新设计某些流程，如销售研发、物流/制造，以及一些辅助功能的流程。

在产量方面，通过标杆对比，可以发现企业在营销网络、团队规模效益、固定成本削减以及采购量规模效益等方面与竞争者的差距，从而找到改善产销量的杠杆和途径。如果在固定成本削减方面显著劣于竞争者，可以考虑削减刚性的投资，建设柔性的生产体系，如果在采购的规模效益方面显著劣于竞争者，可以考虑加强采购的区域规划，实现采购量的规模效益;如果销量严重落后,企业就要把注意力放在促销上,通过提高客户忠诚度和开发新客户,不断地扩大市场占有率。

杠杆对比	设计	效率	产量	要素成本
人工	生产人工耗费	流程、生产率	营销网络、团队规模效益	单位工时成本
资本	设备占用	自动化程度/生产周期	固定成本削减	资本回报和折旧
材料	材料投入	材料损耗	采购量规模效益	地区采购优势和讨价还价能力

改进杠杆和途径	产品成本	流程成本	产量/销量	要素成本
	如改变成品 · 目标成本设计 · 外购 · 模块化	如重新设计流程 · 销售研发 · 物流/制造 · 辅助功能	如销售 · 扩大现有市场占有率 · 赢得新客户	如优化生产基地分布 · 搬迁 · 增加外购比例

图9-2 通过标杆对比可以导出改进战略杠杆

最后,在要素成本方面,可以通过比较单位工时成本、资本回报和折旧、地区采购优势和讨价还价能力,找到改善要素成本的杠杆和途径。如果单位工时成本高于竞争者,最简单的办法就是把生产基地全面迁往低工资地区;如果资本回报和折旧存在问题,可以考虑不去美国上市而去俄罗斯上市,因为俄罗斯投资者对资本回报的要求会低一点;如果是材料采购存在问题,就要考虑在原材料价格最低的市场或地区培育自己的采购能力。

资料来源:对标学习研究院. 最佳实践:看西门子如何进行对标管理? [EB/OL]. (2023-01-31) [2024-08-01]. http://mp.weixin.qq.com/s/pj6d6jyF51jOGCO6qqv9zh.

在这个案例中,西门子从定性和定量两个方面开展标杆管理,将企业的服务、产品、管理方法和工作流程与同行业的外部或内部合作伙伴进行比较,以便从其他企业的管理经验和发展方法中获益,弥补自身的不足,增加改进机会,建立良好业绩的循环。西门子的成功具备了哪些要素?要回答这个问题,需要我们深入地了解本章的标杆管理知识。

第一节 标杆管理的形成与演变

一、标杆管理的定义与内容

标杆管理(benchmarking)也被译为标杆法、水平对比法、基准考核法、基准化等,是通过衡量比较来提升企业竞争地位的过程,强调以卓越的企业作为学习对象,通过持续改善强化本身的竞争优势。所谓标杆,最早是指工匠或测量员在测量时作为参考点的标记,是测量学中的"水准点",在此引申为在某一方面的"行事最佳者"或"同业之最"。

泰勒（Frederick Taylor）在其《科学管理实践》中采用了"标杆管理"这个词，其含义是衡量一项工作的效率标准，后来渐渐延伸为基准或参考点。标杆管理的实质是模仿和创新，是一个有目的、有目标的学习过程。通过学习，企业重新思考和设计经营模式，借鉴先进的模式和理念，再进行本土化改造，创造出适合自己的全新最佳经营模式，这实际上就是一个模仿和创新的过程。

标杆管理产生于企业的管理实践，目前对于标杆管理还没有一个统一的定义。下面是一些权威学者和机构对标杆管理的解释。

坎普提出："标杆管理是组织寻求导致卓越绩效的行业最佳实践的过程。"这个定义涵盖的范围如此广泛，以至于包括所有不同水平和类型的标杆管理活动，应用于跨国度、跨行业的产品与服务，以及相关生产过程的可能领域。该定义简单、易于理解，可运用于任何层次以获取卓越绩效。它强调卓越的绩效，促使员工将寻找最佳实践概念深植于脑海中——唯有最佳实践才能导致卓越绩效。该定义被国际标杆管理中心所采用。

美国生产力与质量中心（American Productivity and Quality Center，APQC）对标杆管理的定义为："标杆管理是一项有系统、持续性的评估过程，通过不断将组织流程与全球企业领导者相比较，以获得协助改善营运绩效的咨询。"该定义更具体地体现了标杆管理的本质：向组织外部参照物学习的价值；使用结构化、正式的流程进行学习的重要性；持续地进行组织自身与一流实践的比较；驱使改善绩效行为信息的有用性。该定义吸引了超过100家大型企业采用标杆管理。

瓦泽瑞认为，一个定义应该尽可能简单、清楚，应能让使用它的人知道该做什么及如何达到其目标。1992年，他对标杆管理做了如下定义："标杆管理是将公司与关键顾客要求和行业最优（直接竞争者）或一流实践（被确认在某一特定功能领域有卓越绩效的公司）持续比较的过程，以决定需要改善的项目。"该定义强调标杆管理与内部顾客和外部顾客的满意相关。

综合以上各个定义的精髓，本书这样描述标杆管理：不断寻找和研究业内外一流的、有名望的企业的最佳实践，以此为标杆，将本企业的产品、服务和管理等方面的实际情况与这些标杆企业进行定量化考核和比较，分析这些标杆企业达到优秀水平的原因，结合自身实际加以创造性地学习、借鉴，并选取改进的最优策略，从而赶超一流企业或创造高绩效的不断循环提高的过程。根据该定义，我们可以将标杆管理分解为以下几个方面的内容。

（1）标杆管理中的标杆是指最佳实践或最优标准，其核心是向业内外的最优企业学习。也就是说，企业将自身的产品、服务、经营管理、运作方式与最好的企业做比较，找出差距，创造性地改进和优化企业实践，达到增强竞争力的目的。

（2）标杆管理是在全行业甚至更广阔的全球视野内寻找基准。要突破企业的职能分工界限和企业性质与行业局限，重视实际经验，强调具体的环节、界面和流程。

（3）该方法是一种直接的、片段式的、渐进的管理方法。因为企业的业务、流程、环节都可以解剖、分解和细化。企业可以寻找整体最佳实践作为标杆来比较，也可以仅仅发掘优秀"片段"作为标杆来比较，使企业可供选择的视野更加开阔。同时，这种方法所具有的渐进性可使企业从初级到高级，分阶段确立不同的标杆，循序渐进地进行绩效改善。

（4）注重比较和衡量。标杆管理的过程自始至终贯穿着比较和衡量。无论是产品、服务和经营管理方式的比较,还是制造操作、研究开发和营销技术等的比较;无论是本企业与目标企业的差距衡量,还是最终效果的衡量,对于标杆管理是否能取得成功都是极其重要的。

二、标杆管理的产生背景

虽然人类一直自觉或不自觉地衡量他人的优势与劣势,继而制定自己的决策,以便趋利避害,但论及理论化、系统化的标杆管理,就必须提及美国施乐公司,实际上视其为标杆管理的"鼻祖"一点都不过分。早在1979年,施乐公司最先提出了"benchmarking"的概念,一开始,施乐公司只在公司内的几个部门做标杆管理工作,到1980年扩展到整个公司范围。当时,以高技术产品复印机主宰市场的施乐公司发现,有些日本厂家以施乐公司制造成本的价格出售类似的复印设备,致使其市场占有率在短短几年内从49%锐减到22%。为应对挑战,施乐公司最高领导层决定制订一系列改进产品质量和提高劳动生产率的计划。公司首先广泛调查客户对公司的满意度,比较客户对产品的反映,并将本公司的产品质量、售后服务等与本行业领先企业做对比。公司派雇员到日本的合作伙伴——富士施乐及其他日本公司考察,详细了解竞争对手的情况。接着,公司着手确定竞争对手是否领先、为什么领先、存在的差距怎样才能消除。对比分析的结果使公司确信,从产品设计到销售、服务和员工参与等一系列环节都需要加以改进。最后,公司为这些环节确定了改进目标,并制订了达到这些目标的计划。

实施标杆管理后的效果是明显的。通过标杆管理,施乐公司将制造成本降低了50%,产品开发周期缩短了25%,人均创收增加了20%,并使公司的产品开箱合格率从92%上升到99.5%,公司重新赢得了原先的市场占有率。行业内有关机构连续数年评定,就复印机六大类产品中,施乐有四类产品在可靠性和质量方面名列第一。

标杆管理技术的出现和流行表明企业之间的效率已经十分接近。标杆管理的最大特点就是鼓励企业之间的模仿。与全面质量或精益生产等技术不同,标杆管理自身并不是一种改进生产率的技术。无论是以组织内部最佳作业为基准的内部标杆管理(internal benchmarking)、以竞争对手为学习典范的竞争标杆管理(competitive benchmarking),还是以不同行业相似功能最佳典范为榜样的功能标杆管理(functional benchmarking),或是以不同行业不同功能的类似流程为模仿对象的流程标杆管理(genetic benchmarking),其实质都是消除各个企业之间效率差异的过程,而不是某个企业建立独特的长期优势的过程。

由此来看,标杆管理流行的过程就是企业之间相互学习和模仿的过程,是管理技术传播和普及的过程,也是所有企业的生产率普遍提高的过程。标杆管理技术的流行是有原因的,企业难以像保护专利技术等知识产权一样保护管理技术,同时西方国家管理咨询服务十分发达,这给各个企业采用标杆管理创造了良好的条件,管理技术因此而迅速扩散。

三、标杆管理的发展与现状

我们通过对标杆管理活动历史的考察,便可以感觉到标杆管理概念的发展演变过程。标杆管理的思想可以追溯到20世纪初泰勒所倡导的科学管理理论,当时泰勒提出要通过动作研究来确定工艺流程和设备操作,以及具体工作动作的最佳做法,并要求管理者通过制定定额和管理制度来将这种最佳做法标准化、制度化，使其成为进行科学管理的依据。

（一）标杆管理的发展

相比"科学管理"仅仅停留在生产操作层次上而言，真正意义上的最早的标杆管理活动是从企业层次开始的。在企业层次，标杆管理基本上经历了一个循序渐进、不断深入和提高的发展过程，这个过程主要分为以下几个阶段。

1. 进行竞争产品的比较阶段

大约从 20 世纪 70 年代初期开始，长期在许多行业处于世界领先地位的美国企业的产品受到了来自竞争对手的挑战，美国企业发现自己所生产的产品在功能、质量和使用方便性等方面确实不如日本企业的产品好，于是它们开始以瞄准竞争对手产品、拆解竞争对手产品为基本做法，以赶超竞争对手为主要目标的比较、复制和学习过程。应该说这一过程从 20 世纪 60 年代就已经在日本和欧洲开始了。据悉，丰田公司所开发的"准时制生产"技术，就是基于分析和改进大型超市的供应链管理技术形成的。

2. 进行工艺流程的标杆管理阶段

大约在 20 世纪 70 年代中期，许多美国企业发现拆解竞争对手的产品也不能解决问题，关键在于生产工艺流程方面和竞争对手的差距太大。因此，必须深入企业实际进行深入细致的工艺流程分析和研究，这样才能掌握要领，追赶竞争对手。于是，它们便将分析比较范围从产品本身扩大到工艺流程，进行工艺流程的标杆管理。施乐公司的实践成为这一阶段标杆管理的典范。

1976 年以后，一直保持着世界复印机市场实际垄断地位的施乐公司遇到了来自国内外，特别是日本竞争者的全方位挑战。例如，佳能、诺基亚等公司以施乐公司的成本价销售产品仍能够获利，而产品开发周期和开发人员则分别比施乐公司短或少 50%，这导致施乐公司的市场份额从 82%直线下降到 35%。面对竞争威胁，施乐公司最先发起向日本企业学习的运动，开展了广泛深入的标杆管理。通过全方位地集中分析比较，施乐公司弄清了这些公司的运作机制，找出了与佳能等主要对手的差距，全面调整了经营战略战术，改进了业务流程，很快收到了成效，把失去的市场份额重新夺了回来。另外，在提高交付订货的工作水平和处理低值货品浪费大的问题上，施乐公司同样应用标杆管理方法，以交付速度比施乐公司快 3 倍的比恩公司为标杆，选择了 14 个经营同类产品的公司逐一考察，找出了问题的症结并采取措施，使仓储成本下降了 10%，年节省低值品费用数千万美元。此后，随着施乐公司职员 Camp 所撰写的《标杆管理：寻找取得产业内最优成绩的最佳做法》的出版，标杆管理方法很快传播并应用到美国的各个行业，美国企业开始通过广泛的实地考察，和竞争对手建立合资企业，进行合作研究与开发等多种途径、多种方式，展开对竞争对手工艺流程的研究和学习，这逐渐引起了其他国家大企业的重视。因此，这一阶段被人们认为是标杆管理概念、理论和方法的真正创始阶段。

3. 标杆管理最佳企业管理实践阶段

大约从 20 世纪 80 年代开始，经营者逐渐认识到，不仅可以在同行业企业标杆管理中学习最佳做法，提高企业竞争力，而且可以从其他行业的标杆管理中学习到最佳管理实践和流程改造方面的做法。许多经营者发现，对于生产工艺、技术和作业流程，在企业管理方面，越来越多的最佳做法、最佳实践来自行业之外，从其他行业的最佳企业学习最佳做法成为这一阶段的主要趋势。

4. 战略性标杆管理阶段

这是在确定、了解和掌握成功者（包括竞争对手）的战略做法的基础上，重新进行企业环境、战略、业绩评估与改造的一个系统过程。在这一阶段，真正竞争对手之间的差距，已从工艺流程、管理实践方面转移到企业布局、生产结构调整、外部供应链重组、核心能力塑造等战略性领域，进行战略性领域的标杆管理是企业进一步提高竞争力、赶超竞争对手的客观需要。通常，这一阶段标杆管理的问题比较集中，但调查了解的范围比较广泛，如对上下游关系的调查、对企业研究与开发相关机构的调查等，目的在于进行战略思路、战略决策方面的标杆管理。

5. 全球标杆管理阶段

在这一阶段，寻找最佳企业、寻找最佳做法的范围已经扩展到全球范围内，这成为发达国家企业进行标杆管理的主要趋势，而且标杆管理的应用范围也超越了企业层次，扩展到产业层次和政府（国家）层次上。进行全球范围内的标杆管理，所涉及的问题更加广泛，不仅包括企业工艺流程、生产技术方面的最佳做法，而且包括企业文化、企业所处环境、政府行政管理、教育制度和自然环境等影响企业战略定位、战略布局方面的评估和研究。

（二）*标杆管理的现状*

施乐公司在标杆管理方面首开先河后，美国许多大公司纷纷效仿，相继开展此项研究，如美国电报电话公司、杜邦公司、通用汽车公司、福特汽车公司、IBM 公司、伊士曼柯达公司、米利肯公司、摩托罗拉公司等。这些在产品质量和竞争力方面居领先地位、声名显赫的企业，都把标杆管理作为一种管理手段，作为提高产品质量和管理水平的重要途径。

一项调查显示，标杆管理是最受欢迎的五大商业工具之一。《财富》500 强企业中 70%以上的企业将标杆管理作为一个常规的管理工具，如福特、IBM、波音、惠普、杜邦、宝洁等。

早在 20 世纪 80 年代初期，福特汽车公司在进行一种新产品研制时便开展了标杆管理。它列出了四百多条用户认为最重要的汽车性能，然后找出各项指标均属一流的车型，千方百计赶上甚至超过强劲的竞争对手，结果造出了畅销的"金牛座"（Taurus）牌汽车。1992年，为了推出更新型的汽车，该公司又进行了新一轮的标杆管理。

IBM 公司对标杆管理同样十分重视。它专门设立了标杆管理办公室。据悉，它所获得的五百多项新成果中，许多是通过标杆管理获得的。

美国电报电话公司的标杆管理办公室有 14 名顾问，他们在过去两三年中进行过一百二十多项标杆管理，有的已取得重要成果，另外还有二十项标杆管理的项目正在进行之中。

在亚洲，标杆管理也得到了一定的发展。中国香港早在 1993 年就成立了中国香港标杆管理数据交流中心。1997 年，泰国生产力学会开始和国际标杆管理交流中心合作开发泰国的标杆管理平台，并努力向泰国公司介绍标杆管理。1998 年 10 月，印度召开了第一届标杆管理全国会议，同时着手建立印度标杆管理数据交流中心。

在政府层次，标杆管理的内容包括教育制度、海关通关、科研制度、企业创立手续等。例如，美国政府于1993年组织了对"欧洲、美国、日本的教育制度""欧洲、日本和美国的职业培训制度""企业的融资渠道"等的标杆管理，并在标杆管理之后修改了其教育、职业培训、银行等方面的法律，为美国20世纪90年代经济的持续增长做出了贡献。在这里，需要着重指出的是，在标杆管理各个发展阶段，政府始终发挥着主导作用。例如，真正使标杆管理工作大范围展开的重要推动力是1984年美国总统里根设立"美国国家质量奖"和1992年欧洲设立"欧洲质量奖"，这两个奖项均需要对同业企业的产品质量进行标杆管理，决定优劣。通常，企业层次的标杆管理工作主要由企业自己提出要求，委托咨询公司或研究机构实施，但政府的倡导、支持和奖励政策是推动力。另外，政府要负责相关制度、法律的修改，为企业提高竞争力创造环境条件。在产业层次，通常需要政府直接出资，组成研究小组，协调、配合产业界专家和企业界人士开展标杆管理工作，并在完成之后负责制定相应的政策。在政府责任领域，如税务、海关等，需要政府相关部门人员直接介入，担负寻找差距、寻找最佳做法的标杆管理工作，这样才能真正找到最佳做法，制定出有创意的实施方案。

随着标杆管理的发展，一些有关标杆管理的团体也应运而生。美国生产力及质量中心是一个总部设在休斯敦的非营利性团体，它于1992年2月成立了国际标杆管理交流中心（International Benchmarking Clearinghouse）。该中心是集合标杆管理伙伴的网络组织、标杆管理过程的推进者、标杆管理信息的仓库，拥有来自商业、政府、医疗行业、教育机构等各个行业的五百多个成员，其中许多是赫赫有名的大企业。

此外，行业标杆管理协会也相继成立。例如，会计和财务标杆管理协会（Accounting and Finance Benchmarking Consortium），其目的是为会计和金融方面的专业人士提高实际操作能力服务；电子应用标杆管理协会（Electric Utility Benchmarking Association），其目的是通过交换标杆管理数据和标杆管理实践，以及共享信息，使得电子应用行业提升商业过程；电信行业标杆管理协会（Telecommunication Industry Benchmarking Association），其目的是共享标杆管理数据，以提升电信行业的商业过程（business process）。

有关标杆管理的网站也纷纷建立，如 www.best-in-class.com 等。

【专题拓展9-1】　　　　超越"同行比肩"，拥抱"星辰大海"

第二节　标杆管理的作用与分类

一、标杆管理的作用

一般来说，企业进行标杆管理通常是为了解决当前运营上的问题，但也有很多企业将标杆管理当作主动出击的手段，借此来创造成长的机会。无论如何，标杆管理和其他管理工具一样，都是在追求运营绩效的改善。那么，在众多的管理方法中，为什么要特别推荐标杆管理呢？除标杆管理可以与其他的管理工具结合外，还因为标杆管理具有如下五个方面的作用。

（一）追求卓越

标杆管理本身所代表的就是一个追求卓越的过程。会被其他企业选中进行效仿的组织，就标杆管理的主题而言，绝对是卓越超群的。企业之所以选择这些组织，目的就是使自己的企业达到同样的境界，成为其他企业模仿的对象。这样的学习管理之所以可行，是因为"卓越"往往具有共同性，即使在不同的行业内也是如此。例如，大多数组织都存在销售作业这类工作，因此，无论任何行业、任何组织的销售作业都应该具有某种程度的共同性，可供观察与评估。如果某些组织的销售作业已经声誉卓著，我们或许可以详加调查，并把自己的销售作业方式与这些组织的做法进行比较，分析是否有哪些做法可以借鉴到自己的组织中，从而做得更好。这种通过广泛的观摩研究来追求卓越的方式就是标杆管理的精神。

（二）流程再造

标杆管理的另一个重要的精神就是针对流程（process）予以再造。乍看之下，标杆管理似乎会让人联想到传统的竞争者分析。但事实上，二者在观念上存在不同之处。一般企业会很自然地将自身的产品或服务方式与竞争者相比，但这只能说是竞争者分析而非标杆管理。二者之间的一项重要的差别就在于传统的竞争者分析强调的是结果或产品的优劣评比，而标杆管理则着重分析制造产品或提供服务的流程，并针对此流程的弱项予以强化。从这个角度来看，标杆管理探讨的范畴远比竞争者分析深入。标杆管理强调的是追本溯源，深度思考在作业流程中究竟是哪一个部分的差异造成产品或服务品质产生如此大的差距，并且积极去重新设计流程以弥补这样的差距，也就是将比较重心放置在提供产品或服务背后的作业方式或工作流程上，而非产品或服务本身。"将焦点放在过程上而不是结果上"，比起竞争者分析，这种崭新的观念更可以帮助企业达成突破性改善；比起其他管理方式，它也更具有实效价值。

（三）持续改善

所有管理工具都是在寻求提升组织业绩的方法，而标杆管理与其他管理工具最大的不同之处在于，标杆管理特别强调持续改善的观念。在后面的论述中，我们将提到标杆管理具有循环再生特性的流程，这个循环的特性说明了标杆管理不是一个短期的活动，也不是一次就能完成的活动，而是只有在较长期的架构之下，所得到的信息才更具有价值。任何实行标杆管理的企业如果只将它视为一个专案或单一的事件，那是很遗憾的，这个企业能从标杆管理活动中得到的益处也仅是有限的改进。"追求完美的过程是永无止境的"，这是任何一个想要借标杆管理来提升组织绩效、臻于卓越的企业都必须体会到的事。

如果我们能够将标杆管理的对象视为一个移动的标靶，我们就能够体会到为何标杆管理是一段必须持续的过程。这种过程是一种持续往复的过程，主要基于三点考虑：① 企业所在竞争环境的持续改变；② 标杆企业的不断升级与更新；③ 企业业务范围和企业规模的不断变化。除此之外，持续进行最佳作业典范的调查还有助于企业了解最先进的信息科技、作业技术及管理方式。

(四) 创造优势，塑造核心竞争力

标杆管理是企业创造竞争性优势的捷径，原因是企业要想建立竞争优势，首先必须进行战略规划。进行战略规划的基础在于了解竞争形势，收集充分的信息，这样才能帮助企业做好竞争分析。标杆管理本身即一个收集信息的过程，无论是企业本身还是竞争者的信息，都是标杆管理的焦点。收集到的信息除自己的企业与标杆企业的作业方式外，自然也会包括目前行业内竞争形势的优劣势分析。

企业存续的关键在于为顾客创造价值的能力，这种能力可称为核心能力。标杆管理有助于企业强化自身的资源基础，形成本身的核心能力。这是因为标杆管理的重点不仅在于了解标杆企业到底生产或提供了哪些比我们还要好的产品或服务，更重要的在于了解这些产品或服务是如何被设计、制造或提供的。如果企业能够彻底地分析这种最佳作业方式所提供的信息，并且经过内化吸收，成功地转换应用到自己的组织内，发展出一套独特的做法与技能，企业就可以塑造出自身的核心能力，为发展创造竞争优势。

(五) 有助于建立学习型组织

企业可以通过标杆管理方法，克服不足，增进学习，使企业成为学习型组织。学习型组织实际上是一个能熟练地创造、获取和传递知识的组织，同时要善于修正自身的行为，以适应新的知识和变化。在实施标杆管理后，企业会发现在产品、服务、生产流程及管理模式方面存在的不足，并学习标杆企业的成功之处，再结合实际将其充分运用到自己的企业当中。

二、标杆管理的分类

根据不同的标准，标杆管理可以分为不同的类型。

(一) 按标的分类

1. 内部标杆管理

内部标杆管理（internal benchmarking）是指以企业内部操作为基准的标杆管理。它是最简单且易操作的标杆管理方式之一。辨识内部绩效标杆的标准，即确立内部标杆管理的主要目标，这样可以做到企业内部信息共享。辨识企业内部最佳职能或流程及其实践，然后将其推广到组织的其他部门，不失为企业绩效提高最便捷的方法之一。除非用作外部标杆管理的基准，单独执行内部标杆管理的企业往往持有内向视野，容易产生封闭思维，因此在实践中应该将内部标杆管理与外部标杆管理结合起来使用。

2. 竞争标杆管理

竞争标杆管理（competitive benchmarking）是指以竞争对象为基准的标杆管理。竞争标杆管理的目标是与有着相同市场的企业在产品、服务和工作流程等方面的绩效与实践进行比较，直接面对竞争者。这类标杆管理的实施较为困难，原因在于除公共领域的信息容易接近外，其他关于竞争企业的信息不易获得。

3. 功能标杆管理

功能标杆管理（functional benchmarking）是指以行业领先者或某些企业的优秀职能操作为基准进行的标杆管理。这类标杆管理的合作者常常能相互分享一些技术和市场信息，标杆的基准是外部企业（但非竞争者）及其职能或业务实践。这种管理由于没有直接的竞争者，因此合作者往往比较愿意提供和分享技术与市场信息。

4. 流程标杆管理

流程标杆管理（generic benchmarking）是指以最佳工作流程为基准进行的标杆管理。流程标杆管理内容是类似的工作流程，而不是某项业务与操作职能或实践。这类标杆管理可以跨越不同类别的组织，它一般要求企业对整个工作流程和操作有很详细的了解。

（二）按内容分类

1. 产品标杆管理

产品标杆是一项已长期存在的实践，它强调仔细考察其他组织的产品，而不仅是竞争对手的产品。通常采用的方法是产品拆卸分析法（tear-down analysis）。拆卸分析又称作反向设计（reengineering），是通过评价竞争对手的产品以明确自身产品改进可能性的方法。拆卸过程一般请相关的技术专家参与，将竞争对手的产品分解为零部件，以明确产品的功能、设计，同时推断产品的生产过程。例如，丰田公司每年从世界购置160辆汽车，然后一个部件一个部件地逐一分析。标杆管理采用了一种新的思维方式，因而产品标杆管理过程必然超出简单的"拆卸"模仿框架，而去追求和发现更多的信息，正如产品标杆专家杰瑞·安格利（Gerry Angeli）所说的那样："不要把产品标杆管理理解为如同青蛙的生物学，仅仅看看它是由什么样的'部件'组成的。实际上，产品标杆管理更像考古学，在这项工作中，应该可以得到有关一个'文明'的更多信息。" 例如，一位工程师通过拆卸和组装一台别人的复印机，他所要掌握的不仅是性能、结构、设计技巧、材料，还应该从中计算出产品成本、了解到使用的生产工艺，甚至考察到顾客的要求及新的设计观念。

2. 过程标杆管理

通过对某一过程的比较，发现领先企业赖以取得优秀绩效的关键因素，如在某个领域独特的运行过程、管理方法和诀窍等，通过学习模仿、改进融合，使企业在该领域赶上或超过竞争对手的标杆管理。营销的标杆管理、生产管理的标杆管理、人力资源的标杆管理、仓储与运输的标杆管理等均属于此类。过程标杆管理比产品标杆管理更深入、更复杂。

3. 管理标杆管理

管理标杆管理是指通过对领先企业的管理系统、管理绩效进行对比衡量，发现它们成功的关键因素，进而学习赶超它们的标杆管理。这种标杆管理超越了过程或职能，扩大到了整个管理工作。例如，对全公司的奖酬制度进行标杆管理，它涉及如何成功地对不同层次、各个部门的员工进行奖酬的问题。

4. 战略标杆管理

战略标杆管理主要研究学习其他组织的战略和战略性决策，以及有关企业长远整体的一些发展问题,如发展方向、发展目标和竞争战略的标杆管理活动,企业为什么会选择低成本而不是产品多元化战略等。它主要为企业的总体战略决策提供指导性依据。这种标杆管理比较的是本企业与基准企业的战略意图,分析确定成功的关键战略要素及战略管理的成功经验,为企业高层管理者正确制定和实施战略提供服务。这种标杆管理的优点在于开始就注意到要达到的"目的"。

5. 最佳实践标杆管理

最佳实践是指领先企业在某个领域内独特的管理方法、措施和诀窍。这些方法和措施是领先企业取得优异业绩的原因所在。最佳实践标杆管理就是通过比较分析,寻找确认标杆企业的最佳实践,引进这种最佳实践并经过改进整合,使之成为本企业经营管理过程的一部分。它主要是对一系列管理实务进行比较,其内容更能体现一个企业在经营管理中的独特性和有效性。

(三)按信息收集方法分类

1. 单向标杆管理

单向标杆管理(unilateral benchmarking)是一种很常见的标杆管理。在这种标杆管理下,公司独立地收集一个或几个公司优越实践的相关信息。信息通常源于行业贸易协会、信息交易所(如美国生产力和质量中心的国际标杆信息交易所)或其他途径。在美国,一个比较通行的做法是研究有关马尔克姆·巴德瑞质量奖得主的信息,因为它们通常被要求将其有关信息与其他公司共享。

2. 合作标杆管理

合作标杆管理(cooperative benchmarking)是指在双方协商同意的情况下,彼此自愿共享信息。参与的公司可以借此分析为什么从事同样功能或生产相同产品的其他公司可以成为行业的领导者,从而对自身的经营有更好的了解。合作标杆管理的最大优点在于信息可以在行业内或跨行业间达到共享。数据库信息、间接或第三方信息、集团信息是合作标杆信息收集的主要渠道。

☞【专题拓展 9-2】　　标杆管理法:通用、Ford、IBM、
　　　　　　　　　　　肯德基成功有这样的道理

第三节　标杆管理的实施

一、标杆管理导入的必要条件

标杆管理是一个涉及很多方面的过程,因此实施中往往会出现一些偏差。例如,人们往往将注意力集中于数据方面,而标杆管理的真正价值应该是弄明白产生优秀绩效的过程,并在本企业(产业或国家)实施,而不应该只注重某几个财务数据本身。再如,由于方案设计或其他原因,标杆管理在实施的过程中受到成员的抵触,从而增加了实施的成本,降

低了活动的收益。标杆管理中的典型问题如表 9-1 所示。

表 9-1　标杆管理中的典型问题

典 型 问 题	可 能 原 因	可能解决方法
标杆内容错误	对企业了解不够深入	研究以确定关键因素
瞄准企业错误	研究不适合	更详细地进行初始研究
标杆管理未能转化成具体行动	高层管理者没有足够的承诺	说服高层管理者主动参与标杆管理项目
高层管理者缺少信心	缺乏信息或理念	把标杆管理与企业磋商与计划联系起来；举例说明标杆管理的优势
缺乏标杆管理所需资源	缺乏高层管理者支持，缺乏标杆管理小组承诺	标杆管理应被视为企业的整体管理方法
信息不相关	数据不够多，数据未挖掘	提高数据收集的针对性,加强数据积累
信息错误或不精确	过分相信公开的或竞争对手的信息	检查各种信息来源的准确性
标杆管理项目不能吸引可能的合作伙伴	怀疑主义和防备性态度	阐明双方的利益；审视整个过程并选择合作伙伴
流程过分关注与合作伙伴的相似性	缺少明确的选择合作性伙伴的标准	审视关于最佳实践的研究
太多标杆	未能定义好优先次序	把标杆管理与商业战略联系起来
合作伙伴不能提供有用的信息	合作伙伴太相近	通过流程而不是组成部分来审视合作伙伴研究

研究表明，成功的标杆管理活动应具备以下基本条件。

（1）高层管理人员的兴趣与支持。
（2）对企业（产业或国家）运作和改进要求充分了解。
（3）接受新观念、改变陈旧思维方式的坦诚态度。
（4）愿意与合作者分享信息。
（5）致力于持续的标杆管理。
（6）有能力把企业（产业或国家）运作与战略目标紧密结合起来。
（7）（企业）能将财务和非财务信息集成供管理层和员工使用。
（8）（企业）有致力于改善与顾客要求相关的核心职能的能力。
（9）追求高附加价值。
（10）避免讨论定价或竞争性成本等方面的敏感内容。
（11）不要向竞争者索要敏感数据。
（12）未经许可，不要分享所有者信息。
（13）选择一个无关的第三者，在不公开企业名称的情况下汇集和提供竞争性数据。
（14）不要基于标杆数据而向外界贬低竞争者的商务活动。

二、组织标杆管理的原因和常见的标杆管理领域

(一) 组织标杆管理的原因

组织进行标杆管理一般出于以下几个原因。

(1) 战略规划。战略规划是指制订短期及长期计划。企业想要进行战略规划，必须充分了解市场、竞争对手的可能活动、产品或服务的最新技术、财务需求及顾客基础等。

(2) 预测。预测是指预测相关行业领域的趋势。标杆管理的信息通常被用来评估市场状况或预测市场潜力。因为在很多行业里，几家主要企业的经营动向足以主导整个市场的走向。这方面的信息可以帮助组织对产品或服务发展的趋势、消费者的行为模式等做出基本的判断。

(3) 创新。标杆管理是经营创新的绝佳来源，它让人有机会接触到新产品、新工作流程及管理企业资源的新方式。标杆管理也为员工提供了一个"跳脱框框之外"思考的机会——考虑不同的典范或假设各种不同状况而进行思考。

(4) 产品或流程比较。一般的标杆管理活动是收集有关竞争对手或卓越企业的产品或流程信息。这种信息通常是作为一种标准被企业用来与自己的类似产品或服务进行比较，以期将卓越企业的产品或流程融入自己的工作环境。

(5) 设定目标。标杆管理也被当作选定最佳作业典范的工具。虽然很多组织实际上并不准备达到行业领先的水准，但它们可利用这些信息来设定特定的产品或流程目标，以激励组织不断努力，加速提升绩效。

(二) 常见的标杆管理领域

只要是可以观察或可以测量的事物，几乎都能作为标杆管理的标的。过去，组织间相互比较的做法多少局限在组织结构或产品方面一些可以现场观察到的事项。如今，标杆管理的经验已大幅扩充到了可以研究调查的领域。常见的标杆管理领域分述如下。

(1) 产品与服务。在市场中提供给外界顾客的产品与服务是标杆管理常见的一个主题。通常，人们是在零售的阶段观察到这些产品，而不是在生产过程中。这些产品与服务随时可供分析。除整体产品与服务外，产品与服务的特色通常也是标杆管理的主题。

(2) 工作流程。标杆管理的领域除有形的产品与服务外，也包括工作流程，即如何制造或支援产品与服务。标杆管理以工作流程为主题，是为了深入了解设计流程、研发作业、生产流程、工作场所设计、特定技术的运用、配销等流程，这源自一个信念——应用卓越的工作流程可以在任何行业里创造卓越的产品与服务。

(3) 支援功能。支援功能通常是指与产品和服务的实际生产没有直接关联的流程与程序。支援功能通常涉及财务、人力资源、营销与服务等部门的活动。这方面的调查范围会涵盖对员工和内部顾客的支援活动。

(4) 组织业绩。组织业绩包括一个组织的经营成果——成本(费用)与营业收入，除此之外，与生产流程相关的特定绩效指标(如收益、资产周转率、折旧率、资金成本)也可能是标杆管理调查的主题。竞争对手或卓越公司的绩效资料可以带来足够的刺激力量，激励组织对产品与服务、生产流程，乃至维持产品与服务优异品质所需的支援体系进行更

完整的分析。

（5）战略。有些组织会以组织性或功能性战略作为标杆管理的主题，以便了解某些企业是如何取得竞争优势的。今天，标杆管理的观念已经远远超出了竞争分析的范畴，而将焦点放在任何卓越组织的战略之上。目前，战略标杆管理的焦点通常是一个特定的功能领域，而不是整体的企业或产业战略。除战略本身外，战略规划的流程通常也是标杆管理活动的主题。

三、设计合理标杆需要注意的问题

设计合理的标杆要特别注意以下几个方面的问题。

（1）与战略的关系。开展标杆管理要首先明确企业的战略定位。不同类型及规模的企业在不同阶段都有自己的发展战略和相应的策略，这些都是标杆管理的方向和基础。

（2）以流程的思路选择标杆。对标杆对象进行以流程为基础的分析工作。对流程的主要内容进行分析，是标杆管理的前提和基础。

（3）考虑时空因素。标杆选择必须考虑时间和空间的因素，结合企业的不同生命周期阶段的具体情况选择标杆。

（4）具有前瞻性。标杆的选择应结合波特的五力模型，根据前向一体化、后向一体化等企业发展模式，在关注行业内现有企业的同时，着眼于来自生产替代品或提供服务的企业的竞争，以及潜在竞争者的竞争，以反映未来发展的趋势。

（5）采用多指标体系。尽管标杆对象只有几个方面表现突出，但这正是因为有了其他方面的合理配置，才使其在某方面有好的表现。确定单一的标杆指标往往很难达到预期的学习效果。

（6）重视环境因素。要注意资源环境的可比性。企业的发展受其内外部资源环境的影响很大。因此，标杆的选择必须考虑大致相同或相似的资源环境条件及对不确定性的影响。

（7）选择合理的标杆对象。标杆对象应根据企业自身的现有基础灵活选择。对于我国企业来说，各行业最优秀的企业可以将世界一流企业作为自己的标杆，中小企业可以把行业一流企业作为自己的标杆。那些经营效果不好的企业若将行业一流甚至世界一流的企业作为自己的标杆对象，那些先进企业的经营管理实践对其虽然不能说毫无用处，但用处确实不大。如果这些企业把绩效水平在行业中处于中等水平或中等偏上水平的企业列为自己的标杆对象，产生的效果将更加显著。

（8）要有动态的标杆目标。任何一个优秀企业，如果不积极实行管理变革、保持企业的核心竞争优势，那么早晚会被市场淘汰出局，成为市场竞争的失败者。所以，企业在进行标杆管理活动的过程中，应该结合本企业发展阶段的实际情况，适时、动态地向当今具有整体优势或优秀片段的企业学习和进行经营管理实践，而不是仅仅瞄准一两个领先企业。

四、以标杆管理为基础设计绩效考核体系

企业在设计绩效考核体系时，如何设计反映企业战略发展要求的绩效考核体系，是决定整个考核体系能否支撑组织高绩效的关键。而对于如何提取各项关键的绩效指标，企业往往无从下手。标杆管理为企业设计绩效考核体系提供了一个以外部导向为基础的全新思

路。基于标杆管理的绩效考核体系设计，就是企业将自身的关键业绩行为与基准企业，即最强的竞争企业，或那些在行业中领先的、最有名望的企业的关键业绩行为进行评价与比较，分析这些基准企业的绩效形成原因，并在此基础上确定企业可持续发展的关键业绩标准及绩效改进的最优策略。

从上面的介绍我们可以知道，标杆管理的实质是以领先企业的业绩标准为参照。对因循守旧、抱残守缺、按部就班、不思进取等陋习的变革，必然伴随着企业原有"秩序"的改变。标杆管理活动由"标杆"和"超越"两个基本阶段构成。"标杆"阶段就是针对企业所要改进的领域或对象，首先确定"谁"在这一方面是最好的，以及它为什么做到了最好？我们为什么差？差在哪里？这意味着要确定学习和赶超的榜样，对其进行解剖和分析，同时要解剖和分析自己，通过对比找出自身与榜样之间的差距及造成差距的原因。这一阶段实际上是一个"知己知彼"的过程。但实施标杆管理的目的并不在于对于榜样的简单模仿，而在于"超越"对手，使自己成为领袖。因此，就必须在前一阶段"知己知彼"的基础上，寻找支撑企业可持续发展的关键业绩指标及绩效改进的最优方法，拟定出超越对手的策略并加以实施，努力使自己成为同业最佳，这便是"超越"阶段。

对"标杆"和"超越"这两个不同的阶段有了清楚的认识后，我们可以依照图9-3中的具体步骤，以标杆管理法为基础，通过标杆内容的基准化提取绩效评估指标，设计企业的绩效考核体系。

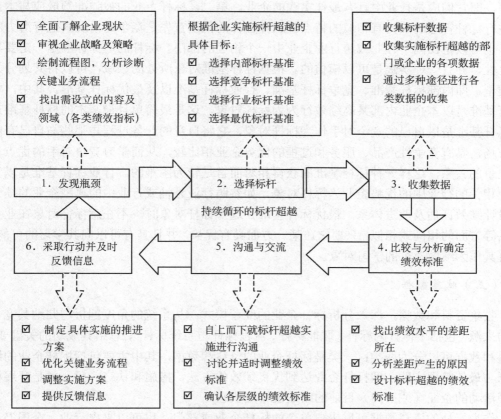

图9-3　以标杆管理为基础设计绩效考核体系

（一）发现瓶颈

详细了解企业关键业务流程与管理策略，从构成这些流程的关键节点切入，找出企业运营的瓶颈，从而确定企业基准化的内容与领域。企业实施标杆管理主要通过调查、观察和内部数据分析，真正了解自己的现状。在这一步骤中，通过绘制出详细的流程图将本企业在该领域中的当前状况描绘出来。这项工作对于标杆管理活动的成功是至关重要的。一张详细的流程图有助于企业就当前生产经营的运行方式、所需的时间和成本、存在的缺点和失误等达成共识。这一步工作若做不好，即使与标杆企业的先进之处进行比较，也难以揭示出自身所存在的不足。对于标杆的内容，尽管每个企业或部门都有自己的业绩产出，包括产品和服务等，但是标杆内容的确定首先应从改进和提高绩效的角度出发，明确本企业或本部门的任务和产出是什么，因为它们是企业成功的关键因素，理所当然要成为标杆内容确定首要考虑的绩效指标。接着，应对这些任务和产出的具体内容进行分解，以便于进行诸如成本、关键任务等问题的分析、量化和检查，从而最后确定标杆的具体内容。

（二）选择标杆

选择与研究行业中几家领先企业的业绩，剖析行业领先者的共性特征，构建行业标杆的基本框架。选择"标杆"有两个标准：第一，应具有卓越的业绩，尤其是在基准化内容方面，即它们应是行业中具有最佳实践的企业。第二，标杆企业的被瞄准领域应与本企业需进行标杆管理的部门有相似的特点。选择标杆的范围首先是竞争对手及其他有潜力的公司，也可以是在同一行业或跨行业企业中一个相近的部门。标杆的选择标准是一定要具有可比性，并且管理实践是可以模仿的。根据标杆基准对象所处的领域，可以将其划分为四种类型，即内部标杆基准、竞争标杆基准、行业标杆基准以及最优标杆基准。其中，内部标杆基准是以本企业内部某高绩效行为为标杆对象，这是最简单且最基本的标杆基准。竞争标杆基准是以自己的竞争对手作为标杆对象，它将自身的业务过程与那些与自己有同样的市场，具有竞争性产品、服务和过程的优势企业相比较，从而学习竞争对手的优点。由于竞争的关系，这样一种标杆基准的获得相对而言是较为困难的。行业标杆基准是以与本企业相关的行业中的优势企业为标杆对象，如参照行业领袖或行业中的典型企业的绩效水平设计绩效评估及改进体系。最优标杆基准在选择标杆对象时，不在意标杆对象在业务、产品等方面的相同或相似，只要它在某一方面具有优势，并且具有可以向其学习的可能性，就将其作为绩效改进的学习对象。

（三）收集数据

收集资料和数据，深入分析标杆企业的经营模式，从系统的角度剖析与归纳其竞争优势的来源（包括个体行为标杆、职能标杆、流程标杆与系统标杆），总结其成功的关键要领。资料和数据可以分为两类：一类是标杆企业的资料和数据，其中主要包括标杆企业的绩效数据与最佳管理实践，即标杆企业达到优良绩效的方法、措施和诀窍。另一类是开展标杆管理活动的企业（或部门）目前的绩效及管理状态。

作为标杆的资料数据可以来自单个的标杆企业或部门，也可以来自行业、全国乃至全球的某些样本。全行业及全球样本反映了样本范围内的平均水平，通过与这类数据的瞄准、比较，可以了解本企业（部门）在行业及全球同行中所处的相对位置，明确努力方向。信息的收集并不像人们通常所想象的那样困难。我们正处在一个信息时代，通过图书馆、互联网、行业协会、公共论坛、会议、讲座、贸易展示会等各种公开的渠道，几乎可以获得我们所需要的任何信息。必要时可以直接同所选定的标杆管理榜样接触，甚至可以到对方所在地进行实地参观调研。

（四）比较与分析确定绩效标准

将标杆企业的业绩和实践与本企业的业绩和实践进行比较与分析，找出绩效水平上的差距，以及在管理实践上的差异。借鉴其成功经验，确定适合本企业的能够赶上甚至超越标杆企业的关键业绩标准及其最佳实践。

在分析差距和确定绩效标准时应考虑以下因素。
（1）经营规模的差异以及规模经济成本的效率差异。
（2）企业发展阶段的管理实践与业绩差异。
（3）企业文化理念与管理模式的差异，如集权与分权、资源共享程度以及内控程度的特点。
（4）产品特性及生产过程的差异。
（5）经营环境与市场环境的差异。

（五）沟通与交流

就标杆管理的推进与员工进行沟通与交流，让全体员工理解标杆基准化的目的、目标与前景，并争取获得他们的支持，根据全体员工的建议，最终拟定各层级的绩效目标，并提出改进方案。

（六）采取行动并及时反馈信息

在详细分析内外部资料的基础上，制定具体的行动方案，包括计划、安排、实施的方法和技术，以及阶段性成绩评估，并在组织内部达成共识，推动方案的有效实施。在具体实施过程中，每一个实施阶段都要进行总结、提炼，以发现新的情况和问题并及时进行改进。20 世纪 80 年代初，福特汽车公司由于不景气决定裁员，首先制定的目标是财务部门裁减 20%，即从 500 人减少到 400 人。而当这一目标达成时，他们却发现马自达公司——一个规模只有福特的 1/5 的日本公司的财务人员才 15 人，这是一个实实在在的标杆水平。于是，福特公司改进了这个目标，最终使财务部门减少至 75 人，使其人员规模之比与公司规模之比和标杆水平相同。值得我们注意的是，由于标杆水平的可行性已经被别的企业所证实，因此如此规模的裁员计划并未引起过多的争议。

（七）将标杆管理作为一个持续的循环过程

最终要将标杆基准融入企业日常管理工作，使之成为一项固定的绩效管理活动并持续推进。标杆管理强调的是一种持续不断的逐步上升的绩效改进活动，最终它应该是一种经常性的制度化工作，在这一点上，它与所谓的流程再造并不相同。流程再造强调的是一种全面的、彻底的创新，它的目标根据具体的、规范性的研究规划而得出，较标杆管理的目标而言，它的目标更加抽象，操作性也要差很多。

五、运用标杆管理设计绩效考核体系的优势

标杆管理作为一种新兴的、有效的管理方法，适用于企业的多个方面，如制定企业战略、业务流程重组、解决内部问题、组织学习、更新观念等。尤其在企业绩效比较和评价方面，运用标杆管理的方法，可以进行真正以事实为基础、以市场竞争为目标的系统比较，使管理者或利益相关者能客观地评价企业及其产品和服务，更适应信息时代的变化。采用标杆管理法系统提取 KPI 指标，并以此为基础设计绩效考核体系具有相当大的优势，其具体表现在以下几个方面。

（一）建立以绩效改善为关注点的绩效评估标准

所谓绩效评估标准，是指真实客观地反映经营管理业绩的一套指标体系，以及与之相应的作为标杆使用的一整套基准数据，如顾客满意度、单位成本、资产计量等。运用标杆管理的方法给予企业目标及度量标准以新的参照方法。当企业要提高或达到某个目标时，如顾客满意度提高、市场份额增加，就达到此目标的可能性而言，已经由于竞争对手或同业先进企业的首先达到而予以证实。同时，标杆管理的方法是将企业发展的目标和方向定位于外部现实的基础上，而传统的目标设置是一种对过去的数值的预测结果，此方法常常失败，就是因为往往外部环境的变化速度远远超过了企业的预定规划。因此，运用标杆管理法能使企业将变化的节奏融入自身，建立适应未来竞争要求的绩效标准。

（二）绩效考核体系的设计更加关注满足顾客需要

市场经济要求企业的发展战略是以顾客为中心，而作为服务于企业战略目标的绩效考核体系，也应以顾客满意和实现顾客价值为核心来设计体系。以标杆管理法提取 KPI 指标、设计绩效评估体系的好处在于：一方面，它在顾客需求的分析问题上搭了一次"便车"，它建立在以下的推理基础上：行业领先者何以傲视群雄？因为它们能够更好地满足顾客需求。它们怎样满足顾客需求？因为它们拥有行业最优实践。如果能借鉴或创造性地学习行业最优实践，也就能更好地满足顾客需求。另一方面，标杆管理不仅是满足企业外部的终极顾客的需求，也强调满足内部顾客的需求。也就是说，它要求打破行业部门的限制，用价值链将企业的各个部门和环节连接在一起。这样，标杆管理法就能把满足企业内外的需求统一到一起，提取各项绩效评估指标。而一般的绩效评估指标在满足顾客需求方面不具有此优势。

（三）激发个人、团体和整个企业的潜能，提高企业绩效

通过与竞争对手或同业最具效率的企业比较，企业能够较清楚地了解自己的差距，如劳动生产率、产品质量、经营管理方式等，标杆管理给企业提供了一个很好的提高潜力的机会。许多企业一旦达到一定绩效后，往往因自满而举步不前。当然，自满的企业未必一定出问题，因为它们确实具备了一定程度的市场优势和较高的生产率，但自满意味着资源

未能得到充分的利用，使用预算标准或历史标准就会出现这种情况。然而，采用标杆管理的方法设计绩效考核体系，可以在一定程度上消除企业的自满心理。与标杆企业相比之后，往往一个指标的差距会使企业惊出一身冷汗。这迫使企业以行业或跨行业的最优绩效水平为基准，通过居安思危，随时弄清企业内部从部门到流程与先进实践的差距，明确企业未来的发展方向，极大地克服企业内部经营"近视"的现象。

（四）有利于促进企业经营者激励机制的完善

现代企业所有者必须设计一套良好的激励机制来引导经营者朝着股东财富最大化的方向行进。而绩效评估是企业经营者激励机制的一个基础问题，绩效评估标准的选择将直接影响激励机制的成功与否。因此，企业可以利用标杆管理法建立一套以行业平均水平为基础评价经营者业绩的相对绩效评估指标。以此为基础设计激励机制的优点是能够去掉复杂的干扰因素，把行业中的系统风险和共同风险过滤掉，从而更好地体现经营者的努力程度和为绩效付酬的原则。标杆管理法不仅局限于在行业之内选择标杆对象，还打破了行业界线，是一个强调"外向型"的工具。以别人的最优实践为目标，既适用于财务性指标的设计，又适用于非财务性指标的设计，同时适用于企业不同的发展阶段。很重要的一点是，由于作为标杆的绩效水平是真实、合理、客观存在的，这样不仅能减少经营者的抵触情绪，也使得绩效指标的设计对经营者更具有挑战性。

【专题拓展9-3】　　　　标杆管理："找—抄—赶"

第四节　标杆管理存在的问题及其在我国的发展

一、标杆管理存在的问题和突破措施

目前，标杆管理在世界范围内传播开来，不仅企业界，各行各业也纷纷将其作为提高自身竞争力的有效工具。各行业运用标杆管理的确取得了一定的效果。但是，经过一段时间的实践，令这些企业感到困惑的是，在生产效率大幅度提高的同时，企业的盈利能力和市场占有率却未能随之相应增长。实际上，在效率上升的同时，利润率却在下降。以印刷业为例，美国印刷业在20世纪80年代的利润率维持在7%以上，到1995年已降至4%～6%，并且还在继续下降。这种情况在其他行业也屡见不鲜。这些企业的管理者发现，他们越跑越快，但是要停留在原地还是很困难的。因为学得越快，越不容易保持竞争优势。由于企业不能将短期成效转变为持续的盈利能力，就在管理者试图进一步提高运作效率时，他们离自己追求的竞争地位却越来越远了，标杆管理失灵了。这是因为标杆管理中出现了问题。

主要问题有两个：一个是忽视创新和服务对象，大量应用标杆管理方法；另一个是认识和操作不当。这两方面问题使得标杆管理并不像人们所想象的那样可以取得好的效果。

(一) 针对忽视创新和服务对象问题的突破措施

这是指单纯的标杆管理缺乏结合自身实际情况的创新，导致企业竞争战略趋同。标杆管理的基本思想就是模仿，通过模仿、学习，然后实现超越。因此，在实行标杆管理的行业中，可能所有的企业都在模仿领先企业，这样必然采用相同或类似的手段，如提供更广泛的产品或服务以吸引所有顾客、以细分市场等类似行动来改进绩效。标杆管理使得单个企业运作效率的绝对水平大幅提高，而企业之间的相对效率差距却日益缩小。普遍采用标杆管理的结果将是没有企业能够获得相对竞争优势，全行业平均利润率必然趋于下降，导致行业内各个企业战略趋同，以及各个企业的流程、产品质量甚至运营的各个环节大同小异，市场竞争更加激烈。在这种性质的市场上，各个企业难以获得足够的成本优势，同时不能够获取较高的价格，企业会发现利润越来越薄，无力进行长期投资，最终陷入恶性循环。这样，在成本和价格两方面的夹击之下，企业的生存空间日渐狭窄。这就是企业做得越来越快、利润率却越来越低的根本原因。

例如，IBM、通用电气公司在复印机刚刚问世时曾以复印机领先者施乐公司为榜样，实施标杆管理，结果IBM和通用电气公司陷入了无休止的追赶游戏，无法自拔，最后不得不退出复印机市场。单纯为赶超先进而继续推行标杆管理，会使企业陷入"落后—基准—又落后—再基准"的"标杆管理陷阱"。标杆管理仅仅是一项管理技术，它要为组织的整体发展战略服务，企业应结合自身的实际情况，适当进行创新，不能一味地模仿，否则结果往往事与愿违。

(二) 针对认识和操作不当问题的突破措施

标杆管理在提高组织效率方面的确发挥着不可忽视的作用，它已经成为很多组织竞争方式的一部分。但在实施标杆管理时，有些组织对其认识和操作不当，必然踏入一些误区。归纳起来，这些不当之处主要体现在以下几个方面。

1. 混淆标杆管理和调查

组织在相似的产业进行调查，这并不是真正的标杆管理。这样的调查虽然会获得一些有价值的数据，但标杆管理是数字背后隐藏的内在机理。换言之，基准调查也许会获得组织排位的情况，但它不会帮助改进组织在行业内的位置。所以，一定要认清标杆管理和调查之间的区别，以便实施真正的标杆管理。

2. 认为预先存在共同的"标杆"

其他组织参照的"标杆"可能并不适用另一个组织的市场、顾客或资源水平。企业要清晰辨认自己的标杆对象，从它们那里发现什么是可达到的，从而确定自己的计划。

3. 忽视服务和用户满意

在标杆管理实践中往往存在这样的组织，它们只关注所提供的产品和服务的成本，从来不考虑顾客，因此使顾客流失。企业一定要采取措施留住顾客，这样才能提高市场占有率。

4. 过程太长、太过复杂，管理失控

组织系统由一系列过程组成，过程由一系列任务构成。企业要设法避免标杆这一个大系统，因为它非常昂贵、费时，并且很难保持专注。最好选择大系统部分的一个或几个过程，以它们作为开端，然后逐渐向系统的下一部分推进。

5. 定位不准

选择的标杆管理主题与整体战略和目标存在不一致的情况。在战略层次上，领导团队需要监督标杆管理项目，并确保它与整体战略保持一致。

6. 未了解自己

标杆管理假设，在做标杆管理参观之前，已经完整地分析了自己，知道自己的绩效水平。毕竟这些信息必须提供给基准对象以交换信息，获得所需要的有关它们的信息。企业要做的是，确定自己的标杆管理团队非常清楚，达到标杆管理对象之前需要学些什么。

7. 基准对象选择不当

许多组织最初会在本行业内寻找比较目标，但关于竞争组织的信息不易获得。在大多数情况下，理想的比较目标应是完全不同产业的组织，因此寻找产业外的组织来做比较对象，通常可以得到更有价值的信息。

8. 企图一蹴而就

标杆管理不是一次性就能完成的，而是一个持续、渐进的过程。其成效也不可能在一夜之间显现出来。每次学完后，都应该重新检查和审视基准研究的、标杆管理的目标和实际效果，分析差距，为下一轮改进打下基础。

二、标杆管理对我国企业的借鉴意义

（一）标杆管理在我国的发展

改革开放以来，我国在学习吸收国外先进管理理论的同时，也引进了不少先进的管理方法，如全面质量管理、价值工程，对我国企业管理水平的提高起到了明显的促进作用。我国企业历来有比、学、赶、帮、超，以及学先进、树典型的优良传统，从选择榜样、赶超先进的意义上讲，早期的农业学大寨、工业学大庆，20世纪90年代的学邯钢、学海尔等，与标杆管理没有什么重大区别，在某种程度上可以说是标杆管理的雏形或变形。因此，标杆管理作为一种有效的管理方法，完全可以拿来为我所用。

但对企业而言，标杆管理与传统的"典型"模式和比较方法，从内容到形式上都存在根本的不同。

标杆管理具有其显著特点：一是标杆管理强调创造卓越业绩的过程和技能，侧重对卓越企业的运行与管理进行深入的了解、分析和比较，以及洞察优良业绩是如何产生的；二是标杆管理通过跨行业的分析，可以识别其他行业企业的业绩所引发的潜在机会，使企业不局限于所在行业的经验；三是标杆管理可以由高层进行，分析企业整体，也可以以一个片段、一个流程为单位，由一线人员比较分析。例如，摩托罗拉对每个新产品、每个资本项目和每项改革都是从对世界上一流企业的研究开始的。由此可见，标杆管理也是一种高级管理技能，这种技能确保企业总能洞察卓越之所在，从而保持一种向上的态势。

社会主义市场经济的建立和现代企业制度的完善，为我国企业推行标杆管理提供了前提条件。标杆管理的本质就是改革,企业只有具有自主权,而且在面临决定生存发展的竞争条件下,才会产生主动变革的愿望和动力。我国企业已经有了良好的比、学、赶、帮、超的思想基础,实际上,我国许多企业已经开始了标杆管理的尝试,如联想集团在合作中注重标杆管理、给国企找榜样——国家经济贸易委员会举办全国重点脱困企业经营者培训班、国家经济贸易委员会推广亚星集团购销比价管理、希望集团在扩张过程中的标杆管理等。不可否认,这些实践的确取得了良好的效果,但在实际操作过程中仍存在许多困惑和不完善之处。如果用正确的标杆管理理论加以指导,我国企业一定会借助标杆管理这一先进的管理工具实现企业经营绩效与竞争力的巨大提升。

(二)启示与建议

标杆管理是组织业绩评价、组织业绩改善的有力工具。我国目前还处于标杆管理理论的引进阶段,有些企业已经尝试将标杆管理运用于组织绩效的改善之中,并取得了一定的成绩。标杆管理要成熟地运用于企业管理与业绩评价,还要在以下几个方面加以注意。

1. 标杆管理应制度化、组织化

在国外许多企业中,标杆管理已经实现了制度化,而不再是一项权宜之计,表现在有一套稳定的组织保证体系,有常设的负责标杆管理的机构(至少有工作小组),专人负责并动员所有员工积极参与。标杆管理强调的是变革功能,但变革是有阶段性的,首先是从比较学习开始,然后才能持续地改进、改变、加速,最终达到变革的目的。事实上,在国外许多企业中,标杆管理已经成为日常经营管理工作的一部分,并在不间断地持续进行,因而标杆管理具有动态跟踪的特性。我国企业若想在国内、国际市场竞争中立于不败之地,必须将标杆管理融入公司的运作过程,坚持不断地改善、学习,这样才能持久地获得竞争利益。

2. 培育一种标杆企业文化

企业应逐渐形成一种标杆企业文化。我国企业欲建立健康的标杆企业文化,首先,应从管理者做起,管理者应真正关心企业的发展前途,树立创新意识。很难想象这样的管理者——只重视内部人员的行政管理,只想确保自己的政治利益,或故步自封,满足于已有的成绩,不思进取,他们如何能身体力行,领导企业健康成长。其次,通过教育、激励、内部沟通渠道,使全体员工树立一种标杆意识,在企业中营造学他人之长、补己之短的氛围,如定期公告学习最佳实务对公司业绩的促进作用、奖励有创新意识的员工等。再次,要有计划、系统地对企业员工进行在岗或离岗培训,让员工明确标杆企业文化的精髓。最后,要加强企业伦理文化建设,培育一种公平竞争的标杆企业文化。

3. 加快标杆管理网络和资料库建设

标杆管理理论在实践中的推广与应用依赖于标杆管理网络与资料库建设。在美国,标杆管理作为 Malcolm Baldrige Award 的一个组成部分而获得了更大的推动力。1990 年,麻省理工学院的战略规划研究所(Strategic Planning Institute,SPI)建立了有 50 个成员的基于标杆管理的 SPI 协会;1992 年,美国生产率和质量中心建立了成员超过 199 个的国际标杆超越交流中心(International Benchmarking Clearing house,IBC);1993 年,管理会计师协会（IMA）建立了一个持续改善中心，为财务管理功能领域建立标杆管理数据库，帮助成员公司辨认最优实践和改善业务流程；加拿大联邦行业科技部在20世纪70年代早期建立了公司间比较计划，以促进标杆管理的发展；中国香港也成立了标杆管理信息交易所，以加快标杆管理的发展。其他国家也都将标杆管理视为质量认证的前提而大力采用，如日本（Deming奖）、欧洲（ISO 9000系列标准）、加拿大（卓越企业奖）。除机构设立的资料库外，国外很多企业自发地组建标杆管理网络以在成员之间分享成功经验。有些标杆管理网络是由某个产业内的组织构成的，如美国电信业18家公司联手组建了电信标杆管理协会。这个团体的成立是为了鼓励成员把标杆管理拓展到一些企业共通的领域，如维修、顾客满意度、新产品开发、服务等。另外，还有来自不同产业的组织就某类功能（或流程）而组建标杆管理网络，如一个名叫"财务品质网络"的组织，其成员来自联邦快递、施乐、西屋、数字设备、杜邦等公司的财务部门，它们彼此分享成员之间卓越的财务功能。其他领域，如工程、制造及人力资源等领域，也都建立了功能性网络。

我国企业在这方面的经验和努力尚不够，所以加快标杆管理网络和资料库建设，对于我国企业顺利开展标杆管理实践刻不容缓。

【专题拓展9-4】 先看齐后超越：标杆管理也需创新路径

本章小结

标杆管理是国外20世纪80年代发展起来的一种新型经营管理方法，这种管理方法不断寻找和研究业内外一流的、有名望的企业的最佳实践，以此为标杆，将本企业的产品、服务和管理等方面的实际情况与这些标杆企业进行定量化考核和比较，分析这些标杆企业达到优秀水平的原因，结合自身实际加以创造性地学习、借鉴，并选取改进的最优策略，从而赶超一流企业或创造高绩效。标杆管理是帮助企业不断循环提高的过程。

标杆管理活动由"标杆"和"超越"两个基本阶段构成。"标杆"阶段就是针对企业所要改进的领域或对象，确定学习和赶超的榜样，对之进行解剖和分析，同时要解剖和分析自己，通过对比找出自身与榜样之间的差距及造成差距的原因。这一阶段实际上是一个"知己知彼"的过程。但实施标杆管理的目的并不在于对榜样的简单模仿，而是在于"超越"对手，使自己成为领袖。因此，必须在前一阶段"知己知彼"的基础上，寻找支撑企业可持续发展的关键业绩指标及绩效改进的最优方法，拟定出超越对手的策略并加以实施，努力使自己成为同业最佳，这便是"超越"阶段。

标杆管理是组织业绩评价、组织业绩改善的有力工具。我国目前还处于标杆管理理论的引进阶段，标杆管理要成熟地运用于企业管理与业绩评价，标杆管理应制度化、组织化；培育一种标杆企业文化；加快标杆管理网络和资料库建设。

思考题

1. 什么是标杆管理？与目标管理的异同有哪些？

2. 运用标杆管理设计绩效考核体系的步骤有哪些？有什么优势？
3. 标杆管理的标杆有哪些类别？各自代表什么内容？
4. 标杆管理在我国企业运用的过程中存在哪些问题？如何改进？

 案例 9-2 行业标杆管理：从万科的成长之路谈起

客户中心行业的标杆管理有其特殊性，行业性标杆管理更普遍的应用是和与自己处于同一行业的竞争对手进行对标，这种情况也被称为竞争性标杆管理。在竞争中，有针对性地了解自己的竞争对手具有重大意义：首先，大家面临着共同的产业环境，都想获取优势地位，彼此之间是一种博弈关系，往往是此消彼长，知己知彼无疑有助于最终的胜出；其次，了解竞争对手，就可以与之进行比较，也就是进行标杆管理，在竞争对手的强项上向对手学习，超越对手。对于大多数企业来说，都是从弱小开始的，向强者学习，逐渐做大做强，无疑是最有效的手段之一。如中国房地产行业的领头羊——万科，其不断成长壮大的历史，可以说就是一路对标走过来的，如图9-4所示。

万科成立于1984年，经过三十多年的努力，万科逐渐确立了在住宅行业的竞争优势："万科"成为行业内第一个全国驰名商标，该公司研发的"情景花园洋房"是中国住宅行业第一个专利产品和第一项发明专利；该公司物业服务通过全国首批 ISO 9002 质量体系认证；该公司创立的万客会是住宅行业的第一个客户关系组织。

图 9-4 万科的对标之路

☑ 对标索尼

万科最早的学习标杆是日本的索尼，取经索尼，万科进入工业领域。1984年，以贸易起家的万科，一项主要的业务就是销售索尼录像机。在王石的回忆录《道路与梦想》中，他这样描述当时的情况：

"鉴于索尼在中国大陆建立了7家维修站，我也有了在深圳建立一家新的索尼设备维修站的兴趣，以扩大市场影响。

"正式向香港索尼公司提出了申请。索尼方回函：'索尼维修站的合理覆盖半径为300km，目前在广州建立了维修站，故不考虑在深圳建站。'

"我仍不放弃，再次向索尼发出建站邀请，理由是：'深圳的索尼维修站的运营费不需要索尼埋单，索尼公司有偿提供维修配件即可'。为了打动索尼，特意列出科仪中心的技术能力，'李耀辉工程师率领的技术维修部自1984年以来就从事视频设备的维修服务，不仅维修索尼设备，还胜任松下、JVC、飞利浦品牌的维修服务。'

"建立索尼维修站却不需要索尼公司投资的提议引起中国香港索尼公司的兴趣。但他们对我方的维修能力提出严重质疑：能够维修各种品牌的技术水平只能是半桶水，无法为使用索尼设备的客户提供精专的服务；得不到精专服务对客户将是一种损失，是索尼的售后服务理念所不允许的。索尼的维修站必须有两名在索尼培训一年的电器工程师。

……

"这次经历对我有很深的启发。我第一次感受到什么是售后服务，感受到索尼对客户负责的鲜明态度。初期,我想到的只是公司出钱建立维修站,促进销售业务。但索尼却始终从客户的利益考虑问题。这就是索尼口碑好的内涵所在。原来只知道索尼的设备技术含量高,质量一流,现在才体会到:在一流设备的后面,还有一个为客户着想的精益求精的售后服务的技术保障体系。

"两年之后,万科投资的一个房地产项目——深圳天景花园交付使用。那时我们还不大懂什么是物业管理,但索尼的'售后服务意识'却已植入公司的经营理念,万科成立了深圳第一家业主管理委员会,并制定了服务业主的管理章程。不经意中,优秀物业管理成为万科地产品牌的内涵之一。"

万科至今深受索尼文化的影响,影响最深的一点就是索尼的服务意识。索尼不仅考虑它的电器使用的前两年,还考虑之后怎么为消费者服务。正是这种服务意识,让万科在进入房地产开发领域后,迅速以营销优势打开市场局面,物业管理获得了极佳的口碑,当时业内有种说法:"买万科的房子,就是买万科的物业管理。"万科的物业管理就是从索尼的售后服务延伸的。

通过向索尼学习,让万科在服务观念上有了根本的转变。万科的第二个标杆是在做减法的过程中向香港的新鸿基地产学习专业化运作。

☑ 对标新鸿基

1993年,万科获准在香港推介B股。渣打银行有个基金经理问王石:"王总,你们公司到底是做什么的?"这一问,把王石给镇住了。当时王石在全国也是响当当的人物,万科的规模一点也不比做家电的海尔小,可是万科的业务包罗万象,以至于基金经理竟然不知道万科是做什么的。

当时的万科涉足了十三个行业(房地产只是其中之一),顶峰时曾经有55家全资或合资的公司,很多行业是处于完全不相关的领域,而且万科在每一个行业均有所斩获,是当时名副其实的多元化之星。20世纪90年代,中国商界沉浸在一片多元化的狂热之中,王石率先从这种狂热中清醒过来,决定走专业化的发展道路——万科开始大刀阔斧做减法,一口气砍掉了90%的业务,专注做房地产,而且,在房地产领域,万科也不是遍地开花,而是收缩在几个核心城市,其他的地方一概放弃,等到自己的能力非常强之后,再将收回来的拳头打出去。在当时,王石的这种做法是令人不可思议的,但几年之后高下立现——万科从此走上了高速发展之路,而同期许多闻名一时的多元化发展公司却如彗星般陨落了。

万科的对标对象是香港的新鸿基。当时新鸿基的规模是万科的60倍,能够成为地产大王,关键在于其极具眼光的土地储备战略——早在20年前就储备了大量的低价农村土地。万科进而意识到,如果股东不能提供巨大的资金支持,是无法进行中长期的土地储备战略的。新鸿基专业化的经营理念和管理模式给了万科非常大的启迪。

1996年,王石提出"质量是万科的生命线",就是想通过学习新鸿基卓越的产品品质,在产品的设计、建筑、市场推广和物业管理等不同阶段满足客户的需求。万科学习新鸿基,不仅是在项目流程设计上,在公司的组织架构、企业文化上,还效仿新鸿基地产的"新地会",创建"万客会"。

☑ 对标帕尔迪

2003年12月的一次内部会议上,万科提出,公司要以帕尔迪作为新的对标企业。万科开始从关注产品,转为更多地关注客户需求和客户的满意度,进而开发出更符合客户需求的产品。

从2001年开始，万科就开始着手研究美国主流大型房地产公司的发展模式和特点，其中规模最大的帕尔迪是当时全球最大的房地产公司，是研究的重中之重。

帕尔迪与万科在发展路径上有颇多相似之处。早年都曾多元化发展，后来做减法，走专业化发展之路，聚焦到住宅地产。帕尔迪作为一家有着50多年发展史、经历了6个完整的房地产市场周期的企业，在行业集中度高、竞争激烈且波动大的美国市场环境中，始终保持着较高的市场份额，持续跑赢了大市。

帕尔迪是一家非常重视能力的公司，主张能力第一、机会第二。帕尔迪能够成为美国第一大房地商，有一个基本的战略信念：始终强调公司卓越的竞争能力，坚信机会属于有准备的人。万科从创业一以贯之的发展逻辑，是主张"先做强，再做大"，做强就是专注于提升公司的能力，这与帕尔迪的"能力第一、机会第二"有异曲同工之妙。

帕尔迪非常重视客户体验。为了确保客户满意，帕尔迪公司在1993年建立了客户满意度监测系统，通过这个系统可以同每一个客户进行沟通，然后持续地改进工作流程，以确保满足客户的需求。万科也是一家非常重视客户的公司，受到索尼售后服务的启发，将人性化服务引入物业管理，万科的品牌因为物业管理的口碑而声名鹊起。但和帕尔迪系统性地研究客户、全方位地服务客户相比，万科对客户需求的研究和服务还只是初级。

万科从帕尔迪那里学得最成功的是客户细分，这在当时的中国房地产行业中是没有人关注的。帕尔迪把客户分为首次置房、首次换房、二次换房和活跃长者置房四类，随后又扩展为十一类。这些产品能够满足一个美国人一生的住房需求，其结果就是在客户中的影响力突飞猛进，美国人买房子首先想到的就是帕尔迪。客户细分是公司长期发展、积累而形成的重要管理能力，可以使公司更加从容地面对未来的市场机会。

从2005年开始，万科学习帕尔迪，从关注产品转向关注客户，从客户的收入、生命周期以及价值取向对产品进行多维度细分。万科把客户分为以下五类：务实之家、社会新锐、望子成龙、富贵之家和健康养老。

新的客户细分使得万科关注客户的终身购房计划，这大大延伸了万科的产品线。之前万科主要开发城乡接合部的中档住宅，现在城市中心区、城郊接合部以及远郊的各区域、各档次住宅都在万科的版图上，如图9-5所示。

万科做客户细分，不是几个人坐在办公室里纸上谈兵，而是做了大量的调查访问。

万科大量的客户访谈和调查显示，在客户最为关心的15项房屋指标中，建筑外立面仅仅排在第11位，而排在前几位的是屋顶漏不漏水、墙壁隔音性能是否良好、方不方便安装空调、储藏间够不够用等，全是最基本的问题。例如，在对老年用户的调查中，万科发现老年人对房子最看重的一点，与房子好不好用都没有关系，而是房子是属于自己的那种感觉。

这些访谈的结果让万科感受到的是震惊：住什么样的房子，本质是一个生活方式的问题，客户认为体现出房屋价值的地方与房地产公司想象的有很大的差别。一直认为自己懂得客户的万科，这才发现自己离客户其实还很远，而万科所要做的就是贴近、贴近、再贴近。

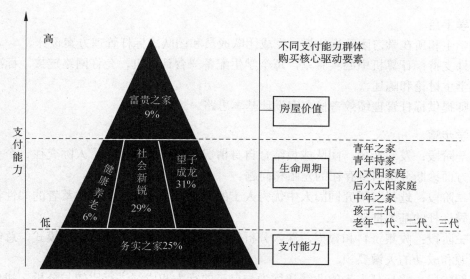

图 9-5　万科的客户细分

可以说是标杆管理成就了今天的万科，万科不断对标的过程，就是不断思考、学习、超越的过程，这是一条简单高效的学习成长之路。

行业性标杆管理一方面因其存在较多共性，容易被模仿并超越；另一方面，模仿会导致组织战略的趋同，不利于行业的发展。

例如，模仿使整个行业运作效率的绝对水平大幅提高，然而组织之间相对效率差距日益缩小。普遍采用标杆管理的结果必然使大家的战略趋同，企业的产品、质量、服务甚至供应销售渠道大同小异，市场竞争趋向于完全竞争，造成整个行业在运作效率上升的同时，利润率却在下降。所以说标杆管理技术的运用越广泛，其有效性就越是受到限制。

因此，标杆管理需要跨出行业的束缚，迈向更广阔的空间，助力组织不断地实现自我超越。

资料来源：石泉.行业标杆管理：从万科的成长之路谈起[EB/OL].（2021-01-15）[2024-10-11]. https://www.ccmw.net/article/176181.html.

思考与讨论：
1. 万科的标杆管理是如何开展的？
2. 万科的标杆管理对于我国企业实施标杆管理有哪些值得借鉴的地方？

 团队互动演练

研究型学习小组以所在团队为基础，完成每个团队成员个人和团队的《标杆管理绩效考核方案》。操作指导如下。

教学目的
- ☑ 熟悉标杆管理的构建流程。
- ☑ 理解标杆管理的特点和设计原则。
- ☑ 了解标杆管理的作用和重要性。

教学平台

以学生和所在学习团队为依托，完成团队成员和团队的标杆管理方案设计。

硬件支持：计算机中心实验室，每个学生配备一台计算机，允许网络连接。标准化教室，供学生讨论和陈述。

教师提供标杆管理绩效考核方案设计基本思路。

教学步骤

第一阶段：发现瓶颈。团队成员结合自身情况，从学习、生活、人际交往、个人发展目标等方面诊断分析自身存在的差距和问题。

第二阶段：选择与研究同龄人中优秀人士的业绩水平，分析出类拔萃者的共性特征，构建优秀标杆的基本框架。

第三阶段：收集资料和数据，深入分析优秀人士的生活、学习、工作模式，总结其优秀的来源和成功的关键要领。

第四阶段：将标杆人士的业绩和行为与自己的行为和成绩进行比较与分析，找出业绩水平上的差距，以及行为方式上的差距。

第五阶段：沟通和交流。在团队内部进行沟通和交流，达成共识，根据团队成员的建议，拟订改进的绩效目标和行动方案。

第六阶段：采取行动并持续改进。在团队内部养成打卡制度，每天互相监督落实行动计划，发现问题，要及时进行探讨以便改进，不断获得持续性的进步。

团队成员

研究型学习小组在组长指导下合理分工，各负其责，按规定时间完成任务。

研究成果

- ☑ 团队个人和团队的《标杆管理绩效考核方案》。
- ☑ 对其他小组的方案进行点评。

第十章 绩效反馈与结果应用

 学习目标

- ☑ 掌握绩效反馈的原则与技巧；
- ☑ 学会采用360度反馈体系进行绩效反馈；
- ☑ 了解绩效面谈的内容和绩效面谈前的准备工作；
- ☑ 了解绩效面谈的过程，并针对性地使用绩效面谈的策略；
- ☑ 掌握将绩效考核结果应用于绩效改进的过程；
- ☑ 掌握绩效奖励计划的主要形式及其优缺点；
- ☑ 掌握将绩效考核结果应用于职业发展的技巧。

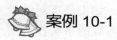 案例 10-1　　　　　　　　如何进行绩效反馈面谈

　　假设你是公司销售部的经理，黄刚（化名）是负责东北地区的销售员，三年前加入你的部门。前两年黄刚只是把精力用于发展客户关系，都未能够完成销售任务。同时，黄刚对客户业务需求的了解很肤浅，对公司产品性能的了解也很有限。根据这些表现，你给黄刚的业绩评定连续两年都只是及格。

　　而今年，东北地区一家集团公司突然决定实施ERP项目，你和技术部经理立即组织力量投标，经过几轮奋战，最终拿到了合同。作为销售员的黄刚在项目期间工作很努力，以建立各种关系为重点，成为项目组的骨干。由于ERP项目的成功，黄刚的销售业绩当年达到了130%。

　　但是作为销售经理，你注意到黄刚在与技术工程师合作的时候，关系处理得非常紧张，工程师抱怨黄刚不能准确及时地提供客户需求，没有制订具体的项目计划，也不与大家沟通，造成几次方案重新设计，大家都不愿意与他合作。另外，黄刚没有事先预报该ERP项目，导致公司不得不临时紧急抽调人员。综合以上考虑，你计划给黄刚良好的绩效考核成绩。

　　今天你约了黄刚来做本年度的绩效反馈面谈，那么作为经理，你认为对黄刚的绩效反馈面谈要讨论哪些关键点呢？你希望达到的目的是什么呢？

　　资料来源：绩效反馈面谈的案例分析[EB/OL].（2018-06-28）[2024-10-11]. https://mp.weixin.qq.com/s/9owjA4SSeS2Rqv8izmy0Mw.

　　绩效考核并不是绩效管理工作的结束，绩效考核结果只有应用于绩效改进中，帮助员工发现问题并解决问题，促使组织绩效持续提升，才能真正达到绩效管理的员工开发和管理的目的。连接绩效考核与绩效改进的中间环节就是绩效反馈，也就是绩效考核结束后，

管理者为了达到设定的目标、实现业绩成果而采取的改善不理想的行为表现、巩固加强优良行为表现的沟通过程。管理者通过绩效反馈面谈，将评价结果反馈给员工，包括哪里做得好、哪里出了问题、应该如何改善。管理者要向员工传达组织的期望，双方针对绩效周期的目标进行探讨，最终形成一个绩效改进合约。

第一节 绩效反馈概述

一、绩效反馈的原则

绩效面谈的目的是实现员工绩效的改进，这个改进过程需要绩效管理的其他环节给予支持，所以企业首先要完善绩效管理体系，然后在绩效反馈中遵循以下原则。

1. 直接具体原则

绩效反馈要直接而具体，不能做泛泛的、抽象的、一般性评价，对于主管来说，无论是表扬还是批评，都应有具体、客观的结果或事实作为支持，使员工明白哪些地方做得好、差距与缺点在哪里，既要有说服力，又要让员工明白主管对自己的关注。如果员工对绩效考核有不满或质疑的地方，可以向主管进行申辩或解释，也需要有具体客观的事实作为依据。只有信息沟通双方交流的是具体准确的事实，一方所做出的选择对另一方才算是公平的，评估与反馈才是有效的。

2. 双向沟通原则

绩效反馈是一种双向的沟通，为了获得对方的真实想法，主管应当鼓励员工多说话，充分表达自己的观点。因为思维习惯的定向性，主管似乎常常处于发话、下指令的角色，员工总是被动地接受。有时主管得到的信息不一定就是真实情况，员工迫不及待地表达，主管不应打断与压制。对员工的好建议应充分肯定，也要承认自己存在有待改进的地方，一同制定有利于双方发展、改进的目标。

3. 基于工作事实原则

绩效反馈面谈中涉及的是工作绩效，是工作的一些事实表现，如员工是怎么做的，采取了哪些行动与措施，效果如何，而不应讨论员工个人的性格。员工的优点与不足都是在工作完成过程中体现出来的。性格特点本身没有优劣好坏之分，不应作为评估绩效的依据。对于关键性的影响绩效的性格特征需要指出来，必须出于真诚地关注员工与发展的考虑且不应将它作为指责的焦点。

4. 分析原因原则

反馈面谈需要指出员工的不足之处，但不需要批评，而应立足于帮助员工改进不足之处，指出绩效未达成的原因。出于人的自卫心理，在绩效反馈中面对批评，员工马上会做出抵抗反应，使得面谈无法深入。但如果主管从了解员工工作中的实际情形和困难入手，分析绩效未达成的种种原因，并试图给以辅助、建议，员工是能接受主管的意见甚至批评的，反馈面谈也不会陷入攻守相抗的困境。

5. 相互信任原则

没有信任，交流就没有意义，缺乏信任的反馈面谈会使双方都感到紧张、烦躁，不敢放开说话，充满冷漠、敌意。而反馈面谈是主管与员工双方的沟通过程，沟通要想顺利进行，要想达到相互理解和共识，必须有一种彼此互相信任的氛围。主管人员应多倾听员工的想法与观点，尊重对方，要向员工沟通清楚原则和事实，多站在员工的角度，设身处地地为员工着想，勇于当面向员工承认自己的错误与过失，努力赢取员工的理解与信任。

二、绩效反馈的技巧

在绩效反馈中，管理者为反馈源，员工为反馈接受者，而整个绩效周期内的工作绩效和绩效考核结果就是反馈信息。由于在反馈中主要针对员工实际的与工作相关的行为进行反馈，根据员工的行为表现，一般可分为错误行为、中立行为和正确行为三类。对于错误行为，应给予建设性反馈；对于正确行为，则应给予正面反馈；而对于那些中立行为，则可以允许员工自主决定。接下来主要从正面反馈和负面反馈两个方面，介绍在实施绩效反馈时的技巧。

（一）正面反馈

管理者往往容易忽视对正确行为的反馈，可能是由于他们对于"正确行为"的理解不全面而无法确认，也可能是没能掌握好对正确行为进行反馈的方式。在实际工作中，对正确行为的反馈具体表现为管理者对员工的表扬和称赞。表扬是一种积极的鼓励、促进和引导，表扬员工不仅能够实现对员工优秀绩效的反馈，也是激发员工工作热情、提高积极性的重要手段，因此表扬是管理者应当掌握的重要沟通技巧。在具体做法上应当遵循如下原则。

1. 表扬必须针对具体的行为或结果

既然是表扬，就应注意以事论理、以理服众。如需公开表扬，一定要在员工取得公认的成绩时再采取这种方式，以免让其他员工感觉管理者偏心、不公正，从而产生逆反心理。表扬要尊重客观事实，尽可能多地引用受表扬者的有关事例与数据，用事实来化解某些人的消极逆反心理。另外，为了让员工明白他们需要在以后的工作中继续重复这种行为，最好注意表扬的特定时机。

2. 表扬时采用肯定、热情的方式

一方面，在提出表扬时避免用一些否定的说法，例如，"还不算太坏"或者"比上次好些了"；相反，在表扬时一定要强调积极的方面，可以采用"我很欣赏你的这种做法……"或者"我很佩服你做这件事情的方式……"。另一方面，为了表达真诚，管理者必须愿意为表扬花费一定的时间，并且表现得非常高兴，而不是匆匆忙忙地说两句，让人觉得很尴尬。

3. 表扬的同时进行经验传授

管理者在表扬员工时，不应仅仅简单地说一句"干得不错"，而应善于借表扬将成功者的经验与方法传授给更多的员工，以实现以点带面与资源共享。优秀员工应该成为学习和模仿的榜样，其经验是难得的资源。作为管理者，在对受表扬者进行表扬之前，就应进行深入细致的调查分析，归纳总结其成功的经验和有效的方法，不仅要使表扬对优秀员工本人实现激励，更要使其他人从受表扬者的经验与方法中有所得益。

4. 善于寄期望于表扬

当一个人因工作上的成绩受到表扬时，就会产生一种成就感、荣誉感和自豪感，这种积极的心理反应不仅会使其感到心情愉快，还会使其信心大增。在这种状态下，如果对其提出带有期望性的要求与建议，不仅不会引发其反感，还会使其真正从中感悟到上级的关心与爱护，这是员工最易接受上级期望的绝妙时机。因此，表扬不能满足于对成绩的肯定，而应注意趁热打铁，在表扬中提出有针对性的期望，给受表扬者以新的目标。如对工作中成绩一贯突出、积极向上的员工进行表扬时，要不断提出新的期望目标，促使其更加发奋努力，更好地发挥自己的优势，再接再厉，争取取得更大的成绩。

（二）负面反馈

负面反馈是指对错误行为的反馈，也就是人们通常说的批评。在管理实践中，管理者由于害怕员工做出负面的反应，影响与员工之间的工作关系，或者由于负面反馈对信息的不可辩驳性要求更高，而不愿意做这些麻烦的事情。事实上，批评不一定是消极的，也可以是积极的和具有建设性的。建设性反馈，就是指出员工的错误行为，并且提出改进的意见供对方参考，而不是横加指责和批评。越来越多的管理者已经认识到对员工的错误行为进行建设性反馈的重要性，掌握相关的技能也是管理者所必需的。心理学家发现，以下七个要点对建设性反馈很有帮助。

1. 建设性反馈是战略性的

建设性反馈的战略性是指应当有计划地对错误的行为进行反馈。有时管理者和员工由于受到当时谈话气氛的影响，而对自己的言行失去控制，这种在情绪失控下进行的反馈不但毫无意义，而且会产生负面影响。事前充分明确反馈的目的、组织好思路和情绪并选择恰当的语言，可以有效地避免这种情况发生。

2. 建设性反馈应维护对方的自尊心

消极的批评容易伤害对方、打击对方的自尊心，对人际关系具有破坏性。自尊心是每个人在进行人际交往时都要试图保护的，管理者在绩效反馈时应当考虑到员工的自尊心。要做到这一点，最简单的方法就是在与对方进行反馈之前进行换位思考。

3. 建设性反馈要注意恰当的环境

绩效反馈应当选择合适的环境因素，充分考虑沟通的时间、地点以及周围环境，寻找最佳时机，以保证良好的反馈效果，尤其是在对员工的错误行为进行反馈时。通常，人们主张单独与犯错误的员工进行交流，这种方式能够最大限度地维护员工的自尊心。但这并不是绝对的。例如，在团队的工作环境中，如果管理者只是进行私下的批评，往往会得不到充分的信息或帮助，不利于员工最大限度地改进绩效。

4. 建设性反馈是以进步为导向的

绩效反馈应该着眼于未来，而不应该抓住过去的错误不放。强调错误的批评方式会使员工产生抵触心理，这将对绩效反馈的效果产生消极影响。只有以进步为导向的批评，才能够真正达到绩效反馈的最终目的——提高员工的未来绩效。

5. 建设性反馈是互动式的

批评往往是单向传递信息，这种方式会由于管理者单方的操纵和控制而引起员工的反感和抵触，从而产生排斥心理。建设性反馈主张让员工参与到整个绩效反馈过程中，也就是互动式绩效反馈。管理者应当通过有效的引导让员工提出自己的看法和建议。

6. 建设性反馈是灵活的

灵活性要求管理者在反馈中应当根据不同对象和不同情况采取不同的方式，并在反馈的过程中根据对方的反应进行方式上的调整。

7. 建设性反馈是对员工的指导

建设性反馈不仅是对好坏、对错等信息的传递，更应当为员工提供明确的、具体的建议，以表明管理者帮助他们的愿望。管理者应该让员工感受到组织对他们的关注和信心，并使员工相信自己能够得到来自管理者的充分帮助。这种信息的传递不仅有助于改善绩效，也有助于改善管理者与员工的关系，加强相互之间的信任感。

三、360 度反馈体系

360 度反馈体系已经成为一种帮助员工（特别是那些承担监督管理类责任的员工）通过从各个不同侧面收集意见，从而改进自己工作绩效的首选工具。之所以把它称为 360 度反馈体系，是因为它收集的信息来自员工周围方方面面的人。具体地说，该体系从员工的上级、同事、客户以及下属那里收集信息，以此了解员工在哪些绩效维度上需要有所改进。为了避免当事人人为地抬高评价等级，在收集这些信息时通常都采取匿名的方式。同时，员工本人也会根据各个不同绩效维度来进行自评，并将自评结果与其他人对自己的评价信息加以比较。为了考察员工本人对自己的看法和他人对该员工的看法在哪些方面存在明显的不一致，还需要进行差距分析。另外，在 360 度反馈体系的报告中，通常还包括在员工本人和他人之间能够达成共识的，大家都认为需要进一步开发的绩效领域。然后，这些信息会用于制订本章后面提到的绩效改进计划。

当 360 度反馈体系仅仅用于开发目的，而不是用于管理目的时，其效果是最好的。这是因为如果人们知道这些信息将会被用于帮助个人提高绩效，而不仅仅是用来惩罚他们或者是向他们支付报酬，人们会更愿意说实话。但是，当一套 360 度反馈体系使用了一段时间之后（通常是 2 年左右），将其用于管理目的也可能会取得成功。关于 360 度反馈体系的构建和使用可以参看第五章第五节 360 度考核法的内容。

☞【专题拓展 10-1】　　　如何进行有效的绩效反馈？

第二节 绩效面谈

一、绩效面谈的内容

1. 工作业绩

工作业绩的综合完成情况是考核者进行绩效面谈时最重要的内容,在面谈时应将评估结果及时反馈给被考核者,如果被考核者对绩效考核的结果有异议,则考核者需要和被考核者一起回顾上一绩效周期的绩效计划和绩效标准,并详细地向被考核者解释绩效考核的结果。通过对绩效结果的反馈,总结绩效达成的经验,找出绩效未能有效达成的原因,为以后更好地完成工作打下基础。

2. 行为表现

除绩效结果外,考核者还应关注被考核者的行为表现,如工作态度、工作能力等。对工作态度和工作能力的关注可以帮助考核者更好地完善被考核者的表现,提高其技能,也有助于帮助其进行职业生涯规划。

3. 改进措施

绩效管理的最终目的是改善绩效,在面谈过程中,针对被考核者未能有效完成的绩效计划,考核者应该和被考核者一起分析绩效不佳的原因,并设法帮助被考核者提出具体的绩效改进措施。

4. 新的目标

绩效面谈作为绩效管理流程的最后环节,考核者应在这个环节中结合上一绩效周期的绩效计划完成情况,并结合被考核者新的工作任务,和被考核者一起提出下一绩效周期中新的工作目标和工作标准,这实际上是帮助被考核者一起制订新的绩效计划。

二、绩效面谈的准备工作

(一) 管理者应做的准备工作

1. 选择适宜的时间和场地

绩效面谈往往在一个绩效周期结束时进行,而这段时间通常又是很多部门工作繁忙的时候,面谈的时间选择对于最终的反馈效果有很大影响,管理者应该根据工作安排确定一个双方都有空闲的时间。管理者应该选择一个双方都可以全身心投入面谈过程的时间,最好不要被其他事情打断或干扰,应尽量避免接近上下班的时间和非工作时间。确定的时间应该是一个时间段,长短要适宜,过长会引起疲倦和厌烦;过短则可能因沟通不充分而达不到预期效果。管理者一定要在征得员工同意的情况下,再对绩效面谈的时间做出最终决定,这一方面体现了对员工的尊重,另一方面便于员工安排好手上的工作。

一般来说,在办公环境下,主要的面谈地点有管理者的办公室、会议室、接待室等,其中小型会议室、接待室是比较理想的选择，因为这些地方一般远离电话、传真，是不易被干扰的场所。当然，在现实工作中，由于条件所限，管理者的办公室成为最常见的选择。办公室给人以严肃、正式的感觉，但是容易受到电话、来访者的打扰，而且给人以明显的上下级感觉，容易给员工带来压力。当然，面谈地点也可以是工作场所之外的地方，如咖啡厅、茶楼等，这种非正式沟通场所可以营造管理者与员工之间的亲密关系，进而使双方能更加轻松、充分地表达自己的想法。同时，管理者应注意安排好双方在面谈时的空间距离和位置，不同的距离和位置关系往往可以营造出不同的沟通氛围，如图10-1所示。

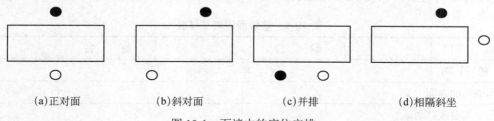

　　(a)正对面　　　　　　(b)斜对面　　　　　　(c)并排　　　　　　(d)相隔斜坐

图 10-1　面谈中的座位安排

面谈双方的距离要适当，距离太远会影响信息传递效果，而距离太近又会使双方感到压抑。图 10-1（b）的距离偏远，可能使双方缺乏亲密感；图 10-1（c）的距离偏近，空间距离也拉近了彼此的心理距离，但也有一部分人不能接受这种过于亲密的距离，这种气氛会让其感到不自在，甚至是尴尬。

面谈双方的位置也要适宜，图 10-1（a）的面对面方式使得双方的目光直视，容易给员工造成心理压力，不宜选择；图 10-1（c）的角度则不利于观察对方的表情，也不利于非语言沟通方法，如手势、形体动作等的使用。

综合以上几种情形，可以发现图 10-1（d）所示的位置和距离是最佳选择。管理者和员工呈一定角度而坐，既能够避免紧张，也有利于观察和接受对方所表示的信息，营造出理性、和缓的氛围。

2. 熟悉员工的工作内容及绩效表现

在绩效面谈之前，管理者必须准备好面谈所需资料，主要包括绩效考核表格、员工日常工作情况的记录和总结、该绩效考核周期的绩效计划以及对员工的基本绩效考核结果，包括各评价主体对员工的评价、经过加权处理的各个绩效考核标准的评价结果等。另外，管理者还需要掌握有关员工个性特点的信息，以便在面谈过程中帮助管理者建立与员工之间的信任感和认同感。

3. 准备应对面谈中可能出现的问题

首先，管理者应该预估员工可能出现的对所收集绩效信息正确性或公正性的反驳，如何拿出足够的证据解释信息的客观性，是管理者需要准备解决的第一个问题。其次，如果员工能够接受管理者所给予的评价，管理者还应该预估员工可能提出的工作难点、工作支持等方面的问题。管理者应提前对员工的工作进行了解，能够有针对性地提出改进建议，并结合自己的权限和公司能提供的资源，为员工提供尽可能多的帮助计划。最后，管理者还要对员工可能在面谈过程中表现出来的不良情绪或行为进行估计，当员工情绪激动、暴躁甚至有过激行为发生时，管理者应该有控制局面和采取下一步行动的方案。

4. 计划好面谈的内容、程序和进度

事先设计一套完整而合理的面谈流程，是成功实现绩效面谈的保证。在进行面谈前，人力资源部门可能会提供一个指导面谈的提纲，但是具体进行面谈的管理人员要在面谈提纲的基础上对面谈的内容和程序进行详细的计划，包括面谈的对象和目的、开场白的设计、步骤、预期时间和效果、可能出现的问题等。可以事先让员工填写《绩效面谈表》，为管理者的准备提供帮助，如表10-1所示。

表10-1 绩效面谈表（样表）

部 门		职 位		姓 名	
考核日期			年 月 日		
工作成功的方面					
工作中需要改善的地方					
是否需要接受一定的培训					
本人认为自己的工作在本部门和全公司中处于什么状况					
本人认为本部门工作最好、最差的是谁，全公司呢					
对考核有什么意见					
希望从公司得到怎样的帮助					
下一步的工作目标和绩效改进方向					
面谈人签名			日期		
备注					

（二）员工应做的准备工作

1. 安排好自己的相关工作

根据考核周期的长短不同，面谈的时间也有一定差别。一般来说，对于季度考核，应在考核结束一周之内安排面谈，面谈时间不少于30min；对于年度考核，应在考核结束一周之内安排面谈，面谈时间不少于1h。员工应该根据人力资源部门或者管理人员提前协商或确定的面谈时间，包括时间点和时间段，对手上的工作进行预先安排，保证自己有充足的时间安心与管理人员进行面谈，而不至于被工作或其他事情干扰。同时，也不能因为短暂的绩效面谈时间而耽误了正常工作安排，必要时可提前与管理人员沟通，确定一个双方都合适的时间。

2. 准备表明自己绩效的相关资料或证据

绩效面谈的主要内容就是与工作相关的行为和结果，而这些行为和结果就是对员工本考核周期内绩效的证明。在面谈中应该遵循以事实为基础，避免进行人身攻击或出现不公平合理的现象。在面谈过程中，员工往往会根据自己的实际情况陈述自己在整个周期内的工作情况，因此员工应充分收集整理一些能够表明自己绩效状况的事实依据。同时，为了应对管理人员所收集的绩效信息的真实性，员工为维护自己的权益，也有必要拿出足够的证据说明自己的客观绩效，为绩效申诉做准备。

3. 准备好向主管提出问题，以解决自己工作中的疑惑和障碍

绩效面谈的最终目的是让员工发现问题并解决问题，解决问题才是落脚点。而很多问题的出现可能并不是员工自己希望的，或者是员工个人造成的。如果员工确实能力有限或者是组织支持不够的原因，员工还可以通过这个机会就各种日常问题与管理者交换意见。因此，员工也可以收集并汇总一些这方面的信息，在面谈中向有经验的管理人员学习和请教，并争取更多的资源和帮助，为日后工作的改善积累基础。

4. 准备好个人发展计划，正视自己的缺点和有待提高的能力

绩效面谈为了达到最后绩效改进的效果，必须由员工自己的行为改变予以体现。因此，员工必须态度端正，正视自己的问题。在绩效面谈中，员工可能出现以下三种自我评价：摆功型（工作绩效相当不错，自我感觉也非常好）、辩解型（工作绩效一般不好，会找一大堆理由来为自己辩解）和观望型（绩效不好或者平平，抱观望态度）。无论员工是哪种应对态度，管理人员都应该积极引导员工正视自身仍然存在的不足，并针对员工自己提出的改进计划给予建设性反馈，使其朝着正确的方向努力。

三、绩效面谈的过程

1. 面谈开场白

绩效面谈的开场白有各种各样的形式，采取什么样的方式取决于具体的谈话对象和情境，管理者应在这一阶段简短地向面谈对象说明面谈的目的和基本程序。有的情况下员工可能会比较紧张，这时管理者可以选择一些轻松的话题开始谈话，缓和对方的心情和谈话气氛。如果员工对面谈的目的比较理解、情绪平和稳定，不妨开门见山地进入主题。

2. 员工自我评价

员工可以参照期初制订的绩效计划和绩效目标，简明扼要地汇报考核周期内的工作情况。此时，管理者应该注意倾听，不要轻易插话和随意打断，关注工作实绩，并留意其失误的实施，对于不清楚的地方，应适时询问、适当记录。当员工自我评价结束后，管理者可以进行小结。

3. 确认绩效结果

接下来，管理者和员工双方应对照绩效计划和目标对员工的绩效行为和结果进行讨论。考虑到员工的接受能力，一般先谈员工表现好的地方，再谈有待改进之处；先谈重要的问题，后谈次要的问题。这样逐项沟通，如果双方意见一致，就继续往下进行；如果双方意见不一致，就进行讨论，如果实在无法达成一致，可以暂时搁置。在这一过程中，管理者要耐心听取员工对绩效结果的意见，让员工对有出入的信息或结论做出必要的说明和解释。

4. 分析诊断问题

由于绩效的特征，使得最终影响绩效的原因是多方面的，因此管理者和员工应该共同

分析，找到导致最终绩效差距的真正原因。一旦弄清楚导致绩效差距的原因，接下来就要寻求解决问题的办法以纠正错误。经过充分交换意见后，面谈双方在彼此要求和期望方面达成共识，即管理者对员工的要求和期望、员工在今后工作中需要组织提供的必要条件和支持等。管理者要认真听取员工的建议，对其提出的合理要求和建议应该给予积极的肯定和支持。

5. 面谈结束

当达到面谈目的或已经无法取得进展时，应该结束面谈，不要拖延。在绩效面谈结束之际，管理者应当对员工进行积极的鼓励，让其振奋精神、鼓足干劲，以积极、乐观的态度开始下一阶段的工作。一般在面谈的结尾，谈过的事情或约定的事项都应该互相再予以确认，要留一些继续面谈的可能性和话题给双方，以便最终全面达成面谈目的。

在员工离开后，管理者要将面谈记录整理归档，并且设计落实双方达成一致的绩效改进和员工发展计划。最后，要对整个面谈过程进行评估，作为将来改进面谈质量的依据。

四、绩效面谈的策略

在绩效面谈中，管理者应针对不同类型的员工选择不同的面谈策略，这样才能做到有的放矢，取得良好的反馈效果。一般来讲，员工可以依据工作业绩和工作态度分为以下四种类型，如图10-2所示。

图 10-2 根据工作业绩和工作态度划分的员工类型

1. 贡献型（工作业绩好+工作态度好）

贡献型员工是直线经理创造良好团队业绩的主力军，是最需要维护和保留的。与他们的面谈策略应是在了解企业激励政策的前提下予以奖励，并提出更高的目标和要求。

2. 冲锋型（工作业绩好+工作态度差）

冲锋型员工的不足之处在于工作忽冷忽热、态度时好时坏。分析其原因主要有两个方面：第一种是性格使然，喜欢用批判的眼光看待周围事物，虽然人很聪明，但总是带着情绪工作；第二种是沟通不畅所致。对此下属，切忌两种倾向：一是放纵（工作离不开冲锋型员工，工作态度不好就不好，只要干出成绩就行）；二是管死（光业绩好有什么用，这种人给自己添的麻烦比做的事多,非要治治不可)。对于冲锋型员工,可采取的面谈策略有两种:一是沟通,冲锋型员工的工作态度不好,只能通过良好的沟通建立信任,了解原因,改善其工作态度;二是辅导,通过日常工作中的辅导改善其工作态度,不要将问题都留到下一次绩效面谈。

3. 安分型（工作业绩差+工作态度好）

安分型员工的工作态度好,工作兢兢业业、认认真真,对上司、企业有很高的认同度,可是工作业绩就是上不去。与他们面谈的策略应当是:以制订明确的、严格的绩效改进计划作为绩效面谈的重点;严格按照绩效考核办法予以考核,不能因为态度好而代替工作业绩不好的现实,更不能用工作态度掩盖工作业绩。

4. 堕落型（工作业绩差+工作态度差）

堕落型员工会想尽一切办法替自己辩解,或找外部因素,或自觉承认工作没有做好。与他们面谈的策略应是:重申工作目标,澄清员工对工作成果的看法。

五、绩效面谈中的注意事项

1. 重视面谈的开始

许多管理者并没有认识到面谈开始的重要性,往往急于切入主题而忽略开始的方式。实际上,最初几分钟的谈话往往决定了面谈的成功与否。因此,开场白的设计至关重要,要予以足够的重视。

2. 及时调整反馈的方式

管理者在与面谈对象沟通的过程中,要根据实际情况的变化及时调整反馈方式。管理者的反馈方式主要有指示型、指导型和授权型。指示型是比较传统的反馈方式,有时管理者急于解决问题,或者把自己看作权威并主张控制,就会采取这种指示型反馈方式。与指示型反馈方式相比,指导型反馈方式和授权型反馈方式需要更多的时间。指导型反馈方式是一种教与问相结合的方式,管理者向下属解释并询问下属的想法,并在适当的时机纠正下属的错误思想。授权型反馈方式以下属回答为主,以解释和纠正为辅,管理者实际上主要起引导作用。

3. 强调下属的进步与优点

绩效面谈往往不受欢迎的一个重要原因在于,面谈中难免要谈论下属在上一个阶段工作中的失误,如果管理者没有掌握好沟通技巧,很容易因为对下属进行批评和指责造成下属的抵触和反感。鼓励与表扬是赢得下属合作的好方法。只有充分地激励下属,才能真正实现绩效反馈的目的。下属做得好的地方不能一带而过,而应当花一些时间进行讨论。赞扬不仅可以使下属保持良好的工作作风,还可以激励下属。对于绩效不良的方面,也不能一味批评,而应该肯定下属的努力和贡献。

4. 注意倾听下属的想法

绩效面谈是一个双向沟通的过程,即使采用指示型反馈方式,也需要了解下属的真实想法和心理。真正有效的沟通不能忽略倾听的重要性,来自下属的信息是十分重要的。倾听有助于全面了解情况,印证或改变管理者自己的想法。平衡讲述与倾听之间的关系是反馈面谈的要义,而衡量这种平衡最好的标准就是是否调动了下属的积极性、是否赢得了下属的合作。管理者在面谈时要学会倾听,鼓励下属大胆说出自己的想法,在倾听中要予以积极回应,不要轻易打断下属,更不要急于反驳。

5. 坦诚与平等应贯穿面谈的始终

因为绩效考核结果的应用涉及薪酬、晋升等比较敏感的问题,所以管理者在与下属面谈的过程中会有所顾忌,有时甚至会回避问题与矛盾。但是这种隐瞒的方式并不能解决任何问题,最好的方式就是坦诚相见,直接向下属展示考核表格。同时,管理者应当清楚自己和下属在错误上负有同等的责任,并且自己的判断与实际情况之间也会出现偏差。当发现问题或认识出现偏差时,管理者应当坦率地承认自身不足,这种态度将有助于与下属进行进一步的沟通,使问题得到解决。

6. 避免冲突与对抗

冲突与对抗可能会彻底摧毁下属对管理者的信任,导致下属对管理者产生抵触情绪。双方一旦产生隔阂,问题就不仅仅是一次面谈的失败,很可能会影响今后工作中的合作。因此,当面谈中出现不同意见时,管理者不能用领导的权威对下属进行压制,而应就有不同见解的问题与下属耐心沟通,争取得到理解,同时要站在对方的立场,设身处地为其着想,争取在平和的氛围中就争议问题达成共识。

7. 形成书面的记录

人力资源管理部门提供的各类计划和表格并不一定涵盖面谈中涉及的全部问题。面谈中双方可能谈到工作中的许多问题,因此需要记录面谈的过程并形成书面文字,这样一方面方便组织对正式文件的管理,另一方面也能让下属感到面谈的正式程度和重要性。

【专题拓展 10-2】　　　　　绩效面谈不是秋后算账

第三节　绩效考核结果的应用

一、绩效改进

(一) 绩效问题的诊断与分析

绩效问题的诊断与分析是绩效改进过程的第一步,也是最基本的环节。在绩效面谈中,管理者和员工通过分析和讨论评价结果,找出关键绩效问题和产生绩效问题的原因,这是绩效诊断的关键任务。由于绩效具有多因性特征,因此要快速有效地诊断绩效问题,必须对影响绩效的因素有所了解。也就是说,一个员工的绩效优劣并不取决于单一因素,而是受制于来自主、客观方面的多种因素,并且在不同情境下,各类因素的影响各不相同。例如,某企业引入一套新的设备,投入生产后,员工的工作绩效明显下降。经过各种调查研究和数据分析，企业发现并不是由于员工不熟悉设备致使绩效下降，而是由于员工害怕新设备提高生产率导致企业有意裁员而故意怠工。该企业通过各种沟通方法向员工解释了引入新设备的目的和必要性，排除了员工对非正常裁员的顾虑之后，工作绩效像预期那样有所提高。由此可见，只有在充分研究各种可能的影响因素的前提下，才能够找到真正的问题，然后对症下药，实施有效管理。根据学者的研究，诊断绩效问题通常有以下两种方法。

1. 四因素法

四因素法是从知识、技能、态度和环境四个方面着手分析绩效不佳的原因。管理者可以通过与员工一起分析下面的问题，寻找影响绩效的关键因素。

（1）知识：员工有做这方面工作的知识和经验吗？
（2）技能：员工具备运用知识和经验的技能吗？
（3）态度：员工有正确的态度和自信心吗？
（4）环境：有不可控的外部障碍吗？

2. 三因素法

三因素法是指从员工、管理者和环境三个方面分析绩效问题的方法。

（1）员工。员工所采取的行动本身不正确，工作过程中努力不够，或者因为知识、技能不足，都可能导致绩效不良。而员工对组织、管理者的要求理解有误，或是目标不明确，缺乏激励，也可能是绩效不良的原因。

（2）管理者。通常从以下两个方面对管理者的管理行为加以分析：一是管理者做了不该做的事情，如监督过严、施加不当压力等；二是管理者没有做该做的事情，如没有明确工作要求、没有对员工给予及时反馈、不给员工提供指导以及教育和培训的机会等。

（3）环境。环境包括工作场所、团队氛围等因素，都可能对员工绩效产生影响，具体包括工具或设备不良、原料短缺、不良工作条件（噪声、光线、空间以及其他干扰等）、同事关系、工作方法等。

以上两种方法各有特点，前者主要是从完成工作任务的主体来考虑，通过分析员工是否具备承担此项工作的能力和态度来分析绩效问题的原因。这种方法容易造成管理缺位，即把员工绩效问题产生的原因归结为员工主观方面的问题，而忽视了管理者在产生绩效问题方面的责任，这样不利于找到绩效问题的真正原因，同时不易于使员工接受。后者从更宏观的角度分析问题，较容易把握产生绩效问题的主要方面，认识到管理者在其中的责任以及客观外部环境的影响。要想更加透彻、全面地分析绩效问题，必须结合以上两种方法的思路，在管理者和员工充分交流的情况下，对绩效不良的产生原因达成一致意见。表10-2可以作为管理者绩效诊断时的工具。

表 10-2 绩效诊断表

影响绩效的维度		绩效不良的原因	备 注
员工	知识		
	技能		
	态度		

续表

影响绩效的维度		绩效不良的原因	备注
管理者	辅导		
	其他		
环境	内部		
	外部		

资料来源：方振邦. 战略与战略性绩效管理[M]. 北京：经济科学出版社，2005.

通过绩效诊断环节，可能发现员工需要改进的地方很多，但最好选取一项重要并且容易实现的率先着手。如果多个问题同时着手，很可能由于压力过大而导致失败，在这种情况下，就存在选择绩效改进要点的问题。选择绩效改进要点就是综合考虑每个拟定项目所需要的时间、精力和成本因素，选择用时较短、精力花费较少以及成本较低的项目，同时要争取员工同意。可以采用表 10-3 的方法，在现有的绩效改进要点中进行选择。

表 10-3　选择绩效改进要点的方法

绩　　效	不 易 改 变	容 易 改 变
急需改变	将其列入长期改进计划	最先做
不急需改变	暂时不列入改进计划	第二选择

（二）绩效改进部门的组建

条件允许的企业可以组建专门的绩效改进部门来具体负责绩效改进工作。部门的人员、结构、数量、组建方式由绩效改进的需求确定。如果绩效问题比较严重，对部门的人员数量、结构、运作要求会更高。绩效改进部门是在传统的培训部门的基础上发展起来的，但二者在名称、使命、提供的服务、部门内部人员的角色、部门的实际组织结构以及部门的职责及衡量标准等方面有所不同。一般而言，大多数企业都没有必要专门组建绩效改进部门，而是由人力资源部门会同员工的直接上级来完成，特别是员工的直接上级，应作为承担绩效改进责任的主要人员，这是因为帮助下属改进绩效是其日常工作的一部分，与完成管理任务一样，都是其义不容辞的责任。从组织结构上看，传统的培训部门与绩效改进部门相比存在的区别如表 10-4 所示。

表 10-4　培训部门与绩效改进部门的区别

	培　训　部　门	绩效改进部门
部门使命	以开发员工技能、强化员工知识、拓宽员工视野支持企业的战略和业务计划	提供咨询、培训、分析和评估服务来确保个人与组织绩效的不断改进，以支持企业战略的业务计划
提供的服务	确定培训需求，设计并开发培训项目以及其他形式的学习体验，训练培训人员，实施培训项目并评价	构建绩效与胜任能力模型，确定绩效差异并分析原因，实施绩效改进计划，评估绩效改进效果，为业务部门提供绩效改进的咨询服务
部门人员的职责及角色	讲师——辅导员；课程设计师；培训协调员；培训效果评估员	客户联系员；绩效分析员；绩效咨询顾问；绩效改进效果评估员

资料来源：李文静，王晓莉. 绩效管理[M]. 大连：东北财经大学出版社，2015.

(三)绩效改进方法的选择

在对组织的绩效问题进行了诊断和分析,大致确定了绩效改进的方向和重点后,就要选择一个具体的切实可行的方法,只有选择了适合本企业的正确的方法,才能保证绩效改进的顺利实施。绩效改进的方法主要有以下四种。

1. 卓越绩效模式

卓越绩效模式是20世纪80年代后期由美国创建的一种世界级企业成功的管理模式,其核心是强化组织的顾客满意意识和创新活动,追求卓越的经营绩效。该模式源自美国波多里奇奖评审标准,以顾客为导向,追求卓越绩效管理理念。这种理念不是目标,而是提供一种评价方法。卓越绩效模式得到了美国企业界和管理界的公认,适用于企业、事业单位、医院和学校。世界各国许多企业和组织纷纷引入卓越绩效模式,其中施乐公司、通用公司、微软公司、摩托罗拉公司等世界级企业都是运用卓越绩效模式取得出色经营效果的典范。此模式是从企业组织经营成果的顾客、产品或服务、财务、人力资源和组织的有效性五个方面建立绩效管理的框架,从以上五个方面为企业的绩效改进提供标准。

2. 六西格玛管理

"σ"在统计学上用来表示数据的分散程度,在以缺陷率计量产品或服务的质量特性时用"σ"度量缺陷率,六西格玛质量表示质量特性的缺陷率仅为3.4 ppm(ppm——百万分之一),即每百万件产品中的不良品数少于3.4个。六西格玛管理中强调"度量"的重要性,没有度量就没有管理。这里不仅要度量"产品"符合顾客要求的程度,还要度量服务乃至工作过程等。因此,六西格玛质量的含义已经不仅局限在产品特性,还包括了企业的服务与工作质量。如果一个企业的核心业务过程能够达到六西格玛质量水平,那么意味着这个企业可以用最短的周期、最低的成本满足顾客要求。

六西格玛管理是一种全新的管理企业的方式,是获得和保持企业在经营上的成功,并将其经营业绩最大化的综合管理体系和发展战略。它不是单纯的技术方法的应用,而是全新的管理模式。六西格玛管理具有以下特点:第一,比以往更广泛的业绩改进视角,强调从顾客的关键要求以及企业经营战略焦点出发,寻求业绩突破的机会,为顾客和企业创造更大的价值。第二,强调对绩效和过程的度量,通过度量,提出挑战性目标和水平对比的平台。第三,提供了绩效改进方法,针对不同的目的与应用领域,这种专业化改进过程包括六西格玛产品/服务过程改进DMAIC流程、六西格玛设计DFSS流程等。第四,在实施上由"勇士"(champion)、"大黑带"(MBB)、"黑带"(BB)、"绿带"(GB)等经过培训、职责明确的人员作为组织保障。第五,通过确定和实施六西格玛项目完成过程改进项目,每一个项目的完成时间在3~6个月。第六,明确规定成功的标准及度量方法,以及对项目完成人员的奖励。第七,组织文化的变革是其重要的组成部分。

3. ISO 管理体系

ISO质量认证体系是一个产品(服务)符合性模式,企业通过建立这样一个完整的、标准化的过程控制体系来对绩效进行管理,以实现绩效的不断改进。国际标准化组织(International Organization for Standardization,ISO)是国际标准化领域中一个十分重要的组织。ISO 成立于 1947 年，当时来自 25 个国家的代表在伦敦召开会议，决定成立一个新的国际组织，以促进国际的合作和工业标准的统一。于是，ISO 这一新组织于 1947 年 2 月 23 日正式成立，总部设在瑞士的日内瓦。

ISO 技术工作是高度分散的，分别由 2700 多个技术委员会（TC）、分技术委员会（SC）和工作组（WG）承担，在这些委员会中，世界范围内的工业界代表、研究机构、政府权威、消费团体和国际组织都作为对等合作者共同讨论全球的标准化问题。建立 ISO 质量认证体系的基本原则包括：第一，以顾客为关注焦点；第二，强调领导作用；第三，全员参与；第四，强调过程、系统的方法；第五，持续改进；第六，给予事实的决策方法；第七，与供方的互利关系。

4. 标杆管理

标杆管理法是由美国施乐公司于 20 世纪 70 年代末首创的，它是通过对比和分析先进企业的行为方式，对本企业的产品、服务、过程等关键因素进行改革和变革，使之成为同行业最佳的系统性过程。标杆管理可分解为以下几个主要内容：①标杆管理中的标杆是指有利于实践但不一定是最佳实践或最优标准。②标杆管理中的标杆有很大的选择余地，企业可在广阔的全球视野中寻找其基准点。③该方法是一种直接的、片段式的、渐近的管理方法。④该方法尤其应注重不断比较和衡量。标杆管理的过程自始至终贯穿了比较和衡量，在比较和衡量过程中，必然伴随着"新秩序的建立、旧秩序的改变"，为此，企业需要强有力的培训和指导，并建立相应的机制来辅助超越标杆。

（四）绩效改进计划的制订与实施

绩效改进计划是关于改善现有绩效的进展计划。一般绩效改进计划的主要内容包括以下几个方面。

（1）员工基本情况、直接上级的基本情况以及该计划的制订时间和实施时间。

（2）根据上个绩效周期的绩效考核结果和绩效反馈情况，确定该员工在工作中需要改进的方面。

（3）明确需要改进和发展的原因，一般应附上上个评价周期该员工在相应评价指标上的得分情况和考核者对该问题的描述或解释。

（4）明确写出员工现有的绩效水平和经过绩效改进之后要达到的绩效目标，并在可能的情况下，将目标明确地表示为员工在某个绩效考核指标上的评价得分。

（5）绩效改进措施。对存在的问题提出有针对性的改进措施，措施应当尽量具体，除确定每个改进项目的内容和实现手段外，还需要确定每个改进项目的具体责任人与其需要的时间，有时还可以说明需要的帮助和资源。表 10-5 所示为绩效改进计划表（样表）。

在制订了绩效改进计划之后，管理者还应该通过绩效监控和沟通实现对绩效改进计划实施过程的控制。这个控制的过程就是监督绩效改进计划是否能够按照预期执行，并根据员工在绩效改进过程中的实际工作情况，及时修订和调整不合理的改进计划。管理者应该督促员工实现绩效改进计划的目标，并且主动与员工沟通，了解员工在改进过程中是否遇到了困难和障碍，是否需要管理者提供帮助。

表 10-5 绩效改进计划表（样表）

员工姓名：		职位：		计划执行时间：
上级主管：		职位：		待改进绩效：
计划采取的措施	执 行 者	计划实施日期	实际实施日期	取得的成果

资料来源：李文静，王晓莉. 绩效管理[M]. 大连：东北财经大学出版社，2015.

（五）绩效改进结果的评估

绩效改进结果评估就是对绩效改进结果进行考核，以确定其是否实现了缩小绩效差距的目标。评估结果将反馈回组织观察和分析过程之中，从而开始新的循环过程。在进行评估时还应该综合考虑一些限制因素，如个人能力、性格、态度、动机、价值观，以及周围的工作环境和压力等，这些因素都会影响绩效改进效果。

绩效改进结果评估可以参照柯克中的特里克（Kirkpatrick）提出的四个维度，具体如下。

（1）反应层。工作场所的各类成员对改进活动以及活动对他们的影响的反应如何？客户和供应商的反应如何？

（2）学习层。实施后，员工了解或掌握了哪些以前不会的知识或技能？

（3）行为层。改进活动对工作方式是否产生了所期望的影响？工作中是否开始运用新的技能、工具、程序？

（4）效果层。改进活动对绩效差距的影响是什么？差距的缩小与经营行为具有正向相关关系吗？

☞【专题拓展 10-3】　　　　　绩效改进计划（PIP）五步法

二、绩效奖励计划

绩效奖励计划有很多种，选择何种计划取决于组织的经营战略、经济状况、人员情况以及组织想要达到的目标。在组织的目标发生转变时，绩效奖励计划的种类也应该随之发生变化。对于绩效奖励计划，我们可以从两个维度对其进行分类：从时间维度来看，分为短期绩效奖励计划和长期绩效奖励计划；从奖励对象维度来看，分为个体绩效奖励计划和群体绩效奖励计划。在此，我们从时间维度出发，重点分析短期绩效奖励计划和长期绩效奖励计划当中的几种主要形式。

（一）短期绩效奖励计划

1. 绩效加薪

绩效加薪是将基本薪酬的增加与员工在某种绩效考核体系中所获得的评价等级联系在一起的一种绩效奖励计划。通常是在年度绩效考核结束时，企业根据员工的绩效考核结果以及事先确定下来的绩效加薪规则，决定员工在第二年可以得到的基本薪酬。绩效加薪所产生的基本薪酬增加会在员工以后的职业生涯（在同一个企业中连续服务的年限）中得到累积。简单的绩效加薪规则如表 10-6 所示。

表 10-6　简单的绩效加薪规则

	大大超出期望水平	超出期望水平	达到期望水平	低于期望水平	大大低于期望水平
绩效考核等级	S	A	B	C	D
绩效加薪幅度	8%	5%	3%	1%	0

绩效加薪计划的优点在于两个方面：一是这种计划使得员工的基本薪酬增长与他们个人的绩效挂钩，从而确保绩效优秀员工的薪酬会比绩效一般或较差的员工的薪酬增长得更快。如果组织的绩效管理系统设计合理，能够衡量出员工对组织的价值以及实际贡献，则绩效加薪不仅有利于留住优秀员工，而且有利于培育绩效文化，推动组织绩效目标的达成和战略的实现。二是绩效加薪通常采取基本薪酬上涨一定百分比的做法，而每一次绩效加薪的百分比都可以根据组织的盈利状况、与市场薪酬水平或标杆企业之间的差距以及物价成本的上涨幅度等因素确定，这就使得企业在控制薪酬成本的上升方面具有较为灵活的控制力。

然而，绩效加薪计划的缺点也是显而易见的。首先，外部经济条件可能导致加薪幅度很小，当绩效加薪预算本来就不高时（如只有薪酬的 3%～5%），绩效优秀的员工和绩效一般的员工之间存在的加薪幅度差异很可能没有太大的意义，根本达不到激励员工去追求卓越的效果（一些研究表明，低于 6%～7% 的绩效加薪根本无法达到激励的效果）。对此，专家建议，对绩效最优秀的员工所提供的年度加薪幅度应该达到绩效一般员工的两倍，并且对那些绩效欠佳的员工根本不要给予加薪，从而真正体现多劳多得。

其次，绩效加薪可能会很快地给组织带来高昂的成本。这一方面是因为绩效加薪具有累积效应，一开始成本并不高的绩效加薪一旦不断累积起来，给企业带来的成本压力就会越来越大（所以很多企业会非常注意控制基本薪酬的上涨，更多地通过一次性绩效奖励而不是较多的绩效加薪来认可员工的贡献）。另一方面是因为在大部分企业中，管理人员通常倾向于把员工的绩效等级确定在水平较高的等级上（出现绩效考核中的宽大误差），这样，企业往往需要面对大部分员工都能得到较大幅度绩效加薪的局面，从而不得不面对快速增长的薪酬成本（也正因为如此，很多企业在绩效考核制度中都对各个绩效等级中的人员分布比例做出强制规定，至少是对能够获得最高绩效等级的员工所占的比例做出限定）。

绩效加薪计划的三大关键要素是加薪的幅度、加薪的时间以及加薪的实施方式。从绩效加薪的幅度来看，绩效加薪的幅度主要取决于企业的支付能力。如果绩效加薪的幅度过大，企业可能无法承受；如果绩效加薪的幅度过小，绩效加薪计划很可能会无效，因为小规模的加薪往往起不到激励员工绩效的作用，并且很容易与生活成本加薪混同。当然，在一些比较复杂的绩效加薪计划中，绩效加薪的幅度还与企业的薪酬水平和市场薪酬水平的对比关系有关（见表10-7），或者与员工所在的管理层级等因素有关。从绩效加薪的时间来看，常见的是每年一次，也有些企业采取半年一次或者每两年一次的做法。从绩效加薪的实施方式来看，绩效加薪既可以采取基本薪酬累积增长的方式，也可以采取一次性加薪的方式。一次性加薪是常规的年度绩效加薪的一种变通措施，它通常是对那些已经处于所在薪酬等级最高层的员工所采取的一种绩效奖励方式，因为这时企业已经不能再提高这类员工的基本薪酬水平，但是又需要对其中的高绩效员工提供一定的激励。

表10-7 市场化绩效加薪规则

单位：%

与市场平均薪酬水平的差距	加薪幅度				
	S	A	B	C	D
高15%	6	4	3	1	0
高8%	8	6	4	2	0
基本持平	10	8	5	4	0
低8%	14	10	8	5	0
低15%	18	15	10	8	0

2. 一次性奖金

一次性奖金也是一种非常普遍的绩效奖励计划。从广义上讲，它属于绩效加薪的范畴，但不是在基本薪酬基础上的累积性增加，而是一种一次性支付的绩效奖励。在很多情况下，员工可能会因为完成了销售额或产量、实现了成本节约，甚至提出了对企业有价值的合理化建议等而得到这种一次性绩效奖励。在一些兼并、重组事件发生时，很多企业为了鼓励被收购企业中的一些有价值的员工留下来，还会在实施并购时向被并购企业中的高层管理人员、高级工程师、优秀销售员以及信息技术专家等支付一笔留任奖金。还有一些企业为了鼓励优秀人才下定决心与自己签约，也会向决定加盟本公司的新员工提供一笔签约奖金，甚至连美国联邦政府都有类似的做法。

对组织而言，一次性奖金的优势是很明显的：一是它在保持绩效和薪酬挂钩的情况下，减少了绩效加薪情况下因基本薪酬的累加效应所引起的固定薪酬成本增加，同时有效解决了薪酬水平已经处于薪酬范围顶端的那些员工的薪酬激励问题。二是它可以保障组织各等级薪酬范围的"神圣性"，不至于出现大量超过薪酬范围的员工，同时保护了高薪酬员工的工作积极性。三是它不仅可能非常有效，而且使组织在决定需要对何种行为或结果提供报酬时具有极大的灵活性。组织可以随时在不改变基本薪酬的情况下，针对某些自己期望看到的员工行为或者员工个人达成的绩效结果制订一些一次性奖励计划，并且在奖励计划不合时宜时随时取消这种计划。

对员工而言，一次性奖金相对于绩效加薪的优势要少很多。虽然员工可以一次性拿到很多奖金，而不是依普通绩效加薪那样，要在12个月甚至更长的时间里慢慢地获得基本薪酬的增加。但是从长期来看，员工实际上得到的奖金数额肯定要比在普通绩效加薪情况下少得多。那些即将面临退休的员工对这一问题尤为关注，因为在传统的薪酬体系中，退休金只和员工的基本薪酬挂钩，而与一次性奖金没有任何关系。为了解决这一问题，有的组织将一次性奖金纳入员工的退休金确定基础，有的组织则将一次性奖金与福利联系起来。例如，把为员工购买人寿保险作为对员工绩效的一次性奖励。这种做法一方面仍然将绩效和薪酬紧密联系在一起，另一方面通过用一次性奖金购买福利的做法为组织节省了福利成本。但需要引起注意的是，无论对于何种类型的员工来说，如果企业长期以一次性奖金替代基本薪酬的增加，则有可能导致员工采取一些不利于绩效提高的消极行为。

3. 月度/季度浮动薪酬

在绩效加薪和一次性奖金两种绩效奖励方式之间还存在一种折中的奖励方式，那就是根据月度或季度绩效考核结果，以月度或季度绩效奖金的形式对员工的业绩加以认可。这种月度或季度绩效奖金一方面与员工的基本薪酬有较为紧密的联系，往往采用基本薪酬乘以一个系数或者百分比的方式来确定；另一方面，月度/季度浮动薪酬具有类似一次性奖金的灵活性，不会对企业形成较大的成本压力，这是因为企业在月度或季度绩效奖金方面投入的数量可以根据企业的总体绩效状况灵活调整。例如，如果企业的经营业绩好，则企业可能会拿出相当于员工月度或季度基本薪酬120%的金额作为月度或季度绩效奖金发放；如果企业的经营业绩不佳，则企业可能只拿出相当于员工月度或季度基本薪酬50%或更低比例的金额作为月度或季度绩效奖金发放。在实际执行过程中，员工个人所应当得到的绩效奖金往往还要与其所在部门的绩效以及个人的绩效挂钩。

4. 特殊绩效认可计划

由于绩效加薪计划本身在加薪周期以及加薪幅度方面都存在一定的限制，所以它为组织感谢员工对组织成功所做出的贡献只提供了非常有限的机会。例如，假设出于成本控制方面的原因，企业能够对最高绩效水平提供的奖励只能达到加薪8%的水平，而此时员工为组织所做出的贡献所应得到的报酬却可能远远超过绩效加薪计划所能够给予的奖励，这时绩效加薪的局限性就显现出来了。为了向那些绩效超出预期水平很多，因而值得给予额外奖励的个人以及团队提供必要的报酬，很多企业还采用了所谓的特殊绩效认可计划或奖励计划。与基于对员工工作行为以及工作结果的全面评价的绩效加薪不同，这种特殊绩效认可计划具有非常大的灵活性，它可以对那些出人预料的各种各样的单项高水平绩效表现——如开发出新产品、开拓新的市场、销售额达到相当高的水平等，一一予以奖励。

特殊绩效奖的创造性使用者之一是玫琳凯化妆品公司。在该公司中，成绩最好的女性销售人员甚至可以获得粉红色的凯迪拉克轿车、水貂皮大衣以及钻戒等。其他一些规模较大的公司往往也有一些正规的机制来确认各种特殊的绩效，同时根据一定的指导方针来帮助公司确定各种不同规模的奖金或奖品。特殊绩效认可或奖励计划提高了薪酬系统的灵活性和自发性，为组织提供了更多的让员工感觉到自己的重要性和价值的机会。事实上，特殊绩效认可计划已经成为一种激励员工的很好的替代方法，这种计划不仅适用于做出了特殊贡献的个人，而且适用于有特殊贡献的团队。例如，当一个工作团队的所有成员共同努力创造了显著的成果，或者完成了一项关键任务时，组织就可以针对这个团队实施特殊绩效认可计划。

(二) 长期绩效奖励计划

1. 员工持股计划

员工持股计划（employees stock ownership plan，ESOP）是让员工分享企业所有权和未来收益权的一种制度安排。作为一种绩效薪酬计划，为了使员工持股计划能够更好地起到激发员工积极性的作用，应该将员工的行为与相应的收入挂钩。这就是说，当员工做出突出贡献或者在一个规定的较长周期内一直是绩效优异者，就授予其一定比例的股票。通过员工持股计划可以使员工觉得自己是企业的主人，能加强员工的责任意识，把员工的利益和企业的成败联系在一起。它的运作方式是公司把一部分股票（或者是可以购买同量股票的现金）交给一个信托委员会（其作用就是为员工购买一定数量的企业股票），信托委员会把股票存入得到员工持股奖励的员工个人账户，在员工退休或不再工作时发放给他们。

2. 股票期权计划

股票期权计划就是企业给予高层管理者在一定期限内按照某个限定的价格购买一定数量企业股票的权利。企业给予高层管理者的并不是现实的股票，也不是现金，而是一种权利。他们对企业价值有更多的了解且较一般员工更愿意承担风险，同时由于股票期权计划要有比较多的资金投入，高层管理者比一般员工更有能力承受。

企业的股票期权计划具有三个方面的基本特征：一是自愿性。股票期权只是一种权利，并不是义务。获得这种权利的企业高层管理者，完全可以根据自己对多种情况的判断和分析，自愿地选择购买或不购买企业的股票。二是无偿性。股票期权作为一种权利是无偿地由企业赠予其核心人才的，不需要权利获得者的任何财务支付。只是以后与股票期权相联系，这些权利获得者可以现实地购买企业股票时，才需要相应的财务支付。三是后续性。股票期权计划作为长期薪酬管理的激励作用，不仅仅体现在一次性计划实施过程中。其形式、内容、起止时间都可根据企业的人才激励与人才吸引的需要而做出变动。一次股票期权计划接近结束时，另一次股票期权计划又会适时地开始，连续不断的股票期权计划产生了"金手铐"的效应，将企业核心人才留在企业里，并尽力发挥他们的作用。

3. 团队激励计划

团队正在成为人们关注的焦点，要保证团队的协调与合作，有必要制订团队激励计划。团队激励计划要同时考虑团队成员个人绩效和团队整体绩效，以及个人在团队绩效中的贡献，常见的形式为收益分享计划。收益分享计划是企业与员工分享由于企业或团队的改善（可以是生产销售方面的改进，也可以是顾客满意度的提高、成本的降低以及更良好的安全记录）而带来的财务收益。它与利润分享计划的区别在于，它使用的衡量标准是营业或业绩标准，而不是衡量盈利能力的标准。具体来讲，这些业绩标准包括成本、生产率、原料和库存利用、质量、时效性或反应灵敏性、安全性、环境的协调性、出勤率和客户满意程度。制订收益分享计划的目的是使所有雇员都能从体系所带来的生产效率的提高中得到货币性奖励，同时它反映了强调雇员参与的管理理念。收益分享计划主要有三种方式：斯坎伦计划（Scanlon plan）、拉克计划（Rucker plan）和提高分享计划（impro share/improved productivity through sharing)。

三、员工职业发展

（一）决策假

在有些情况下，员工可能对提供的反馈无动于衷，在绩效方面也没有任何进步。这时，企业在采取口头警告、书面警告，甚至解雇程序之前，可以先完成一个中间步骤，可以让员工去休一种在整个职业生涯中仅有一次的"决策假"。决策假就是让员工"平心静气地思考的一天"，它允许员工带薪待在家里，思考自己是否真正想在这个组织中工作，这种做法依据的是成人学习理论，即成人个体应对自己的行为负责。与正式的惩戒行动不同，决策假并不会影响员工的工资。加利福尼亚州洛杉矶的一家咨询公司的负责人蒂姆·菲尔德（Tim Field）说："在员工自己承担责任的同时，这种做法并不会对其个人档案记录和薪酬产生负面影响，而且通常会让员工觉得出乎意料。这是因为有问题的员工就像有问题的儿童，总是以为他们的不良行为一定会引起负面的关注。"如何跟员工沟通，让他们知道准备给他们放一个决策假呢？如果这是一项公司政策，并且得到了高层管理者的支持，你就可以这样说：

"露西，你看，我们两个已经为讨论你的绩效问题见了很多次面。尽管提供了这么多次反馈，可我发现你在完成重要任务和项目方面还是面临一些困难。不仅是我观察到了这个问题，我听到你的一些同事说他们也注意到了你存在的绩效缺陷问题。我觉得向你发出书面警告不会起什么作用，我担心那样反而会削弱你的工作动机，对你是弊大于利。所以，我现在要做的就是给你一天的时间，让你去休一个所谓的'决策假'。这个方法在以往解决和你类似的员工的问题时非常有效。我希望你知道，这是你职业生涯中仅有一次的福利，你应该充分利用。我之所以做出这个决定，是因为我真诚地相信你有能力提高自己的绩效。这个休假的具体过程是这样的：明天你就不用来办公室上班了，但是你的薪水公司会照付，所以不必担心你的薪酬会受影响。既然你明天不在办公室，我希望你能够认真地思考一下自己是不是真的还想在这家公司继续工作下去。等你后天回来上班时，我们再见一次面，那时你就要告诉我你是不是真的打算辞职，然后去寻找一份新的工作。如果你决定离开，我会十分理解并且给予支持。但如果你决定继续留在公司工作，我会给你安排一项因为你明天没来上班而需要弥补的额外的工作任务。请记住，明天一天你仍然能拿到工资。下面这些事情就是我想让你做的：请你写一份一页纸的保证书交给我，向我保证你会承担我们在历次反馈面谈中讨论过的那些绩效问题的全部责任。你还要提供清晰而具体的内容来描述你将采取哪些具体的措施，从而使我相信你能够解决这些绩效问题。我会把这份保证书保存在一个安全的地方，不过目前我还没有打算把它放到你的个人档案袋里。但是要记住，这份保证书是你对我的一项个人承诺，而且我们都同意一点，那就是如果你不遵守保证书里面列明的内容，那么从本质上来讲，就是你炒了自己的鱿鱼，而不是我炒了你。现在对你我来说都是一个非常重要的时刻，甚至有可能成为你个人职业生涯中的一个转折点。好了，我已经解释了全部的过程，我想听听你对于明天的这个决策假还有什么问题和想法。"

把决策假作为绩效管理体系的一个组成部分，能使它成为改进有问题员工的绩效的一种有力工具。然而，这个工具也有可能无法产生预期效果，那么这时就要进入惩戒程序了。当员工努力尝试过解决绩效问题，却并没有能力解决时，降职或者调任就是更合理的措施。

（二）职位变动

员工绩效考核的结果是职位变动的重要依据。职位变动不仅包括纵向的升迁或降职，还包括横向的工作轮换。通过绩效考核可以发现优秀的有发展潜力的员工，对于在潜力测评中表现出特殊管理才能的员工，可以进行积极的培养和大胆的提拔。这种培养还包括人员在各个岗位之间的轮换，以培养其全面的才干并熟悉公司的整体运作，为以后在部门之间的交流与协调做好准备。但是，人员晋升的决策一定不能只根据员工在上一绩效周期的绩效水平而做出，关键是依据其管理能力和发展潜力，否则就会出现"彼得原理"所说的误区。

而对那些绩效不佳的员工，则应该认真分析其绩效不佳的原因，如果是员工自身的素质和能力与现有的工作岗位不匹配，则可以考虑对其进行工作调动和重新安排，以发挥其长处，帮助其创造更好的业绩；如果是员工个人不努力工作，消极怠工，则可以采取淘汰的方式。但人力资源部门在对绩效不佳的员工进行淘汰时一定要慎重，要认真分析造成员工绩效不佳的具体原因，然后再做决定。图 10-3 所示是某公司的人才开发矩阵。

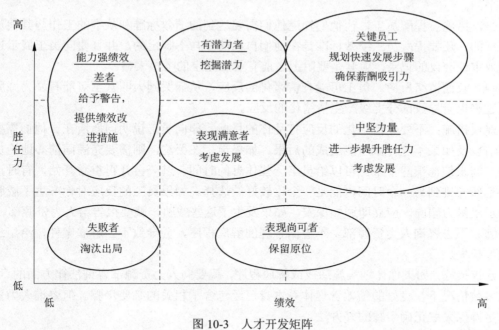

图 10-3　人才开发矩阵

☞【专题拓展 10-4】　　　　　　　　彼得原理

(三) 解雇

如果有良好的绩效管理体系，走到惩戒程序这一步，对员工和主管人员来说都不会感到很惊讶，因为员工有大量的机会去解决绩效问题，主管人员也有很多机会向员工提供帮助和反馈，从而使有意愿、有能力的员工有时间解决自己的绩效问题。但是，当惩戒程序变成唯一选择时，遵守一系列步骤以避免可能引起的法律问题就很重要了。同样，要尊重所有的员工并维护他们的尊严，其中包括被解雇员工在内。即使有出色的绩效管理体系，主管人员也要采取特定的措施以避免一些陷阱，主要包括以下几项。

(1) 容忍低绩效。很多主管人员刻意忽视低绩效，想让这个问题自行得到解决。但是在大多数情况下，绩效问题会随着时间的推移而逐渐加重，并且会越来越严重。

建议措施：不要忽视低绩效问题，尽快解决它，不仅能够避免给有问题的员工以及同事和客户带来负面的影响，还能够帮助员工回到其职业生涯目标确定的正确轨道上。

(2) 不能有效传递信息。低绩效员工可能会说自己没有意识到问题这么严重。

建议措施：在前面阐述"决策假"阶段，要确保将存在的绩效问题以及如果不能有效解决绩效问题可能带来的后果都明确化，确保对行动计划做好记录，并保证这一行动计划得到了员工的认可。

(3) 绩效标准是不切实际或者不公平的。员工可能会说绩效标准和期望是不切实际或不公平的。

建议措施：提醒员工，让他们知道他们需要达到的绩效标准和从事的工作与其他员工是一样的。还要提醒员工绩效标准是在他们自己的参与下制定的，并且要向员工展示过去的绩效审议会议的记录，尤其是要附上之前有员工签字的考核表格。

(4) 负面情绪反应。员工可能有情绪化的反应，从痛哭到大叫甚至可能有暴力威胁，这反过来也会导致部分上级产生情绪化的反应。

建议措施：不要让情绪化的反应打乱你的目标，即向员工说明问题所在、他们需要做的事情以及如果不这样做可能造成的后果。如果员工在哭泣，则需要充满同情心地给员工一些空间来使他镇静下来。可以给员工一些休息的时间，过一会儿再重新开始，有时，把会议重新安排到另一个时间可能是一个比较好的选择。如果员工的反应对你产生了威胁或者显示出暴力倾向，应立即通知保安。如果发生了这些威胁，就要报告给人力资源部。

(5) 不去咨询人力资源部。不遵循合理的解雇程序，会导致不当解雇案件，给组织带来重大损失。

建议措施：如果你计划实施惩戒或解雇程序，就要向人力资源部咨询法律方面的意见。在大多数情况下，良好的绩效管理体系本身已经包含了相关的必要步骤。但咨询人力资源部仍是确保采取正确步骤的好方法。

避免以上陷阱能最大限度地减少正式惩戒程序中可能出现的问题。如果实施了惩戒程序后仍然没有实现目标，就需要召开一次解雇会议，毫无疑问，解雇会议对所有参与者来说都不会好受。但在这一阶段召开解雇会议是正确的，也是公平的。以下是关于解雇会议的一些建议。

(1) 尊重员工。尊重被解雇的员工并维护他们的尊严是非常重要的。尽管可能其他人在之后的时间里能够了解到相关信息,但解雇信息还是要尽可能保密。

(2) 抓住要点。在这一阶段,说得越少越好。最主要的就是要总结绩效问题以及为了解决绩效问题而采取的措施,还有这些措施产生的结果以及当前将要采取的解雇措施。

(3) 祝福员工。会议的目的不是重提你解雇员工的每一条原因以及每一个低绩效的例子。相反,应利用这次会议祝福员工在未来的工作和成就。

(4) 把员工送到人力资源部。让员工知道他还需要去人力资源部了解相关福利信息,其中包括假期和工资以及法律权益等方面的信息。如果你在中小企业工作,那么你还可以通过寻求外部法律咨询机构的帮助,提供相关信息给被解雇的员工。

(5) 让员工立刻离开。让被解雇的员工留在原地可能会导致谣言和冲突,而且不高兴的员工可能会采取破坏行动。

(6) 在一天的工作即将结束时召开解雇会议。在一天的工作即将结束时召开解雇会议比较好,这样,在员工离开办公室的同时,其他人也都离开办公室了,也就不会有很多人聚集在一起了。

【专题拓展 10-5】 企业管理中,究竟该如何运用绩效考评结果?

 ## 本章小结

在绩效考核结束后,管理者需要就绩效考核结果对员工进行绩效反馈,而绩效反馈最基本、最主要的形式就是绩效面谈。通过绩效面谈,管理者与员工共同商讨绩效改进的办法,并将考核结果应用于绩效奖励计划、员工职业发展等关键领域。

绩效反馈有利于提高绩效考核结果的可接受性、使评价对象了解自身取得的成绩与不足、促进绩效改进计划的制订与实施,并为员工的职业规划和发展提供信息。绩效反馈应遵循直接具体、双向沟通、基于工作事实、分析原因、相互信任的原则。绩效反馈可以分为正面反馈和负面反馈两大类,其中正面反馈应注意表扬必须是针对具体的行为或结果,表扬时采用肯定、热情的方式,表扬的同时要进行经验传授,善于寄希望于表扬之中;负面反馈难度更大,应注意建设性反馈是计划性的,应维护对方的自尊心,要注意恰当的环境,以进步为导向,是互动式的、灵活化的,强调对员工的指导。当前许多组织通过互联网完成 360 度反馈体系的实施,是组织进行绩效反馈的一种趋势。

作为绩效反馈最主要的形式,绩效面谈的主要内容包括工作业绩、行为表现、改进措施、新的目标四大方面。在绩效面谈前,管理者和员工需要就面谈的时间和场地、员工的工作内容和绩效表现、面谈中可能出现的问题、面谈的内容与程序和进度等做好充分的准备。绩效面谈的过程一般包括面谈开场白、员工自我评价、确认绩效结果、分析诊断问题、面谈结束五个环节。当然,针对不同类型的员工,绩效面谈的策略有一定的差异;在面谈中还应当从面谈开始到最后形成书面记录,注意一系列技巧,以提高面谈的有效性。

绩效考核结果主要可以应用于绩效改进、绩效奖励计划和员工职业发展这几大领域。其中,绩效改进需要从绩效问题的诊断与分析出发,然后进行绩效改进部门的组建、绩效改进方法的选择、绩效改进计划的制定与实施，最后对绩效改进结果进行评估。绩效奖励计划的形式很多，可以分为短期和长期两大类型，其中短期绩效奖励计划主要有绩效加薪、一次性奖金、月度/季度浮动薪酬、特殊绩效认可计划等，长期绩效奖励计划主要有员工持股计划、股票期权计划、团队激励计划等。最后，绩效考核结果还可以应用于员工职业发展，针对绩效考核不理想的员工，可以先考虑给其放一个"决策假"；当"决策假"并不能解决问题时，可以考虑进行职位变动；当职位变动仍然无法解决问题时，可以考虑对绩效不合格的员工实施解雇程序。

思考题

1. 绩效反馈的原则是什么？
2. 如何提高正面反馈的有效性？
3. 如何提高负面反馈的有效性？
4. 绩效面谈前管理者和员工分别应做好哪些准备？
5. 绩效面谈的基本程序是什么？
6. 为提高绩效面谈的有效性，应掌握哪些技巧？
7. 如何将绩效考核结果应用于绩效改进？
8. 绩效奖励计划有哪些主要的形式？
9. 什么是"决策假"？它的作用是什么？
10. 如何将绩效考核结果应用于职位变动？
11. 实施员工解雇程序应注意哪些问题？

案例 10-2　　华为公司：跟进到位的绩效辅导

华为绩效辅导跟进到位的重要体现之一，就是由员工上级全程指导，帮助员工解决在实现绩效过程中所遇到的具体困难。华为虽然在绩效考核过程中实施"个人承诺绩效"制度，却不是自扫门前雪。华为规定，作为上级，有责任、有义务对下属进行绩效辅导，帮助下属分解绩效，找到绩效不佳的原因，改进方法和措施，为下属顺利完成绩效目标提供全程帮助。

华为走上国际化道路之后，开拓海外市场遇到的第一只"拦路虎"就是语言问题。很多外派技术人员的外语水平不过关，不能顺畅地和客户进行沟通，所以那时候很多外派员工因为沟通不畅导致绩效不佳。在这种情况下，华为管理层发起了全员学习外语运动，要求所有技术人员必须学好外语，能够和客户进行流畅沟通。那时候，有一些老员工的外语水平很差，学起来很吃力，于是各部门主管以身作则，带头学习外语，和那些老员工一起每天坚持学习和练习。华为还聘请外教给那些外语水平不佳的员工上课，提升他们的外语水平。正是在这种全员学习的氛围中，华为外派人员逐渐能够流畅地和国外客户进行沟通，为之后开拓国际市场、创造良好业绩奠定了坚实的基础。

其实，华为绩效辅导跟进到位的对象不仅仅限定在公司员工中，还延伸到了员工家属群体中，将绩效辅导的学习风气由公司带到员工家中，营造处处学习跟进的氛围。任正非认为，想要全面提升绩效，仅仅限定在上班时间和员工个人身上是远远不够的，还需要将绩效提升的思想融入员工的家人身上。

华为的跟进到位，其实是一种"上级辅导"+"个人奋斗"+"集体学习"的绩效辅导模式。一方面，上级要对员工进行全程式绩效辅导，帮助员工解决实现绩效过程中的难题；另一方面，公司竭力营造一种全员学习的氛围，鼓励员工学习，不断丰富自身的知识储备。这是全程式辅导跟进和不断学习，员工才会不断地将实现绩效道路上的一个个障碍扫除，在发展道路上，逐渐自我完善，永葆活力。

资料来源：汪廷云. 华为绩效管理法[M]. 广州：广东经济出版社，2017.

思考与讨论：
1. 请分析华为绩效辅导的优点是什么？
2. 对比案例10-1，你觉得差距在哪里？

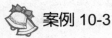

案例 10-3　　　　　从"分粥制度"中学管理

有一个7人组成的小团体，团体中的每个人都是平等的，虽没有凶险祸害之心，但免不了自私自利。他们想通过非暴力方式，通过制定制度解决每天的饮食问题：分食一锅粥，但没有称量用具或有刻度的容器。大家试了各种不同的方法，大体来说，有以下几种。

方法一：指定一个人负责分粥，大家很快发现这个人为自己分的粥最多，于是又换了一个人，结果总是主持分粥的人碗里的粥最多。

方法二：大家轮流主持分粥，每人一天。这样等于承认了每个人有为自己多分粥的权利，同时给予了每个人为自己多分粥的机会。虽然看起来平等了，但是每个人在一周中只有一天能吃饱，而且有剩余，其余6天都饿着。大家认为这种方法造成了资源浪费。

方法三：大家选一个信得过的人主持分粥。开始，这个品德尚属上乘的人还能公平分粥，但不久，他开始为自己和溜须拍马的人多分粥。不能放任其堕落和风气败坏，还得寻找新思路。

方法四：选举一个分粥委员会和一个监督委员会，形成监督和制约，公平基本上做到了。但是，由于监督委员会常提出各种议案，分粥委员会又据理力争，等分粥完毕，粥早已凉了。

方法五：任选一人分粥，但分粥的那个人要最后领粥。令人惊奇的是，在这种制度下，7只碗里的粥每次都是一样多，就像用科学仪器量过一样。每个主持分粥的人都认识到，如果7只碗里的粥不相同，他确定无疑将享用那最少的一份。

资料来源：从"分粥制度"中学管理[EB/OL]. （2019-05-07）[2024-10-11]. https://wenku.so.com/d/83829d7b8e1b7d6fd501343163bac64d?psid=20c1dab7797efbb90afc9e4e0d1cd5a0.

 团队互动演练

研究型学习小组以所提供的绩效管理故事为背景，分析故事中反映的绩效管理问题，形成一份绩效改进分析报告。

教学目的
- ☑ 加强学生分析绩效管理问题的综合能力。
- ☑ 提高学生对绩效改进的认知和理解能力。
- ☑ 强化学生对绩效管理全过程的理解。

教学平台
- ☑ 计算机中心实验室，每个学生配备一台计算机，允许网络连接。
- ☑ 标准化教室，供学生讨论和陈述。
- ☑ 指导教师提供绩效管理的故事背景材料。

教学步骤
第一阶段：阅读绩效管理故事。
第二阶段：各小组阅读并分析材料进行讨论，找出故事中反映的绩效管理问题。
第三阶段：各小组集中讨论从绩效改进的角度，应如何实现绩效管理的良性循环，形成绩效改进报告。
第四阶段：总结报告分小组提交，以小组的认识和感受为主要内容。
第五阶段：指导教师为学生模拟过程评定成绩，其主要依据为：第一，对绩效管理问题挖掘的准确性和全面性；第二，对绩效改进的认识程度；第三，小组总结报告的认识和感受的深刻程度。

团队成员
研究型学习小组在组长指导下合理分工，共同合作，按时间规定完成任务。

研究成果
- ☑ 故事中反映的绩效管理问题汇总。
- ☑ 绩效改进分析报告。
- ☑ 小组总结报告。

参 考 文 献

[1] 德鲁克．卓有成效的管理者[M]．许是祥，译．北京：机械工业出版社，2005．

[2] 尼利．战略绩效管理：超越平衡计分卡[M]．李剑锋，译．北京：电子工业出版社，2004．

[3] MCNAUGHTON S．绩效管理：概念与知识手册[M]．天向互动教育中心，译．北京：清华大学出版社，2003．

[4] 尼文，拉莫尔特．OKR：源于英特尔和谷歌的目标管理利器[M]．况阳，译．北京：机械工业出版社，2017．

[5] 沃纳．双面神绩效管理系统 [M]．徐联仓，译．北京：电子工业出版社，2005．

[6] 阿什沃思．整合绩效管理：实现股东价值的有效方式[M]．李克成，译．北京：电子工业出版社，2002．

[7] 莱瑟姆，维克斯利．绩效考评：致力于提高企事业组织的综合实力[M]．萧鸣政，等译．北京：中国人民大学出版社，2002．

[8] 德瓦尔．绩效管理魔力：世界知名企业如何创造可持续价值[M]．汪开虎，译．上海：上海交通大学出版社，2002．

[9] 威廉姆斯．组织绩效管理[M]．蓝天星翻译公司，译．北京：清华大学出版社，2002．

[10] 佛尼斯．员工激励16法：高绩效管理的成功秘诀[M]．张帅，译．海口：海南出版社，2002．

[11] MOGLIA T．绩效伙伴：成功的绩效管理[M]．李军军，王哲，译．广州：中山大学出版社，2002．

[12] 韦斯特伍德．绩效评估[M]．白云，译．长春：长春出版社，2001．

[13] 德鲁克．公司绩效测评[M]．李焰，江娅，译．北京：中国人民大学出版社，1999．

[14] 卡普兰，诺顿．平衡计分卡战略实践[M]．上海博意门咨询有限公司，译．杭州：浙江教育出版社，2022．

[15] 阿德金斯．绩效管理案例与评析[M]．郭存海，周轶韬，译．北京：电子工业出版社，2007．

[16] 汪廷云．华为绩效管理法[M]．广州：广东经济出版社，2017．

[17] 林新奇．绩效管理手册[M]．北京：中国劳动社会保障出版社，2006．

[18] 张晓彤．绩效管理实务[M]．北京：北京大学出版社，2004．

[19] 赵日磊．手把手教你做绩效管理：模型、方法、案例和实践[M]．北京：电子工业出版社，2016．

[20] 武欣．绩效管理实务手册[M]．2版．北京：机械工业出版社，2005．

[21] 邰军．目标管理：写给中层经理人的工作目标管理宝典[M]．北京：电子工业出

版社，2019.

[22] 斯坦顿. 控制沟通[M]. 北京：高等教育出版社，2000.

[23] 江乐兴. OKR 工作法[M]. 石家庄：河北教育出版社，2020.

[24] 况阳. 绩效使能：超越 OKR[M]. 北京：机械工业出版社，2019.

[25] 林新奇. 绩效管理[M]. 2 版. 大连：东北财经大学出版社，2013.

[26] 任康磊. 绩效管理与量化考核：从入门到精通[M]. 北京：人民邮电出版社，2020.

[27] 赫尔曼，阿吉斯. 绩效管理[M]. 刘昕，朱冰妍，严会，译. 北京：中国人民大学出版社，2021.

[28] 方振邦. 战略性绩效管理[M]. 北京：中国人民大学出版社，2022.

[29] 高毅蓉，崔沪. 绩效管理[M]. 大连：东北财经大学出版社，2015.

[30] 付亚和，许玉林. 绩效考核与绩效管理[M]. 北京：电子工业出版社，2019.

[31] 孙海发，程贯平，刘黔川. 绩效管理[M]. 北京：高等教育出版社，2015.

[32] 葛玉辉，陈悦明. 绩效管理实务[M]. 北京：清华大学出版社，2008.

[33] 李靖. OKR 完全实践[M]. 北京：机械工业出版社，2020.

[34] 林筠，胡利利，王锐. 绩效管理[M]. 西安：西安交通大学出版社，2006：3-139.

[35] WHITNEY K. Discover: It pays to develop leaders[J]. Chief Learning Officer, 2008(8): 48.

[36] VAN SCOTTER J R, MOTOWIDLO S J. Interpersonal facilitation and job dedication as separate facets of contextual performance[J]. Journal of Psychology, 1996(81): 525-531.

[37] BAYERLEIN P, GAILEY R. The six principles of performance communication[J]. Strategic HR Review, Volume 4 Issue 4 May/June 2005, 32-35.

[38] MOHAMMED S, MATHIEU J E, BARTLETT A L. Technical administrative task performance, leadership task performance, and contextual performance: considering the influence of team and task - related composition variables[J]. Journal of Organizational Behavior, 2002, 23(7): 795.

[39] BAUER K. KPI-The metrics that drive performance management[J]. DM Review, 2004,14(9): 63.

[40] PARMENTER D. Crunchy KPI[EB/OL]. http://www.management.co.nz.

[41] LATHAM G P, WEXLEY K N. Behavioral observation scales for performance appraisal purposes[J]. Personnel Psychology, 1977(2): 18-24.

[42] LATHAM G P, FAY C H, SAARI U M. The development of behavioral observation scales for appraising the performance of foremen[J]. Personnel Psychology, 1979(5): 57-64.

[43] JEFFREY S K. Behavioral observation scales and the evaluation of performance appraisal effectiveness[J]. Personnel Psychology, 1982(10): 102-109.

[44] WIERSMA U, LATHAM G P. The Practicality of Behavioral Observation Scales, Behavioral Expectation Scales and Trait Scales[J]. Journal of Applied Psychology, 1986(2): 233-239.

[45] BROWN T C, HANLON D. Validation of Effective Entrepreneurship Behaviors[J].

Academy of Management Annual Meeting Proceeding s, 2005.

[46] WILLIAMS S J, HUMMERT M L. Evaluating performance appraisal instrument dimensions using construct analysis[J]. Journal of Business Communication, 1990(12): 77-89.

[47] TORNOW W W. Editor's note: Introduction to special issue on 360 degree feedback[J]. Human Resource Management, 1993(1): 113-118.

[48] CHURCH D. Designing an effective 360 degree appraisal feedback process[J]. Organizational Dynamics, 1996(3): 53-61.

[49] HEZLETT J. Managing five paradoxes of 360 degree feedback[J]. Academy of Management Executive, 2000, 14(1): 93-102.